Minerva Shobo Librairie

コミュニティを
エンパワメントするには
何が必要か

行政との権力・公共性の共有

マリリン・テイラー
[著]

牧里毎治/金川幸司
[監訳]

ミネルヴァ書房

PUBLIC POLICY IN THE COMMUNITY
by
Marilyn Taylor
Copyright©Marilyn Taylor 2003, 2011
First published in English by Palgrave Macmillan, a division of Macmillan
Publishers Limited under the title Public Policy in the Community by Marilyn Taylor.
This edition has been translated and published under license from Palgrave Macmillan
through Tuttle-Mori Agency, Inc., Tokyo.
The author has asserted her right to be identified as the author of this Work.

監訳者まえがき

　コミュニティについてはこれまで戦略的に希望をもって熱く語られたり，またはコミュニティが現実に衰退していく過去のものとして冷たくあしらわれたりしてきた。いずれにしても政治的にか経済的にか，はたまた文化的にかコミュニティは，時代を映し出す鏡の一つとして戦略的に，もしくは認識的に評価の分かれる概念として受け止められてきた。コミュニティ活動は，現実なのか虚構なのか，ますます進む格差社会のなかの無縁社会や社会的排除に果敢に立ち向かう理想として支持されるかと思えば，コミュニティ住民は，地域社会の質を保つ幻想のもとに同質性や均質性を損なう者に対して，例えば生活困窮者や障害者などを排除の対象と見なしてきたし，排除してきた。

　コミュニティへの期待と幻滅は，経済や社会のグローバリゼーションの進行に加速化され，その振れ幅も大きくなってきたように思われる。いわゆるコミュニタリアンとリバタリアンの論争が注目されるのも，古い伝統の共同体意識と市民社会的な自由個人主義の相克を再現しているからだろうか，市場の国際化や情報グローバル化というテクノロジーが進化したという社会的背景のもとに古くて新しい論点として登場してきたのではないだろうか。能力と資力のある市民は，コミュニティの伝統に縛られないで移動や言論の自由を手に入れたが，他方，難民や移民，貧困者や低所得者は，社会的排除や偏見・差別の対象にされてきた。この現実がますます深刻化してきただけでなく，地域格差や資源や情報の不平等な再配分という社会現象，社会問題も拡大させてきた。

　地域消滅や限界集落などコミュニティが丸ごと崩壊したり劣化していく地方の自治体の崩壊や都市部における人口空洞化と無縁社会化に手をこまねいていいわけがない。さらに地方自治体財政の窮迫や経済社会の停滞などの危機意識も加わって，コミュニティ政策への関心が高まってもきている。地域自治協議会やコミュニティビジネスへの関心の高まりも農業の第六次産業化，社会的企業への注目などもコミュニティ政策の不在と脆弱さに対する焦燥感からきてい

るのかもしれない。

　本書は，現代日本が抱えている類似したコミュニティをめぐる問題をイギリスを念頭におきつつも世界的規模で，しかも多角的，多面的に鋭い論点を提示している。著者の長年にわたってコミュニティ政策に携わった豊富な体験から導き出された国民国家と市民社会の緊張関係や政府とコミュニティの関係に関する知見がコミュニティをめぐる論点を豊かに切り出すものになっている。コミュニティに関する言説のみならずコミュニティを支えている基礎概念，例えばソーシャル・キャピタル（社会関係資本），ソーシャル・ネットワーク，ガバナンスとパートナーシップ，エンパワメントなどに関する多岐にわたる論者の言説や，コミュニティをめぐる諸問題を引き起こさせているグローバリゼーション，その結果としての社会的不利や社会的排除の影響についての所見を余すところなく論じている。

　著者のマリリン・テイラーのコミュニティ言説での立ち位置は，社会的排除や社会的差別に太刀打ちできないコミュニティにまつわる幻想や幻滅しかねない地域社会の衰退と崩壊を嘆く悲観論者でもなく，市民社会への期待と同じようにコミュニティが市民参加を促す希望と機会を内蔵させていると喜ぶ楽観主義者でもない．コミュニティが社会的に排除されがちな人たちを包摂しうる可能性を冷静に見極め，コミュニティをエンパワメントする社会的包摂の条件を探し出す現実主義者であるという研究者態度をとっている。

　市民社会が国民国家に取って代わるのでもないように，国家や行政にコミュニティが代わりうる存在として期待されるのではなく，コミュニティが国家や行政と公民パートナーシップを築くことができるのか，公共性や権力・権限を共有する途を模索する努力は続けなければならないと訴えている。グローバル時代の少子高齢化社会にある地方自治，地域再生，地域福祉を再考する上でも本書は示唆に富んでおり，安易に地域福祉システムを自助・互助・共助・公助として描きがちな研究者，行政職員や実践者にも基礎となるコミュニティを問い直させる好著である。

2016年10月

牧里毎治

日本語版への序文

　拙著（*Public Policy in the Community*）の日本語版の発刊にあたり，光栄に存じます。特に，翻訳書の完成に向けご尽力いただいた金川幸司教授はじめ，その他関係者の皆様に心より感謝申し上げます。

　本書の執筆にあたり，出版社から諸外国の読者を対象としたものとなるよう強い要望があった。しかし，諸外国の読者を対象として執筆する際には，ある国での政策や実践から学べる点が他の国でどのように伝わっていくのかという点が常に判断に迷うことの一つである。「第2版の序文」で執筆したように，権力やコミュニティに関する私の研究の洞察がイギリスの脈絡の中で発展しており，そして私の用いた理論はOECD諸国から生まれたものである。しかし，本書を翻訳しようとする関係者がいることにより，反響がこれらの諸国を超えていると信じられるようになっている。日本の読者の方々が，賛同してくださるだろうと願っている。グローバル化が進行していることから，様々な国々において，経済，社会，環境に関わるトレンドが収斂しやすくなっている。日本も，イギリスと同様に経済不況に苦しんでいる。また，寿命の延伸や家族ネットワークの崩壊により社会的ケアや医療の供給の需要が増加したり，持続可能性への挑戦や気候の変動への懸念があったり，21世紀の需要に応えられるような都市再生のニーズがあったりと，イギリスも日本も同様の問題に直面している。また，日本もイギリス同様に，政府の役割の縮小，市場への依存の拡大を伴いながら，福祉システムも抜本的な改革が行われている。しかし，歴史や文化の相違は，日本の政策立案者や市民による変革への応答が大きく異なっていることも意味する。

　それゆえ，おそらくイギリスの脈絡や本書がどのように影響を与えるのかということに関してもう少し述べることが重要であろう。私は，第二次世界大戦直後の生まれであり，当時イギリスに福祉国家が導入されたのである。私が成人を迎えた時には，国家が市民の医療や福祉の確保の責任を当然のように引き

受けており，当時は大学レベルの教育も無料であり，十分な雇用もあった。現在のイギリス政府が行っているような，国家によるサービス提供が個々の市民の責任を徐々に剥ぎ取っていくという考えを信じることができないし，私のこれまでの人生の中で，このように論じられる根拠があるとは間違いなく言えない。本書で示される価値は，この点が必ず根底にあるのである。

第3章で述べているように，イギリスのコミュニティ政策は，経済政策と同様に社会政策，環境政策といった一連の政策により形成されている。そこでは，場としてのコミュニティと同様に利害関心やアイデンティティに基づくコミュニティにも関心を寄せている。しかし，私が関わってきた研究の多くは，住宅の再生や再定住，都市再生や貧困削減といった場を基盤としたものであり続けている。一連の政府プログラムは，都市（そして時には田園地域）の特定の近隣でのデプリベーションや，その近隣の住民たちの社会的及び経済的排除の増大へと取り組んでいる。

同時に，本書では，アクティブ・シティズンシップを説明した理由でもあるが，地域コミュニティに対してより多くの権力を付与すること，そして自分たちの生活に影響のある政策や実践の形成により直接的に参加させることにも同様の関心を抱いている。「第2版の序文」で述べているように，これらの考え方が真の変革を創造し，21世紀の課題に取り組むことができると強く信じている。しかし，コミュニティの参加と権力の委譲には，多くの固有の課題がある。例えば，リーダーシップと広範な参加，多様性の認識と結束の促進，地方とグローバル，内部からのシステムの変革と外部から変革に挑むこと，といったこれらの点には大きな緊張が内在している。本書では，独自調査と幅広い文献をもとに，実践と理論を踏まえて，コミュニティというアジェンダの課題と可能性の双方に挑み，解明しようとする私の旅の到達点を述べている。日本の読者の皆さんが，私とこの旅を共有することを期待している。

2016年10月

マリリン・テイラー

第2版の序文

　"*Public Policy in the Community*"の初版を執筆していた頃には，コミュニティや，「ソーシャル・キャピタル」「市民社会」「参加」「エンパワメント」という考え方が，世界中の多くの国々の政策アジェンダの中心に取り込まれようとしていた。当時，一部には国家レベル及び国際レベルでの政策の新たな方向性を歓迎した人たちがいたが，これらの概念が真の意味で政策に取り入れられるまで待った方が良いと私は警告していた。結局のところ，過去にも同じ状況があったのである。私がコミュニティに関心を持ち始めたのは1970年代初頭であった。当時も，公共政策の領域において，コミュニティや参加という概念に大きな関心が寄せられていた。しかしながら，当時のコミュニティや参加への関心は，明らかに短命であった。1960年代には，コミュニティ・プログラムが華々しく取り入れられたが，1970年代にはそれらのプログラムが跡形もなく消滅してしまった。その後の市場の改革の中で，コミュニティが市場を下支えする手下となってしまったことは明らかであり，市場の改革とともに個人主義かつ消費者主義に重点を置いたアプローチを用いるようになっていったのである。

　おそらく私は悲観的過ぎたのであろう。初版の刊行以降，「コミュニティ」は世界中の政策の中で高い注目を保ち続けており，あらゆるイデオロギーを超えて支持を得ている。その当時私が論じたコミュニティ・ポートフォリオの中にあったその他の概念（市民社会，ソーシャル・キャピタル，ネットワーク，エンパワメント，参加）も政策論争の中でかなり重要なものであり続けている。しかし，初版の執筆の終わった2002年以降，コミュニティ政策や実践の状況は大きく変化している。第2版の執筆時には，長期にわたる経済成長が終わりを迎え，経済的な方向性の不確実性が続く中で，大不況を迎えている。また，9月11日の事件〔訳者加筆：2001年アメリカ同時多発テロ事件〕という大きな出来事が過去に発生した。それ以降，「テロとの戦い」の中で，市民の自由や市民の結束，宗教差別に関する関心が広がった。2002年当時には，アメリカ大統領選で，複数の人種

の血をひき，コミュニティ・オーガニゼーションの経験があったバラク・オバマが選出されることは全くもって考えられなかった。現在イギリス政府は5,000人のコミュニティ・オーガナイザーの養成を提案している。さらに，偉大なる可能性を秘めたウェブ2.0(1)が開発され，携帯電話の技術は，その後もますます進化していった。そして，2002年には，環境への懸念に重きをおいたにもかかわらず(2)，気候変動はなお専門家の懸念事項であり続けている。

その後，イギリスの主要な話題には，イングランド北部の人種に関する暴動が挙がり，そして，本書では，近年の児童性愛者に対するデモを結論の基礎とした。これらの特殊な出来事は，現在でもなお重要な問題であり，大規模な公共支出の削減がさらなる社会的動乱の引き金となる可能性があるものの，現在においては過去の出来事となりつつある。現在，2002年には比較的輝かしく，新たに登場した政策（例えば，近隣地区再生のための国家戦略）が最終段階にある。コミュニティに関する用語は変化し，進化している。「コミュニティのレジリエンス（community resilience）」や「ローカリズム（localism）」は現在流行の用語となっており，イングランドでは，新連立政権が「ビッグ・ソサエティ（Big Society）」への期待を高めている。世界的には，2002年以降，北半球の国々のコミュニティ政策の擁護者たちは，南半球の国々から多くを学べることを発見している。参加型予算（最初はブラジルで開発されたモデル）は，イギリスだけでなく，ヨーロッパ諸国でも広まっている。しかしながら，グローバルな経済危機が進行する中で，恵まれないコミュニティのためのコミュニティ・プログラムやサービスへの公共投資が大きな危機を迎えながら，コミュニティという概念を用いる脈絡が再び変化している。

初版の序文で述べたように，本書はオデッセイ（長い旅路）として説明される。すなわち，40年以上にわたる体験や討論，書籍から，コミュニティと権力（パワー）の複雑性を調べていく旅なのである。初版で述べたように，この旅は，多様な方向性から検討している。私はイギリスのニュータウンで育った。そこは，コミュニティを構築することがいかに難しいかを証明するような人工的に作られた「コミュニティ」であった。1970年代と1980年代には，私は，コミュニティ開発の領域において，調査及び政策分析の担当者としての仕事を行った。同時に，ロンドンの公営住宅地区の住民としての「実務」にも携わった。この地

域では，当時いくつかの手法で進められていた地方自治体と地域コミュニティ組織間のパートナーシップに参加するとともに，コミュニティ活動にも積極的に参加した。1990年代以降は，私は研究者となったが，当時はコミュニティ・エンパワメントの領域における概念の世界と実践の世界との橋渡しを行おうとする人たちがますます増えていった時代でもある。

　初版では，長きにわたる経験と実践から学んだすべてのことを盛り込んだ。しかし，2002年以降，研究の幅を広げ，その後に私が検討した概念についても多く取り入れた。より多くの理論に関する研究を取り入れており，パートナーシップ活動とともに，コミュニティ政策と実践に関わる到達点と課題をさらに明らかにした。独自の概念や調査をより進め（特に権力に関連して），イギリス内外から新たな実証研究のデータも集めた。初版で強調した課題，特に多様性に関する課題をより深く検討していく必要性にも気づかされた。

　第2版の執筆に際しては，初版の構成を可能な限り維持しようとしたが，必要に応じて議論を発展させている。しかし，全くの新作本にしないままに，多くのことを刷新させることは極めて難しい作業であった。変化の速度が早く，2002年に注目度の高かった用語が現在では時代遅れであったり，政策に関しても，当時注目されていたものが新しい政策に変化している。しかしながら，社会的排除に対するコミュニティ・アプローチは，なお必要とされ続けている。私の友人が言うところによると，近頃の若手研究者たちは3年前の文献はもはや読まないらしい。アメリカの哲学者ジョージ・サンタヤーナは的確に次のように述べている。「過去を思い出さない人たちは，過去を繰り返す運命になるのである」。そのため本書では多くの新しい文献を取り入れながらも，過去に刺激を与えられた多くの研究や文献を取り入れるという信念を持ち続けている。

　最後に，謝辞の欄に記載した方以外にも，次のような多くの方々に感謝の意を示したい。2002年以降の調査事業に関わってくれた様々な仲間たちである。ジョー・ホワード，デリック・パデュー，マンディー・ウィルソンは特別な存在である。彼らは，本書で言及している多くの研究の仲間である。また，次の皆さんにも感謝の意を示したい。ジョセフ・ラウントリー財団のジョン・ローには支えていただいた。ボランタリー活動調査機関のベン・ケアンズや職員の皆さんには新たな第二の家のように，温かく迎えていただいた。カール・ミロ

フスキーは常に質問に喜んで答えてくださり，関連する研究に関わらせていただいた。チャリー・ミラーとその同僚たちは，コミュニティ・ディベロップメント・ジャーナルの編集者たちである。ジョン・リーバーは，特にニック・クロスリーの研究やフーコーやブルデューに関する様々な有意義なテキストを紹介してくださった。パラグライブ・マックミラン社の職員の方々にも，第2版の編集を支援していただいたことに，感謝の意を示したい。

　第2版の序文は，2011年に執筆している。その後，イギリスの状況は大きく変化してきている。とりわけ，2015年に保守党・自由党連立政権から転換した保守党政権は，財政の緊縮化と民営化をさらに進めることによる新自由主義的アジェンダの促進に傾倒している。このことは，恵まれないコミュニティ，コミュニティ開発，そしてコミュニティ開発のインフラにとりわけ深刻な影響をもたらしている。例えば，イングランドのコミュニティ開発を支えてきた全国的な組織の多くが，現在閉鎖してきているのである。それゆえ，イギリスの脈絡における議論は，この点を心にとめて，読み解かなければならないのである。[3]

2011年2月

ブリストルにて
マリリン・テイラー

訳注
(1) ウェブ2.0とは，2000年代中頃以降における，ウェブの新しい利用法を指す用語である。主に情報の流れの変化を示す用語であり，複数の人たちと同時に情報のやり取りを行えるウェブ状態のことである。
(2) 2002年には，持続可能な開発に関する世界首脳会議（World Summit on Sustainable Development）が開催されている。
(3) この段落は，日本語版の出版にあたり，テイラー氏から追加の依頼があったものである（2016年12月）。

謝　　辞

　本書は，個人的な旅として記述しているが，長年にわたり共に活動してきた多くの人たちの協力の賜物であり，彼らとの多くの対話を反映させているものである。特に，この旅を始めさせていただいたエール・ケステンバウムとブライアン・サイモンズ，1970年代と1980年代に勤務したコミュニティ開発財団と全国ボランタリー組織協議会（NCVO）の同僚たち，キングス・クロスのコミュニティ活動家の皆さん，私が長年にわたり実施した調査に参加し，彼らの学びや考え方を共有していただいたコミュニティの多くの人たちには，心から感謝しており，お礼を申し上げたい。続いて，ここで用いられている多くの研究を支援してくださり，多くの恩恵を賜ったジョセフ・ラウントリー財団，ブリストルの先端都市研究学校で共に活動を行ったマレー・ステュワート，ルーシー・ガスター，ポール・ホゲット，ロビン・ハンブルトン，ジュリアン・ル・グラン，私に述べるべきことがあると促してくださったペリー６，最終原稿に価値ある指摘をしてくださったコミュニティ開発雑誌の委員会の私の同僚たち，特にゲーリー・クレイグとメアリ・メイヨにも心から感謝しており，お礼を申し上げたい。本書の中で他の同僚たちと実施した調査結果も使用しており，すでにご紹介した方々とともに，デニー・バーンズ，スーリア・モンロー，リンダ・セイモア，ダイアナ・ウォーバートン，ミック・ウィルキンソンは，本書の研究に多大な貢献をしていただき，お礼を申し上げたい。第２版のために謝辞を述べたい近年の関わりがあった人たちは，本書の序文に記している。

　本書では，過去に他の書物に掲載された資料を使用している。特に，ポリシー・プレス社，ジョセフ・ラウントリー財団，コミュニティ開発財団，シーガル・クウィンス・ウィックスティード社（SQW）のものがある。また，アーバン・スタディーズ（*Urban Studies* 2007）やジャーナル・オブ・シビル・ソサエティ（*Journal of Civil Society* 2010）のために執筆した論文も使用している。同様に，アッシュゲートの発行した「都市ガバナンス，制度的能力，社会的環境（*Urban*

Governance, Institutional Capacity and Social Milieux)」(Cars et al. 2002) とスプリンガーの発行した「コミュニティ運動と地域組織ハンドブック（Handbook of Community Movements and Local Organizations）」(Cnaan and Milofsky 2007) という２つの雑誌に投稿している章もある。著者と発行社に対しても，著作権資料の使用を許可いただいたことをお礼申し上げたい。ポリシー・プレス社に対しては，143頁の表7-2，147頁の図7-1，226頁の「10-2　組織化への道としての学習」の資料の使用許可をいただいた。ジョセフ・ラウントリー財団には，103頁の図6-1の使用許可をいただいた。テイラー・アンド・フランシス社（http://www.informaworld.com）には，108頁の図6-2の使用許可をいただいた。コミュニティ開発財団には，106頁の「6-2　スティグマ」の資料の使用許可をいただいた。アースキャン・パブリケーション社には，167頁の図8-1の使用許可をいただいた。テイラー・アンド・フランシス社には，177頁の表8-2の使用許可をいただいた。ジョン・ガヴェンタには，180頁の図8-2の使用許可をいただいた。キングス・ファンドには，323頁の図13-1の使用許可をいただいた。そして，ローカル・ガバナンス・イノベーション・アンド・ディベロップメント社には，329頁の図13-2の使用許可をいただいた。また，囲み記事に掲載した事例研究に自分たちの経験を使用させていただいた次の方々にお礼を申し上げたい。「10-6　イギリスにおける場所づくり」と「11-4　住民活動への専門家の参加――イギリスのイースト・ブライトンでの近隣マネジメント」のイースト・ブライトンのコミュニティ・ニューディール，「10-6　イギリスにおける場所づくり」のキャピタル・アクション，「11-1　ロンドンのコミュニティ・ビジネス――権利侵害に対する応答」のコイン・ストリート・コミュニティ・ビルダーズ，「11-3　立法演劇」のノヴァス・スカーマン，「11-5　ウィスコンシン州での対話と熟議」のジョン・ガヴェンタ，「12-2　ジプシーや漂泊民との協働――小さな端緒から」と「12-4　リーダーシップの広まり」のヨークシャー・アンド・ハンバー・エンパワメント・パートナーシップ，「12-3　北アイルランドにおける平和と和解」のニック・アチェソン，「12-6　社会資産」のカール・ミロソフスキー，である。すべての著作権保有者に確認をとるよう努力をしてきたが，もし不注意にも欠けている点があれば，出版社から，早急に必要な調整が行われるであろう。

謝　辞

　もちろん，サード・セクターの領域で長年同僚でいてくださった方々や，現在のブライトン・アンド・ホーブの同僚たちだけでなく，その他の多くの方々に感謝申し上げたい。ピーター・アンブローズは，コミュニティ参加を促すべきであるという価値にしっかりとした視点を置き続けさせてくれながら，近年に大きな刺激を与えてくださった方である。また，メアリー・ジョコブとテッサ・パークス（私が近年，エンパワメントの研究を進めることに携わっていただいた大学院生の研究者）とリズ・カニンガム（参加型の調査の領域において，最新の文献や動向を継続的に提供していただいた）にもお礼を述べたい。ジョン・ガヴェンタとジュリエット・メリフィールドとの11時間にも及ぶ対談では，ここで取り扱っている問題の国際的な関係性の視点をもたらしていただいた点で特に有意義であった。国際的な領域では，ラルフ・クレーマー，カール・ミロフスキー，レスター・サラモンに対しても感謝を述べたい。彼らは長年にわたり幅広い視点を与えてくれており，私に大きな貢献ができる能力があると自信を与えてくださり，プロジェクトを当初の想定よりも大きな志のあるものに転換させる方法に計り知れないほどの現実的な助言をしていただいた。最後に，出版者であるスティブン・ケネディーには，支援をいただくとともに，私が都合で，様々な要望を出すことに耐えていただき，感謝申し上げたい。

注：この謝辞は，主に初版に関連している。ただし，発刊するにあたり改めて許可を得ている。追加の同僚への謝辞は，第2版の序文に記載している。

目　次

監訳者まえがき
日本語版への序文
第２版の序文
謝　辞

第１章　コミュニティ——その探求に向けて ……………………………………… 1

第２章　変わりゆく「コミュニティ」の運命 ……………………………………… 9
1　コミュニティの喪失 ……………………………………………………………… 9
2　コミュニティの再生 …………………………………………………………… 13
（１）　福祉需要の急速な増加　14
（２）　道徳的な団結と責任の崩壊　15
（３）　民主主義と政治的正統性の崩壊　15
（４）　不確実性の高まり　17
（５）　気候変動と持続可能な開発　17
3　コミュニティは期待に応えられるのか …………………………………… 19
（１）　楽観的なシナリオ　19
（２）　悲観的なシナリオ　20
（３）　現実主義的なシナリオ　21

第３章　コミュニティにおける政策と実践 …………………………………… 23
1　コミュニティの失敗 …………………………………………………………… 25
（１）　スキルと能力の開発　25
（２）　コミュニティの再生　26
2　システムの失敗 ………………………………………………………………… 31
（１）　システムをよりよく機能させる　31

　　　　（2）　コミュニティ・マネジメント　35
　3　構造的な失敗と経済的な失敗 ……………………………………………… 36
　　　　（1）　構造転換　36
　　　　（2）　経済を改善する　40
　4　政府の失敗 ………………………………………………………………… 43
　　　　（1）　市場への接近　43
　　　　（2）　ガバメントからガバナンスへ　44
　5　地域を限定した政策（area-based policy）………………………………… 45
　6　考　　察 …………………………………………………………………… 47

第4章　コミュニティをめぐる理念 ……………………………………………… 49

　1　コミュニティ ……………………………………………………………… 49
　　　　（1）　記述的なコミュニティ　50
　　　　（2）　規範的なコミュニティ　52
　　　　（3）　道具的なコミュニティ　54
　2　コミュニタリアニズム …………………………………………………… 56
　3　ソーシャル・キャピタル ………………………………………………… 58
　4　市民社会 …………………………………………………………………… 62
　5　互　恵　性 ………………………………………………………………… 66
　6　ネットワーク ……………………………………………………………… 68
　7　信頼とインフォーマル性 ………………………………………………… 70
　8　考　　察 …………………………………………………………………… 72

第5章　コミュニティの矛盾 ……………………………………………………… 73

　1　コミュニティとコミュニタリアニズム ………………………………… 73
　　　　（1）　負の側面　73
　　　　（2）　現代の生活　77
　　　　（3）　非現実的な期待　78
　2　ソーシャル・キャピタル ………………………………………………… 80

（1）　曖　昧　さ　80
　　　（2）　規範的概念としてのソーシャル・キャピタル　81
　　　（3）　ソーシャル・キャピタルはガバナンスを改善するのか　83
　3　市民社会 ·· 86
　4　互恵性とインフォーマル性，ネットワーク ······································· 90
　5　考　　察 ·· 93

第6章　コミュニティは貧困問題を解決できるのか ························· 97
　1　貧困と社会的排除 ·· 98
　　　（1）　社会的排除の概念　98
　　　（2）　社会的排除の機能　102
　　　（3）　悪循環する排除　105
　2　貧困はコミュニティで解決できるのか ·· 109
　　　（1）　コミュニティは失われているのか　110
　　　（2）　参加への障壁　114
　3　考　　察 ··· 124

第7章　権力とエンパワメント ··· 127
　1　権力の理解の仕方 ··· 128
　　　（1）　権力の保有者　128
　　　（2）　権力はどのように発動されるのか　129
　2　エンパワメントの可能性 ·· 137
　3　エンパワメントへの道筋 ·· 140
　　　（1）　個人的な事象の政治化　140
　　　（2）　市場主義か民主主義か　143
　　　（3）　権利，責任及びシティズンシップ　147
　4　考　　察 ··· 154

第8章　政策過程の権力 ·· 157
　1　誰が政策を決定するのか ·· 157

2　政策はどのようにして作られるのか……………………………160
　　3　ガバメントからガバナンスへ………………………………162
　　4　対話型の国家……………………………………………168
　　　（1）協議民主主義　169
　　　（2）パートナーシップ　171
　　5　エンパワメントの枠組み…………………………………175
　　6　考　　察…………………………………………………180

第9章　エンパワメントを経験する……………………………183
　　1　みせかけ，それとも機会の窓……………………………183
　　2　ゲームのルール…………………………………………185
　　　（1）我々がプレイしているゲームは何か　186
　　　（2）どのようにプレイするか　189
　　　（3）誰がプレイするのか　200
　　　（4）ダイスは初めから仕組まれている　205
　　　（5）我々は正しいゲームのなかにいるのか　208
　　3　そもそも我々はこのゲームに参加し続けるべきだろうか…………210
　　4　考　　察…………………………………………………213

第10章　コミュニティの再生……………………………………217
　　1　コミュニティの力の解放…………………………………218
　　　（1）コミュニティの学習　220
　　　（2）ネットワークの構築と組織化　226
　　　（3）参加経路の多様性　232
　　　（4）時間・資源・支援　237
　　2　コミュニティにおける設計………………………………238
　　　（1）物質的な改善　240
　　　（2）住民の構成比の変更　241
　　　（3）「浸透性のある場所」の創造　242
　　3　考　　察…………………………………………………243

目　次

第11章　権力の再生 … 245
1. 生産者や共同生産者としてのコミュニティ … 245
2. 政策立案者としてのコミュニティ … 256
   - （1）新たな機会を最大化させる　256
   - （2）代替空間　265
3. 考　察 … 273

第12章　コミュニティの課題 … 277
1. 結束と多様性の調和 … 277
2. リーダーシップ・参加・代表の調和 … 285
3. ネットワークの拡大 … 294
4. 内部か外部か … 300
5. 考　察 … 304

第13章　制度面の課題 … 307
1. 人を変える … 308
   - （1）障害を理解する　308
   - （2）インセンティブ　311
   - （3）客観的事実と「優良事例」　312
   - （4）手順書　313
   - （5）能　力　314
2. 文化を変える … 316
   - （1）縦割り気質　316
   - （2）リスク　317
   - （3）コンセンサスを超えて　319
3. 構造を変える … 321
4. 国家の再構築はあるのか … 328
   - （1）国家の役割　328
   - （2）バランスをうまくとること　333
5. 考　察 … 335

第14章　コミュニティ・エンパワメント──虚構か現実か……337

1　グローバル世界…………337
2　コミュニティは期待に応えられるか…………339
3　悲観主義者・楽観主義者・現実主義者…………344
　（1）　悲観主義的シナリオ　344
　（2）　楽観主義的シナリオ　348
　（3）　現実主義的シナリオ　349
4　現実主義を機能させる…………351
　（1）　権　力　352
　（2）　コミュニティ　355
　（3）　制度的ジレンマ　357
　（4）　妥協点を見出す　359

参考文献
監訳者あとがき
索　引

第1章　コミュニティ
―― その探求に向けて

　ある社会で何が重視されているのかは，政府の文章に繰り返し使われている言葉から学ぶことができる。こうした言葉は，社会をリードしていく人たちにとっては必須の用語となっており，それに精通しているか否かによって，専門家とそれ以外の者が区別される。1980年代には，それらの言葉はマーケット用語であった。社会生活のあらゆる場で成功をおさめたい人たちは，それらのマーケット用語を学ぶためにビジネス・スクールに通った。あらゆる組織が自分たちの「経営理念」を獲得した。そして，劣悪な公共サービスに辟易していた人たちはもちろんのこと，何らかの給付を受けており，多くの選択を行う立場になかった人たちでさえ，すぐさま「顧客」と呼ばれるようになった。公共セクターのサービスは「アウトソーシング」され，官僚制は「ダウンサイジング」され，各行政省庁は「コストセンター」となった。公共経営に対する新しいアプローチが開発されたことにより，最重要課題は「成果」と「効率」に置き換えられることとなった。

　しかしながら，1990年代には，コミュニティや市民社会，参加やエンパワメントに関わる新しい言葉や，これらに関連する概念として「コミュニタリアニズム」や「ソーシャル・キャピタル」「ネットワーク」「社会的経済」「市民参加」などが登場し始めた。なかでも，エツィオーニのコミュニタリアン宣言は，何よりも主導的な政治家たちや団体からの注目を集めた。その後間もなく，ロバート・パットナムは，「ソーシャル・キャピタル」の概念を普及させ，ことのほか世界銀行の関心をひいた。1990年代末の国連の文書には以下のように記されている。

　　「ソーシャル・キャピタルという概念ほど迅速に社会的論議の共通語に加わった学術的概念は，他には思いつかないだろう。学術誌がこの概念を議論するための特集を熱心に組んでいるだけではなく，ジャーナリストは

┌── 1-1　コミュニティ主導型開発（Community Driven Development：CDD）──┐
│　　コミュニティ主導型開発は，参加型の意思決定や地方の能力構築，コミュニティ
│　による資源のコントロールを支持する開発アプローチである。このアプローチには
│　重要な柱として次の5つがある。
│　　・コミュニティ・エンパワメント
│　　・地方政府のエンパワメント
│　　・中央機関の再編
│　　・アカウンタビリティと透明性
│　　・実践によって学ぶ学習（learning by doing）
│　　これらの柱があることによって，CDDアプローチはコミュニティを動員し，維
│　持可能なものとして，広範囲に影響を与えることが可能である。そして，コミュニ
│　ティにそれら自身の発展のための代理人となるよう諸々のツールを与えることもで
│　きるのである。
│　　CDDに対する支持は常々，以下のようなことを意味している。
│　　・コミュニティ集団の能力を構築すること。
│　　・政策や制度改革（分権化やセクター政治など）を通して環境づくり（an
│　　　enabling environment）を促進すること。
│　　・コミュニティ基盤型組織と地方政府との間に築き上げられた緊密なつながりを
│　　　含め，地方ガバナンスにおける関係性を強調すること。
│　出所：World Bank (2010a).
└─────────────────────────────────────

この概念を頻繁に口にしており，政治家はこの概念に対して敬意を払っている。」（Dasgupta and Serageldin 1999）

これと同時に，ベルリンの壁の崩壊後，「市民社会」概念が再発見された。この概念は当初，国家に対する代替的な選択肢として推奨されていた。しかし，1990年代の後半になると識者たちはこの概念を市場に対する代替的な選択肢としても捉えるようになった。同様に，世界銀行と国際通貨基金は各国に債務緩和の要件として，コミュニティの参加を求めはじめ，「市場の成功の鍵となる，草の根の住民たちのエネルギーと情熱を取り入れることの必要性」（Salamon 1995：257）を強調した。この動きは，ソーシャル・キャピタルや自助，コミュニティの参加といった一連の代表的な新規事業の立ち上げへとつながった（例えば，「1-1　コミュニティ主導型開発（Community Driven Development：CDD）」参照）。

コーンウォールとコエーリョが参加に関する著書で論じているところによれば，「先の10年間は民衆，なかでも『貧しい人々』がしだいに声を獲得していく時代となった」（Cornwall and Coelho 2004：4）。

　もちろん，決してマーケット用語が姿を消してしまったわけではない。しかし，近年，「コミュニティ」が再発見されたことで，多くの人々は勇気づけられている。それらの人々はこれまで，市場が助長してきた個人主義や競争，構造調整政策の支配，そして社会的な問題よりも経済を優先してきたことに対して絶望させられてきた。そういった市場優位の時代が終わりを告げ，世界中の政策立案者と学者たちが，社会的，経済的，政治的排除を克服するために必要な個々人のスキルや財政的資源に加えて，「ソーシャル・キャピタル」に投資する必要性に関心を払っていることに我々は勇気づけられている。同じく，20世紀の左右のイデオロギー論争のなかでは見失われがちであった国家と市場の間の領域に対しての認識が世界中に広がっていることも，我々を勇気づけてくれる。社会的企業に対しても，しだいに一般企業なみの注目が集まるようになった。これによって，市場によって定められた価値と社会正義に関わる価値との間に生じた溝に，橋渡しが行われる可能性がもたらされた。事実，2009年にエリノア・オストロム[1]が「コモンズ」についての有名な著書でノーベル経済学賞を受賞したことは，1980年代の新自由主義経済の覇権が少なくとも弱まっていることを裏づけている。アメリカのホワイトハウスは，コミュニティ・オーガナイザーとしての経歴の持ち主を大統領に迎えているし[2]，イギリスでも中道右派の連立政権が，コミュニティや権限の委譲，互恵主義を唱えるビッグ・ソサエティ構想に着手している。また，世界銀行から世界中の地方自治体に至るまで，世界中の多くの場所でコミュニティ・エンパワメントと参加が強調されるようになっている。これによって，市場至上主義や権威主義的な国家がこれまで社会の片隅にまで追いやり，口を封じてきた人たちにも，発言の機会が与えられる可能性がある。

　コミュニティという言葉のこのような広い普及には，大きく期待していいだろう。しかしながら，同時にこの言葉は，かなり通俗的な言葉でもあり，イデオロギーの大きな違いを超えて用いられているという点に注意が喚起されてもいる。コミュニティという言葉は，文脈によっては，まるで経済的な衰退や，

深刻な非難を招いてきた社会の断片化といった断層を覆い隠すための「安易な (spray-on)」解決方法であるかのように，頻繁に，しかも各々異なる意味合いなのに，お互いに置き換えられるような形で用いられている。そしてまた，私たちが暮らしているグローバルな社会の複雑性について，多くのことを指し示すことができるような一連の理念の価値は，この言葉によって貶められようとしている。さらにこういった一連の理念には，かなりの複雑さと矛盾があることにも，この言葉は無頓着なのである。コミュニティ・エンパワメントという言葉もまた，しばしば実際の権力の問題をつかみ切れていない。一握りの人たちが他の人たちに力を与えることができるなどとは，何かしら奇妙な考え方ではないだろうか。財政支出の厳しい削減という環境にある多くの国々でコミュニティという用語が政策上強調されているのは，社会正義と市民福祉を国家が保障すべきではないとする一連の流れを言い換えたものに過ぎない，と憂慮している人も多い。

　この分野での40年近くになる経験をもつ者として，今でも私は，これらコミュニティに関する概念が，世界中の多くの人たちの周辺化を解決する上での，真の永続的な変化をもたらす可能性を秘めていると確信している。しかしながら，私はこうも信じている。すなわち，「コミュニティ」概念やこれをめぐる理念は，これらの概念や内なる矛盾，逆説についてしっかりと理解した上で使われた時，はじめてそれらをめぐる約束や期待に応えることができるのである。このような理解をコミュニティ自身の手によって，また，地球上の南北の経験，そしてコミュニティや権力に関する理論，過去の経験や抱負，現在の努力や希望との間での継続的な対話を通して，浸透させていく必要がある。

　1990年代の半ば，マレー・ステュワートと私はジョセフ・ラウントリー財団のためにイギリス内外におけるコミュニティ・エンパワメントの経験について検討した (Stewart and Taylor 1995)。その際，私たちは過去から，そして「何度も繰り返してきた失敗 (reinvent the wheel)」から学ぶために，政府やその他の失敗について触れた。その後，世界中でコミュニティや参加に再び関心が寄せられているが，まさにこれは過去の経験の上に積み重ねて，さらに前進する真の機会なのかもしれない。本書はそれ故，過去から現在，そして未来に向けたコミュニティの可能性の探究の旅である。本書の一部では，コミュニティの概念

第1章　コミュニティ

が新しい政治的環境に何を提示しうるのか確かめるために，この概念に関する40年余りの歴史や議論について改めて概観し，再検討している。また，他の部分では，最近の議論について探求し，それらが今のこの時代に「変化を生み出す」可能性について検討している。そこで問われるのは，以下のことである。すなわち，近年の政治や討議の場におけるコミュニティ概念をめぐる盛況ぶりには，はたして象徴的な意味合い以上のものがあるのか。また，「コミュニティ」をめぐる政治や実践には，はたして国家や市場だけではできなかったことを成し遂げる力があるのだろうか。すなわち，社会における力のバランスを変え，排除や二極化を解消し，世界の最も貧しい市民たちの生活の質を持続可能な形で改善していく可能性があるのだろうか。以上のような問いについて検討していくなかで，私と同僚たちが過去何年かにわたって公表した業績だけでなく，コミュニティの可能性を理解する上で有用であると考えられる幅広い理論と経験を活用していく。

　私の研究はイギリスから始まった。しかし，各国間や，各コミュニティ間には明らかな違いがある。というのも，それらには経済的な背景の違いに加えて，政治的な構造や慣習にも違いがあるためである。一方，各国に共通するテーマが存在し，様々に異なる慣習を横断する学びの可能性があるのも明らかである。私の学究の旅に灯りをともしてくれたのは，国際的な討議で意見が交わされたテーマや問題，他の国の研究者や実践者との私的な会話，そして世界中の文献であった。また，本書が対象としているのは，北半球にある国々（global North）だとか，先進国だとか，OECD 諸国や先進資本主義諸国などと様々に呼ばれている国々の読者である。一方，先進国では，その他の世界から学ぶことも必要だという認識も高まっている。よって，この本では時折，途上国における効果的なコミュニティ政策や実践についての最も有名な事例を，そういった研究が行われた文脈を意識した上で挙げている。

　まず手始めに第2章では，近年に至る「コミュニティ」概念の繁栄の軌跡を辿り，なぜこの概念が世界中の政策当局者の心を摑んできたのか吟味する。ここで私が設定しているのは，楽観的，悲観的，現実的という3つのシナリオである。第3章では，「コミュニティ」概念の過去40年間にわたる政策のなかでの用いられ方について探求する。そこでは，コミュニティ政策の背景にある様々

な前提を探り,コミュニティが演じることを期待されている多様な役割について検討し,様々なコミュニティ介入の形態について,それらの論理的根拠を探る。第4章と第5章では,いったん立ち止まって,コミュニティやソーシャル・キャピタル,市民社会やそれらの関連概念をまとめ上げている一連の理念について,その内容を詳しく検討する。すなわちここでは,それらの理念の両義性や,それらが示す可能性,避けるべき欠陥,それらが示す課題についての検討が行われる。第6章では,貧困及び社会的排除対策に取り組む上でのこれらの理念の妥当性について,より詳細に検討する。

　第7章と第8章,そして第9章では,権力や参加の概念,そしてエンパワメント概念の類似性について取り上げる。第7章では,権力やエンパワメントを理解するための様々な方法について検討している。他方で第8章では,政策プロセスや近年開かれている新しい政治的機会,そしてそれらにおけるエンパワメント・レベルの測定のための枠組みについて,より詳細に考察した。第9章では,コミュニティ・エンパワメントに関する政策や事業が過去40年間にわたって直面してきた課題や,解決しておくべきであった緊張について探る。

　第10章と第11章では,それまでの6つの章で明らかにした課題について取り上げる。この2つの章では,排除に取り組むための戦略や,参加とエンパワメントの政策を機能させるための戦略を構成する要素について提示した。第12章と第13章では,コミュニティ・ワークやパートナーシップに内在する矛盾や緊張,そしてそれらに対処する方法について,より詳しく議論する。

　最後の章では,コミュニティ・エンパワメントと参加の展望について考察する。そして,コミュニティ・エンパワメントと参加を促進するための諸政策がどれだけ変化のための真の持続可能な機会を提示しているのか検討する。そして,第2章で設定した悲観的,楽観的,現実的なシナリオについて,本文で示した論拠に基づいて再検討する。最後に,経済的な変化によって社会的な周辺に追いやられ,排除されているコミュニティの資源が,21世紀の問題に対する持続的な解決方法の探求に十分な貢献を行うものとするために,なおも取り組む必要のある課題について精査することで,本書は締めくくられる。

　コミュニティへの介入について論じられる際には,数多くの用語が用いられてきたが,それらはしばしば,国や領域によって異なるものを意味しているこ

ともある。そのため，本書で用いる用語についてもかなり悩むことになった。本書では，コミュニティ政策（community policy）とコミュニティ実践（community practice）という用語を，コミュニティに対する政策と介入，必要に応じてコミュニティのなかで生まれてくるアクションを意味する言葉として用いることにした。また，私が焦点を置いているのは，社会的に恵まれず，排除されているコミュニティに住む人々に対し，社会正義とより良い生活の質を実現すべく支援するような政策である。さらに本書は，一貫して，政策の主体としての「コミュニティ」と，政策の対象としての「コミュニティ」の双方に触れている。そうすることで，著者が批判の対象になることはわかっている。つまり，当の私がコミュニティという言葉を他者のように広い意味で用いているという批判である。しかし，他に代わりとなる適切な言葉がないため，本書ではこの言葉を純粋に記述的な意味で使うことにする。すなわち，集合行為を行ったり，政策の対象となったり，あるいは政策の潜在的な受益者となる人々の，集まる場や利益関心，アイデンティティという意味でのコミュニティである。

　一連の用語でもう一つ正当化を要すると思われるのは，先進国や途上国と（「第三世界」とさえ）呼ばれてきた世界について説明する際に，本書が「北半球にある国々と南半球にある国々（global North and global South）」という言葉を使用していることであろう。富める国々と貧しき国々が，都合よく赤道の北と南にグループ化されているわけではないことは承知している。例えば，オーストラリアやニュージーランドは赤道の南にあるが，まさしく先進諸国と呼ばれてきた世界を構成している。また，コミュニティの政治や政策に影響を与える国内の問題が，南北ではかなり異なっていることも承知している。しかし，北半球にある国々という用語や，南半球にある国々という用語は，私が開発学的な視点から描いた文章になじんでいる表現である。また，こういった表現には規範的な意味合いもほとんど込められていないように思えるのである。

訳注
(1)　アメリカの経済学者でインディアナ大学教授。市場経済におけるコミュニティの役割を強調した独自の議論を展開し，2009年にオリバー・ウィリアムソンとともにノーベル経済学賞を受賞した。なお，女性としては初めての同賞受賞者である。

⑵ アメリカ第44代大統領バラク・オバマ (1961〜)。なお，同大統領は20代半ばにシカゴで約3年間，教会による地域振興事業の管理者を務めた経験がある。

第2章　変わりゆく「コミュニティ」の運命

　1960年代の意気揚々としていた頃には,「コミュニティ」や「エンパワメント」に関して楽観的であることができた。北半球の国々では,市民権運動や平和運動,女性解放運動が,戦後合意に挑戦していた時代であった。他方,鉄のカーテンの背後では,1968年に「プラハの春」が起こり,ソビエト型全体主義に対するつかの間の反抗が生じていた時代でもあった。北半球の各国政府は,アメリカの「貧困との戦い」(1)や,イギリスの全国コミュニティ開発事業(National Community Development Project)のようなプログラムを導入し,福祉国家が発展し,経済が成長したにもかかわらず,しぶとく残っていた貧困や疎外の問題に取り組んでいた。このように,変化の気配が広まっていた時代であった。

1　コミュニティの喪失

　しかしながら,このような新しい変化の兆しは短命に終わってしまった。1970年代半ばの石油危機は不況を誘発し,これに伴う失業の増加と公的支出の削減をもたらした。ソビエト陣営では,プラハの春が無慈悲にも鎮圧されてしまった。共産陣営の外側では,多くの国々で国家による福祉への不満が高まり,市場に基盤をおいた福祉という新自由主義のイデオロギーを急速に押し進めるための豊かな下地をもたらすこととなった。コミュニティ開発プログラムを進めてきた政府の主催者たちは,コミュニティの反応が予想以上に急進的なものだとわかり,手痛い目にあうこととなった(Marris and Rein 1967 ; Moynihan 1969 ; Loney 1983 ; Lawrence 2007)。よって,彼らはコミュニティ以外の解決策を模索するようになった。途上国では,構造調整策によって,国家福祉が経済成長に従属させられたために,市場が北半球の国々にもたらしてきた二極化や権利の剥奪,社会的分裂の増大が,地球規模で再び生み出されることとなった。

　国家レベルでは,これらの発展は,急進右派政権の力の増大に影響を与えた。

例えば、イギリスでのサッチャリズムやアメリカでのレーガノミクスの大躍進が挙げられよう。どちらの政権も、国家の役割を縮小することを約束していた。しかし、こういった傾向は全国民的なものではなかった。例えばイギリス内では、大都市の当局を権力基盤にした「新都市左派(new urban left)」からの抵抗が起こった。こういった新左派は、マーガレット・サッチャー政権から主導権を奪還するための戦略の一環として、コミュニティ実践に資金を供給し、促進し続けた。しかし、こういった抵抗の余地は、1980年代が進むにつれてますます小さくなった。これは地球全体の多くの国々に影響を与えた傾向に起因していた。すなわち、この傾向とは、公共支出の削減と、サービスの民営化(もしくは外部委託化)と、ますます増えつつあった非公選の準政府組織(quangos：半自立的な非政府の組織)に対する国家及び地方レベルでの国家機能の移譲とを組み合わせたものである。後者の準政府組織の導入については、イギリスでは特に、民主的に選出された地方自治体の権力が及ぶのを避けるために用いられた。

「コミュニティ」への関心は完全に死に絶えた訳ではなかったものの、ますます他の政策課題に従属するようになった。ごく一般的なことだが、新自由主義の辞書ではコミュニティは自助という意味で解釈されており、代表的な右派の思想家たちが国家への過度の依存として捉えているものを肩代わりすることができるものとされていた。コミュニティ・オーガニゼーションもまた、国家によるサービス供給にとって替わる可能性を持つものであり、消費者のニーズによりよく応えることができるものと捉えられていた。

福祉の提供におけるこの新しい多元主義は、ボランタリー・非営利セクターに関係していた一部の人たちが何年にも渡って論じてきたものであった。それはまた、コミュニティ内の人たちに、自らのサービスを管理する機会を与える可能性を持ってもいた。しかしながら、多くの論者はそのような発展についてはもっと批判的な見方をしていた。個々の市民の権利よりも責任が強調され、公共支出への圧力が増していく風潮のなか、批評家たちは、コミュニティが費用削減のために、そして国家をそれ自体の責任から解放するために利用されていると主張した。コミュニティに求められているのは、自助を装いながら、構造調整と新しい市場政策の後始末をすることであると彼らは論じた。福祉サービス供給が国家以外の供給者(民間セクターに加えてボランタリー団体やコミュニテ

ィ団体）に「委託」されると，多くの人々は，そういった団体が政府の道具もしくは代用品になりはしまいかとの懸念を抱いた。以下に見るように，これは南北を越えた懸念であった。

> 「NGOには，政府が資源に欠き，健康や教育を普遍的に保障できない国々で，貧困層に福祉サービスを供給してきた長い歴史がある。かつてと異なっているのは，今ではそれらが国家の『着実な代替』という状況のなかで，サービス供給のための『好ましい道筋』として理解されていることである。」
> （M. Edwards and Hulme 1995b：6　強調は原著者らによる）

さらに，焦点が市場における「消費者」としての個々人にますます移されていくにつれて，「市民権」や「集合行為」の重要性といったものは脇に置かれるようになってしまった。選択するだけの資源を持っていない人たちのニーズは，彼らが暴動や都市の社会不安を通して自分たち自身に注意をひきつけた場合を除いて，ほとんど取り上げられることはなかった。

1980年代末には，「まるで市場の経済的覇権が達成されたかのようであった」（Craig, Mayo and Taylor 2000：325）。しかし，これは富裕層と貧困層という二極化の進行をもたらした。市場政策への移行によって富が生み出されたとしても，案の定，そういった富が社会における最も貧しい人たちに「滴り落ちる（tricling down）」という証拠はほとんどなかった。国連社会開発研究所は1996年，「政府のサービスが崩壊し，いわゆる社会セクターの領域がだんだんと市場の領域に委ねられてきたがために，社会的周辺に追いやられ，排除された人たちの数やカテゴリーが急増してきた」（Dey and Westendorff 1996：8）と報告している。国家間もしくは南北間の二極化も重要なことではあるが，それだけではなく，国内の二極化もかなり重大であった。イギリスやアメリカのような豊かな国でも，国内の不平等がかつてない割合となり，急速に拡大した（Hill 1997）。例えば，実際にオックスファム（Oxfam）のような北半球の国々の非政府組織（NGOs）は，それまで主な関心を南半球にある国々に置いていたが，自分たちにより身近なこと，すなわちジョン・ガヴェンタの言う「北における南」（Gaventa 1999：22）に焦点を当て始めた。

不平等が総じて容認されるようになった一方で、「貧困の文化」[(2)]や失業、生活水準の低下は、積極性や能力といった面での生来の不平等であり、自然の秩序の一部であると言い逃れされるようになった（Dey and Westendorff 1996：9）。
　こういった流れは今日まで続いている。ニュー・レイバー政権の後期にイギリスで行われた研究が明らかにしたところでは、政府が児童の貧困を減らすことを約束したにもかかわらず、低所得世帯数は増加し、健康面での格差や貧困は40年以上も前の水準に戻ってしまったという（Doring et al. 2007）。また、富める者と貧しき者が互いに遠い空間で離れて生活する様子も、世界中の多くの場所で共通して見られるようになった。アメリカでは、2005年時点での上位1％の富裕層の所得は国民所得の21.2％と推計されており（Judt 2010）、1993年から2007年の間の同国の総所得の伸びの半分を占めていたが（Saez 2009）、これに似た事例が他の国でも指摘されるようになってきた。
　市場を批判する論者たちはまた、健康や教育からレジャーまでも含む公共財が「商品化」されゆく方向にあり、それらにお金を払う余裕のない人たちには手の届かないものとなってきているとも述べている。オッフェとハインツェによると、低料金で利用でき、役に立ち、満足度が高く、社会的にも認められた方法で時間を過ごすことができるような施設が失われている。公共空間は私有化されてしまった。継続的な監視にさらされている民間所有のショッピングモールが、新しい「タウンセンター」となっている（Offe and Heinze 1992）。なかには、公共圏の放棄が、文明という概念全体に対する脅威だと述べる論者もいる（Hutton 2002）。ムフによると、新保守主義は、公共善を富の創出、納税者の解放、効率といった問題にすり替えてしまった（Mouffe 1992）。ここに私たちは消費者の選択を加えることもできるだろう。インターネットという新たな公共空間でさえ商業化を免れてはおらず、メディア王に買収されているのだ。
　公共空間はまた、恐怖によって空っぽにされてもいる。地方の公園監視員は徐々に侵入者監視用のCCTVカメラに置き換えられているが、それこそ予定通りに実現する予言となってしまっている。バリやロンドン、マドリッド、モスクワ、ムンバイ、ニューヨークやその他のターゲットとなった都市で起きた主なテロ事件によって、監視を強化せよとの主張はますます激しくなっている。しかし、ジグムント・バウマンによると、「安全という旗印のもとで行われた多

くの手法には軋轢が生じている。それらの手法は，相互疑念の種を蒔き散らし，人々を離れ離れにし，あらゆる論争や議論の背後にいる敵や陰謀を企む者をかぎまわるよう刺激し，最終的には，孤独な人たちを以前よりもさらに孤独にしているのである」(Bauman 1999:5-6)。彼は，公的でも私的でもない空間であるが，同時に，公的であり私的でもある空間である「アゴラ」の喪失を嘆いている。バウマンによれば「アゴラ」とは，「諸々の私的な問題が有意義な形で出会う場所」のことであり，そこでは私的な問題が公的な課題として再び鍛え直され，私的な苦難や不確実性を軽減させるための集合的な手段が提供される (Bauman 1999:3,7)。

「公共」の衰退は，政治にまで拡大された。1990年代にマニュエル・カステルスが明らかにしたところによると，「情報社会」によって，資本は政治制度を超えて移動できるようになった (Castells 1996)。多国籍企業が枢要な決定権を手中に納めるに伴って，国民国家の権力は「空洞化」してきた。国家はまた，国際経済制度と新自由主義者からの絶え間ないイデオロギー的攻撃にもさらされてきた。ナオミ・クラインによると，投票箱の力は企業の力に置き換えられてしまった (Klein 2000)。

2 コミュニティの再生

1980年代末，私は国際誌である『コミュニティ・ディベロップメント・ジャーナル』の特別号の編集に同僚たちとともに携わった。この特別号では，創刊以来25年間のコミュニティ開発の盛衰を振り返った (Craig, Mayo and Taylor 1990)。当時，コミュニティを意識しているような政策や実践の将来性に対して悲観的になるのはたやすいことだった。というのも，イギリスではマーガレット・サッチャーが政権の座に就いてからちょうど11年目にあたる年であり，彼女の「社会といったものはどこにもない。あるのは個々人と家族だけだ」という意見を賞賛していたからである。他の国では，構造調整政策によって蝕まれており，社会民主主義の中心地であるヨーロッパ大陸本土にまでも民営化政策が忍び寄り始めていた (Ascoli and Ranci 2002)。

第1章ですでに強調したように，それから10年後の今日では，その構図はか

なり異なっているように見える。福祉の「市場化」は継続しているが，経済のグローバル化に伴う損失はかつてよりも明らかとなっているし，政府にも市場にも，社会が直面している課題に取り組む用意はない。こういったなかで，「コミュニティ」は氷河期から再生したのである。では，この再生の引き金となったのは，いったい何だったのであろうか。

（1）福祉需要の急速な増加

1997年，国連のニュースレター「ハビタット・ディベート」誌の当時の編集者は，以下のように，ニーズの水準が国家の供給能力を超えるレベルにまで上昇していると述べた。

> 「今日，政府だけでは，住宅やインフラ，その他の基本的サービスを貧困層に対して供給する責任のすべてを担うことができないということは，広く認識されている。公的資金が乏しくなる一方で，人口が増加しているため，政府に対しては，急速な都市化がもたらす問題に対処する能力が過剰に求められている。それゆえ，多くの政府と地方自治体は，民間セクター，非政府組織や地域社会集団の支援を求めている。」(Warah 1997:1)

家族や近隣，コミュニティによって提供されるインフォーマルなケアや支援は，財政的にも社会的にも，常に福祉の重要な供給源であった。南半球には，脆弱な国家が供給できないか，もしくは供給しないために，コミュニティによる供給や，海外にいる家族や住民からの送金が不可欠となっている国もある。他方で，年月が経つうちに，国家がしだいに福祉に対する大きな責任を持つようになった国々もある。そういった国々は，国家責任の拡大が人々の依存を助長し，新規事業の立ち上げを蝕んでいるとの政治的視点に立つ右派からの批判にさらされている。それゆえ，コミュニティ自身がもっと責任を担うべきであるという主張が，経済的な議論にも，道徳的な議論にも存在するのである。コミュニティ中心型の供給もまた，専門化され，形式主義化したシステムよりも，消費者のニーズや嗜好に対して敏感であると理解されている。

（2）道徳的な団結と責任の崩壊

　市場は利己心に支配された個人主義的な文化を生み出したと言われる。しかし，分裂を拡大させ，道徳基準の喪失を招いた要因はその他にもいくつかあると信じる者もいる。その一つは地球規模の人口移動である。そういった人口移動は人種間の緊張やコミュニティ間の緊張の高まりを伴っている。すなわち，先祖の起源をめぐる緊張であったり，移民の類型と結びついた緊張を伴う。その他にも，低所得者や失業者，国家による手当の受給者，不健康な人々の地理的な集中とも関係があるし，経済的なリストラの結果として起きた孤立地域における剥奪に伴う一定の社会問題とも関係している。後者の傾向は1980年代および1990年代の初頭には，国家による福祉がアンダークラスの出現を促し，彼らを一般社会の道徳性から切り離しているという批判につながった（Murray 1990）。失敗したとみられるのが国家であろうと経済であろうと，共有された意味と道徳性を基盤にした力強い団結と相互責任の発展のためには，共同体意識の回復が重要不可欠であると捉えられているのである。

（3）民主主義と政治的正統性の崩壊

　20世紀末と聞いて，それまでの数十年ではじめて投票所に並んだ南アフリカや旧ソビエト陣営の国々の人たちのことを思い浮かべる人もいることだろう。しかし，民主主義がより確立している国の人たちはそのような光景を思い浮かべるのと同時に，自分たちの民主主義の質にしだいに幻滅し始めており，多くの国々では投票者数が落ち込み（Dalton and Wattenberg 2000），主要政党の党員数も減少している（Durose, Greasley and Richardson 2009）。クラインとコッペンヤンは次のように論じている。

　　「オランダの政治や社会に関する世論についての調査を行っているオランダ社会文化計画局は，個人主義が社会の主要な傾向の一つであり，政治参加も人々にとって何らかの『当たり前のこと』というよりも，むしろ一つの選択肢となりつつあると結論づけた。政治家たちにとって，彼らへの支援は獲得すべきものとなり，もはや『当たり前に』は与えられるものではなくなっている。個々人はもはや社会的もしくは政治的諸集団の構成員

だからといった理由で，もしくは政治家がそうしろと言ったからという理由では，特定の価値観を支持しなくなっているのである。」(Klijn and Koppenjan 2000 : 384)

　これに関連しているのは，特に社会的に不利な人たちの間で，公的機関への信頼が失われていることである。例えば，ナラヤンらによってなされた世界銀行に関する研究 (Narayan et al. 2000 : 7) によると，貧困層の間では，「(サービスの提供者，治安維持もしくは司法の提供者，もしくは政治的な意思決定者としての) 国家機関は，誰に対してもアカウンタビリティを担わないか，もしくは，富裕層および権力者に対してしかアカウンタビリティを担わない」と信じられているという。

　フクヤマは，このような民主主義の制度に対する不信の要因として，民営化，分権化，専門化，情報技術の重要性の増大，イデオロギーの衰退，個人主義の進展を列挙している (Fukuyama 1989)。また，ショアとライトは，政策決定プロセスが企業の影響やメディアによる情報操作あるいは先入観などで，人々からますます遠のき，商品化されていることがその元凶であるとしている (Shore and Wright 1997b)。実際，公共圏が私有化によって徐々に浸食され，グローバル化した経済が国民国家の権限を飲み込んでしまうにつれて，市民が投票の対象について正確に知ることはしだいに難しくなってきている。南半球にある国々では，これは民主主義の衰退についての話というよりも，むしろ大幅に異なる歴史状況や課題を抱える国々に対する既存の民主主義モデルの適合性に関わる問題である (Gaventa 2004b)。

　公共に対する明らかな無関心と，これが意味している民主的正統性の喪失に直面するなか，多くの民主主義が確立した国々では，参加の領域を拡大することでこれに対応してきた (Cornwall 2008a)。コミュニティやサード・セクターの組織は，その構成員たちを公共空間へと媒介する組織として重視され，諸々の権限は地域レベルに移譲された。また，市民により近い形での意思決定を可能にするような，新しい参加や熟議民主主義 (deliberative democracy) の形態が導入されてきた。

（4）不確実性の高まり

　ポストモダン論の世界では，不確実性は避けられない現実である。バウマンが，ドイツ語の Unsicherheit という言葉を用いて伝えているのは，彼が「現代の課題のなかで，最も不幸で，痛みの多いもの」と考えている不安（insecurity）と危険性（unsafety）の混合体である（Bauman 1999：5）。ピーター・マリスは，産業のリストラによって「人々の不確実な将来という負担が，地方のコミュニティに投げ返されており，コミュニティの資源はますます乏しくなっている」とし，それらがいかに人々から安心を奪っているか説明している（Marris 1996：103, 104）。産業のリストラがもたらした結果は，マリスが説明しているように，特に「不確実性の階層移動が停止している」ところで深刻である。すなわち，「不確実性の競争的なマネジメントが，力をますます奪われつつある人々に対して，不安定という負担をしだいに押しつけるようになっており，深刻な社会的疎外を引き起こしている」。信頼のネットワークやソーシャル・キャピタル，そしてコミュニティといった概念のすべてが，ミシュタルが「生活の質のための戦い」として描いている「広く多様な世界の調和や秩序の再構築」に向けた道筋を指し示すものと見なされているのである（Misztal 2000：232）。

（5）気候変動と持続可能な開発

　1983年に国連が招集したブルントラント委員会は，持続可能な開発を「将来世代の要求を満たす能力を損なうことなく，今日の人々の要求を満たす開発」と定義した（Brundtland Commission 1987）。それ以来，急速な気候変動を示す証拠によって，この提言には緊急性が付け加えられてきた。

　資本主義経済の成長を求めることと，自然環境の持続可能性との間には根本的な矛盾があると見る人たちは多い。しかし，個人や地域のレベルで何ができるかという点については一致をみていない。レドウィスの指摘によると，環境危機は特に所得階層の低い人たちに大きな影響を与えている（Ledwith 2005）。しかし，カーリーとスミスは「グローバルに考え，ローカルに行動せよ」という主張に沿って，コミュニティを将来における自然環境の管理と持続可能な生産の発展における枢要なアクターと捉えている（Carley and Smith 2001：192）。彼らは資本主義によって促される消費主義的な生活様式が，「過剰で，非効率な

資源の消費」を加速させていると，その発展を非難している。彼らはまた，コミュニティがインフォーマル経済やソーシャルエコノミーにおいて生産者の役割を担う可能性を見出している。これらは経済成長そのものを目的として求めるような経済ではなく，むしろ人々の創造性を動員するような経済である。この点で，カーリーらの関心は，主流派経済モデルに対する批判者たちと一致している。彼らは，生産過程からの疎外や排除に立ち向かう（Offe and Heinze 1992）ような新しい経済のあり方を追究しており，「より民主的で，地域に根づいた，人間中心型で，エコロジカルな面でも持続可能な経済システムを創造」しようとしている（Robertson 1998；Held 1996；Carnegie UK 2010，参照）。

　以上のことを要約すれば，「コミュニティ」やその関連概念は，今日の社会に不可欠とされている資源や社会的一体感，代案と知識を提供しているということである。それらは福祉サービス改革にも，民主主義の再生にも，道徳指針の再導入にも，そして失われかけている道徳指針と目的意識を再興することにも貢献するものと捉えられている。コミュニティは発展と持続可能性に向けて前進するための潜在的な武器になると考えられており，今日，「コミュニティ」を参加させることは，特にグローバリゼーションの進展がもたらした負の側面である社会的排除への取り組みにおいて，格別に強力な武器として捉えられている。

　しかしながら，コミュニティは，こういった参加のための招待状が来るのをただ待っているだけではなかった。先に述べたように，1960年代には社会運動が多くの諸国に広まった。以来，多くの国々では，障害をもつ人たちがデモ行進を行い，サービス改善や，消費者と市民，双方としての権利を要求してきた。1980年代末のソビエト陣営やフィリピン，南アフリカから，最近のタイ，チュニジア，エジプトに至るまで，集合的な市民活動は政府に対しその力を実感させた。環境活動家たちの進むべき道のりが長いことは明らかであるが，彼らは多くの分野にわたって著しい勝利を収めている。もちろん，地域コミュニティが地域レベルで自らの環境を改善するために，あまり目につかないような事業に取り組んでいる例は数え切れない。

　この文脈で重要なのは，グローバリゼーションのもたらす否定的結果と同時に，肯定的結果にも留意することだ。情報社会によって，資本は政治制度の及

ばないところで移動できるようになった。しかし同時に，情報社会は市民に活動するための手段も提供している。コミュニケーション革命とインターネットによって世界中の様々な場所の市民活動を結びつける可能性が開かれた。これらによって，国際資本主義の経済的ヘゲモニーに挑戦する「下からのグローバリゼーション」(Della Porta et al. 2006)を目指す活動は活発化しており，G20の定例会議や，最近では気候変動に対する各国政府の対応の失敗にも声を上げている。国際的な草の根運動は，雇用と環境を守る活動を通して，大規模な多国籍企業に抗議し，債務返済の免除という課題を国際的な政策課題の上位に位置づけた。また，これらの運動によって，あまり明瞭ではない（が潜在的な力を秘めた）つながりが，先進国の問題と途上国の問題を結びつける形で生まれ，知識やアイデアが共有され，地域活動も「グローバルに考え」られるようになっている（Gaventa 1999）。

3 コミュニティは期待に応えられるのか

　21世紀の問題に必要とされているのは，想像力に富んだ解決方法と新しい資源の解放である。参加という関与の仕方によって，社会の片隅にあるコミュニティ内の「暗黙」知，資源，技術が，少なくともこれらの問題のいくつかに対する解決方法の一部として認識されることだろう。しかし，こういった「コミュニティ」の関与はどれほど確実なものなのだろうか。また，「コミュニティ」はそういった期待に応えることができるのか。これらの質問に対しては，以下のような，楽観的，悲観的，そして現実主義的という3つの異なった回答が考えられよう。

(1) 楽観的なシナリオ
　楽観的なシナリオでは，今日の「コミュニティ」の流行が，新しい合意を作り出すための機会をもたらしていると論じられる。この分析では，コミュニティには政策形成の場での対等なパートナーとなるための本当の意味でのチャンスが与えられる。また他方では，新しいガバナンスの形態を模索する動きのなかでは，コミュニティやコミュニティとともに活動する人たちが，変化の最前

線に立つチャンスを与えられる。楽観主義者はそういったチャンスの例として，ブラジルから世界中に広がった参加型の計画立案や予算形成に基づいた事業，もしくはイギリスのような国々でのコミュニティ・エンパワメントを挙げる。彼らは，アメリカやその他の国々での「ボトムアップ型」の市民組織化事業についても，真に下からの改革が行われる可能性があると捉えている。楽観主義者は，市民社会を，国家と市場の欠陥を相殺し，新しい政治空間を開放することを約束する第三の道に至る上での鍵を握るものとして捉えるであろう。彼らの議論はまた，多くのコミュニティが自治を強く望んでいるということにも気づかせてくれる（Powell and Geoghegan 2004：154）。

　前述した２つのことが真の変化への希望を示している。一つは，参加やエンパワメントの促進に対して，世界銀行のような組織が明らかに積極的な姿勢を示すようになってきていることである。また，各国の政府が，正当な動機によって支えられつつ，参加やエンパワメントの促進に対して，強いインセンティブをもつようになってきている。こうした積極的な姿勢は，排除されている人たちに，変化のための強力な手段を提供している。また，体制内の協力者たちを強固にし，コミュニティの役割に懐疑的な人たちを説得することが可能になっている。第２に，下からの動きの広がりである。というのも，人々はグローバリゼーションと経済成長の費用が，資本主義の発展が示すほど本当に不可避なものであり，必要なものなのか，疑問を抱いているのである。

（２）悲観的なシナリオ

　一方，悲観主義者たちは上記のようなコミュニティへの関与がどの程度深いものなのか，疑問を呈することだろう。彼らはこう主張するかもしれない。すなわち，コミュニティの参加に対する政府の関与は，相変わらず政治的な流行や政治変動に対して脆く，ほとんど時の政権しだいであると。

　悲観主義者たちはこうも主張することだろう。すなわち，コミュニティに関する事業は，地方自治体によるものはもちろんのこと，国家による事業でさえ，財政的，政治的，社会的な排除を招いている構造的要因に比べるとその規模は小さく，「沈みゆくタイタニック号のデッキチェアを並べ替える」に等しいことである。構造分析はコミュニティの参加に見出せる新たな利益を次のように捉

える。つまり，コミュニティの参加は国家による財政支出削減と国家戦略を正当化し，構造調整と市場中心型政策に「人間の顔」を与えはする。しかしながら，究極的にそれは，社会の最も恵まれない周辺化された人たちに対して，資本主義や経済的な構造変動の結果に対処する責任を押しつけるものであると。

　このシナリオで論じられている政策課題は，依然として厳格なトップダウンで決定され，何よりも資本の利益に奉仕するというものである。コミュニティもそういった政策課題に買収され，取り込まれる。コミュニティ中心型の介入戦略に対する批判者は，グローバル経済の論理が必然的なものであり，それが生み出す問題も大きすぎるために，「コミュニティ再生というパッチワークによる解決」（McCulloch 2000：418）はできないと論じている。事実，共産主義が崩壊し，市場経済や新自由主義的な政策課題に伴って個人化が進行しているが，有力な抵抗運動の出現はほとんど見られない。このシナリオでは，グローバルな資本の権力は明示的なだけではなく，潜在的でもあり，私たちの物の見方や私たちに可能な考え方をも形成する。確かに市場経済と新自由主義的な政策課題に伴って個人化が進んだことで，どういった場所でも有力な抵抗を見出すことは難しくなっている。エンパワメントは消費者主義と解釈され，生活の質は「より多くの財を消費することと同一視されて」しまっている（Carley 2001：5）。このような事態によって，いかなる種類の再分配に関する議論どころか，公共財や公共投資について議論することさえ，ますます難しくなっている。

　これとは異なるものであるが，同じくらい悲観的なアプローチが，ポストモダン主義者たちの理論から導き出せる。これらの理論では，あらゆるものが相対的なものであり，国際資本に統制されているわけではないとされる。このシナリオによると，世界全体がますます断片化した結果，「コミュニティ」の擁護者たちが望むような結束がもたらされるどころか，コミュニティやアイデンティティにますます軋轢が生まれているのである。

（3）現実主義的なシナリオ

　現実主義的なシナリオは，コミュニティに対する期待について，楽観主義者のそれを空想的に過ぎると見なす一方で，悲観主義者のそれを過度に決定論的だと見る。このシナリオは，権力が特権的な経路を通じて流れていることを受

け入れる（Clegg 1989；第7章参照）。しかし，社会における権力の流れは，悲観主義者が論じているような厳格で予め決定づけられたものでも，人間の行為に影響を受けないものでもないとも論じている。この見解では，矛盾，均衡の維持，避けられない緊張や矛盾をはらんだ政策形成のプロセスを社会的な周辺にいる人たちのために活用することが可能であると考える。実用主義者は，楽観主義者よりも用心深く将来を捉えているといえるかもしれない。というのも，彼らはコミュニティに多くの機会の窓やシステムの隙間を用意し，新しい機会と新しい調整への道を漸進的に開いていくという視点を持っているからだ。どんなに少なく見積もっても，こういった方法はたとえ権力の根本に踏み込まない場合でさえ，小規模の影響を及ぼすことはできる。多く見積もると，これらの小さな出発点が，より抜本的な変化のための基盤をもたらす可能性さえあるだろう（Cornwall 2004a；Healey 2006）。

　では，これらのうち，最も現実的なのはどのシナリオだろうか。国際機関や各国政府がこういった一連の概念を動員することで求めている成果は何なのか。そして，そこにはどの程度の見込みがあるのか。すなわち，こういった新しい言葉が象徴的な価値以上のものをもっており，社会における力のバランスを変え，排除や二極化を解消し，世界で最も貧しい市民たちの生活の質を持続的に改善していけるのか。コミュニティやソーシャル・キャピタル，市民社会は，国家や市場が失敗したことを成し遂げられるのか。次章からの数章では，コミュニティとエンパワメントの概念が政策にどのように適用されてきたのかを探り，本書の後半部に入る前に変化の機会について議論しようと思う。

訳注
(1) 「貧困との戦い」とは，リンドン・ジョンソン政権が提唱し，1960年代の半ばにアメリカで実施された貧困対策の呼称。メディケアやメディケイドといった公的医療保障制度の導入などが行われた。
(2) 「貧困の文化」とは，貧困層は自らの貧困生活に根ざした習慣や文化を次世代に継承しているとする考え方。アメリカの人類学者オスカー・ルイスが唱え，1960年代以降のアメリカの貧困対策に大きな影響を与えた。

第3章 コミュニティにおける政策と実践

　コミュニティに関する諸政策は，ここ数十年の間に様々な変容を経験している。それらの政策はまた，社会・政治的な文脈によって，そしてそれらが基盤を置いている特定の国々の歴史によって，形作られてもいる。しかしながら，時間や空間を超えて共通している特徴的なテーマのいくつかを浮き彫りにすることは可能である。これらのテーマのいずれにおいても，それぞれ独自に問題が設定され，独自のイデオロギーと想定にちなんだ解決策が示されている。

　1つ目のテーマは，変えるべき対象としての「コミュニティ」に焦点を当てていることである。この種のアプローチは，コミュニティそれ自体に能力や信頼性，結束や道徳的な誠実さといった何かしら欠けているものがあると仮定している。もしくは，それらをコミュニティで形成し，コミュニティの資産として最大化し，コミュニティの利益のためにより効果的に利用できるようにしたいと考えている。

　2つ目のテーマは，「システム」を変化の焦点として捉えている。この種のアプローチが求めているのは，様々なサービスがより効果的に機能し，コミュニティのニーズに対してより適切に応えられるようにすることである。

　3つ目のテーマは，排除の「構造的な」要因に焦点を当てている。このテーマにおけるアプローチのなかには，抜本的な構造改革の要請にコミュニティを動員する資本主義経済を対象としているものがある。他にも，雇用や経済面での機会の改善や，根本的に新しい形態の企業や雇用の開発を求めるようなアプローチもある。

　最後に4つ目のテーマは，変化の舞台として国家に焦点を当てている。このテーマにおけるアプローチのなかには，国家に替えて市場を推奨し，消費者としてのコミュニティに焦点を当てたものがある。また，新しい形態のパートナーシップを求めるアプローチもある。そういったパートナーシップには国家やその他のパートナーと並んでコミュニティが含まれており，変化のための戦略

表3-1　コミュニティ政策と実践において繰り返されるテーマ

問題の要因／介入対象	イデオロギー的基盤	政策的解決	関連する戦略
コミュニティの失敗 スキルと知識の不足 技術的不可能性	社会民主主義	**能力育成** スキル，訓練と技術的支援	地域性の開発 コミュニティ開発 コミュニティ教育
資源や自信，認識の欠如		**能力開発**	資産に基づくコミュニティ開発 女性中心型コミュニティ開発
コミュニティの喪失 コミュニティの病理	コミュニタリアニズム	**コミュニティの復活** 市民的刷新 コミュニティの再設計 社会秩序の取り戻し 自助の支援	コミュニティ開発 コミュニティ育成
断片化と人種間の緊張	多元主義	**コミュニティの団結**	コミュニティ育成
システムの失敗 協調性の低下	社会民主主義	**より良い状態で機能させること** コミュニティ計画	社会計画 コミュニティ・サービス・アプローチ
無反応		協　調 相　談 経営的・技術的解決	
	コミュニタリアニズム	**コミュニティ・マネジメント** 国家サービスの契約締結 分権化 資産の移転	資産に基づくコミュニティ開発 コミュニティ・マネジメント
構造的・経済的失敗	マルクス主義	**構造的変化** 権力の構築 より広く支持された変革のための運動の育成	権力基盤型／変革モデル コミュニティ・アクションとキャンペーン 連立の構築 意識化（フレイレ） コミュニティの組織化（アリンスキー）
構造的・経済的失敗	新自由主義 新経済学派 協同組合主義	**経済発展** 物的発展と魅力的なビジネス投資 規制緩和 資産の移転 社会的企業	社会的企業の発展 資産の発展 コミュニティ開発企業 コミュニティ経済の開発
政府の失敗	新自由主義 市場 消費者主義	**市場への移行** 民営化 消費者憲章と目標設定 利用者の参加 コミュニティ・マネジメント	消費者のエンパワメント 資産の発展 コミュニティ・マネジメント
	「第三の道」の社会民主主義	**ガバナンス／パートナーシップ** 地域主義 パートナーシップ	交渉に基づいた開発 コミュニティ育成

を発展させ，補完していくものとされる。

　表3-1はこれらのテーマについて，それらが対象とする問題の設定，イデオロギー的な支柱，政策的な解決方法，関連する戦略あるいは介入形態という点から要約したものである。なお，この要約に当たっては，世界中にある数多くの先行業績における分類を参考にしている（Glen 1993［イギリス］; Rothman and Tropman 1993［アメリカ］; Abbott 1996［南ア］; Smock 2003［アメリカ］; De Filippis 2001［アメリカ］）。

1　コミュニティの失敗

　このテーマには，スキルにせよ，ネットワークにせよ，道徳的結束や責任の問題にせよ，コミュニティそのものの内部にある欠陥に取り組むようなあらゆるアプローチが含まれている。それは戦後の植民地運営を起源としており，1945年以降の時代にコミュニティの変革やコミュニティ実践（community practice）に対する初期のアプローチの一部を支えていた。しかしながら，21世紀の現在もなお，引き続き世界中の多くの国々でこうした実践は継続されている。

（1）スキルと能力の開発

　コミュニティの失敗に関する最初のサブテーマでは，恵まれないコミュニティが社会的，政治的，経済的生活に対する効果的な参加のためのスキルを欠いていると捉えられている。こういった捉え方の起源は，イギリス，フランス，ベルギーの植民地に遡ることができる。これらの植民地の行政官たちは自助努力を奨励し，自分たちの「責任」の範囲で混乱を回避するためにコミュニティ活動を奨励していた（Mayo 1975; Parsons 1995:503）。また，戦後復興や対外援助のプログラムでも同様のことが奨励されていた。1950年代には，コミュニティ開発が，植民地の経済的，政治的な面での独立に向けた戦略と，共産主義の脅威を追い払うための戦略の中心的要素となった。

　ロスマンとトロップマンは，このようなアプローチを彼らの定義する「地域性の開発（locality development）」と捉え，自助だけではなく，現地に根ざしたリーダーシップの教育と開発を含めたものとして理解している（Rothman and

Tropman 1993)。グレンはまた，このアプローチをコミュニティ開発（community development）と呼び，1979年の国連による定義を引用しながら，「人々が，自らの行う事業を信頼しつつ，自身の生活水準の改善に向けた取り組みに参加することであり，新規事業や自助，相互扶助を奨励する形で技術や他のサービスを提供し，それらをより効果的なものにすることである」(Glen 1993：24) としている。

こういったテーマやとりわけ技術開発，技術支援，教育訓練への関与は，近年では「能力形成（capacity building）」という形で，世界中のコミュニティ政策の中心的な戦略として再び登場している。しかしながら，このような想定に基づく欠如モデルは，資産中心型アプローチ（asset-based approach）を支持する論者たちに厳しく批判されてきた（例えば，Kretzmann and McKnight 1993，参照）。資産中心型アプローチの支持者らは，代わりにこう認識しようとする。すなわち，こういったスキルという意味での資産はコミュニティがすでに有しているものであり，コミュニティはそれらの資産の上に築かれていると。したがって，ロスマンのいう「地域性の開発」は，コミュニティを「実りある人間関係や問題解決のスキルを欠いた，冷淡なもの」として捉えるアプローチと定義されてはいるものの (Rothman and Tropman 1987：9)，これに続く諸々のアプローチでは，環境を整え（enabling），奨励し（encouraging），教育する（educating）といった観点 (Glen 1993) からの「能力開発」もしくは「女性中心型の開発」(Smock 2003) が介入の枠組みとなっている。「コミュニティのレジリエンス」という言葉が近年用いられているのも，コミュニティが危機に対応するために必要な特性を識別し，構築しようという観点からである（第14章参照）。

（2）コミュニティの再生

1950年代および1960年代の発展途上国に適用されていたように，コミュニティ政策が取り組もうとしていた「問題」は，技術的な遅れの問題として理解されていた。これは，ダニエル・モイニハンが指摘したように，「コミュニティの結束が*過剰*だった結果」(Moynihan 1969：63)（斜体は筆者）であり，結果として孤立と改革への抵抗を生んだ。これとは対照的に，先進諸国では，その理由が住民の移転や制度の変化であろうと，もしくは一部の政策立案者が捉えているよ

うな道徳性の拒絶であろうと,「コミュニティの結束」が弱すぎることが問題であると見られていた。

　イギリスでは,第二次世界大戦後,「スラムの一掃」に集中的な努力が払われた。劣悪で密集した住宅群は一掃され,ニュータウンでは全てのコミュニティで住宅が再建された。インナーシティの外側には新しく住宅団地が建てられた。これらによって,「英雄に値するような(国のために戦った軍人にふさわしいという意味で用いられる)」住居が建てられた。しかし,方々で,利便性に乏しく,伝統的な社会的ネットワークからも遠く離れた新しい地域に多くの住民を移転させたために,住民の孤立を招き (Marris 1998),一連の新しい問題が生み出された。ジョージ・ゲチアスは,1950年代のイギリスで社会的問題,成人教育の問題,住宅管理の問題に取り組んだ入居者組合が,どのように形成されたかを説明している (Goetschius 1969)。それらの入居者組合のエートスは地域にかなり強く根づいたものであり,コミュニティの自助や,地域のサポートネットワークの奨励を基盤としていた。コミュニティのつながりが発展し,地域活動が展開されることで,住民の自助が促された。加えて,住民自身が抱える問題に取り組む上で必要な個人的なスキルや組織的なスキルを習得することも,住民の自助の支えとなっていた。

　それゆえ,コミュニティ・ワークのアプローチはまず何よりも先に,住民移転により破壊されたつながりを回復させるために適用された。しかし,1960年代には,アメリカを皮切りに至るところで都市の不安が増した。インナーシティでは人種間に緊張が起こり,犯罪が増加し,それらの全ての問題に政府による対処が求められるようになった (Edwards and Batley 1978)。こういった明らかなコミュニティの崩壊については,様々な説明が提示された。なかには,問題の要因を伝統的な社会的つながりの崩壊と社会の断片化に求める論者もいた。こういった論者の論調は,ロバート・ニスベットの研究に基づいたものであった (Nisbet 1953)。ニスベットは,コミュニティの喪失を社会的および経済的発展の所産として捉えていた。個々人と国家の間をフォーマルに媒介していた社会制度(家族,コミュニティ,他の伝統的結社)の衰退が,疎外や不安定を招いている,というのが彼の命題であった。ニスベットは一部で,プロテスタント教会と資本主義にも責任を課している。それらは「慣習や社会成員という歴史的に

積み重ねられた地層を徐々に剝ぎとっていき，平準化された個々人からなる大衆のみがその跡に残された」（Nisbet [Moynihan 1969 : 10から重引]）。それにもかかわらずニスベットは，コミュニティのレジリエンスを，彼が捉えていた国家への依存の高まりに対する代替的な選択肢として理解していた。

　第2の説明でも，ますます高まる国家への依存という問題に取り組むことが考えられていた。しかし，これらの問題は，コミュニティの社会病理の増大や道徳的な失敗として捉えられ，世代間で継承されてきた責任が果たされていないものとして理解されていた。1990年代のイギリスでは，有名な政治家であるキース・ジョセフ卿（多くの人たちがマーガレット・サッチャーの権力増大を画策した者として理解している）が，自己永続的な「デプリベーション（剝奪，窮乏）のサイクル」の概念を普及させた。こうしたサイクルに陥っている人たちは，特定の地域に集住しており，このサイクルから抜け出せない人たちに対象を限定し，その行動を変えるようなソーシャル・ワークのアプローチが必要であるとされた（Atkinson 2000b）。

　貧困の連鎖という概念は，機会に対処するための能力が困窮者に生来備わっていないことを前提とした概念であり，その起源はすでに合衆国にあった。マリスとレインによれば，この概念は「貧困の責任は貧困者自身にあるとし，19世紀の救貧法改正に見られるような過酷な道徳的糾弾と調和的でさえある」ようにみえる（Marris and Rein 1967 : 39）。彼らが論じるように，このような姿勢は「排除されている人たちを無視し，非難していたアメリカの中産階級社会の自己防衛的な保守化から生じた」（Marris and Rein 1967 : 53）のである。こういった「道徳的アンダークラス言説」（Levitas 1998）は決して消滅してしまったわけではなく，20年後のチャールズ・マレーのような新自由主義者の書物において新たな隆盛期を迎えた（Murray 1990）。マレーは，排除された地域に住む人たちを，他の社会の道徳から切り離されていると特徴づけ，こういった状態は国家による福祉が生み出した依存によって促されたものだと指摘した。

　排除の責任を「困窮者」自身に負わせるかどうかにかかわらず，これらの異なるアプローチには共通した想定がある。つまりそれは，どんな原因があろうと，そこで発生する問題はコミュニティの内部にある欠陥の一つなのであり，そういった問題はコミュニティの内部で，コミュニティによって対処しうると

いう想定である。よって，そういった問題の解決方法も，コミュニティ開発と自助にあるとされる。これらは自らの暮らしをより良く管理できるように人々を援助し，「コミュニティの精神」を回復させ，緊張を緩和し，コミュニティ・ネットワークや，もしくは新しい媒介機関を発展させるという。しかしながら，批判者たちはこういったアプローチを，産業のリストラやしだいに高まる人種間の緊張に際して，政府が意見の対立を未然に防ぎ，管理するためにとった皮肉的な措置であると捉えている。人種間の緊張に関しては，各国政府が経済拡大の一環として取り入れ，奨励してきた移民たちが，受入諸国で見られる広範な差別，搾取，レイシズムに対抗するために集結し始めている（Popple and Shaw 1997）。

「コミュニティの再生」というテーマは，1990年代にコミュニタリアンの運動が政界の至るところで支持を得たことで，命拾いをした。都市の衰退に対するコミュニタリアンの解決手法は，権利と同様に責任の意識を再び浸透させることと，国家ではなくコミュニティを意思決定やサービス供給のための第一の制度とすることである。これらの手法は今日もなお，例えばイギリス政府の「ビッグ・ソサエティ」政策に見られるように，大きな力を有している（「3-1　ビッグ・ソサエティの構築」参照）。「ソーシャル・キャピタル」という概念が普及し，ソーシャル・キャピタルの衰退に対する懸念が社会的に一般化している（Putnam 1993；2000）。そこで鼓舞されているのは，もはや失われたものと考えられているコミュニティのつながりを再構築し，コミュニティの内部と，コミュニティ間で「コミュニティの結束」を促進するような介入である。「コミュニティの再生」というテーマはまた，これらの議論からも多大な恩恵を受けて復活しているのである。

「コミュニティの再生」の必要性を訴えるアプローチにはまた，年月を重ねるうちに，恵まれない近隣地区の物理環境を改善することで，その地域の物理的なイメージや安全意識を改善する新規事業も含まれるようになった。さらに近年では，「コミュニティ」のリエンジニアリングの必要性に焦点を当てた新規事業も行われている。これはスティグマの付与されやすい大規模な公営住宅区域を解体し，住民のさらなる混合化をもたらすために，近隣地区内の様々な不動産の所有を多様化させるという事業である。その意図は，特定の地域が，低所

── 3-1　ビッグ・ソサエティの構築 ──

　ビッグ・ソサエティは2010年の選挙戦において，保守党のマニフェストの中心的なテーマであった。さらに，その選挙戦後に連立政権が誕生してから数カ月の間は，引き続き政治舞台の中央に引っ張り出されていた。前のニュー・レイバー政権の時とは言い回しが変わってしまったものの，ビッグ・ソサエティの特徴は多くの点で似通っており，「コミュニティ」というポートフォリオに関しては政党の違いを超えてアピールしたといえる。ビッグ・ソサエティは以下のような点について言及している。

1．コミュニティに以下の点で力を与えること
　・計画システムにおける力の付与。
　・地方の設備やサービスを守るために，国家によって運営されているサービスを引き継がせるために。
　・特に恵まれない地域での近隣住民集団の創出を手助けする，コミュニティ・オーガナイザーの「新世代」の育成を通して。
2．以下を通してコミュニティに対する積極的な役割を果たす人たちを推奨すること
　・ボランティア活動やソーシャル・アクションへの参加の推奨。
　・慈善に基づく寄付やフィランソロピーの推奨。
　・16歳の国民を対象に，「全国若者育成教育プログラム（National Citizen Service）」を紹介すること。
3．中央政府から地方政府への権力の移転
　・権力を委譲し，はるかに大きな財政上の自律性を導入する。
　・（イギリスの地方政府が持っていない）包括的権限（a general power of competence）を導入する。
　・地方行政機関に対し，地域内での住宅政策と計画の権限を戻すこと。
4．地方の協同組合，互助組織，慈善団体や社会的企業の支援
　・公共サービス運営へのより大きな参画を推奨すること。
　・公共セクターで働く人たちが自身の労働者協同組合を作る際には支援すること。
　・休眠口座を使ってビッグ・ソサエティ銀行を設立し，近隣住民集団やチャリティ団体，社会的企業などに対して投資すること。
5．政府データの公開
　・政府が保持しているデータを更新し，「正しい」ものとすること。
　・地方の犯罪統計を公開すること。

出所：Cabinet Office（2010）より抜粋。

得で社会的に排除されている住民と結びつかないように取り組むことのほか，コミュニタリアンのアプローチを反映させて，一連の新しい価値や「役割モデル」をもたらすことにもある。

　一方，コミュニタリアンの思想の大部分を支えている同質的で，道徳的に結束したコミュニティという概念は，今日の脱近代化した世界では，ますます時代遅れになってきているように思える。諸々のアイデンティティを伴っている人種やジェンダー，障害や性的嗜好をめぐる争いが，場としてのコミュニティや，アイデンティティや利害関心に基づくコミュニティの周辺で生じている。政策立案者たちは過去30年間にわたって，多様性を約束し，多様な排除の形態を認識し，偏見と差別に立ち向かうことを余儀なくされてきた。一方で，人種をめぐる風景には重大な変化が生じた。というのも，イギリスやアメリカでは，人種間の緊張が1960年代の都市再生事業の引き金となったからであった。他方で，多くのOECD諸国では，黒人および少数エスニック（black and minority ethnic : BME）のコミュニティが恵まれない近隣地区を過剰に代表し続け，政策的な対応を求められるような人種間の緊張も激発し続けていた。極右の暴動に加えて，アル・カイーダやこれに同調する運動の脅威の影響もあり，コミュニティの結束に対する懸念が一層強くなっており，また一層複雑にもなっている。他方で多くの国々では，エスニシティという面での人口動態は，さらに幅広く多様なものとなっているのに加えて，黒人および少数エスニックの市民もその多くが2世や3世，4世の代に変わってきている。多くの国々では，ここに含まれている問題の複雑さに気づく人がしだいに増えてきたため，同化政策に対する楽観的な見方は影を潜め，多様性，多文化主義やこれとコミュニティとの関係，アイデンティティや市民権についての議論が起こる契機となった。この点については，本書でも後述することにしよう。

2　システムの失敗

（1）システムをよりよく機能させる

　「コミュニティの再生」に関連した様々な事業は，恵まれない地域や，もしくは「権限を剥奪されている（deprived）」地域の管理運営とサービス供給のシス

―― 3-2　改革の必要性 ――――――――――――――――――――

　モイニハンは1960年代初頭に設置された「少年非行に関する大統領委員会」において，以下の7つの課題について強調している（Moynihan 1969：69-70）。
　1．多くの自発的な福祉プログラムは，低所得者たちには届いていなかった。
　2．それらのプログラムが仮に低所得者に届いていたとしても，しばしば不適切なサービスが提供されていた。
　3．恵まれない人々のニーズへの対応をねらっていた諸々のサービスは一般的には断片化してしまい，関係ないものになってしまっている。
　4．低所得者たちが直面している諸問題について現実的に理解している専門家たちやコミュニティのリーダーたちは限られていた。
　5．各々の特殊な領域は，一般的には特定の問題を閉鎖的なやり方で解決しようとしており，他の領域が存在し，それらとの連携に向けて努力しようとする意識を欠いていた。
　6．自発的な社会福祉の意思決定過程における政治的リーダーシップの関与はほとんどなかった。
　7．専門家やコミュニティにおけるエリートのリーダーシップによって計画され，実施されたプログラムには，重要部分での受益者の参加はほとんど，ないしは全くなかった。

――――――――――――――――――――――――――――――

テムの欠陥を是正するための戦略を共有している。1960年代のアメリカにおける貧困との戦いでは，専門家の活動をコーディネイトし，彼らが地域コミュニティを配慮するよう仕向けることが必要とされており，重要な課題となっていた。しかし，それらは「3-2　改革の必要性」に見られるように，なおも，ごく今日的な課題である。

　システムをよりよく機能させる方法として長年挙げられてきたのは，次の2つである。一つは，サービス間のよりスムーズなコーディネイトである。第2に，サービスにおいてコミュニティをより多く参加させることである。

　システムの失敗は，まず何よりも，専門家を基盤とした複雑な公共機関と，それらに付随する全ての欠陥によって特徴づけられた福祉国家と公共セクターが，急速に成長した結果であると捉えられていた。それゆえに，地域サービスのコーディネイトや，地方自治体と中央政府との間のコーディネイトは，合衆国における貧困との戦いを特徴づける鍵となった。加えてそれらは，イギリス

政府によって1960年代に続々と立ち上げられた新規事業でも重要なテーマとなった。それらの新規事業には，教育優先地域プログラム（Education Priority Areas）[1]や全国コミュニティ開発計画（National Community Development Project），市街地開発計画（Urban Programme）や短期間に終わった包括的コミュニティ計画（Comprehensive Community Programme）があった。参加はまた，こういった新規事業でも，システムに生来備わった欠陥を是正するものとして理解されていた。他の国々と同じくイギリスでも，公共住宅や道路の建設，市街地再開発（そして，付随して起こる移住の問題）といった大規模開発を伴う第二次世界大戦後の復興が行われたことで，参加型事業の焦点が明らかに都市計画と再開発に当てられるようになった（Gyford 1976）。

　サービスの改善は，上からと同様に下からも促された。1960年代の新しい社会運動は，一連の要望を生み出し，他の人々にも自分たちの権利のために闘うよう鼓舞した。1960年代と1970年代に拡大した福祉権運動は，所得に関する基本的権利の問題に加えて，国家による福祉につきもののアクセスとプロセスの複雑性の問題に取り組んだ。ベトナム戦争の直後，アメリカでは障害者組織によって，より良いサービスを求める運動が展開され，他の諸国にも急速に拡大した。女性組織が保健医療の増進に取り組む一方で，黒人および少数エスニックのグループは差別の根絶を求めた。上からの動きとしては，国家が自身の正当性を立て直す必要性があることを認識するようになった。そして，行政の安定を持続させるために，また潜在している厄介な分子をまとめあげるために，参加が重要な戦略となった。アメリカの論者のなかには，このような動きを皮肉な措置として捉える者もいた。つまり，こういった国家の動きは，官僚の権力を増強するためのものであるとか（Moynihan 1969），もしくは，黒人票を得るためのものであると捉えられた。こういった批判者たちによると，サービス供給をコーディネイトし，参加を奨励するような政策は，地域民主主義を活性化させたというよりも，むしろ社会的なエンジニアリングに適合するものとなったという。にもかかわらず，経済がなおも成長していた時期には，このような政策を，再開発と都市政策の対象となった人たちの見解を求める必要性を，実によく認識しているものとして捉える人たちもいた。

　コミュニティの実践にとって，こういった政策は「社会計画」や「コミュニ

ティ・サービス・アプローチ」などと様々に描かれる一つのアプローチを意味していた (Thomas 1983 ; Glen 1993 ; Rothman and Tropman 1993 ; Smock 2003)。このアプローチでは、コミュニティへの動員や参加を最大化するような即応性の高いサービスの供給が奨励されており、サービス提供者との協働の必要性が強調されていた。

　システムの失敗というテーマは、コミュニティの政策課題において、ここ30〜40年の間に様々な形をとりながら、再び顕在化してきた。それは具体的には、多くの国々で立ち上げられた政府を分権化するための事業を通して明らかになった。こういった分権化事業は、ヨーロッパでは補完性の原理に調和するものであったし、アメリカでは連邦政府の福祉領域からの撤退という性格を帯びていた。また、すでに見てきたように、国際的には構造調整プログラムが求めるものでもあった。イギリスにおける分権化事業は、1980年代にサッチャー政権の民営化という政策課題に直面した地方自治体が、自らのサービス供給者としての資格を必死に回復しようとしたことから始まった (Burns, Hambleton and Hoggett 1994)。これらの分権化事業の大半は、サービス供給を分権化し、利用者により身近な場に設けるという内容のものであったが、なかには意思決定の委譲をねらったものもあった。地域主義はイデオロギーの壁を超えて魅力をもつものである。イギリス政治では、2000年代のニュー・レイバー政権下で地域主義が再浮上した。そして、2010年に選出された保守党─自由民主党の連立政権でも、地域主義は政策綱領の中心となっており、地方政府と地域コミュニティ、双方の権限を発展させることが目指されている (「3-1　ビッグ・ソサエティの構築」参照)。

　地域レベルで政府の様々な力を調整する必要性は、イギリスのニュー・レイバー政権による近隣地区再生のための国家戦略（社会的排除対策局［SEU］2000）の特色であった。そこでは、「最も貧困な近隣地区が最も劣悪なサービスを受け」ており (SEU 2000 : 24)、サービスと政策が互いに食い違っている (SEU 2001 : 7) と論じられていた。その近隣地区マネジメント事業のねらいは、地域サービスを近隣レベルの特定の個人、チームもしくは組織の責任とし、地域サービスの提供者、予算、アカウンタビリティのシステムを統合することにあった。近隣地区マネジメントはフランスにおいて重要な影響をもたらした地区管理事業

体（Regies de Quartiers）でも中心的なテーマとなっていた。これは1980年代初頭に発展したものであり，住民を被用者として参加させるとともに，近隣地区におけるサービスと開発を管理するために，行政当局と専門家，住民の一体化がもたらされた（Clark and Southern 2006）。双方のモデルでは，地域住民の知識とエネルギーをより効果的に統制し，住民たちにローカル・サービスに関するより大きな発言権を与えることがねらいとされていた。実際に西欧諸国では，参加が急速に「新しい正統派」となっていった（Atkinson and Eckardt 2004；Grimshaw and Lever 2009）。

（2）コミュニティ・マネジメント

　システムの失敗に取り組むための2つ目の事業は，住民たちにサービスの立案や開発に参加するための機会をより多く与えることだけでなく，コミュニティ自身にサービスと公共施設の管理運営をも委譲し，地域住民をエンパワメントすることでシステムの失敗に取り組むというもので，様々な国で展開されるようになっている。このようなコミュニティ・マネジメントは，南半球の国々では，長らく開発政策の一端を成してきた。というのも，それらの国々では国家による供給が欠落しているがために，サービスの提供や水資源その他のアメニティを管理する上で，地域内の知識や資源が高く評価されてきたからである。これに対して，北半球の国々の政府はコミュニティ・マネジメントを，近隣地区再生事業の中心にコミュニティを位置づけ，コミュニティに当事者意識をもたらす方法として捉えてきた。すでに見てきたように，適切な資源の委譲を伴わずに政府の責任を委譲するのは危険であるとの警鐘が鳴らされている。にもかかわらず，下からも住民たちが，政府が供給に失敗した地域サービスに関するより大きな実権を求め，供給が停止されそうになっているサービスの継承を要求してきた。例えばアメリカでは，コミュニティ開発公社（CDCs）が政府の補助金を受けながら，低所得者向けの住宅を開発し，管理することに成功した。一方，イギリスでは，政府の補助金によって入居者による公営住宅管理が奨励され，今日では公営住宅資産の地域住民への移管とコミュニティ中心型の社会的企業が促進されている。

3 構造的な失敗と経済的な失敗

（1）構造転換

　構造的失敗と経済的失敗という2つのテーマについて，ショウとマーティンは社会民主主義イデオロギー内部でのこれまでの議論を，以下のように整理している。

　　「問題は，本質的には2つに規定されていた。一つは，個々人やグループに何かしらの欠陥があるということ（社会病理）であり，もう一つは彼らのニーズに制度が応答する方法に何かしらの欠陥があるということ（制度的欠陥）であった。…（中略）…問題の解決方法は2つあるとされた。第1に，欠陥のある，あるいは不満をもっている個々人やグループを主流派に統合することである。第2に，サービス提供者が，彼らのニーズに対してもっと配慮するようにすることである。」(Shaw and Martin 2000：402)

　コミュニティを再生させるための政策とサービスをより良く機能させるための政策は，互いに組み合わせられて進められた。しかし，1970年代半ばの石油危機によって，双方のアプローチの弱点が露呈した。それまでの議論では，もちろん「恵まれない人たち」がそのことを訴えた場合に限ってという限定はあるにせよ，ともかくも敗者のいない社会を想像することができた。しかし，石油危機後の不況で経済成長やそれらを促してきた楽観主義が後退したのに伴い，（批判者たちの見解によると）政府が不満分子を「買収する」能力は低下した。1970年代半ばには，1960年代と1970年代の主要な2つの社会民主主義的プログラム（「貧困との戦い」とイギリスの「全国コミュニティ開発計画」）はすでに破綻しており，改革論者が提示した政策課題と，これに抵抗した官僚，そしてこれらのプログラムへの参加が想定されていた貧困層の強い願望の間には，矛盾が見られるようになった（例えば，Marris and Rein 1967; Piven and Cloward 1977; Loney 1983を参照）。国家の政策課題は制度間の調整であったが，現場の政策課題は制度の変革だったのである。

これらのプログラムを導入した人たちのなかには，貧困層に実権を与え，そのような制度変革を達成することに対して，真の希望を抱いていた人もいたのかもしれない。しかし，そういった希望は，「政府のいかなるレベルにおいても，公共機関や民間組織が頑迷に歩み寄らないまま，手前勝手に振る舞ったこと」(Marris and Rein 1967 : 222) で，失われてしまった。ガヴェンタが指摘するように，「貧困との戦い」の目的は，市民参加を奨励することであり，プログラムの統制を市民にまかせたり，ましてや地方政治の意思決定構造を迂回させたりすることではなかった (Gaventa 1998 : 52)。参加の向上がもつ政治的効果が明白になったことで (Lawrence 2007)，エンパワメントは現状に従わせる方法という意味で再定義されることとなったのである。
　モイニハンによれば，ここには政治的レトリック，高い期待，封じ込められている不満，専門職主義的理想主義（もしくは専門職による巧みな誘導）が強力に混ざり合っているという。

　　「真実ははっきりしている。すなわち，コミュニティ行動計画の後援者たちは，ソウル・アリンスキーのコンフリクト戦略の採用を期待していた。同時に，彼らは自分たちが巨額の公的資金の受給者になることも期待していたということである。彼らはジェファーソンのいう『過去にも未来にも決してないもの』を求めていたのだ。」(Moynihan 1969 : 185)

　こういった期待のミスマッチは，イギリスにも影響を及ぼした。アトキンソンによると，1960年代後半の政策やプログラムでは，インナーシティにおけるデプリベーションの問題を，より広範な社会分析と関連づけることができていなかったという (Atkinson 2000b)。しかしながら，これらの関連づけは，プログラムを実施していた人たちによって行われていた。例えば，イギリス全国コミュニティ開発計画によって刊行された一連の刊行物には，当時の政府の政策に対する明確な批判が掲載されていた (CDP 1977)。そこでは，都市におけるデプリベーションの問題について，コミュニティの病理やシステムの失敗に根因を求めるような説明に疑問が投げかけられ，その代わりに，デプリベーションの構造的要因に関心が払われていた。この計画の実施者たちは，デプリベーショ

ンの原因を，資本主義を追求していく上で必然的にもたらされるものと捉えていた。この分析では，国家（国および地方）は，資本側の利益の擁護者として攻撃対象となっていた。また，この分析では，都市の衰退は，地域レベルでの活動だけでは回復せず，恵まれないコミュニティが直面してきた問題の根底には，幅広い経済諸力の問題があるとされた。そして，これらの批判の多くに対する適切な応答は，参加ではなく抵抗であるとされた。

　同計画の従事者たちによるこういった主張は，アメリカのソウル・アリンスキーやその他の論者が提唱した「コミュニティ組織化」アプローチに影響を受けている（Alinsky 1971）。こういった「権力中心型のアプローチ」(Smock 2003) は大規模なグループの動員を奨励し，変化を求める上での対抗的な戦略，すなわち非暴力的なコンフリクトの煽動や敵対化，育成や組織化を促してきた（Ledwith 2005：89）。また，このアプローチは社会運動と労働組合の連携によってコミュニティの発言権を強めることを目指していた。イギリスではこういった同盟が，地方自治体内のより急進的な諸派とも結びついて発展したこともあり，サッチャー的な新自由主義の政策課題に対抗しつつ，地方自治体の役割の延命を図っていた。

　ロスマンとトロップマンによると，彼らの呼ぶところの「ソーシャル・アクション」アプローチは，「タスク・ゴールもしくはプロセス・ゴールのいずれかの方向へ傾いている」（Rothman and Tropman 1993：9）。市民権や大義を志向するような組織は，タスク志向型であった。すなわち，このタイプの組織は，特定の立法成果を目指すか，もしくは実践や手続きの変革を模索した。しかし，アリンスキーのモデルは，その目的自体がエンパワメントのプロセスに関連していた。すなわち，「地域ベースの権力と意思決定を構築するというこのモデルの目標は，所与の問題状況の解決のみには収まらない。目標はしばしば，小規模あるいは小範囲の問題状況に対して応急処置を施すといったことではなく，権力関係の変革という観点から捉えられている」（Rothman and Tropman 1993：9および本書の第11章，参照）。モイニハンが言うように，変化を起こすためには，貧困層の間での組織力の欠乏に対処しなければならないのである（Moynihan, 1969：186）。

　このモデルに類似した批判的民衆教育の実践もまた，エンパワメントの過程

第3章　コミュニティにおける政策と実践

に関わっている。パウロ・フレイレのラテン・アメリカにおける困窮化した農業労働者に関する研究で描かれた批判的民衆教育の実践（Freire 1972）もまた，エンパワメント過程に関わるものだった。以来，フレイレの成人学習に関する「課題提起（problem-posing）」モデルは，世界中の実践家に広く採用されてきた。このモデルで用いられているのは「対話的手法である。恵まれない状態や抑圧が支配的な社会制度やイデオロギーを通していかに維持されているか。この手法はこういった批判意識を高めるための手段となる」（Butcher 2007a：53；Ledwith 2005および本書の第10章，参照）。アリンスキーとフレイレは双方ともに，新たな社会観の登場が促され，彼らのアプローチ自体が転換させられることを期待していた。

　アボットによると，コミュニティが独裁国家と闘っている発展途上国では，政治的エンパワメント戦略がしばしば唯一の現実的選択肢となっている（Abbott 1996：20）。彼はこれらの戦略を対抗的なものとして描いている。しかし，これらの闘争の形態が（実質的には一時的な特性ではあるが）より恒久的な変革の基盤をいかに形成できるかを，南アフリカやラテン・アメリカでの経験が証明しているとも指摘している。しかしながら，ヴィヴィアン・テイラーが同じく南アフリカを例に指摘しているように，暴政や，分割と支配の戦略といった負の遺産の克服は困難なものとなるであろう（Taylor 1995）。いったん要求が認められ，機会が与えられると，反対派から参加者になるのは難しいかもしれない。

　ショウとマーティンは，フェミニストやその後の人種や障害者の分野の研究が問題を大きく動かしたことは認めているものの，構造主義者による社会民主主義改革の可能性に対しての批判は，過剰に還元主義的であったり，過剰に決定論主義的であったり，過剰に否定的であるという（Shaw and Martin 2000）。確かに，構造主義者によるそういった批判の枠組みが1970年代に形成された際，現場の多くのコミュニティ・ワーカーにとって彼らの活動の正統性は不確実なままにされていたし，コミュニティもかなり消極的な意味で概念化されていた（Waddington 1979；Marris 1982）。

　それにもかかわらず，コミュニティの組織化という伝統は今日もなお，活気にあふれている。アメリカでは，バラク・オバマの大統領選挙戦でアリンスキ

一型の組織化が、おそらくイデオロギー的には真っ向から対立するティー・パーティーの運動とともに、よく知られるようになった。コミュニティの組織化という伝統はイギリスでも力を得つつあり、有力な国会議員たちの関心をひいてきた。とはいえ、アリンスキーが信じていた変革への熱望は、ビッグ・ソサエティ構想が主張する者の念頭にどれほど置かれているのか、この点については見守らなければならないのではあるが。南半球の国々では、国際NGO研修・研究センター（INTRAC）やCDC（Civic Driven Change）といった国際NGOが行っている開発実践が知られている。それらの実践は、かつて描かれたものよりもさらに根源的な能力形成の視点に立っている。グローバル・レベルでは、インターネットが、貧困や不公正、環境悪化の背景にあるより大きな経済諸力に挑むための、新たな活動のレパートリーを増やしてきた。

（2）経済を改善する

　アメリカの貧困との戦いとイギリスの全国コミュニティ開発計画の双方は、1970年代に終焉を迎えた。しかしながら、受け入れられ方は異なる形ではあったし、また双方の計画の実施者が推進したものとも根本的に異なる結果になったとはいえ、構造分析は受け入れられた。インナーシティからの資本の流出や、恵まれないコミュニティの経済的排除に対する新自由主義の答えは、経済開発や物理的環境の刷新、富の産出であった。1980年代に各国政府は、コミュニティ中心型アプローチから不動産主導型の地域再生計画に転換した。仕事へのアクセスや投資者に対してより魅力的なものとするための都市構造の改善は、都市再生の手段として理解された。その概念は、産出された富が、すべての社会階層に「滴り落ちる（trickle down）」というものであった。イギリスでは経済界がその旗振り役となるよう期待された。（公共サービスの提供で優位を占めていた）地方自治体は、サッチャー政権によって、大きく問題視されるようになった。その代わりに、都市開発公社（Urban Development Corporation）や各タスク・フォース、シティ・アクション・チームのような一連の非公選の準政府組織（quango）が地方レベルで設置され、地方自治体を迂回して活動した。

　コミュニティ組織はこういった特殊法人の発展の片隅に追いやられた。イギリスでは、アーバン・プログラム（Urban programme）のような既存の地域再生

プログラムが，社会的な目標から引き離され，経済的な目標に接近させる方向でバランスの再調整が行われた。欧州構造基金も経済的な目標を強調した。それにもかかわらず，イギリスやその他の国では，失業の増加に対処するために導入された特別雇用対策から，各コミュニティがある程度の利益を得た。例えば，イギリスで1970年代に導入された雇用創出計画は多くのコミュニティ組織に資金を供給した。こういった組織にはしばしば，初めて資金供給を受けたところもあった。しかしながら，それらの資金供給は功罪相半ばするものであった。多くの組織には，莫大な資源をマネジメントする用意がなく，批判者たちはこれらの組織が政府の最低生活賃金に関する政策課題を解決するために取り込まれていると批判した（Addy and Scott 1988）。しかしながら，1980年代が進むにつれて，EUや多くの地方自治体が開始した貧困撲滅プログラムは，経済的な失敗に対する対処というより広い観点を示しはじめた（Alcock et al. 1995）。

　1980年代の経済開発プログラムに対する評価のほとんどが，それらの成果に対しては生ぬるい判定を下していた。1980年代の典型的な経済開発は，非熟練および半熟練の雇用数を減少させ，生活給が支払われないようなパートタイム労働や臨時雇用を増加させた。また，給付システムは最低限の所得を保障していたが，臨時雇用を増やすことを通して，申請者の増加を妨げていた（MacFarlane 1997）。特に，経済主導型の都市再生事業は，現地住民に対して仕事や住宅を提供できなかった（Hausner et al. 1991）。富は滴り落ちなかったのである。仕事はよその地域にいってしまったし，新しい住宅を手に入れたのもより裕福な住民たちであった。強制退去か，もしくは高級住宅化（gentrification）のプロセスを通して，現地住民は社会的周辺に追いやられた。アメリカにおける1960年代の抗議運動のスローガンにあったように，「都市再生は，黒人の強制移住に等しい」（Mayo 1997 : 16）のであった。

　こういった経済開発策は，極めて強力に推し進められていた「トリクルダウン」アプローチが弱まり，より焦点を絞ったアプローチを適用する試みがでてきたにもかかわらず，今日まで継続されている。ルース・レヴィタスが1990年代末に述べたところによれば，当時の「社会的包摂言説」は個々人を労働市場に戻すことに過度に焦点を当てており，他の排除の側面にはほとんど焦点を当てていなかった（Levitas 1998）。これに比べると，イングランドで2001年に立ち

上げられた「近隣地区再生のための国家戦略（National Strategy for Neighbourhood Renewal in Engalnd）」の目標はかなり包括的なものであり，非就業の問題と並んで，健康や教育，コミュニティの安全，環境や住宅なども含まれていた。しかし，2000年代末にこの戦略が遺した主な遺産を引き継ぐことになった近隣地区就労支援基金（Working Neighbourhoods Fund）は，その他のより社会的な目標を犠牲にしつつ，再び労働市場に焦点を当てることとなった。

しかしながら，イングランドやイギリスを構成するその他の諸邦の政府は，社会的企業のもつ，共同生産や互恵性，集合的所有を促し，経済的目標と社会的目標を結びつける潜在能力に関心を抱きつつある。ズデニェックは，1960年代後半のアメリカにおける主に少数エスニックや郊外のコミュニティで，コミュニティ開発公社（CDCs）がどのように立ち上げられたのかを描いている（Zdenek 1998：43）。彼はそれらの公社の発展を3つの段階に区分している。第1段階は，主に商業開発への参加であり，連邦政府から資金が供給されていた。1970年代の第2段階は権利擁護団体や，もしくは住宅事情といった背景からもたらされた。第3段階は，1980年代以降の連邦政府による低所得地区への資金供給の削減に対する反応のなかで現れた。社会的企業やコミュニティ中心型企業もまた，ヨーロッパ大陸に深く根づいた伝統であり，これらは「社会的経済」という用語や，連帯や互恵という考えに基づいた協同組合の伝統に影響を受けている。しかしながら，イギリスでコミュニティ企業が繁栄した地域は，スコットランド，ウェールズ，北アイルランドであった。イングランドの場合，19世紀にまで遡る互恵の伝統を持った地域であるにもかかわらず，1980年代と1990年代に巨額の資金がトップダウン型の経済開発事業に流れた（Twelvetrees 1998d）。イングランドでは，つい最近までアメリカのCDCsや，欧州の社会的経済の成長を支えた資金供給の流れやインフラがほとんど存在していなかったのである。

社会的企業の推進者たちが論じるところによると，社会的企業は排除を生み出す資本主義的な生産様式に挑戦し，「持たざるもの」を犠牲にして「持つもの」に利益を与え続けている経済再建の形態にとってかわる選択肢を提示するものであり，「地域のニーズのための地域の活動」を提供するものである（Birkholzer 1998）。社会的企業はまた，もう一つの生産形態を促進させている。持続可

能でかつ独立した企業体の振興を含むコミュニティ・マネジメントの促進は，こういった政策課題から影響を受けている。これらの考え方は政治的スペクトルを超えた魅力を持っており，かなりの成功を収めている。しかし，他のアプローチにとってかわるような有力かつ持続可能な選択肢は，いまだなお示されていない。実際に，本書の第11章でも見るように，コミュニティ開発公社の活動が達成したものについては，意見が分かれたままである。批判者のなかには，コミュニティ開発公社は良くても資本主義の犠牲者たちに対する応急処置，悪くすれば，社会運動を体制側に取り込む典型例であり，政治的・経済的な独立や自立にはほど遠いと述べる者もいる（Stoecker 2007）。

4　政府の失敗

（1）市場への接近

　前述したように，福祉における市場化の進行は，低所得住民の周辺化の重大な要因であった。イギリスでは，公共住宅政策によってほとんど選択肢のない人たちを最も好ましくない地区に集中させたことが社会的排除の一因となった。これについては，政府自身が報告書である程度認識していた（SEU 1998）。学校選択制も同様に，思ったような効果を上げてこなかった。しかし，福祉に対する市場の導入はまた，特に個々のサービス利用者の権利の増進を通して，エンパワメントのためのいくつかの手法を提供してきてもいる。市場政策と，しだいに自信に満ちあふれ，遠慮なく意見を述べるようになった利用者の運動とが組み合わさることによって，公共機関，私企業や自発的組織，非営利組織といった主要なサービス提供者や専門家たちは，自分たちの組織構造や実践について再検討せざるを得なくなっている。また，サービスの利用者たちは，個人としても，また組織的にもサービス計画の立案において中心的な存在となっている（例えば，社会的ケアが挙げられる）。これらの政策によって，しだいに自信を持つようになったサービス利用者たちは，当事者の声を反映できるような環境を作り出している。すでに見てきたように，新しい福祉の市場はまた，コミュニティがサービス生産をより一層コントロールする機会を与えてもいる。多くの国々では，社会的ケアへの市場の導入によって，原則としてコミュニティ中心

型組織 (Community-based organizaiton) には，地方自治体との契約に基づくサービス提供の機会が与えられるようになった。これらの政策の主な受益者は全国規模の非営利組織や民間の介護会社となりそうだが，コミュニティ中心型組織や社会的協同組合は，自分たちの発展に対して政府が共感を覚えている間に，市場において自分たちにふさわしいニッチを確保するようになっている。しかしながら現実として，排除されたコミュニティの多くは市場中心型政策が適用された結果，公共サービスを失うこととなった (Forrest and Kearns 1999; Page 2000)。他方，コミュニティ組織にとっては，補助金から契約へと資金源が移行したことで，不確実性が高まり，また政府の示す政策課題に取り込まれる危険性が増す結果となった。

(2) ガバメントからガバナンスへ

市民のニーズを満たせなかった政府に対する代替的な答えは，政府を取り換えることでも，その権力を奪い去ることでもなく，政府を「再構築」することである (Osborne and Gaebler 1992)。これは政府の市場からの撤退という意味ではない。むしろ行政機関には，彼らがもはや唯一のプレイヤーではない地域の制度環境では（実際には唯一のプレイヤーであったこともない），「条件整備 (enabling)」の役割を果たし，変革を起こすための一群の資源を解放するために他者とパートナーシップを組んで活動することが求められているという意味である。再構築という政策課題の一部を成していたのは，第1に，民間セクターから拝借された新経営管理主義 (new managerialism) であり，行政に市場原理を導入することでシステムを改善しようとしていた。第2に，時に矛盾するものであるが，その政策課題の一部には，ガバメントから「ガバナンス」への移行が含まれている。この議論で繰り返されているのは，排除や犯罪その他，なかなか解決しない問題に対する協働と「パートナーシップ」アプローチの必要性というテーマと，民主主義の再生もしくは民主化を通した民主的プロセスの再生の必要性というテーマである。

パートナーシップというテーマは，パートナーが様々なレベルの政府機関や企業，非政府組織や自発的非営利組織，住民グループやコミュニティ組織のいずれであろうとも，地球全体に影響を与えている。政府機関には，選挙という

プロセスのみに依存することの限界が認識されていることもあって，意思決定を委譲し，熟議民主主義や参加型の計画立案といった新しい形態を通して，参加を促すことが求められている。これはコミュニティに対して，アボットの描く「交渉型の開発（negotiated development）」の道を開く。すなわち，コミュニティには，その目標を達成するために外部の諸機関とパートナーシップを組んで活動する可能性が開かれ，あるいはコミュニティが自らの組織構造を政府や他のアクターが求めているようなものにしていく可能性も生み出されるのである。これらの事業については，第8章と第11章でさらに議論することとしよう。

5　地域を限定した政策（area-based policy）

これまでに見てきたアプローチの多くは，近隣地区や，もしくはその他の空間的に規定されたコミュニティを対象としている。しかし，こういった特定の地区に焦点を当てた社会的排除対策に対しては強い批判がある。地区に焦点を当てているアプローチに対しては，次のような3つの重要な批判がある。第1に，低所得や排除は特定の地区に限定された問題ではないということである。グレナスターらは1999年，当時のイギリスにおける地域を限定した政策が，恵まれない世帯の約3分の2を排除していると述べている（Glennerster et al. 1999）。これらは構造的な排除の形態であり，その根底には地域を限定した政策が人種や障害，ジェンダーや性，思想信条の問題に取り組んでいないという問題がある（例えば，Tilly［1999］参照）。場所に焦点が当てられることで，まさにそれらの政策が対象としている近隣地区の内部においてでさえも，これらの排除の形が看過されてしまうのである。

　地域を限定した政策に対するこういった批判のさらに重要な面は，最も排除されている近隣地区（政策の対象となっている地区）と，排除の問題がないとは言えないような近隣地区とを区別することがしばしば困難であるということである。チャタートンとブラッドレーは，物理的な境界線の両側に「重複と漏れ」があると指摘しているが，これは対象地区のすぐ外側にいる人たちも，その中にいる人たちと同じくらい排除に苦しんでいる場合もあるという意味である（Chatterton and Bradley 2000: 101）。ピーター・アンブローズによれば，特定の地

区を対象とした政策はその地区の状況こそ改善するかもしれないが，対象となっている近隣地区以外の状況には何の変化も生み出しはしない (Ambrose 2000)。このように，地域を限定した政策は「大海の一滴」にすぎないのである。また，自身の地位の改善に取り組んでいる近隣地区の場合，自分たちの問題（つまり，その地区に住む最も恵まれない人たち）を「輸出」することで，そういった改善が行われることもしばしばある。

　第2の批判は，地域を限定した政策がもつ傾向と関連している。すなわち，そういった政策には，地区の最も有能な人たちを「選別」し，その地区が以前よりも困窮化していくのを放置する傾向があるということである。特に雇用の創出を中心とした地域を限定した政策の場合，問題なのは，いったん住民が置かれた個々の状況が改善し，選択する能力を有するようになると，それらの成功者たちはその地区から離れていく恐れがあるということだ。そうなると，離れていった人たちがいた場所は住宅市場において最も立場の弱い人たちによって占められるようになり，これらの地区をしだいに圧迫していくのである。

　これは先に議論した構造分析に由来する第3の批判に関連している。この批判によると，社会的包摂政策はしばしば近隣レベルでの取り組みに焦点を当てており，近隣活動が効果を及ぼすことができないような排除の原因となっている構造的問題の解決には焦点を当てていない。カーリーがアメリカにおける調査を参照しつつ指摘するところによれば，近隣地区のデプリベーションの約5分の4は，広域経済レベルの構造的要因で説明がつく (Carley 2001)。構造分析の排除に関する説明で描かれているのは，資本主義の下での都市化の過程が，空間の再編をいかなる形で導いてきたのか，そして，第6章でも詳細に議論するが，都市の周辺化の過程をいかに生み出してきたのかということである (Chatterton and Bradley 2000 ; O'Connor 2007)。こういった排除によって生み出された近隣地区のなかで働き，暮らしている人たちは，このプロセスが向かう方向を自分たちの力で反転させることなどできないのである。

　以上の議論は地域を限定したアプローチを放棄せよということではない。フリードマンは，「シティズンシップの意味は地域にまで拡大しており…（中略）…，国民国家の空洞化を特徴とする時代においては，この拡大をさらに推進していかなければならない」と主張している (Friedmann 1998 : 26)。特定の場所に

第3章　コミュニティにおける政策と実践

貧困を集中させている特定のプロセスが存在している。これらのプロセスは改善が必要であるが，そういった改善は，排除を明らかにする方法は他にもあるということと，そのような排除を生み出している原因はより幅広いものであるということの，双方が認識された上で取り組まれねばならない。アイデンティティや利益関心に基づくコミュニティと関連した政策にもしだいに関心が集まりつつある（Rothman 2000）。

6　考　察

　本章では，過去40年間にわたってコミュニティに関するアプローチを支えてきた多種多様なテーマについて解説してきた。ここでは各アプローチにおける「問題」の定義の方法，それらの背景にある想定やイデオロギー，採用された戦略が明らかになった。様々に異なるテーマが，異なる時代に顕在化してきたことがわかった。すなわち，1950年代から1970年代にかけてのコミュニティ変革戦略の中心はコミュニティの自助とシステムのコーディネイトであったが，1980年代には経済開発と消費者の選択が支配的なものとなった。1990年代以降は，パートナーシップやガバナンスといったアプローチが台頭してきた。今日，自助やコミュニティの組織化といったアプローチが再びスポットライトを浴びている。実際には，本章で説明したこれらのテーマはすべて，今日の政策のなかに見てとれるものである。これらのテーマから生まれたアプローチは互いに排他的なものではない。それどころか，これらのアプローチは個別ばらばらだという点で限界があるとはいえ，一つの包括的な戦略を策定する上ではそれぞれが貢献していると言えるだろう。後の章では，それらのアプローチをいかに統合するかという問題や，各アプローチの長所と短所について再び論じることにしよう。しかし，まずはコミュニティに関する政策や実践課題の中心に横たわっているコミュニティ概念とエンパワメント概念について，さらに探求していく必要があるだろう。

訳注

(1)　1967年の報告書「子どもたちと初等教育」(プラウデン報告) を基に1968年から1972年まで実施された貧困地域における教育改革プログラム。リバプールやロンドンなどを含む5つの地域が同プログラムの対象に指定された。

第4章　コミュニティをめぐる理念

　第2章では，政治家やメディアが「コミュニティ」とそれに関連する一群の理念に注目しているいくつかの理由を示した。また，これらの理念は，その主唱者たちがかなり好き勝手に，そして不正確に用いているために，ほとんど無意味なものになってしまうという危険を冒していることも指摘した。ジョージ・ヒラリーは，よく引用される文章で，コミュニティの意味が94個以上もあることを発見した（Hillery 1955）。一方，「市民社会」という用語は，何世紀にもわたり様々な変化を経験してきた。他方で，ソーシャル・キャピタルという用語は，その主唱者たちがかなり短期間の間に多様な用法で用いてきた。では，これらの用語は「召集令状」以上のものとなれるのだろうか。また，政策，とりわけ貧困と社会的排除という対処の難しい問題に取り組むことを目的とした政策を導いていく可能性を持っているのだろうか。

　本章では，それらの用語の公的な議論や学術的な議論における用法と，それらに対する意見についても併せて，簡潔にまとめておく。また，次の2つの章では，それらの用語に向けられるであろう批判や実際に向けられてきた批判，そして貧困や社会的排除という問題に対してそれらの用語が用いられる際に浮上する緊張やジレンマについて検討しよう。

1　コミュニティ

　コミュニティは，記述的なそれと規範的なそれの双方を指して用いられる用語である。したがって，ブッチャー（Butcher 1993）やパデューら（Purdue et al. 2000）が説明しているように，「コミュニティ」という用語や，ここで議論するその他の用語が用いられる際には，少なくとも，次の3つのような一般的な意味を識別することができる。

1．記述的なコミュニティ…共通する何かを共有する，もしくは，相互に影響を与え合う人々のグループもしくはネットワーク。
2．規範的なコミュニティ…連帯，参加，結束がみられる場所としてのコミュニティ。
3．道具的なコミュニティ
　(a)その置かれた環境を維持もしくは変革するために活動する行為主体としてのコミュニティ。
　(b)サービスおよび政策介入の場所もしくは方向性。

（1）記述的なコミュニティ

　コミュニティは，それらの構成員が共有する共通の特徴という観点から定義されうる（Taylor, Barr and West 2000）。これらの特徴は，個人の特徴（年齢，ジェンダー，民族的起源，性別，髪の色），共通の思想（政治的，イデオロギー的，宗教的），活動（余暇，芸術，スポーツ），サービスや財の使用や供給（通勤者，患者，親，介助者，提供者），構成員が生活する場所あるいは働く場所といったものである。しかし，これは人々が共通の特徴を持っているというだけで，自分たち自身をコミュニティとして自己同定しているという意味ではない。こういった自己同定には，構成員たちの間に共通の利益（common interests）があることが必要である。共通の利益には，以下のようなものが含まれよう。

1．共通の文化遺産（宗教コミュニティや民族コミュニティが有すると思われる共通の伝統やアイデンティティ，一体感，帰属意識，忠誠心）。
2．社会的関係（家族の社会的なつながりや近所づきあい，親族から得られる相互支援や社会的交流，共通の住居基盤あるいは共通の経験）。
3．共通の経済的利益（階級，自宅所有者やサービス利用者，顧客としての製品やサービスの共同利用あるいは潜在的な利用可能性，企業やトレーダー，サービス提供者や従業員としての財やサービスの供給）。
4．権力による支配もしくは抑圧といった共通の経験（例えば，「学閥」，難民や亡命志願者，階級，少数エスニック）。

これらのコミュニティの意味は重複している。少数エスニックのコミュニティならば，構成員にとっては，共通の伝統や歴史がある，その構成員間に社会的関係がある，共通の宗教的遺産がある，差別や弱者であった経験を共有している，といったことが重要となろう。前述のリストで階級が二度も上げられているのは，それが共通の経済的利益と権力による支配経験の双方を象徴しているためである。

　これらの共通の利益は，コミュニティを単なる記述的なものから積極的な行為主体に転換させることを可能にする接着剤となっている。しかし，個々人は，同時に多くの異なったコミュニティに属してもいる。例えば，住居に関するもの，仕事に基づいたもの，親族，宗教，レクリエーションなどである。どのような人でも，様々な忠誠心やアイデンティティが様々な機会に顕在化するか，あるいは同時に異なる方向へと引き寄せられることがあるだろう。同様に，コミュニティはそれ自体が多様であり，それらの構成員は異なる利害関係を持っている。よって，一方では利害が重複するが，他方ではそうではないこともあるのだ。

　ブッチャーの指摘によれば，「評論家や政策立案者といった人たちは，一定の住民層が同じ場所で一緒に生活しているから，あるいは共通する他の特徴をいくつか持っているからといった理由で，それらの住民たちを『コミュニティ』と呼ぶことができると想定しがちである」（Butcher 1993：13）。たいていの論者たちが，コミュニティを成り立たせるものとして期待しているのは，社会的あるいは制度的なつながりを通した何らかの方法で強化できるような，同一の場所での生活なのである（Dale and Newman 2010）。

　移動範囲やインターネットが拡大していく時代のなか，論者たちは人々が場所への愛着をどの程度感じているのか，しだいに疑問に思うようになってきている。しかしながら，近年のイギリスにおける研究によると，自分が近隣地区に所属していると強く思うという人と，非常に強くそう思うという人が，あわせて人口の71％を占めている。そういった人たちは，自分の住む近隣地区を住民同士が互いに面倒を見合う場所として捉え，場所に基づいた関係性に価値を置いているのである（Home Office 2003；Richardson 2008）。サンプソンもまた，アメリカにおける研究成果に触れつつ，今日の社会でも，特に貧しい都市部の

近隣地区では，コミュニティにおけるつながりは我々が思うよりも強いものであると指摘している（Sampson 2007）。デ・フィリップスによれば，今日の近隣地区は，「脱近代的な形態や変異した形態であったとしても，人々が普通に行き交う空間である。そこでは人々が面と向き合い，時には活動や目的を調整し，集合的な目標を達成したり，制限したりする方法を変化させるために，集団で活動している」（De Filippis 2001：3）。現代の生活や空間が変化しているにもかかわらず，場所はなおも多くの人々にとって無視できないのである。しかしながら，伝承や社会的関係は地理的な領域としてのコミュニティを生み出すものであり，住民たちにとっては大きな意味があるのだが，それらは外部者によって定められた行政上の境界線とは一致しない。また，すでに指摘したように，一定の構成員たちにとっては，利害関心に基づいたコミュニティに対する恭順が，地理的な領域としてのコミュニティに対する忠誠に優るのである。

ハンターはコミュニティのもつ様々な側面の絡み合う性質を，彼のいう所与のコミュニティではなく，「移ろいやすい（variable）」コミュニティという概念で捉えている（Hunter 1974）。彼はコミュニティの変化には次の3つの側面があるとしている。すなわち，1つ目は環境的側面であり，これは当該のコミュニティが占める空間および時間という意味である。2つ目は，社会構造的側面であり，これは当該のコミュニティにおける個人間のネットワークや制度的な密度のことである。そして3つ目は，象徴的・文化的側面であり，これはコミュニティに与えられた共通のアイデンティティや文化の程度のことである。彼によれば，これらの3つの側面のすべてが結びついたコミュニティは，強力なコミュニティと性格づけられる。

（2）規範的なコミュニティ

「コミュニティ」という用語は，記述的な意味だけで用いられているわけではない。たいていは，私たちが生きるべき方法に関する仮説を備えており，その用法のなかでは2つの見解が示されている。そのうちの一つでは，「コミュニティ」を大衆社会や国家の非人格性（impersonality）と対比している。第2章で見たように，ニスベットは，国家と個人間を媒介する機関の必要性を論じている数多くの論者の一人である。彼によれば，「国家は大衆の熱意を得たり，改革

表 4-1　ゲマインシャフトとゲゼルシャフトの特徴

ゲマインシャフト	ゲゼルシャフト
場　所	利　益
有機的	機能的
一次集団	二次集団
(所与の) 価値と世界観の共有	機能的協同の結果としての価値の共有
利益の明確化	利益の相違
固定的	流動的
保守的	進歩的
全体論的／総合的	断片的；専門分化
協同的	契約的
目　標	手　段
伝統的	現代的
口述によるコミュニケーション	記述によるコミュニケーション

出所：Plant（1974）ほか。

運動を実行したり，戦争のような大きな『目標』のために人々を動員したりすることができる。しかし，それは，承認や交友，安全，メンバーシップといった人間のニーズを満たすための通常の一般的な手段としては，不適切である」(Nisbet 1960：82)。彼は，家族や小規模でインフォーマルな社会集団のような媒介構造を，社会の力を拡大させ，国家の手中に権力を集中させている現代の傾向を抑制するものとして捉えている。

　もう一つのコミュニティに関する規範的な見解は，コミュニティの有機的な結合と，産業社会やポスト産業社会を特徴づけている，より契約的な関係での機械論的な結合との比較がある。こうした比較を行っている多くの研究者たちは，コミュニティと「コミュニティの喪失」に関する研究について，18世紀末から19世紀にかけてのドイツの社会学思想（Plant 1974）や，とりわけテンニース（Tönnies 1995）の業績と，彼によるゲマインシャフトとゲゼルシャフトの区別にまで遡りながら追跡しており，伝統的で，全体論的，地域的なコミュニティ（通常，農村部と捉えられている）と産業社会の新しい断片化された契約に基づく関係（通常，都市部と捉えられている）とを対比している（表4-1参照）。しばしばこの区別は，規範的な方法で用いられており，ゲマインシャフトの肯定的な

特性とゲゼルシャフトの否定的な特性とが対比されている。

　規範的なコミュニティという理念では，密接に結びついた社会的なつながりが強調されている。こうした捉え方とヒラリーが検討したコミュニティに関する諸定義（もしくは，少なくともそのうち69の定義）が一致しているのは，コミュニティには社会的相互作用があり，共通していくつかのつながりや結合があるという点だけである。フィリップ・エイブラムス（Philip Abrams）の近隣に関する研究によると，近隣地域は，親族，近隣者，友人や仕事の同僚などの人々で密に織り合わされた世界であり，地域性が高く，極めて明確に定義された関係性の枠組みのなかでしっかりとしたケアが行われている（Bulmer 1988）。パールの研究（Pahl 1970）が示すように，労働者階級のコミュニティでは，こういった関係性の区別は，労働や宗教のつながりによって覆い隠されている。地域レベルでは，これらの数多くの異なる社会的関係が重複しており，とりわけ親族関係は，地域的および道徳的統制の基盤を提供している。これらの密接に結びついたつながりは，産業社会の断片化された契約に基づく関係と，都合よく対比されがちである。

　しかしながらその他に，コミュニティは失われてしまったというよりも，むしろ変容したのだという主張もある。サンプソンによると，「都市生活者は深くて，長続きする関係をつくる能力を失ってしまったのではない。むしろ彼らは，表面的で束の間の，限られた関係をつくる能力を獲得している」。彼によれば，コミュニティは私的，個人的なニーズを満たすためには必要とされなくなった。しかし，地域コミュニティは「社会的善行（social goods）を支援する際には，共通の価値を実現する場としてなおも欠かせない」のである（Sampson 2007：165）。さらにその他にも，ゲマインシャフトのもつ保守的な諸価値とは対照的なコミュニティの価値を強調する論者がいる。すなわちそれは，「労働者階級や周辺化された人々に対する資本主義の社会的コストに異議を唱える空間に現れうる，新しく，より民主的で包含的な民主主義の形態を通した雛形」（De Filippis and Saegert 2007b：2）としてのコミュニティの価値である。

（3）道具的なコミュニティ

　政治家や政策立案者は（同じ場所に住んでいる人たちや，あるいは共通の特徴・利

益を有しているとされた人たちとともに活動する方法を探究する際に），しばしば記述的な意味でのコミュニティと，規範的な意味でのコミュニティをごちゃまぜにしている。彼らは，共通の場所や利益が，社会的結束や道徳的結束，安全意識や信頼を彼らにもたらすと思い込みがちである。しかし，彼らはまた，そこから一歩進んで，規範をすぐに実行に移そうと考える傾向にある。すなわち，コミュニティを，人々が互いにケアを行い，集合的な事業や活動に参加し，彼らの環境を変革させるためにともに活動するような機関へと転換しうると考えるのである。

したがって，「コミュニティ」にサービスを付け加えることは，単にそういったサービスが行われる場所を描くだけのことになるのかもしれない。つまりそれは，集中化したオフィスよりもむしろ近隣地域にサービスを配置することであったり，特定の場所で働くスタッフを任命することであったり，あるいは施設よりもむしろ自宅で人たちをケアすることであったりするのである。しかし，このようにコミュニティがサービス供給のための場所として描かれる場合にはまた，以下のようなサービスの供給方法に関する記述も含まれている可能性がある（Taylor, Barr and West 2000）。

- 一般市民との接点（Contact）…現業職員すなわち第一線で業務を行う職員の配置の仕方のこと。
- 支　　援…コミュニティ内の組織に財源やその他の資源を供与すること。
- アウトリーチ…人々の自宅や地域の会合の場に出向いていくこと。
- 調　　整…地域で活動する多様な機関を統合すること。コミュニティ組織との連絡。
- 協　　議…コミュニティ内の人々や組織と協議すること。
- 委　　譲…地域サービスの運営にコミュニティの人々を参加させること。

これらの言葉の用法は単なる記述実態的なものにすぎないが，一部には，サービスを提供する最善の方法は地域化と人々の参加であるといった規範的な考え方も含まれている。コミュニティはまた，象徴的な意味での介入のために用いられるかもしれない。また，コミュニティは，それが実際の政策を本当に支

えたり，特徴づけたりしているかどうかにかかわらず，特定の政策や介入に対して信頼感や団結感，安心感を与えるために用いられることがあるかもしれない。

2　コミュニタリアニズム

　コミュニティによる処方の規範的な推進は，コミュニタリアン学派と最も強力に結びついていた。コミュニタリアンは，市場の個人主義を「コミュニティの生活に悪影響をもたらす」(Tam 1998: 3) と批判するとともに，国家の生み出す依存をも批判する。

　　「コミュニタリアニズムの概念では，個人の自由が保護されるかどうかは，市民が自尊心と同様に他者を尊敬することを学ぶ市民社会という制度を積極的に維持していくかどうかに依拠していると認識されている。そこは，自分の権利と他者の権利を正しく認識しながら，個人的責任と市民的責任の鮮明な意識を獲得し，自分たち自身を統治する習慣と同様に自治の技術を発展させ，自分だけではなく，他者に奉仕することを学ぶ場なのである。」
　　(Communitarian Network 1991 ; Etzioni 1998 : 43)

　上に示すように，コミュニタリアニズムはまた，責任よりも権利にこだわってきたことに対する反動でもある。コミュニタリアニズムは，まず何よりも家族を，それからコミュニティを，道徳的規範と義務の場として促進することによって，バランスを取り戻そうとしている。コミュニタリアンはまた，個人と国家の間を媒介する諸制度の再生を求めてもおり，特に学校を道徳教育の重要な源泉と捉えている (Henderson and Salmon 1998)。

　コミュニタリアニズムは互酬性に基づいており，「最も身近に住んでいる人たちに課される義務と期待に関わるが故に，道徳的に厳しい責任を課す構想」として描かれてきた (Revill 1993)。よって，フレイザーは，倫理や政治，知識にとっての完全に合理的な基盤が存在するという自由主義の主張に対して，コミュニタリアンは，正義と見なしうるものは人間の生き方に根ざしたものだけで

第4章 コミュニティをめぐる理念

あると反論していると述べている（Frazer 2000：181）。

　コミュニタリアンの認識では，全てのコミュニティが人間の完成のための機会を与えているわけではない。コミュニタリアニズムに関する自著を発表して以来，イギリス政府のコミュニティ開発に責任を持つ部門の幹部職員となったヘンリー・タムによると，「包括的なコミュニティは，実際に作用している権力関係によって，他の形態のコミュニティとは区別される。包括的なコミュニティでは，全ての構成員が自分たちの生活に影響のある集合的な過程に参加することが可能となる」（Tam 1998：8）。彼は共通の価値を協同の探求と開かれた交換からもたらされる結果と見なしており，それらが間接民主制よりもずっと強力な民主主義の基盤になると主張している。しかしながら彼は，様々な文化を超えて維持されている包含的な価値があると強調する。彼の定義では，これらの価値は，愛，英知，正義，充足（fulfilment）である。彼はこれらの価値に基づいた相互責任を，コミュニタリアニズムのエートスの核心として捉えている。

　ジョン・グレイはこういった議論を支持しており，競合する正義の要求を解決するためには，市場個人主義よりも，地域における集合的な選択の方がより良いというコミュニタリアンの信念を強く主張している（Gray 1996：55）。実際に，彼が捉えるコミュニタリアンの自由主義的視点についての鍵となる見解は，「荒廃し，破壊された公共文化のなかで営まれる人間の生活は，人々がいかに多くの個人的選択を行っていようとも，劣悪なものとなる」という信念である。

　ドライバーとマーテルは，こういったコミュニタリアンの思想が，ある人々にとっては魅力的なものであることを強調している。すなわち，それらの人々は，過剰な市場個人主義には魅力を感じていないが，なおも国家中心の福祉システムから距離を置くことを求めているような人々（例えば「第三の道」の提唱者たち）である（Driver and Martell 1997：33）。コミュニタリアニズムは，これらの関係者に対して「資本主義ではなく市場個人主義を避け，階級や国家ではなく集合的行為を擁護するような政治的用語」を提供している。しかし，ドライバーとマーテルは，コミュニタリアニズムを単一の同質的なアプローチとは捉えていない。彼らは，コミュニタリアニズムが以下の6つの側面から区別できるとしている。

- 体制順応主義者（包含的な道徳の構築）　対　多元主義者（差異の認識）
- 課せられる責任の条件が大きいもの　対　小さいもの（責任は義務に起因するという主張と，責任は仲間意識と連帯に起因するという主張）
- 保守　対　革新
- あてがわれたもの　対　自発的なもの
- 道徳的なもの　対　社会経済的なもの（道徳の共有に起因する社会的結束；社会経済的平等と権利の共有に起因する社会的結束）
- 個別的なもの　対　団体的なもの（すなわち，企業や公共機関の責任）

　ドライバーとマーテルによると，イギリスのニュー・レイバー政権や同じ様な主張をしている他の人たちは，上の各組のうち，後者よりも前者の方に向かう傾向があったという。つまり，責任に対する義務があまり強調されず，再分配的で社会経済的，革新的で団体的なコミュニタリアニズムが軽んじられ，責任に対する義務が強調され，道徳規範的，保守的で個人的なコミュニタリアニズムが重視されていた。ドライバーらによれば，このアプローチの支持者たちはある側面では分裂しており，補完性の原理に基づいて政策の決定と実施を外部と下方に委譲する制度的多元主義を求めていた。しかし，このような制度的多元主義を包括的な道徳枠組みのなかで確実に実行するための倫理的同質性を求めてもいたのである。

3　ソーシャル・キャピタル

　ソーシャル・キャピタルの概念が最も一般的に連想させるのは，ロバート・パットナムである。彼はこの概念を「参加者が共有された目標を追求するためにとる協調行動を，より効果的なものとする社会生活の特徴（ネットワーク，規範，信頼）」と定義しており（Putnam 1993: 664-665），その規範には互酬性（reciprocity）や協同，寛容が含まれている。彼はこれらが「水平的秩序に基づいた」アソシエーション，とりわけ顔の見える間柄の人々を含むそれらを通して生み出されるものと捉えている（合唱団，スポーツクラブなど）。コミュニタリアンと同様に，パットナムは（何世紀にも渡り構築されている）ソーシャル・キャピタル

の存在を，現代民主主義に欠かせないものと彼が捉える市民参加のための能力形成と結びつける。彼によれば，顔の見える間柄の人々によるアソシエーションを通して生み出された信頼や互恵といった規範は，社会へと十分に「波及していく（spill over）」。能力は，共有された目標を遂行するなかで，集合的な行為のために作り出される。市民は有能で反応のよい政府を期待し，これを代表者たちが実現する。しかしながら，彼は今日のアメリカではこういった資源が衰退していることを憂いている。彼はこの衰退の要因として，共働き家族の増大や都市の不規則な拡大，通勤範囲の拡大といった多くの事柄を挙げている（Putnam 2000）。

　パットナムに先行して研究を行ったコールマンは，ソーシャル・キャピタルを，金融資本，物的資本，人的資本に続く，生産過程における第四の資本であり，以前は軽視されていた資本の形態であるとした（Coleman 1990）。彼はソーシャル・キャピタルを他の活動の副産物として生み出される関係財（relational good）として概念化した。信頼や協同といった社会規範は，監視や制裁といった活動に要するコストを縮減し，有効性や効率性を達成する上での助けとなるが，コールマンは，こういった社会規範を個々の行為主体が個別の自己利益を追求する過程でどのように生み出すのかを描いた。

　関係資本（relational capital）の概念は，こういったコールマンの考えにいくらか似ている。ケール，シン，パールマッターは，関係資本を「戦略的なパートナー関係にある人たちの間での，個人レベルでの密接な相互作用から生まれる相互の信頼や尊敬，友情の度合い」と定義している。他社とパートナー関係を結ぶことは，企業にとっては，学習を促し，また新しい技術やアイデアにアクセスし，そして規模の経済を活用し，リスクや不安をパートナー間で共有するための戦略的な手段となる。ケールらは，企業がこういった提携をどのように結ぶのかを描いている（Kale, Singh and Perlmutter 2000 : 218）。彼らの主張によれば，関係資本は学習の機会を高め，機会主義的な行動のリスクを低減する上で有効である。また，関係資本は相互の信用を生み出す。相互の信用があれば，交換の当事者たちが他者の脆弱性につけ込むようなことは，仮にそうする機会があった場合でさえ，なくなるのである。ケールらはまた，関係資本の価値は時を重ねるうちに増していくとも指摘している。一つの連携は，次の連携の呼

び水となりうる。よって，関係資本を形成する可能性を予見するものとなるのである。

　パットナムやコールマンによる概念化によれば，ソーシャル・キャピタルは集合財であり，行為主体間の関係に内在する。そのため，ソーシャル・キャピタルは「協力活動を促すために活用される資源となる」(Maloney, Smith and Stoker 2000：823)。一方，ケールやその同僚たちは関係資本を個々人が所有するものと捉えている。他にも，同じように，ソーシャル・キャピタルを社会的なつながりやネットワークのメンバーシップに基づいた個人的な資源と定義する論者たちがいる (Bourdieu 1986；Portes 1995)。そこでは，ソーシャル・キャピタルが，希少な経済的，文化的資源へのアクセスを人々に可能とする社会的なつながりと捉えられている。

　ソーシャル・キャピタルに関する議論では，ソーシャル・キャピタルは一般的に3つの形態に区別される。イギリス国立統計局によれば，それらは以下の通りである (ONS 2003)。

- 内部結束型ソーシャル・キャピタル (Bonding social capital) …
　　人々の密接なつながりであり，例えば家族構成員間や，同一民族集団の構成員間の強い結束によって特徴づけられる，人生を「何とかやっていく (getting by)」ために役立つ資本である。
- 橋渡し型ソーシャル・キャピタル (Bridging social capital) …
　　より距離を置いた人々の間でのつながりであり，例えば，事業提携者間や知人間，異なる民族集団にいる友人間，友人と友人との間などに見られる，弱いものの，横断的なつながりとして特徴づけられる。人生において「競争相手をしのいでいく (getting ahead)」ために役立つ資本である。
- 連携型ソーシャル・キャピタル (Linking social capital) …
　　権力の座にある人々とのつながりであり，異なる権力の次元があるヒエラルキー内のなかでの関係によって特徴づけられる。公的な制度による支援を得るために役立つ資本である。内部結束型や橋渡し型との違いは，この資本が対等な立場にない人々の間の関係性に関わっている点で

第4章　コミュニティをめぐる理念

> ── 4-1　ソーシャル・キャピタルの諸側面 ──
>
> 「世界銀行によるソーシャル・キャピタル実施枠組み」(The World Bank Social Capital Implementation Framework) では，ソーシャル・キャピタルには次の5つの側面があるとされている。
> ・集団とネットワーク…福祉を改善するような個人的関係を促し，保護していく，諸個人の集まり。
> ・信頼と連帯…より大きな結束とより力強い集合行動を育む，個人間の行為の要素。
> ・集合行動と協力…人々が共通の課題を解決する上での，ともに取り組む能力。
> ・社会的結束とインクルージョン…周辺化された人々の参加を高めることによって，紛争のリスクを軽減し，開発利益に対する平等なアクセスを促進する。
> ・情報とコミュニケーション…情報へのアクセスを改善することによって，ネガティブなソーシャル・キャピタルを打破しつつ，ポジティブなソーシャル・キャピタルを推進する。
>
> 出所：World Bank (2010b).

ある。例えば，個人を扱う社会サービス提供機関が挙げられるだろう。

　橋渡し型ソーシャル・キャピタルは社会的結束の問題に取り組む上で特に重要である。この点に関しては第5章でもう一度議論しよう。他方で，連携型ソーシャル・キャピタルは権力の問題に取り組む上で重要となる。こちらについては，第7章と第8章で議論しよう。

　より良き統治 (better government) や犯罪水準の低下，経済成長 (Halpern 2005)，健康増進 (例えば，Wilkinson 1997; Cattell 2001, 参照)，産業における技術革新 (Giddens 2000b) などを含む多種多様な前向きな結果は，ソーシャル・キャピタルの存在と関連している。このことを示す証拠がますます示されるようになってきている。国家レベルで，そして国際レベルで，ソーシャル・キャピタルへの重大な関心が巻き起こったことも，何ら不思議なことではない（「4-1　ソーシャル・キャピタルの諸側面」参照）。ピーター・ホールは，パットナムの議論のもつ魅力についてこう記している。

　　「フォーマルな，そしてインフォーマルなネットワークは，一種のソーシャル・キャピタルを構成する。こういったソーシャル・キャピタルがあれ

ば，構成員たちはより政治に参加する可能性が出てくるし，自らの生活やコミュニティを改善するために，彼らの社会的なつながりをもっと活用できるようになる。組織化された市民（citizenry）は，多くの社会問題を軽減し，多種多様な公共政策を遂行しやすくすることができる。例えば，近隣住民の自警団を利用すれば，犯罪の発生を極力抑えられる。結局のところ，このような諸個人間のつながりが損なわれてしまうと，国民国家全体としては資源を失うことになるのである。」(Hall 1997 : 35)

　国際的には，世界銀行がコミュニティ主導型開発におけるソーシャル・キャピタルの理論的適用を支援するための，極めて重要な研究を実施している。
　ソーシャル・キャピタルの概念は，「集合的効力感（collective efficacy）」や「コミュニティのレジリエンス（community resilience）」といった最近の概念とも密接な関わりをもっている。これらは，コミュニティに犯罪や人道上の危機といった社会問題への対応を可能にする要因を探るための概念である。この点で，サンプソンは集合的効力感について，コミュニティに共有された信念と定義している。すなわち，コミュニティには住民が共有する価値を実現し，効果的な社会的統御を維持する能力があるとの信念である。そして彼はこの概念を，相互信頼や組織的参加，交友や血縁といったつながりと結びつけている（Ohmer and Beck 2006 ; Sampson 2007）。

4　市民社会

　市民社会という概念は，一般的な用いられ方では，経済的，社会的ないしは政治的開発への市民や消費者の直接的，集合的な参加を強調している。ウォルツァーは，市民社会を「強制のない，人間的なアソシエーションの圏域であり，またこの空間を満たす（家族，宗教，関心およびイデオロギーのために形成された）一連の関係性のネットワーク」と定義している（Walzer 1992 : 7）。同様にテスターは，現代の市民社会を「ボランタリー・アソシエーションや，私的な立場で活動する個々人の参加を含めたそれらの関係性のすべて」に適用されるものと定義している（Tester 1992 : 8）。

第4章 コミュニティをめぐる理念

　市民社会概念には長い固有の歴史があり，その意味は何世紀にも渡るなかで多様な形に変化してきている。テスターは，ヘーゲルとマルクスを引きつつ，国家（公共生活）の領域と私的領域の分離の中から顕れてきたものであると論じている。封建社会の「自然秩序」では，独立した私的領域は認識されていなかった。というのも，我々が個人的なことと定義している全てのこと（出生，家族，資産，職業などの問題）が，王国において専制君主の配下にある臣民の地位を決定づけていた支配システムに関連していたからである（Tester 1992：14）。しかし，彼ら臣民たちが，所有関係によって古代・中世の共同社会から解放されるにつれて，見知らぬもの同士の信頼に基づいた互酬性が富の産出に不可欠なものとなった。すなわち，「社会はもはや階統的で全体主義的な中世の秩序という観点からではなく，個別の人々という観点から認識されるようになり，そういった特定の個人たちの間での新しい結びつきが見出されなければならなくなった」（Seligman 1992：27）。

　18世紀のスコットランド啓蒙主義の伝統では，市民社会は，純粋交換の計算を超えた互酬性（reciprocity）や互恵性（mutuality），協同の新しい基盤として捉えられていた（Seligman 1992）。それは道徳的で共同社会的なつながりを悪影響から守るための手段であった（Seligman 1992：206）。それはまた，当時顕在化していた数多くの緊張関係，すなわち「理性により統治される生活と熱意により統治される生活の間，個人と社会の間，公と私の間，利己主義と利他主義との間」に生まれた緊張関係を解消する「統合法」を見出す試みを示してもいた（Seligman 1992：25）。重複した人々によって構成される高度に分節化した市民社会は，安定した民主政治の基盤であり，特定の一つの集団による支配を防ぐものと捉えられていた（Edwards 2004）。しかし，批判者たちは，当時の市民社会に関する議論を，白人男性で資産を所有しているエリートたちをかなり擁護しているものと捉えている（Howell and Pearce 2002）。

　20世紀に入ると，市民社会に関する議論はアントニオ・グラムシの業績の中で，より根源的な形で取り上げられるようになった。グラムシは市民社会を文化的，イデオロギー的なヘゲモニーをめぐって闘争が繰り広げられる場として位置づけ，市民の政治的傾向を形成する上での，市民社会を構成する家族，学校，大学やメディアといった諸制度の役割を強調した。彼の分析は市民社会の

支配をめぐる闘争に関わるものであり，支配階級の有力な論理に対して陣地戦を展開する上での，市民社会諸制度の潜在能力を強調したものであった。

　こういったグラムシの議論は鉄のカーテンが崩壊するまで忘れ去られ，アレクサンダーが述べるように，市民社会は「古めかしく，保守的な概念であり，全く時代遅れである」と考えられていた（Alexander 1998：1）。しかし，ソビエト体制の崩壊に伴って，市民社会は再発見された。そして，学術的な集団や政策集団では，これに先んじるニスベットによるコミュニティへの関心の影響も受け，市民社会は国家権力に対して対抗的なバランスをとるものとして賞賛されるようになった。この時点では，ジョン・ロックに遡る伝統に従って，市民社会を私企業や市場も含むものと捉える者もいたため，この概念は自由な市場を唱える右派の政治家や起業家たちに対して非常に訴えるところのあるものとなった。逆に市民社会概念は，特にラテン・アメリカにおいては，左派による資本主義国家批判とも親和性があり，市民社会を資本主義に対抗する場として捉える人々にも広く取り上げられた。

　しかしながら，多くの人たちにとってこの概念は，国家と市場のいずれにも染まっていない運営方法や，あるいはそういった領域という意味を持つようになってきた。ガヴェンタはこの点で市民社会を，要求を募ったり，特殊なニーズを代弁したり，監視役を果たしたり，一般的には国家に対する対抗権力を行使したりして，政府による統治行為に抑制と均衡を加えるものと捉えている（Gaventa 2004b：xiii）。他方，デ・フィリップスとサエガートは，市民社会を労働者階級や周辺化された人々に対する資本主義の社会的コストに対して異議を唱える空間として描いている（De Filippis and Saegert 2007b：2）。

　マイケル・エドワーズによると，市民社会概念の用法には3つある（Edwards 2004：vii-viii）。すなわち第1に，記述的な用法である。前述の議論が示唆するところでは，いずれかの強い批判と密接に結びつくのかもしれないが，この用法では市民社会が国家や市場とは区別される協働的な生活（associational life）と規定される。この意味での用法は，「人々，国家，そして主要な諸制度の間では，責任をめぐる境界線がどこに引かれているのか」（Richardson 2008：240）といった今日の議論でも展開されており，しばしば市民社会は非政府組織や非営利組織，あるいはサード・セクターと同義のものとして捉えられている。よってそ

こでは，市民社会概念が，福祉の混合経済においてこのセクターの主張を推し進める際の良い口実として，そして民主的な生活に大きく貢献するものとして使用されているのである。

> 「市民社会は，近隣地域の集まりから当事者グループ，あらゆる種類の博愛事業までも含めた民間のボランタリー・アソシエーションの領域として理解されており，既存の民主主義の民主化と健全化の双方に不可欠な要素として捉えられている。」(Foley and Edwards 1996：38)

　市民社会概念の2つ目の用法は，エドワーズが規範的用法とするものである。すなわち，そこでの市民社会は「善き社会」のことであり，私利私欲ではなく奉仕（service）の領域であり，「心の習慣」（Bellah et al. 1985）が育まれる場である。こういった用法は，ニコラス・ディーキンによる市民社会概念の探究でも示されている（Deakin 2001）。彼がその探求の旅を通して辿り着いたユートピアの特徴は，多くの論者が市民社会に対して抱いている強い願望と共通する点が多い。例えば，交代制で，かつ責任あるリーダーシップ，新しいアソシエーションの形態，平等や市民的徳性などである。市民的徳性という概念に関しては，ブレナン（Brennan）が「真の公益を見分ける能力であり，公益に基づいて活動する際の動機付けとなるもの」（Anheier and Kendall 2002から引用）と定義しており，尊敬や丁寧さ（courtesy），礼儀正しさ（politeness），寛容，他者への配慮，自制や節度といった理念を具体化する「市民的態度（civility）」の概念をめぐる新たな関心にも反映されている（Dekker 2009）。

　3つ目の用法では，市民社会は共通の利益を追求する際の公的な討議や合理的対話の場として捉えられる。この用法は記述的ではあるが，規範的なニュアンスをも帯びている。この用法に従って，ハウウェルとピアースは，市民社会を次のように描いている。

> 「知的な空間であり，そこでは無数の多様なグループやアソシエーションに所属する人たちが，自分たちの住みたいと考えている解放された世界の構築方法や，オルタナティブな経済的関係や社会的関係の構想について，

またイデオロギー的な論争について，自由に討論し，議論することができる。」(Howell and Pearce 2002:2, 8)

5　互　恵　性

　コミュニティの概念を確固たるものとする第4の理念は，互恵性 (mutuality) である。互恵組織 (mutuals) は，ヨーロッパ大陸の国々では社会的経済の主要な部分となっているし，南半球の国々でも，互恵性の原理はマイクロ・クレジット制度を含む幅広い事業に特質を与えているものとなっている。アングロサクソン諸国では，長く重要な歴史があるにもかかわらず，互恵組織の運命は揺れ動いてきた。とはいえ，近年では回復の兆候が見られ (Burns and Taylor, 1998 ; Leadbeater and Christie 1999)，協同組合や従業員所有企業の推進は，イギリスの新しい連立政権によるビッグ・ソサエティ構想の一部を成している（「3-1　ビッグ・ソサエティの構築」参照）。

　レッドビーターとクリスティーは，互恵組織を，投資者が所有する会社とはかなり異なった経営者，労働者，消費者間の関係性を創造するものと定義している (Leadbeater and Christie 1999:18-19)。その構成員は消費者であり，労働者でも，供給者でもある。消費者の互恵組織においては，構成員は自分たちが消費するサービスの共同生産者である。彼らと組織の関係は定期的で，適度に密接なものであり，彼らは組織の日々の運営に参加している。レッドビーターとクリスティーが述べるように，これは互恵組織が「構成員間の信頼やノウハウが深く蓄積された宝庫」にアクセスできるという点で，伝統的な投資家が所有している会社と公的セクター組織の双方よりも，競争の面でより有利な立場にあることを意味している (Leadbeater and Christie 1999:18 ; Ben Ner and Hoomissen 1993, 参照)。互恵組織はこのように，競争的な市場における個人主義に対する代替的な選択肢として捉えることができる。しかしながら，互恵組織は単なる経済的存在ではない。レッドビーターとクリスティーによると，「互恵組織に際立っているのは，人々を共通の目的のもとに集結させる能力である」(Leadbeater and Christie 1999:18)。

　互恵の原理は，アレクシス・ド・トクヴィルがアメリカで発見し，賞賛した

アソシエーションの基盤であると言われている。アメリカの互恵組織は，例えば農村地域において相互保険事業を行うなど，長い間，重要な役割を果たしてきた。ブラックによれば，イギリスでは互恵組織が（例えば，通信協会や反穀物法同盟を通して）18世紀後半の中産階級のアイデンティティの確立に決定的な役割を果たした。その後，それらは労働者階級のアイデンティティと政治の確立を決定づける要因となった（Black 1984）。

イギリスやその他の国における労働者階級の互恵性の伝統は，コミュニティの内部それ自体を起源とする自助事業を特徴としていた。そういったコミュニティでは，疾病や貧困のための保険が提供され，貧困から抜け出すための手段を与えるべく教育が行われていた。友愛協会やその傍らで成長した主な労働者階級組織（建築協会，住宅組合，消費者や生産者の協同組合，埋葬協会，労働組合など）は，18世紀後半から19世紀にかけて，労働者階級の文化を構成する要素としてますます重要なものとなった。

互恵組織は，経済的リスクを分担する機会を提供していただけではなく，社会的，政治的な相互交流のための機会も提供していた。なかには複雑な入会の儀式のある組織もあったが，多くの場合は組織の金銭面での目標とともに，社会的な目標が重視されており，互恵組織が自己改善や教育といった点で生み出した利益は実に多大なものであった。例えば，ロッチデール（しばしば協同組合運動の生誕の地とされている）の協同通商組合には図書館や新聞閲覧室があり，成人教育は労働者階級の互恵性に不可欠な部分となっていた。

本書にとっての互恵主義の重要性は，この運動が社会変革という大望を抱いていたことであり，またそのメンバーを上流階級やそれを目指す中産階級に限定せず，勃興する私的資本主義にとってかわる選択肢を提示していたことである。すなわち，「その計画は，こういったアソシエーションの形態が規範となり，経済や社会のルールを設け，実際の活動のなかで国家（commonwealth）や自治体（a state of the unions），自由なアソシエーション，新しい道徳的な世界を定めるものであった」（Yeo 2001：10）。この意味において，協同組合と互恵組織には大きな政治的重要性があった。それらは長きにわたって政治的不同意の伝統を促した。例えばイギリスでは，それらの組織原理や価値は非国教徒，とりわけメソジスト信仰復興運動に大きく依拠していた。彼らの権力基盤であったイン

グランド北部は，ロンドンや既存の教会，中央政府からは離れていた（そして対立していた）。スペインのモンドラゴン・ネットワークは，今日では大きな成功を収めており，よく知られた協同組合事業の事例となっているが，そもそもはこれもバスク人のナショナリズムに起源をもつことから，バスク人のコミュニティから資金をうまく導き出すことができたのである。

イギリスの互恵組織の最盛期は，1890年から1910年にかけてであった。以降，その伝統は廃れた。本来の互恵組織はその多くがフォーマルなものとなったり（例えば，住宅組合），国家内部に制度化されたり（医療や国民保険），もしくは民間企業として法人組織化してしまった（建築協会や保険相互）。マーク・ライオンズは，オーストラリアにおける類似したプロセスを図式化している（Lyons 2001）。互恵組織の伝統は，一部のヨーロッパ（特にスペイン，イタリア，フランス）では，連帯や，あるいは友愛が政治的伝統の一部となっているため，いまだに根強い（Black 1984）。1990年代末の時点で，フランスやドイツ，オランダでは小口預金の約3分の1を相互銀行が占めている（Leadbeater and Christie 1999）。イギリスにおける協同組合の収益は，いまだにチャリティ団体の収益とほぼ同じ位しかない（Kane et al. 2009）。にもかかわらず，レッドビーターとクリスティーによれば，近年になって新しい形態の互恵企業（mutual enterprise）が数多く現れており，新しい連立政権はそれらを奨励する方向にあるという。個人主義的な傾向がより強いアメリカにおいてさえも，コミュニティ財団やコミュニティ開発公社が，近隣地域と互恵の伝統を基盤に据えた社会的経済のさらなる成功例を提示しているのである。

6 ネットワーク

以上のような「コミュニティをめぐる理念」はすべて，ネットワーク，信頼，互酬性といった組織化の原理によって支えられている。人間の努力を組織化し，調整する方法としてのネットワークは，学界と政界の双方で，近年しだいに注目を集めるようになっている。論者たちは，市場（価格と契約を基盤としており，しばしば企業に関連している）とヒエラルキー（規則と手続きを基盤としており，しばしば政府に関連している）という二分法の観点から捉えられがちな世界観に疑問

第4章 コミュニティをめぐる理念

を投げかけつつ，ネットワーク（もしくは，オオウチの場合はクラン）を特有な第3の組織原理として定義してきた（Ouchi 1980；Powell 1990；Nohria and Eccles 1992）。トンプソンらはネットワークの要素について次のように定義している。すなわち，「市場の主な調整メカニズムが価格競争であり，ヒエラルキーの主な調整メカニズムが行政措置だとしたら，ネットワークのそれは信頼と協同である。それらはネットワークを他の存在と隔てる要素である」（Thompson et al. 1991：5）。

しかしながら，これらの原理は市場，国家，コミュニティという3つの領域に概ね一致してはいるものの，それぞれの原理はそれぞれの領域に特有のものではない。企業はヒエラルキーと同じような形で運営することができるし，政府も市場を通して活動することができる。ネットワークは，この議論の中心となっているアソシエーションやコミュニティのみにとって重要なわけではなく，企業および公共セクターの双方においても見られる。それらのセクターでも，活動や利害の調整手段として，規則や価格競争と並んで信頼や互酬性が動員されているのである（Dore 1983；Clegg 1990）。

パウウェルの指摘するネットワークの特徴に挙げられているのは，補完性，互酬性，互恵性，相互依存性（ヒエラルキーの依存性と市場の独立性に対置される）である。彼によれば，ビジネスの場面では，「暗黙」知，スピード，信頼が必要とされる場合には，ネットワークが最もふさわしいという（Powell 1990）。ベイカーによれば，製品や事業計画のなかで，独自性があって，様々な専門家からのインプットが必要であり，創造的な解決が必要なものにこそ，ネットワーク型の組織形態が特に適しているという（Baker 1992）。

ネットワークは今日の「ポストモダン」の社会とそれがもたらす課題にとっては特に重要となっている。ジルクリストはネットワークを「情報を蓄積し，処理し，発信するための複雑なシステム」と捉えている（Gilchrist 2009：49）。彼女が述べるには，ネットワークは，情報が曖昧でリスクが高い状況で特に役に立つ。というのも，そういった場面では，ネットワークによって比較検証のための代替的な根拠が参照することで，矛盾を明らかにできるからである。彼女は複雑性理論を引用しつつ，ネットワークを拡大された「頭脳」になぞらえる。すなわち，ネットワークは，活力に富んだ知識体系を構築し，集合意識を生み

出すために，情報を知的な形で処理する「頭脳」なのである（Rose 1998［Gilchrist 2009 : 50］における引用）。ネットワークという形態は，何よりも信頼という結びつきを通して取引費用を縮減すると言われている。信頼はリスクを極小化し，相互関与（mutual commitment）を高めるからである（Perrow 1992）。社会的なネットワークはまた，より大きな集団の間で，長期にわたってリスクを分散させ，欠乏期を減らし，不確実性を減少させてもいる（Monbiot 1994）。

　前述したパウエルのネットワークの特徴の一覧のうち，鍵となる特徴の一つが互酬性である。グールドナーの指摘によれば，互酬性という規範は，その普遍的な形態において，2つの相互に関連する要望（demands）を生み出した（Gouldner 1960 : 175）。すなわち，第1に「人々は自分たちを助けたものを助けるべきである」ということであり，第2に「人々は自分たちを助けたものを傷つけるべきではない」ということである（Gouldner 1960 : 171）。このように互酬性は，「自由に成形できる充填剤（filler）のようなものであり，社会構造のあちこちにできるほころびに注入することができ，一種の道徳的な万能接着剤として役立つものである」（Gouldner 1960 : 17）。互酬性が含意している「報酬（return）」は，「概ね同等のもの」が基本であり，すぐに返す必要もない。しかしながら，他者（もしくはその代理人）の互酬能力に関しては，一方のパートナーが判断することが必要である。

7　信頼とインフォーマル性

　前述した互酬性という規範や市民が参加するネットワークはまた，社会的信頼の第一の源泉としても位置づけられる（Putnam 2000 ; Misztal 2005）。信頼についての徹底した分析は本書の範囲を超える。しかし，信頼は本章で検討してきた全ての用語に暗黙裏に含まれてもいる。よって，ネットワークやコミュニティに関する議論で規定されてきた様々な形の信頼について，ここでそのいくつかに簡単に触れておいてもよいだろう。

　フクヤマは信頼を，「コミュニティ内の他の構成員と共有する規範に基づいた，コミュニティ内部に表れる，規則正しく，誠実で，協同的な振る舞いへの期待」と定義している（Fukuyama 1995 : 26）。この期待は様々な形態をとる（Anheier and Kendall 2002 ; Zucker 1986)。すなわち、ゲマインシャフトに関連する伝統的で、恭しい、あるいは宿命論的な形の信頼から生まれる期待もあれば、ネットワークや集団内の相互作用を通して生まれる再帰的な過程を通して創出される期待もあるだろう。もしくは、おそらくゲゼルシャフトと関連するような、法的な強制や認可、規則と構造を通して制度化された期待もあるかもしれない。それがコールマンの唱える功利主義的なソーシャル・キャピタルであろうと、パットナムが定式化した道徳的信頼であろうと、ネットワークは信頼を発展させる過程にとって特に重要なのである。

ミシュタルは、もう一つの重要なネットワークの原理として——ネットワーク自体が信頼の発展に貢献するのではあるが——インフォーマル性を挙げている (Burns and Taylor 1998, 参照)。

「複雑で、予期できないような問題が数多く存在する世界のなかで、信頼という条件を再び創造するためには、しばしば、フォーマルな区分や境界、規則といったフロンティアを踏み越えていく必要がある。アンガーが説得力のある言葉で述べているように、社会的状況の変革や改善の可能性は、『非個人的なものを個人的なものに置き換えること』にかかっている (Unger 1987 : 139)。」(Misztal 2000 : 2)

ミシュタルが述べているように、インフォーマル性は、市民性や社交性という暗黙の基準に依拠しており、以下のようなシステムの基盤を提供する。

「そのようなシステムでは、人々が自由に自己統治を行い、市民性によって人々はお互いの尊敬を守り、形式化された構造の権力を制限するために社会的ネットワーク（社交性）を利用することができる。また、そこには個人が自律するための、そして親密性を発展させるための十分な余地がある。このようなシステムは、協同のルールによって自発的な協力を確固たるものとすることができるのである。」(Misztal 2000 : 127)

彼女は、信頼を生み出すインフォーマル性と、信頼を制度化するフォーマル

性との間の最適なバランスが，社会や個人の生活の質を高めるために必要不可欠であると述べている。

8 考　察

　本章で議論してきた諸々の理念を支えている共通命題は数多い。一部の用語もしくは言説は近年大きな影響力を得ている。各種の文献では，これらコミュニティ，コミュニタリアニズム，ソーシャル・キャピタル，互恵性，ネットワーク，インフォーマル性といった概念はしばしば，統合や社会的結束，信頼や互酬性，自律性や多元性と関連づけられている。そしてこれらは，ポストモダン社会における極めて複雑な緊張関係をうまく乗り越えるための柔軟性とも関連づけられている。公共空間の価値が貶められ，消滅しつつある今日の世界において，コミュニティと市民社会はまた，協同による探求と議論のための重要な空間をも提供しうる。

　コミュニティや市民社会は，国家と市場の双方に対する代替的な選択肢として捉えられている。他方で，ソーシャル・キャピタルは，民主的な生活を強化するのに加えて，他の資源へのアクセスを可能とする資源であり，これまでかなり軽視されてきた資源として定義されている。特に為政者たちは，道徳的な結束を導き，依存を打破し，安全意識をもたらすものとして，そして互酬性の促進を通して権利と責任のバランスをとるためのものとして，これらの理念を捉えている。しかし，コミュニティやこれに関連する理念は，こういった政策課題を実現することができるのだろうか。次章では，より批判的な見解をいくつか提示しよう。

訳注
(1) イギリスでは，チャリティの認定制度が存在している。チャリティ法（Charity Law）に基づきチャリティ委員会（Charity Commission）が公益性の有無等を判定し，登録される。
(2) アメリカの経営学者オオウチが1981年に示した，ヒエラルキーと市場に並ぶ第3の組織原理のことである。「仲間意識」と訳されることもある。

第5章　コミュニティの矛盾

アントニー・ブラックはこう述べている。

> 「まとまりがあって，親密で，情緒的なコミュニティといった捉え方は，現代の欧米人を誘惑していることで悪名高い。私たちは，コミュニティを理想的な過去と結びつけ，その再生に，より良い社会への希望を託しがちになる。」（Black 1984：1）

「コミュニティ」に関する議論は多くのことを提示してはいる。しかしながら他方でまた，その複雑な概念を過度に単純化していることや，理想主義的に捉えていること，そしてその用語に内在する緊張を避けていることに対しては，大きな批判もある。本章では，これらの問題に立ち戻ることにしよう。

1　コミュニティとコミュニタリアニズム

政策立案者には，コミュニティやそれに共通する類語を理想化させないようにする必要がある。その理由は主に3つある。第1に，コミュニティというつながりは，それらを奨励している人たちがしばしば考慮に入れていない「負の側面」がある。コミュニティの大きな長所は，その弱点ともなることがあるのである。第2に，奨励されているコミュニティという概念は，率直に述べると，現在の私たちの多くが生活している方法ではない。第3に，この一群の概念に求められている期待は，全く非現実的なものであるということである。

（1）負の側面

コミュニティは，「私たち」と同じく「彼ら」によっても定められる。それゆえ，圧政的かつ排他的になることがある。サトルズが述べているように，「コミ

ユニティが成立するには、自分たちの現実を過度に単純化させるアイデンティティや一連の境界線を定めなければならない。こういったことは、そのコミュニティと外部との関係性のなかで行われるものである」(Suttles 1972:3)。キース・テスターは、「コミュニティとはまさしく、『私たち』の存在を実現可能なものとするために、性質の異なる『彼ら』を区別することである」とさえも述べている (Tester 1992:47)。不確かであり、そして不安定な世界では、よそ者たち（もしくは異なる振る舞いを行う人たち）が「四方に広がり、散らばっている恐怖」の受け皿となっており (Bauman 2001:145)、私たちはよく知っていて、信頼のおける「コミュニティ」の安全性に着目するのである。このことは、多くの国々において要塞都市 (gated community) が広がっていることや、人種差別主義的、民族主義的な団体もしくは暴力集団による抗争が行われていることにも示されている。ニンビー（NIMBY）症候群[1]についての報告がよくあるが、最も分裂しているコミュニティでさえも、共通の敵が存在する場合には、（少なくとも一時的には）結集することがあるのだ。これが意味するのは、コミュニタリアニズムの視点が「偏狭な地元根性と既得権のための処方箋」(Wolfe 1992:311) となることがあるということである。より丁寧に述べると、強いコミュニティによくある特徴は、そこに移り住んで来た人たちが、移住して数年経っても、実際には新参者のように感じている（そして、そのように扱われている）ということだ。

　コミュニティの構成員が「私たち」の一人となることで利益を得るためには、そのコミュニティに順応しなければならない。第4章で説明したゲマインシャフトの概念は、多くの学者たちから、階統的であり、固定的であり、保守的なものとして、かなりの批判を受けている。19世紀の小説の多くは、コミュニティの規範から外れた人たち（とりわけ女性）が追放され、排除されていたことを物語っている。コミュニタリアニズムに対して最近論じられている批判には2つある。女性の権利という視点が特に弱い (Lowndes 2000) という批判と、その犯罪への対処の仕方が自由を極度に抑圧することになりかねない (Henderson and Salmon 1998:29, 48) という批判である。レッドビーターは、さらに「コミュニティが確立され安定すると、革新、才能、創造性、多様性、新しい試みだけでなく、経済成長の源泉となるような知識創造をも阻害される」(Leadbeater

1999：15）と論じている。

　フィリップ・エイブラハムは，過去のコミュニティ・ネットワークを，物事の通常の状態というよりも，不自然なものとして捉えている。本書にとって重要なのは，彼が，親密な労働者階級のコミュニティというレトリックの背後にある現実は，極めて過酷な「慢性的な集合的剥奪，階級意識，強力かつ拡大された親族的結束」をしばしば特徴としていると指摘している点である（Bulmer 1988：9）。ロザンバロンは，ゲゼルシャフトの概念を擁護している。彼が注意を促して述べるところによれば，ゲゼルシャフトは「寛大な社会的支援の伝統から広範にわたる利己主義へ」といった転換どころか，封建主義時代の密接なつながりから解放するための道具として進化してきたという（Rosenvallon 1995：207）。また，マックス・ウェーバーが支持する視点では，シティズンシップは伝統的なコミュニティへの忠誠心との対立物，すなわち，個々人を忠誠心と伝統という古くからのつながりから解放するものとして捉えられている（Lowndes 1995：163）。

　政治家や評論家，政策立案者たちは「コミュニティ」について語ることを好む。「コミュニティ」という用語は，温かみがあり，肯定的に聞こえるのに加えて，基本的な価値への合意を思い起こさせてくれるからである。しかし，批判的な人たちの警告に耳を傾けると，そういった人たちは「社会的，道徳的および政治的な社会の基盤を強化するため」の道徳的な表現として「コミュニティ」という言葉を用いているという（Walker 1995；Warburton，1998a：16-17）。ウォーバートン（Warburton 1998b）が論じるように，全ての人がこれらの伝統的な基盤の強化を歓迎しているわけではない。それらには階統的な意味合いや性差別主義的な意味合いが含まれていると言える。21世紀においては，様々な形態の原理主義者が台頭するなかで，長年にわたって支持されてきた，全ての人たちが合意できるような，ただ一つの優位な道徳があるといった仮説は，控えめに言っても議論の余地がある。同時に，ドライバーとマーテルは，多くの政治家たちのなかに存在する「道徳主義それだけで社会的結束を達成できる」という仮説には批判的である（Driver and Martell 1997：41）。フイトとシャーの警告によれば，コミュニティの結束という神話を信用しすぎると，多くの声が全く聞こえなくなるという。彼らが論じるように，「公的な発言権が大きく，発言能力

が高い人たちの意見や優先事項（そして道徳性もここに付け加えることができる）に与するような偏向が隠されたまま，このような神話的な結束は，多くの参加型の活動に浸透し続けている」（Guijt and Shah 1998b：1）。多くの文化圏で沈黙を保っているのは，女性や若者の声である。

　コミュニタリアンは，様々なコミュニティが様々な方法で自分たちのコミュニティを運営しようとしていることを認識している（Etzioni 1998）。にもかかわらず，彼らはこれらの多様性が互いに衝突しないと想定しがちである。こういった想定は，新たな「アソシエーティブ・デモクラシー」を提唱している人たちにも共有されている（Hirst 1994）。この考え方では，広範囲にわたる多様なアソシエーション間の利害関係を国家が「側面的に（light-touch）」媒介するのである。双方ともに，市民社会という空間における媒介という仕事を過少評価しているようである。どちらの主張においても，多元主義の構想に沿った，ある種の自然なホメオスタシスが想定されており，そのままにしておけば弱肉強食の適者が生存することになるというシナリオは想定されていない。

　モウブレイも，コミュニティ開発や第三セクターに関する論述のなかではかなり一般的な仮説，すなわち，非政府もしくはコミュニティ中心型サービス提供機関の方が政府機関よりも優れているとする仮説に否定的である（Mowbray 2000：308）。その上で彼は，「カトリック教徒が支配するコミュニティ」が偏見に満ちているということはよくあることであると注意を喚起している。一見したところ，異なる宗教や民族を起源に持つ人たちが，長年にわたって平和に共存している様子であった村々が，いかにたやすく，そして致命的な形で真っ二つに分裂してしまうか，世界中の紛争がそれを示している。広範囲にわたる部族間や宗教間の戦争（例えば，ヒンズー教とイスラム教，ユダヤ人とアラブ人，カトリックとプロテスタント，フツ族とツチ族，クロアチア人とセルビア人の間での戦争）から，そういったメッセージを痛感することができる。

　それゆえ，「一つのコミュニティ」に関して語るよりも，「複数のコミュニティ」に関して語り，コミュニティの中に存在する（場所，アイデンティティもしくは利害関心の）多様性について理解することが不可欠となる。異なるコミュニティの要望は必ずしも共存可能なものではなく，大きな対立を招くものかもしれない。実際に，コミュニティをアセスメントするには，差異の政治を課題とし

て認識する必要があり，加えて，コミュニティを超えたつながりと，各コミュニティ間のつながりを作る方法に焦点を当てる必要があろう（第10章，参照）。

（2）現代の生活

第2の点は，多くのコミュニティの言説のなかに含まれると考えられている一種の親密なコミュニティが，今日の私たちの大半の生活とは相容れないということである。多くの論者が述べているように，この「親密で情緒的なコミュニティ」は近代社会やポストモダン社会にとって適切ではない。早くも1970年には，レイ・パールが次のように述べている。すなわち，「物質的にかなり豊かになり，選択肢も増えてきたため，社会関係の重要な舞台がコミュニティから社会的ネットワークへと急速に移行している」（Pahl 1970：105）。こういったゲゼルシャフト型コミュニティへの移行によって，コミュニティと，それらを統治すべき規則や当局の，双方が多元化していると認識できるようになった。

マーク・グラノヴェッターに関連した著作の流れでは，伝統的なコミュニティの概念に結びついている強いつながりの価値に疑問が投げかけられている。グラノヴェッターは，就業についての分析で，強いつながりは，広範囲にわたる多様なネットワークを持つ弱いつながりほどには，効果を持っていないと論じている（Granovetter 1973）。類似した概念を経営学に適用したバートは，管理者は弱いつながりを通して，自分たちの組織内で，そして自分たちの境界線を越えて「構造的な隙間（structural holes）」を橋渡しする必要性があると述べている（Burt 1992）。同じように，ここには内部結束型ソーシャル・キャピタルと橋渡し型ソーシャル・キャピタルの区別の問題があるが，これについては本章の後半で立ち返ることにしよう。

今日の世界では，おそらく私たちの大半が，仕事，余暇への関心，住居，子どもの友人たちのネットワーク，もしくは通勤仲間などを通した多様なコミュニティを持っており，このことが多種多様な関係を作り出している。すなわち，

「コミュニティのつながりは中産階級にとっては交渉可能な商品である。彼らは，幅広い経験があり，選択する能力があるために，コミュニティの現状に対して批判的になることもできるし，また地域活動に参加する上で

のより大きな自信となり，おそらく生活の必要性からより多く地域に関わっている人たちを攻撃することもいとわない。なんとなれば，彼らは，自分たちの失敗を自分たちの背後に隠したまま，常に新しい地域に移住することもできるのである。」(Pahl 1970:103)

ウェルマンが論じるところによると，今日ではネットワークが「自由化」されているために，人々は「一つの集団のつながりのなかに閉じ込められているわけではなく，親交のある人たちを通じて，強くはないが，複合的に結びつくことで，社会的ネットワークのつながりを作っている」(Wellman 1979:1215)。これらの弱いつながりは，それらに求められる要求という点からは限界があるかもしれないが，より強く，より社会的に同質的なつながりの場合よりも，多様性に大きく富んだ資源を間接的に入手することができるのである (Wellman 1979:1, 126)。グラノヴェッターが指摘するように，「我々と弱く結びついている人たちは，我々自身のものとは異なった集団で活動している可能性が高く，もしそうならば，我々が受け取っているものとは異なる情報を入手していることになる」からである (Granovetter 1973:1371)。言い換えると，多種多様な機会や，課題や問題に対する見解への接近方法をもたらすため，多様性が長所となるのである。もちろん，こうした弱い結びつきの優位は常に正しいとは限らない。ペリー 6 が論じるように，強いつながりは，介護を必要としている高齢者や，もしくは自己のアイデンティティの確立を求めている若者にとっては極めて重要かもしれない (Perri 6 1997a)。また，我々の社会で最も立場の弱い人たちにとっても重要なものであろう。

（3）非現実的な期待

コミュニティに期待できることには限界がある。例えば，エイブラムス (Abrams) は，隣人，友人，親族に分けて，彼らが互いにどのような種類の支援を期待しているかを見ることで，地理的なコミュニティの内部の関係性について明らかにしている (Bulmer 1988)。彼らの論じるところによると，後者になるほど，親密なケアへの期待が大きい（おそらく，その理由の一つは，親族関係が「継続的な互酬性 [serial reciprocity]」を展開する場となっているからである。すなわち，親

族内では、たとえケアを受けた人とは別の人からであろうとも、ケアをした人は後日にお返しを受けることが期待できるのである)。隣人は、緊急時の対応や実務的な仕事に加わるだろうが、それ以上のことを期待すると、協力とプライバシー、援助することと干渉しないこと、そして、友好的であることと距離を置くことといった近隣関係のバランスを維持することの重要性を取り違える恐れがある（この点は Allan [1983] によって要約されている）。近年のスコットランドの調査 (Burns et al. 2001) は、これらの研究結果を補強するものとなっている。すなわち、その調査では、隣人らしさは、主に親密性の低いもの、例えば、道具を借りたり、留守の間に互いの家を見守ったり、といった相互交流に限定されていた。隣人は、託児や借金といったより親密な相互交流には、あまり用いられていなかったのである。

「ケアを行う」コミュニティにかなり多くのことが期待されるのであれば、コミュニティには政治参加の観点からも、かなり多くのことが期待されるのかもしれない。コミュニティを新しい政治秩序の基盤として捉えている人たちは、自分たちの目標の達成が困難だとわかっているようだ。これは、コミュニティ間に潜在的な対立があるからというよりは、むしろコミュニティの構成員たちの大半が、自分たちの境界線を越えているものとのつながりを持つことに関心を持っていないという事実があるためである。マイケル・ストーパーは、ニューヨークにおける活動の成功例について解説しつつ、次のように述べている。

> 「イースト・ビレッジの活動家たちは、力量はあるのかもしれないが、自分たちの地域のニーズを、流動性や公開性、世界市民主義といった他のあらゆる種類のニーズをもつ社会のなかに、いかに適合させていくのかということについてはわかっていなかった。これらの価値は、地域性やコミュニティの保護などといった価値とは適合しがたいのだ。」(Storper 1998: 241)

北半球でも、南半球でも、大半の国々では近隣地域の活動をより範囲の広い都市部や、もしくは広域レベルへと拡大するのは困難であることがわかっている。この問題については、第12章で立ち返ろう。

2 ソーシャル・キャピタル

　多くの人の心を捉えたその他の多くの概念と同じように,「ソーシャル・キャピタル」は評判を呼んだその提案よりも,その用語の意味することについて,幅広い論争を呼んでいる概念である。にもかかわらずこの概念は,コミュニタリアンによる分析の欠陥を克服する力を持っている。この概念によって,人々の間のつながりや関係性は,より緩やかに,そしてより柔軟に理解できるようになる。また,境界を越えたより気楽な関係性も内包されている。さらに,この概念を規範的というよりも実態的そして分析的に用いることで,その他の種類の資本を補完する重要な役割を果たす。この概念は,資本主義的な社会分析が残した空白を埋めるための計り知れない可能性を持った概念である。特に内部結束型ソーシャル・キャピタルと橋渡し型ソーシャル・キャピタルという分類は,前項で論じた強いつながりと弱いつながりという分類に対応しており,より洗練された分析へと発展させるためのいくつかの手段をもたらしてくれる。

　しかしながら,「現在使用中」の概念としては,この理念の長所は曖昧である。特に,ソーシャル・キャピタルをどのように捉えるか,その規範的な用法,そしてソーシャル・キャピタルとガバナンスとの間の関連性については,これまで批判が集まっていた。

(1) 曖昧さ

　フォレストとカーンズによると,ソーシャル・キャピタルという用語は,「ますます様々な脈絡で用いられるようになっている」ため,「正確さを失い」がちになっている (Forrest and Kearns 1999：20)。学者たちの間では,ソーシャル・キャピタルの特徴は個別主義的なものなのか,もしくは集合主義的なものなのかという論争がある。彼らはまた,それが関係の産物なのか,もしくは関係性を可能とするものなのか,すなわち,「社会関係の基盤となるものなのか,もしくは社会関係の内容となるものなのか」(Woolcock 1998：156) という点に関しても一致していない。批判者たちが暴き出しているように,ソーシャル・キャピタル概念は,それがもたらした結果という観点から定義される傾向がある。他

方で，バーバラ・ミシュタルが明らかにしているように，パットナムの研究には，個々の人間の信頼を普遍化された信頼に転換する方法については説明がない（Misztal 2005：186）。ミシュタルは過去の著書でも，パットナムの議論にはソーシャル・キャピタルの生成，維持，発展に関するあらゆる理論が欠けており，むしろ堂々めぐりの議論になっていると指摘している。

　　「集合行為のジレンマを克服するための鍵となる条件は，ソーシャル・キャピタルの蓄積が存在していることである。しかし，それと同時に，互酬性という規範と市民参加のネットワークを促進するためには，既存の連帯と協働が必要である。」（Misztal 2000：121）

　同様に，アンヘイヤーとケンドールによれば，パットナムはソーシャル・キャピタルのマクロとミクロの側面をどのようにつないでいくのかを明らかにしていない（Anheier and Kendall 2002：354）。彼らの視点では，パットナムの議論は，信頼の生成とソーシャル・キャピタルの生成との間の間接的な関係性に依拠しているという。すなわち，ある特定の国々の市民社会の構造や政治システムの正統性にかなり依拠しているのである。この点で彼らは，ジェームズ・コールマンの過去の議論に繰り返し触れている。すなわち，ソーシャル・キャピタルの有用性は，特定の状況に大きく左右されるものであり，結果として，「特定の行為を促す上では役に立つ所与のソーシャル・キャピタルの形態が，他にとっては役に立たないばかりか，危害となることさえもある」（Coleman 1990：302）。フォリーとエドワーズが述べるように，「文脈が重要であり，それも決定的に重要なのである」（Foley and Edwards 1999：151）。

（2）規範的概念としてのソーシャル・キャピタル

　フォリーとエドワーズは，1990年代のソーシャル・キャピタルに関する実践について包括的に論評するなかで，この概念を道徳的，民族的，文化的価値と関連づけようとしたり，他方で市民参加と関連づけようとしたりする試みに対して批判している（Foley and Edwards 1999）。彼らは，「一般の資源にせよ，信頼や互酬性といった態度や規範にせよ，ネットワークやアソシエーションのよう

な社会的インフラにせよ，それら自体をもってソーシャル・キャピタルと理解することはできない」との結論に達した（Foley and Edwards 1999：146）。彼らは，パットナムがこの用語を規範的に使用していることや，その他の議論も含めたソーシャル・キャピタル論が，この概念のもつ負の可能性を見過ごしていることに対して，強く批判している（ただし，パットナムの研究はこの「負の側面」の存在を認めている）。

ソーシャル・キャピタルの概念は，排他性を伴っている。全ての人たちがつながりを持つのであれば，誰もが競争上の利益を持たなくなる。マロニーとスミスおよびストーカーによると，閉鎖性は，参加者間に信頼に満ちた関係を生み出すのに効果的な制裁や規範，期待を生み出す可能性を高める。しかし，閉鎖性がそれ以外にも意味することとして，「これらのソーシャル・キャピタルの資源は，『外部の』自発的団体やコミュニティ団体には利用できない。よって，そこには内部集団と外部集団というなじみ深い図式が観察される」（Maloney, Smith and Stoker 2000：832）ことがある。事実，まさにこれらの資源の排他性は大きく広まっている（いわゆる「学閥による結びつき」）。ポーティスとランドルトがアメリカの建設産業を例に上げながら論じたのは，社会的なつながりの強い産業では，新規就労者（この事例ではアフリカ系アメリカ人）が競争に参加することはほぼ不可能である，という点である（Portes and Landolt 1996）。実際に，私たちがソーシャル・キャピタルを個々人の資本として捉えるのであれば，他の形態の資本と同じくらい不公平なものとなるに違いない。すなわち，まともなネットワークの構成員にだけ希少な経済および文化的資源の利用が許され，よって社会における既存の階層と既得権が強化されることになろう（Bourdieu 1986）。多くのものを持ってシステムに入っていく人たちは，多くのものを持って出てくる可能性があるのである。

閉鎖性は機密性を導くものでもある。ミシュタルが警告しているように，「私たちは常に信頼の向こう側にあるものを注視する必要があり，互酬性に基づくネットワークの説明責任，透明性や目標について確かめなければならない」（Misztal 2000：91）。ネットワークは本質的には，公的なものではなく私的なものであり，透明性の高いものではなく不透明なものである。それらは独自の規範を作り出すことができ，外部の世界と争っていることから，違法な活動も「正

常であると感じられる」ようになる場合があり，構成員は外的な制裁から保護される。地球全体にわたる政府の贈賄汚職から，ネットワークの負の可能性を見ることができる。他方で市場においては，デ・フィリップスが，ポーティスとランドルトによるソーシャル・キャピタルに対する先駆的な批判（Portes and Landolt 1996）の影響を受けて，「過剰な信頼はカルテルや独占だらけの経済を生み出すレシピとなる」と警告している（De Filippis 2001）。さらに，多くの著者たちが述べているように，ソーシャル・キャピタルのうち，いくつかの形態は，社会的停滞を促し，変革に抵抗し，個々人の自由を制限し，競争や革新を徐々に衰えさせるのである（例えば，Misztal［2005：185］参照）。

　以上の点が意味するように，ネットワークを強調するようなソーシャル・キャピタルは警告つきの概念なのである。ここではフクヤマのコメントを示しておこう。すなわち，「どんな社会でも，社会集団は互いに重複し，交わりあっている。だから，ある視点からは強い社会的連帯の意識のように見えるものが，他の視点からは原子化，個別化，階層化しているように見えるのである」（Fukuyama 1995：158）。

（3）ソーシャル・キャピタルはガバナンスを改善するのか

　一群の批判で疑問視されているもう一つの問題点は，パットナムがソーシャル・キャピタルとガバナンスの間に設けている関連性と関わっている。まず何よりも，参加が減少しているという彼の命題は，アメリカとイギリスの双方で論争を呼んだ。ジョン（John 2009：17）によると，イギリスでは，社会的信頼のような，ソーシャル・キャピタルのいくつかの鍵となる指標が，数十年以上に渡って一定の水準を保ち続けている。パットナムのデータは多種多様なソースから導き出されたものだが，批判者たちは，彼の議論がメンバーシップと参加に関する伝統的な形態に依拠しすぎており，ジェンダーや文化的な相違を考慮に入れておらず（Morrow 1999；Lowndes 2000），21世紀の人々は多様な方法で参加を選択できるという事実を認めていないと非難している。パットナムはまた，アメリカやその他の国々で市民参加を阻害してきた大規模な経済的変革の役割について過小評価している点でも，批判されている（Skocpol 1996；Tarrow 1996）。ソーシャル・キャピタルは，二極化し，断片化していく経済環境では，結束と

いう仕事をなし得ないのである。

　周知の通りパットナムは，ソーシャル・キャピタルは市民参加と善きガバナンスの基盤であると論じている。しかし，批判者たちはこのつながりがもつ特性を，彼が正確に把握しているかどうかという点では疑問を抱いている。この点でエヴァースは，「社会的な結合が市民の質とどう関連しているのか明確になっていない」と述べている（Evers 2003: 15）。一方，デッカーは，自発的なアソシエーション（パットナムの分析ではソーシャル・キャピタルの強力な指標である）と，政治参加との間の因果関係についての証拠はほとんどないことを指摘している（Dekker 2009: 229）。事実，マロニーとスミスおよびストーカーは，こういった自発的なアソシエーションと政治参加との間には関係があるという議論に異を唱えるべく，経験的なデータを提示している（Maloney, Smith and Stoker 2000）。彼らが述べているように，善きガバナンスとソーシャル・キャピタルには相互作用があるが，後者が前者を生み出すわけではない。むしろ，彼らが独自の実践的な調査を引き合いに出しながら論じているように，ソーシャル・キャピタルの創出は，政治的機会の構造を生み出すというよりも，この構造に依拠しているのである。政府は，事情に応じて，ソーシャル・キャピタルが繁栄するような状況も，繁栄しないような状況も作り出せる。マロニーとスミスおよびストーカーは，パットナムによるソーシャル・キャピタルとガバナンスとの間の関連性に異議を唱えている。すなわち，時には信頼の水準が低いことで，自己充足が防止され，アカウンタビリティが要求され，民主主義を効果的に機能させることもある。

　ファウアレイカーとランドマンは，パットナムが小規模組織やスポーツクラブ，合唱団などを過度に単純化した形で議論の中心に位置づけている点を退けながら，政治的な批判を展開している。彼らによると，市民社会の民主主義の質は，「市民性」と同様に，社会的な流動性や政治的な論争をも伴いながら，保たれなければならない。彼らによれば，「民主主義は，品行方正のもたらした心安まる結果などではなく，しばしば危険で困難な状況で，長きにわたって続けられた闘争の結果である」（Foweraker and Landman 1997: 243）。フォリーとエドワーズもこの点に同意している。「私たちは，あらゆる種類の社会運動組織や草の根的な利益集団，草の根的な政治アソシエーションの方が，パットナムが

第5章　コミュニティの矛盾

ごく頻繁に引用する合唱団や野鳥クラブ，ボーリング仲間よりも，彼の推奨する市民を生み出す場合が多いことに気づくだろう」(Foley and Edwards 1996：49)。エヴァースは，パットナムの研究には政治的視点がないことと，権力や不平等に関わっていないことを批判する多くの論者の一人である（Evers 2003）。この批判については第6章で立ち返ることとしよう。

　これらの批判の多くは，パットナムの研究と，世界中の政策立案者による彼の研究の解釈の仕方に関連している。パットナムは，精力的に応答をしている。彼は，自身のイタリアに関する研究において，イタリア北部の「水平的な」ソーシャル・キャピタルと南部の「垂直的な」ソーシャル・キャピタルとが明確に区別されると指摘している。このことは，内部結束型ソーシャル・キャピタルと橋渡し型ソーシャル・キャピタルの分類に関連している（第4章，参照）。要するに，強いつながり（内部結束型ソーシャル・キャピタル）は，縦型で階統的に組織化された組織と関連しており，よって市民参加とは関連しない。弱いつながり（および橋渡し型ソーシャル・キャピタル）は，社会的亀裂を横断して水平に配置された組織と関連しており，よって市民参加と関連する。彼が2000年に発表した著書で述べているように，内部結束型ソーシャル・キャピタルは，ソーシャル・キャピタルが全くないよりはまだましだが，彼に対する批判の多くが指摘するように，実際にいくつかの「負の側面」の問題に取り組むためには，内部結束型と橋渡し型の混合体が必要である（Putnam 2000：413）。しかし，内部結束型ソーシャル・キャピタルはなおも重要な役割を担っている。北アイルランドにおける調査は，内部結束型ソーシャル・キャピタルの蓄積が高いと，時には橋渡し型ソーシャル・キャピタルを促進することができることを明らかにしている（Campbell et al. 2010）。さらに，エドワーズによると，内部結束型ソーシャル・キャピタルは，コミュニティの境界線を越えて活動する試みの不可欠の下支えとなることがある。彼が述べるように，「集団内の強いつながりによる防衛手段がなければ，橋渡し型ソーシャル・キャピタルは社会の周辺部に置かれた人々を，対等な条件では競争できないような環境にさらすか，あるいは競争に敗れた多くの人々を犠牲にして繁栄している，ごく僅かな人々に利益をもたらすかのどちらかなのである」(Edwards 2004：33)。この点に関しては，第6章で再び議論することにしよう。

3　市民社会

　エドワーズは2004年の市民社会に関する自著において、「(市民社会という) この力強い理念を、隙あらば覆い隠そうとする概念上の混乱から」救済する必要性を強調している (Edwards 2004：vii)。「コミュニティ」をめぐるその他の用語と同様、市民社会の場合も、そもそもは記述的かつ分析的な用語なのに、規範的な価値が求められるようになり、問題が生じている。例えば、市民社会を国家や市場とは何かしら異なるものとして位置づけようとすると、市民社会が国家や市場の失敗とは無縁であること示さなければならない。しかし、アレクサンダーが述べているように、市民社会は、その一般的な用法が「合法性と正統性のための熾烈な争い」を覆い隠す概念である。彼が論じるには、「現代社会の下位システムが持つ複雑で、分離された特性によって、社会統合や一貫性といった継ぎ目のない包括的な原理としての市民性という概念は、古めかしいものとなっている。…(中略)…(それは) 制度的過程や相互作用的な実践が分断化され、民営化されたあとに残された抜け殻なのである」(Alexander 1998：14, 16)。市民社会は、個々人がアイデンティティを確立させるための公共の場である。だからこそ、その究極的な政治的影響力は、根本的な社会変革のための跳躍台というよりは、むしろ偏狭で、退行的なものになりうるのである (Whaites 2000：138)。

　市民社会が多様で、対立する声を表明するための場であるという事実は、この概念の強みの一つである。しかし、事実として、市民社会には実に多くの善き生き方に対する見解が併存しており、それがコーエンとロジャースのいう「派閥の弊害」を招くことがある (Cohen and Rogers 1992)。市民社会は、かなり断片化が進んでおり、問題解決の場であるのと同じくらい、対立や競合の場でもあるのである。そのネットワークや組織は、個別主義的になることがあり、過剰に自己防衛的で、敵対的になることもある。ネットワークや組織はまた、本質的には不安定でもあり、分裂や派閥争いに明け暮れることもある。というのも、市民社会を構成する組織が各自の個別の価値を推進しようとするためである。フリードマンは、市民社会が内向きに転じた際にもたらされる結果について警

鐘を鳴らしつつ，以下のように述べている。すなわち，「出生地，言語，肌の色，性的慣習もしくは宗教的信条のいずれであろうと，勝手に識別された何らかの目印によって，私たちとは異なると判断された人たちに対する人種差別，不寛容，テロリズムや迫害といった悲劇が延々と繰り返されることになろう」(Friedmann 1998：29)。

　アソシエーションやネットワークの構成員たちの保持している価値観が強ければ強いほど，セクショナリズムの危険性は大きくなる。彼らの目指す多種多様な善き社会の形は一致しておらず，逆にとげとげしく対立していることは明らかだ。ポール・ホゲットが1994年に私と共同で執筆した論文で説明しているように，「イギリスでは1970年代後半から1980年代初頭にかけて，軍隊をモデルにした社会が分裂し」(Taylor and Hoggett 1994：136)，結果として，2つに分離された国民連合が設置された。我々は続けて次のように述べている。すなわち，「こういった特定の状況では，相互扶助の過程がしだいに拡大しつつある相互侵害の過程にとってかえられ，長期的な確執を招く危険性がある。また，そのような状況の規模と期間によっては，そこに参加している国民の物質的利益に深刻な損害を与える危険性もある」(Taylor and Hoggett 1994：137)。一方では，市民社会の組織が，その構成員間の意見の不一致を無慈悲に抑え込むこともある。ゴスデンによる友愛組合の研究（Gosden 1973）でも，ブラックによるギルドの研究（Black 1984）でも，連帯という価値が機密性という価値と組み合わさった時に，圧迫的な考えが入り交じった厳格な基準や規則が発達したことを示す事例が数多く取り上げられている。

　市民社会の「疑いなく価値のあるもの（motherhood and apple pie）」というイメージが，これら全てをきれいごとで済ませているのである。例えば，フォリーとエドワーズは以下のように述べている。

　　（パットナムが）「能動化された，参加する民衆を欲していることは明らかである。また彼は，市民のアソシエーションによって遂行される社会化が，そのような参加する市民を創造するためには不可欠であると述べている。しかし，結局のところ，市民の卓越性を喚起する資格を持つのは，長期にわたる社会—政治的な対立や文化的対立がもたらした分裂を『克服』しよ

うとする精神を持ったそれらのアソシエーションだけである。」(Foley and Edwards 1996 : 46)

コーンウォールとコエーリョは，市民社会が本質的に民主化を進める可能性を秘めているという一般に広まった仮説に疑問を呈している (Cornwall and Coelho 2004 : 6)。これまで見てきたように，グラムシは，支配階級の支配的イデオロギーを拡散させ，内在化させるための手段として市民社会を捉えている (例えば，Ledwith [2005 : 22] 参照)。他にも市民社会内の権力の不平等な配分が強調されている。シャットシュナイダーが見事に思い起こさせてくれるように，「多元主義者の楽園の欠陥は，楽園の聖歌隊が強い上流階級なまりで歌うことである」(Schattschneider 1960 : 35)。市民社会では，強力で，より多くの資源を持った組織が，より良いネットワークを形成し，物事をうまく成し遂げることができる可能性が高いのである。市民社会のなかにいる組織が本質的に民主的であると想定することはまずできない。それらは，他のものと同じくらいミヘルスのいう「寡頭制の鉄則」に従う傾向がある。そしてまた，アレクサンダーが指摘するように，こうした組織とそのサービス利用者との関係はしばしば不平等であり，パトロン－クライアント関係となっている (Alexander 1998)。

エドワーズが述べるように，市民社会を熱心に主張する人たちの間には，反政治の強い気風がある (Edwards 2004 : 27)。このため，市民社会やその市民社会に求められる徳性を発展させることができるような状況を作り出す際の国家の役割を軽視している。この点で新自由主義者たちは，国家よりも市民社会に特権を与え，徳性についての誤った解釈を市民社会に当てはめ，世間に広めようとする。しかし，他方でキーンが論じるところによると，市民社会と国家は双方とも，お互いを民主化の条件として必要としている (Keane 1988a)。事実，キーンは，しだいに増大している周辺化や窮乏化が，国家の責任からの撤退によるものだと非難している (Keane 1988b : 9)。バウマンもこれと同様の議論を行っている。

「市民社会は…（中略）…輝かしさとともに，あまり好ましくない性質を持ち合わせている。…（中略）…市民の政治的無関心や，国家の共通善を促

進する義務からの撤退などは，不愉快ながら，市民社会が生んだ申し子たちなのである。」(Bauman 1999：156)

　市民社会とは，多くの緊張が生まれる闘技場である（例えば，Tester [1992]; Alexander 1998；Misztal 2000, 参照）。そういった緊張は，普遍主義と個別主義，個人と集団，公共と民間，異質性と画一性，民主主義と政府機関，フォーマル性とインフォーマル性，再帰性と秩序，熱意と規則の間で起こる。市民社会は今日では，第三の，分立したセクターとして捉えられることも多いが，おそらくそれはエコシステムとして認識する方がよりよく理解できるだろう。というのも，市民社会（特に自発的なアソシエーションとして捉えられる場合）と，国家や市場との間にある境界線は曖昧であり，特にグローバルな水準ではそうなのである（Edwards 2004）。こういった捉え方は，ヨーロッパ的な第三セクターの概念と通じるところがある。すなわち，そこでのサード・セクターは市場や国家，そしてインフォーマルなコミュニティとの間にある緊迫した場として捉えられており，明確に区別されたセクターとは理解されていない（Evers and Laville 2004）。コーンウォールとコエーリョが実際に述べているように，市民社会組織がサービス提供者や媒介者の役割を担うことで，国家と市民社会の境界線が曖昧になるような状況下では，国家と市民社会を，「異質なものであり，お互いに論争の場を構成しており，互いの相互作用や重複が絶えず存在するもの」として理解する必要がある（Cornwall and Coelho 2004：6-7）。

　このようなテーマに関する議論を進めていくなかで，エヴァースは市民社会の狭義の定義，すなわちサード・セクターを市民性（civicness）や市民的態度（civility）と同一視するような定義を拒否している（Evers 2003）。他方でデッカーは，市民社会領域の周辺部における異種混合の重要性を強調しながら，異なるセクターの原理が互いに混じり合うような「市民社会の分解」があると主張する（Dekker 2009）。双方の議論では，市民社会に向けられていた焦点は，市民的態度という概念が各セクターを超えてどのように実現されるのかという点に移されている（第4章，参照）。彼らは，シルズ（Shils 1997：337-338, 345）を引用しながら，市民的態度を個別的，個人的な利害や，もしくは偏狭な（parochial）利害を減らし，共通善を優先するような心構えと同等のものと捉えている。エ

ドワーズはこういった議論をさらに先へと進めている。

> 「市民社会復興論者の遺産の一つは,『市民的態度』というものを,礼儀正しさとする特殊な理解の仕方であり,また,討論もしくは意見の不一致ではなく『合意』というものを市民社会と融合したことであった。…(中略)…しかし,これは市民的態度がもつ本来の意味を歪曲している。市民的態度というものが想定しているのは,…(中略)…我々の意見が対立するものであり,その溝が深いこともしばしばあるということだ。しかし,この概念は,そういった意見の不一致を平和的に解決するよう我々に要請しているのである。」(Edwards 2004:67)

ここで示されている議論の多くは,北半球の国々を念頭に置いたものである。コーンウォールとコエーリョは,似たような問題が地球上の他の地域でも生じていることを証明している(Cornwall and Coelho 2004)。しかし,エドワーズが思い起こさせてくれるように,南半球の国々では,市民社会の定義には,かなり異なった意味が含まれるようだ。それらの国々では,国家が脆弱であったり,権威主義的であったりすることもあり,また市場経済がほんの僅かな影響力をもっているにすぎないのである。デッカーが市民権に関する世界中の調査を参照しつつ指摘しているように,「市民的態度」を構成するものに対する理解についても極めて多様であろう(Dekker 2009:224)。

4 互恵性とインフォーマル性,ネットワーク

互恵性とインフォーマル性の原理は,「コミュニティ」をめぐる多くの概念を下支えしている。しかし他の概念と同じように,これらの原理やそれらを支えるネットワークの主たる長所はそれらの弱点にもなっている。例えば,1970年代に遡れば,ジョー・フリーマンが,「構造なき暴政(tyranny of structurelessness)」という用語を用いて,インフォーマルな集団は規則や階統制を全く欠いているため,実際には権力関係が生じるような不平等なやり方が覆い隠されてしまうかもしれないと述べていた(Freeman 1973)。また,ネットワークの弛緩によっ

て，分裂した忠誠心の犠牲になったり，より高い水準の忠誠に対するメンバーの責務を失う恐れもある。例えば，互恵組織はその構成員が共通の目的を持つ時に盛んになるが，レッドビーターとクリスティーが指摘するように，それらのメンバーシップがばらばらになり，その利害が多様になればなるほど，帰属意識を共有し続けるのが難しくなり，互恵型のガバナンスどころではなくなる（Leadbeater and Christie 1999）。オッフェとハインツェが，貨幣によらない交換システムを研究するなかで発見した最も成功した事例は，小規模で，多少なりとも親密な社会集団に属する人たちが所有する「連帯資本」を基盤としたものであった。しかし，そういった事例でも，「一旦こうした成功を支えていた特定の枠組みが限界に達すると，まさに当初は力強い助けとなっていたような要素が，さらなる成長に対する障壁へと転じている」のであった（Offe and Heinze 1992：167）。ジルクリストが実際に述べているように，ネットワークには最適なサイズがある（Gilchrist 2009）。ネットワーク化されたコンピュータ・システムのシミュレーションが示しているように，接続性（connectivity）が良すぎることで，システム全体の適応性が低下することもありうるのである。

　前述した社会的つながりと同じように，ネットワークは説明責任を果たさないことがあり，不透明であったり，内向きであったり，排他的であったりする。したがって，互恵組織やその他のネットワークに基づいた組織は，自分たちが柔軟であったり，革新的であったりする上で必要な能力を失うこともある。互恵組織にはまた，それらが発展する上で都合の良い環境も必要となる。スペインやフランス，イタリアあるいはスコットランドにおける協同組合の成功は，あらゆるアングロサクソン諸国で見られなくなった社会的投資の文化やアプローチがこうした地域で有効であったことを示している。ただし，アングロサクソンの諸国では近年，社会的企業が関心を集めており，これまでの状況にも変化がもたらされるかもしれない。

　デニー・バーンズと私は，ジョセフ・ラウントリー財団のために行った研究で，社会的排除という問題に取り組む上での相互扶助とインフォーマル・ネットワークの可能性について探求した（Burns and Taylor 1998）。私たちがその研究で示したのは，相互扶助とインフォーマル・ネットワークの次のような3つの潜在的な貢献である。すなわち，第1に，インフォーマルな組織は，よりフ

ォーマルな組織にはふさわしくないニーズを満たすための「ふさわしい」方法を提供するということであり，次に，それらが個別のエンパワメントと参加への道筋を提示するということである。加えて，それらがニーズを満たすための代替的で，好ましい方法となるということである。しかし，私たちが北半球と南半球の国々での調査をレビューしたところでは，インフォーマル・ネットワークは非常に流動的で，一時的なものであるため，排除の解決手段として信頼できるような役割を果たす能力には限りがあるようだ（例えば，Tungaranza 1993；Dhesi 2000, 参照。なお，双方とも，南半球の国々からの視点を提示している）。デシが述べているように，過剰な要求で社会的ネットワークが埋めつくされると，社会システムは崩壊してしまうだろう。この点から浮上するのは，政策立案者がアソシエーションにサービス供給の責任を負わせる際のアソシエーションの能力に関する問題である。また，インフォーマルなシステムはフォーマル化すると崩壊する可能性がある。というのも，ある状況での信頼は，必ずしも他の状況での信頼に置き換えられるわけではないからである。フォーマル化は場合によっては必要であるものの，時として人々を疎外することもあるからだ。

　時にインフォーマル性は，セーフティネットや安全装置として作用するフォーマルなシステムが並行して存在しているからこそ，存続しうる。フォスターが指摘するように，監視や犯罪防止のためのインフォーマルなシステムはフォーマルな介入の後押しに依存している（Foster 1995）。その他にも，インフォーマルな援助とフォーマルな援助のスムーズな連携という想定が誤った方向に導かれ，インフォーマルなケアや自助のフォーマルなものへの吸収が試みられることで，その統合性が損なわれることがある（Hoch and Hemmens 1987；Wilson 1995）。最後に付け加えると，公的なシステムや訴訟文化のますすの拡大は，インフォーマルな相互支援にとって，非常に大きな障壁となろう。私が仲間たちとともに行った調査（Taylor, Langan and Hoggett 1995）では，コミュニティ施設のある管理者が次のような現実に嘆いていた。具体的には，これまでその施設で全ての利用者のために料理をしていた女性ボランティアが，高齢者たちに昼食を提供するからという理由で，ボランティアを続けるための資格を要求されたり，よりフォーマルな環境向けに設定された安全基準に従うよう求められたりしているという。似たような問題は，互いに保育を行っている女性同士の

間でも報告されている。

5　考　察

　本書の初版では，16世紀イギリスの著述家フランシス・ベーコン卿による疑うことの重要性を引用した。ベーコン卿によると，「疑うという言葉の意味には，二重の用法がある。すなわち，過ちに気をつけることだけでなく，吟味を徹底することでもある。何ら邪魔されることなく，軽々しく見過ごされそうな問題が，結局のところ，丁寧に，そして注意深く観察されることになるのも，まさに疑いが差しはさまれるからこそなのである」(Sen 2000 : 29)。それゆえ，コミュニティをめぐる概念を批判的な検証にさらさせるのは，それらの偉大な価値を否定するのではなく，それらを用いる方法を現実的に評価するよう促すためである。ピエール・ブルデューのように，問題の複雑性を覆い隠し，不正操作にさらすような，単なる「常識的な」解決方法に対して警告を発している人も多い (Bourdieu 1990 : 52)。よって，これらコミュニティをめぐる概念は政策や議論を解明する上で絶大な可能性を持ってはいるものの，注意深く扱う必要があるのだ。

　先に私は，コミュニティやネットワークが，排除問題を解決することもあれば，排除を生み出すこともありうると述べた。過剰な信頼は汚職や濫用を生み出す。コミュニティが生み出す道徳性は圧政的なものになることがあるし，市民社会が対立と不平等で引き裂かれた場所となることもある。これらの用語が一般的な用法で使用されているような文脈では，「権力」と「対立」という言葉が行方知れずとなっている。そのため，それらの議論が魅力的なものに映るのである。それらの議論は，コミュニティやソーシャル・キャピタル，そして市民社会が，私たち全てが何らかの形で鵜呑みにしているような道徳性を，何らかの方法で自動的に生み出すと想定している。もしくは少なくとも，コミュニティ内から生み出される様々な形の道徳が何らかの方法で共存できると想定している。それらの議論にはまた，ジェンダーを軽視する傾向がある (Pateman 1988 ; Guijt and Shah 1998b ; Henderson and Salmon 1998 ; Lowndes 2000)。コミュニティ基盤型の活動の中心が女性であるという点からすると，これは驚くべきこ

とであり，全く著しい怠慢である。過去にはよくあったことだが，人種や障害，その他の形態の差異については議論に建設的に巻き込むこともできていない。ただし，各々の議論には「コミュニティ」をめぐる議論の拡大という点で独自の意義がある。しかし今日，第12章で検討するように，各々の立場から示された課題に対して，しばしばその場しのぎのやり方ではあるものの何らかの応答が見られるようになってきている（例えば，Edwards［2004：68］もしくは Bauman 2001の第9章，参照）。

　本章で述べた話は，取り組むべき用語にまつわる不明確さ，規範的用法と記述的用法との不分別，主要な社会的緊張やジレンマに取り組む際のそれらの使用方法への非現実的な期待など，どれもコミュニティ概念をめぐる一般的なことだ。また，本章ではコミュニティの「議論」に関連した多くの批判をまとめてきたが，これはコミュニティや市民社会，ネットワークやソーシャル・キャピタルといった用語を捨て去るべきであるという意見に従うものでは全くない。これらの用語に関する議論のますますの流行は，国家と市場という二元論的な捉え方からの途方もなく大きな発展を意味しており，政治的議論や経済的議論でこれまで見過ごされてきた巨大な関係性の領域が認識されていることを意味している。また本章では，これまでに挙げたいくつかの批判に対して，これらの概念がどのように展開され，また精緻化されてきたのかを考察してきた。しかしながら，第4章で筆者が引用したのは，ハンターによるコミュニティの概念，すなわちコミュニティを所与のものではなく「可変的なもの」として捉えることであった。ウォーバートンは，これと同様の点に留意しつつ，コミュニティを，発見すべき現実や，あるいは取り戻すべき現実としてではなく，「希望（aspiration）」として描いている（Warburton 1998b：18）。このようなアプローチがあるからこそ，コミュニティをめぐる一群の理念は再び力を取り戻すことができる。そして，それらの用法の背後にある想定を紐解き，それらを政策で用いる方法について，より注意深く考察できるようになるのである。

　以上を念頭に置くと，こういった批判がねらいとしているのは，これらコミュニティをめぐる用語に関する論争を招く本質や複雑性，そしてこれらの長所が「より大きな負の」側面を持っているという事実に対して，注意を引くことだといえよう。これらの事実は今日，「コミュニティ」を擁護している人たちの

理論では，ごく頻繁に見過ごされているものである。とはいえ，これらの複雑性や緊張関係はその構図のほんの一部にすぎない。すなわち，ヒエラルキーが必ずしもは硬直化という結果を導くわけではないのと同じように，それらは信頼，協同，互恵といったつながりに基づくネットワークに依存した場合に起こりうる一つの結果にすぎない。これらの概念において特定されている弱点は，しばしば，それらの概念のもつ強みと表裏一体のものであり，事実，強みとなるか弱点となるかは状況に左右されるのである。したがって，個別主義は，ネットワークの拡大によって多様なニーズに多様な方法で対応できるようになる限りでは長所と捉えられるが，ニーズに対応するために社会がインフォーマルなネットワークに依存するのであれば，欠点として理解されることもある。というのも，そういったインフォーマルな網の外側に落ちてしまう人もたくさんいるはずだからである。同様に，分裂と対立は，時代遅れの組織を淘汰する限りにおいては適切であるが，社会変革を達成するために必要とされる連帯を破壊する場合には有害である。

　変革を起こすのであれば，コミュニティや市民社会とパートナーシップを組んで活動する世界中の政府や，主要なグローバル金融機関，そして企業が責務を果たすことが必要である。過去の事例のように，それらを無視したり，放棄したりしてはならない。しかしながら，これらの責務を現実的なものにする必要がある。コミュニティ政策が，これまでの2つの章で議論してきた諸概念の長所とされるものを高め，欠点とされたものを避けるためには，コミュニティやソーシャル・キャピタル，ネットワークや市民社会の実際の機能の仕方について，より深く理解しておくことが必要である。この点では，社会的排除への取り組みに関する政策ほどふさわしい事例はないだろう。コミュニティは，「貧困」の解決策として過剰に期待されているからである。本章では，コミュニティの議論について幅広い知見が得られた。しかし，コミュニティ概念は，貧困や社会的排除に対する継続的な取り組みでは，どの程度適用されているのであろうか。コミュニティ概念は，変革とインクルージョンのための新しい舞台をもたらすことができるのだろうか。それとも，単純すぎる，時代遅れの分析に基づいた概念なのか。次章では，まず重要な概念である社会的排除について詳細に探究しよう。次に，それらを解決する上で，コミュニティ概念をどのよう

に適用できるのか検討しよう。

訳注
(1) Not In My Backyard（自分の裏庭にはお断り）の略であり，ゴミ処理場や刑務所のように，「施設の必要性は認識するが，自らの居住地域には建設してほしくない」とする住民たちの態度を示す言葉である。
(2) 友愛組合とは，17世紀末のイギリスにおいて，熟練職人によって組織された労働者のための相互扶助の共済組合である。

第6章 コミュニティは貧困問題を解決できるのか

　ベンジャミン・ディズレーリは，19世紀ビクトリア朝のイギリスで最も名高い首相の一人とするのにふさわしい政治家であるが，彼は小説『シビル』の中で，当時のイギリスを「2つの国民」と表現している。

> 「彼らの間には交流や共感はない。お互いの習慣や考え方，感じ方を意識していないかのようである。あたかも彼らが異なった地域の住民であったり，あたかも異なった惑星に住んでいるかのようである。彼らは異なった躾を受けており，異なった食べ物により養育されており，異なった習慣に基づく秩序があり，同じ法律で統治されているとは言い難い。」(Disraeli, *Sybil*, Book II, ch. 5)

　ディズレーリは，チャールズ・ディケンズとともに，ビクトリア時代の人たちが，産業労働や富裕層と貧困層の間に存在する大きな溝の弊害に対する社会的な良心を呼び覚ますきっかけを与えた。しかし，それ以後にも貧困や社会的排除に取り組むためのあらゆる政策を実施したにもかかわらず，この格差はなお現代においても極めて大きなものとなっている。実際，この格差は，国内においても，国家間においても，拡大している（第2章，参照）。こういった格差拡大が生み出す疎外や，諸権利の剥奪という問題は，社会的排除という概念で捉えられるようになっている。貧困が様々な次元から構成されることを強調するこの概念は，ヨーロッパ諸国やその他の一部の地域で広く使われるようになっている。本章では，まず社会的排除という用語がなぜ用いられるようになり，貧困論とどのように関連しているのかを検討する。その上で，第5章の末で指摘した問題点に立ち返り，「コミュニティ」や「コミュニティ参加」に焦点を当てることが，貧困や社会的排除が引き起こす根深い問題にどれくらい対応できるのかを考察していく。

1　貧困と社会的排除

　イギリスなどの地域再生政策（Regeneration），特に恵まれない近隣を対象とした政策では，解決すべき「問題」を定義するために様々な用語を用いてきた。具体的には，貧困，社会的不利，デプリベーション，衰退，権利剥奪といった一連の用語である。私が本書の初版を執筆している時には，イギリスの政策立案者はヨーロッパ本土から取り入れた社会的排除という用語について語り始めていた。この用語上の変化はどのくらい重要であったのか。それは単なる語義上の問題なのか，単なる新たな流行語であったのか，もしくは，貧困やその結果を理解するための重要な変化が起きているといえるのだろうか。

（1）社会的排除の概念

　ディズレーリが『シビル』を執筆していた時代には，貧困はモラルの問題とされていた。イングランドにおける中世以降の救貧法では，貧困者を「救済に値する貧民（deserving）」と「救済に値しない貧民（undeserving）」に分類していた。「救済に値する貧民」とされたのは，不運な出来事や病気のために貧困に陥った人たちで，チャリティによる援助の対象とされた。他方，「救済に値しない貧民」とされたのは，貧困の原因がモラルの問題とされた人たちで，他の選択肢よりも低いレベルで処遇することで，援助の使用を抑制するという「劣等処遇の原則」に基づいた救貧院での援助の対象とされた。[1]

　長く続いた救貧院は終わりを迎え，その後，多くの北欧諸国で国家による福祉が台頭していく中で，すべての市民は，普遍的な福祉サービスの受給資格を与えられ，基本的水準の福祉を受ける権利があるとされるようになった。しかし，「救済に値する貧民」と「救済に値しない貧民」という分類は，多くのアングロサクソン諸国の中では今日でもなお根強く残っている。第3章で言及した1980年代の新自由主義論争の中では，国家による福祉は，社会から切り離され，社会に存在するモラルに従わないアンダークラスの人たちの増大を促した，という主張がある（Murray 1990; Levitas 1998）。この「救済に値しない貧民」の概念への回帰は，少なくとも一部の地域においては，絶対的貧困はもはや問題で

はなく，同じ社会に住む人たちが享受している「贅沢品」(例えば，新しい技術や車)を享受できるかどうかをめぐる相対性のものとして貧困を捉える考え方とも結びついている。

　この貧困の視点は，ミンジオーネが次のように定義する社会的排除の概念と対照的である。すなわち，「排除の概念は，貧困層を定義する新しい方法ではない。むしろ，劣悪な生活に陥る機会を生み出したり，通常のシティズンシップから恒久的に排除させてしまうような，経済苦と制度上の差別の組み合わせに着眼しているものである」(Mingione 1997：10)。バラとラペールは，フランスの共和制の時代にまで遡り，社会的排除の概念の形成過程を検討しているが，当時の社会的排除は，社会と個人との関係性の破綻として説明され，国家が主要な役割を担うことが期待される共和制の伝統に基づく連帯に深く根ざしているものであった (Bhalla and Lapeyre 1997：414-415)。彼らは，このようなフランス共和政における社会的排除の捉え方と，排除を個人の自発的な選択の結果とするアングロサクソン的な個人主義アプローチとを比較している。

　いずれにしても，社会的排除という用語を用いることにより，社会的な排除と経済的な排除，そして政治的な排除が相互に関連しているという視点を考慮に入れることができるため，貧困やデプリベーションに関する議論に新たな多次元的側面を検討することができるようになっている。具体的には以下の3点を指摘しておきたい。

　第1に，貧困は単なる低所得の問題ではないという点である。ティリーは，構造的不平等 (durable inequality) に関する研究の中で，次のように述べている。

　　「資本主義の下での不平等に関する近年の研究では，賃金に焦点が当てられている。すなわち，研究の主眼は個人単位での賃金の額の計算やその説明にあてられており，富，健康，栄養状態，パワー，服従，権利，安全やその他の不平等と関連した重要な概念といった長期的には賃金よりも生活に対して大きな影響力のある点は軽視されているのである。」(Tilly 1999：24)

この構造的不平等には2つの側面がある。まず，たとえ低所得であったとし

ても，このことのみで社会から排除されているとはいえない。社会的排除という概念が注目しているのは，低所得がそれと関連した問題群と切り離せないという事実であり，「多くのマイノリティが，仕事，教育，家庭，余暇，市民組織，そして投票といった一般的な社会生活への参加からの排除のされ方，そしてそれが彼らの貧困，犯罪，家庭崩壊といった問題への脆弱性とどのように結びついているのか」(Perri 6 1997b: 3) に焦点を当てるのである。他方で，絶対的な貧困とはいえない状況であっても，人々は他の特徴（人種，ジェンダー，階級，シティズンシップ，障害，性など）によって，排除されることがある。実際に，低所得は，これらの様々な種類の排除の原因というよりも結果であるといえるかもしれない。

　社会的排除が貧困に関する議論に影響を与えている第2の重要な側面は，（貧困であることを非難されるかもしれない）個人ではなく，個人，集団及び広範な社会の関係性に焦点を当てている点にある。すなわち，貧困や社会的不利を生み出し，持続させる過程を強調しているのである。そのため，ステュワートが論じるように（Stewart 1999: 11)，排除とは，「締め出された状態と締め出しが起こる過程の双方」である。社会的排除の概念を欧州貧困撲滅プログラム[(2)]に遡って検討したルームは，貧困と社会的排除を次のように区別している。

　　「貧困の概念は，主に配分に関する問題，すなわち個々人もしくは世帯の可処分資源の欠如に焦点を当てている。対照的に，社会的排除のような概念は，主に関係性に関する問題，言い換えると，不十分な社会参加，社会統合の欠如，パワーの欠如に焦点を当てている。」(Room 1995: 5)

　こうした社会的排除の過程には，産業と労働力の再構築，市場の運営の仕方，専門家や政治家のパワーの特性やその行使の状況が含まれている。貧困の関係性的な側面に注目することで，社会的排除の概念は，排除に対して，そして包摂に対しても，社会の責任に焦点を当てているのである。

　第3の社会的排除の概念の焦点は，シティズンシップの公民権，社会権，政治権である（Marshall 1950）。社会的排除の概念の基盤となるヨーロッパの伝統では，「階級間や集団間の準契約的な関係とそのような階級間の相互依存が強

調されている。そのため，基本的には，その内部に相互の権利や義務を内包する団結力のある社会の概念を守り抜こうとするのである」(Stewart 1999：10)。これらの権利を保障する責任はまさに国家にあり，排除はそのような権利を否定するものなのである (Atkinson 1999)。

一方，社会的排除の概念を政策の基盤とすることには批判もある。それはこの概念が，社会的に排除されていると定義された人たちに対して「不自然な上からの同質性」(O'Brien et al. 1997) を押しつけ，包摂の条件として体制への順応を求めることになる可能性があるためである。アトキンソンは，社会的排除に対してあまりに厳格な定義を用いると，多様性を正当化できなくなってしまい，貧困コミュニティの人たちとそれ以外の人たちという単純な区別をせざるを得なくなると警告している (Atkinson 2000a：1039)。また，この用語は，非常に狭い意味で用いられることもある。社会的排除を主に労働市場からの排除として定義することはこうした例の一つである（例えば，Levitas 1998；Marsh and Mullins, 1998, 参照)。このような見方をしてしまうと，特に労働市場の周縁もしくはその外側にいる人たちの労働以外の貧困の原因や結果から目をそらしてしまうことになるのである。

また，社会的排除という用語は，あらゆるところで浸透しているとまではいえない。すなわち，この用語は，ヨーロッパや，オーストラリアなどの一部のアングロサクソン諸国では一般的に用いられているものの，アメリカなどではあまり取り入れられていない。さらに，専門家の解説を見てみると，南半球の国々で発展している貧困の議論と社会的排除の議論には共通点が多いが，南半球の国々では，社会的排除という用語は一般的には用いられていない (O'Brien et al. 1997)。どちらの議論も，デプリベーションには複数の層があるという事実や，経済的側面だけでなく社会的側面を強調している。また，低所得が公民権と参加に与える負の影響を強調している点も共通しており，そして同時に，低所得者の生活における参加の重要性や「主体性の意識 (a sense of agency)」の意義を強調している点も共通している。しかしながら，強調点には差があるかもしれない。バラとラペールが論じるように，先進国での排除のような概念は社会的な側面や政治的な側面から切り離すことができないが，発展途上国では低所得がなお排除の中心であり続けている。彼らが述べるように，発展途上国

では,排除の他の側面を取り扱う前に,低所得の問題に取り組まなければならないのである (Bhalla and Lapeyre 1997:430)。

(2) 社会的排除の機能

世界規模での経済の再構築がもたらす影響は常に社会的排除の主要な要因となっているが,国内の住宅市場の構造や,その他の生活に多大な影響を与える事柄に対する個々人の選択の拡大からも影響を受けている。多くの論者が説明するように,1960年代から1970年代にかけて,アメリカの連邦政府は,地域指定型の政策(3)(Zoning policy) を実施し,中産階級や一般の労働者階級が当時住んでいた中心市街地から転出できるように補助金を拠出していた(例えば,Wilson 1996;Fairbanks 2007;O'Connor 2007,参照)。この中産階級の「連邦主導の郊外への大移動」(O'Connor 2007:18) は,中心市街地から購買力や仕事を奪い去り,そして重要なこととして納税者も連れ出してしまったのである。彼らが去った後の近隣地区では,公共的な施設や機関,社会的な安定が失われている。この結果,通常は人種という境界線に沿って,中心市街地にスラム街ができてしまい,一般的なアメリカ社会 (mainstream America) からますます切り離されていった(Kubisch et al. 2007)。また,アメリカの地方税制の下では,中産階級の立ち退いた地域の状況や公共サービスを改善することは,州の行政では不可能であった。

イギリスでも,福祉の市場化が進められたために,同様の過程が起こっている。マーガレット・サッチャー政権第1期のフラグシップ政策の一つは,公営住宅の入居者に「住宅購入権(4)」を与えることであった。この政策の結果,多くの人々が住宅所有者となることが可能となった。しかし,一部の人々の選択肢が増えたことそれ自体は賞賛されるものであるが,特に同時に公営住宅の空室の建て替えや維持の権限を規制する政策を行ったことが影響し,その他の人々の選択肢は減少した。結果として,賃貸型の公営住宅の空室は減少し,ますます特定の地域に固定されるようになる一方で,残された住宅は劣悪で,公的予算への圧力から管理が行き届かなくなってしまった。公営住宅は住宅を購入する資力のないものにとって,ますます最後の頼みの綱となっていったのである。

図6-1は,住宅を選択できないことが,他の場面における選択肢を狭めていることを説明している (Taylor 1995b)。具体的にいえば,所得がないことが,住

第6章　コミュニティは貧困問題を解決できるのか

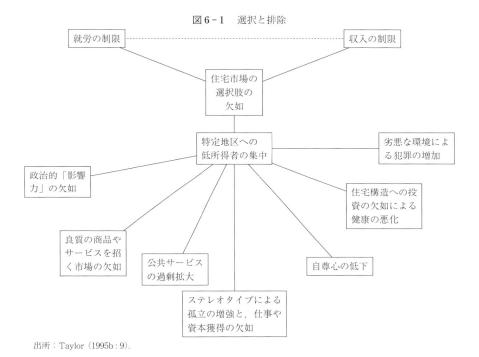

図6-1　選択と排除

出所：Taylor（1995b：9）．

宅を選択できないことにつながり，その結果，サービスや商品を選択できなくなるということである。住宅環境が劣悪な地域は，市場にとって魅力的ではない。こうした地域では，価格競争を行うような店舗を誘致することは難しく，また同時に，公共物への破壊行為が横行しているために，店舗も結局は閉店せざるを得ず，その後板張りになった建物だけが残るのである。また，こうした地域の住民の多くは，民間の選択肢を利用するだけの資金的な余裕がなく，公共サービスに依存する割合が高くならざるを得ない。しかも今日の政策環境下では，公共サービス自体が価値の低いものとみなされ，予算も縮小されている。また，それらの地域では，その他のサービスを生み出すような魅力的な市場を作り出すこともできない。大手の金融サービスはほとんどこうした地域の住民には融資をしないため，高利貸しの言いなりにならざるを得ない。それらは，市場の失敗であり，より正確にいえば，市場の失敗の産物である。

世界中の多くの地域で公営住宅はまだまだ主要な住居の形態であるが，イギ

> **—— 6-1 排除の経験 ——**
>
> 「カーペットや暖房、テレビゲームのない家に誰も遊びに来たいと思わないよ。よその子たちは、みんな僕らのことを悪く言うし、親の悪口を言う。みんなに友だちになってほしいと思っているよ。いろいろなことに一緒に参加できたらいいなって」。
> 「貧困により孤立しています。状況が屈辱的であるために、誰にも自分が感じていることや必要なものを知ってほしくはないのです。そのため、住民たちは、何事もなかったような顔をし、誰にも私的な生活を見せないのです。」
> 出所:UK Coalition Against Poverty (1998), Section 1, Leaflet 1, p. 4.

リス、アメリカ、フランスといった国々では、社会の中で最も弱い立場にある人たちが生活する場所となりつつある。例えば、イギリスの公営住宅地区では、ひとり親世帯の割合が上昇しており、そのほとんどの世帯が生活に必要なサポートネットワークを持っていない。また、それらの地区では、子どもや若者の割合が非常に高い。この衰退のスパイラルの中では、住民の年齢が不均衡である。そのために、より裕福な地区では若者を資産として捉えているのに対し、これらの地域の若者はむしろ問題として捉えられているという顕著な特徴がある。

また、こうした地区では教育の到達度は一般的に低く、不登校が多い。一般的な親たちは、こうした地区内にある学校へ子どもを通わせようとはしない。結果として、これらの地区内にある学校は、教育上の「学校別教育達成度一覧表(League tables)」において最下層になってしまう。そうなれば、さらに入学者が減少し、投資が減少し、排除のレベルが高まり、質の高い教員を招くことができなくなっていくしかない。失業レベルも高く、一部の家庭では、三世代にわたり仕事に就いていない場合もある。まともな仕事が存在しておらず、失業者は「表」の経済活動に参加できていない。一部の人たちは、「闇」の経済に依存することになるが、そのことがまっとうな社会に戻ることをより難しくしてしまう。また一方では、犯罪や薬物が、自分自身の評価と収入(うまくいけばであるが)を得る確かな手段となってしまっている人たちもいる。こうした反体制文化は、コミュニティを分断し、不安を生み出し、そして多くの最も立場の弱い住民たちはますます孤立し、排除されることになる(「6-1 排除の経験」参照)。

さらに，この排除の分類に不健康を加えるべきであろう。ウィルキンソンらは，先進国の死亡率の差は，所得のレベルではなく，所得の不平等のレベルによって説明される，としている (Wilkinson 1997 ; Wilkinson and Picket 2009)。彼らが論じるように，心理社会的要因，例えば，自分の仕事を自分でコントロールできないこと，物質的に欠乏していること，社会的な支援がないこと，地域生活への参加が少ないこと，自尊心が低いこと，といったことすべてが，健康に負の影響を与えている。このことから，心理社会的要因は，食生活や喫煙，劣悪な住宅のような行動上もしくは環境上の要因よりも，健康の不平等に有意な影響を与える指標となっている。

これらに加え，多くの国々において，出身民族により地区が分断され，貧困者が空間の中で周縁部に追いやられ，貧困が特定の民族集団と関連しているということから，貧困が人種的な特徴を持つようになってきていることがわかる。アメリカの状況については，サンプソンとローレンスが，1950年代の都市の再開発や住民の強制移住によって，それ以前には安定し，強く団結していた黒人コミュニティがどのように分断させられてしまったのか，そして，どのように公営住宅にマイノリティを集中させることになってしまったのかを説明している (Sampson 2007 ; Lawrence 2007)。第3章でもみたように，このような形で分断化され，ゲットー化されたコミュニティ内もしくはコミュニティ間での人種上の軋轢はしばしば政策介入の引き金となっている。

（3）悪循環する排除

上述したような要因が組み合わさることにより，抜け出すことの困難な排除の悪循環が生まれる。しかし，住んでいる地区や住宅の形態に基づいて社会的不利の要因を説明することには，リスクが伴うことを念頭に置かなければならない。すなわち，ステレオタイプ化やスティグマ化の問題も相まって，恵まれない近隣に住んでいるすべての人が弱い立場にあるとか，「問題である」とレッテルを貼ってしまう危険性があるのである (Taylor, Kestenbaum and Symons 1976 ; Dean and Hastings 2000)。

マスコミ報道は確かにこの罠に陥っている。1995年の研究 (Power and Tunstall 1995 : 62) の中で，ある住民は，「我々の生活は，マスコミによりめちゃくち

―― 6-2　スティグマ ――――――――――――――――――――――

「何人かの友だちを失ったの。バレーに住んでいたから。うわさがあると，困るわ」。

「この場所で信頼を得ることはないでしょう。治安判事（magistrate），保護観察官，警察が関わり続ける限り，その場所には問題があるという雰囲気を持ち続けるのです。この場所は理解されていません。何かあればバレー出身者を探し出し，その人を犯罪者に仕立てあげるのです。(警察は)いつも何かが起こるとバレーを徹底的に探すのです。」

「ある地区には，何年にもわたって入居者がほとんどいないのです。バレーは，ある種のスラムで，社会から分断された地区となっています。そこでは，目には見えない問題を想像してしまっており，外部から様子を窺うことができなくなっているのです。人々が自治体で公営住宅を申し込む時には，『できるだけバレーではない所』と言うのです。」

出所：Taylor, Kestenbaum and Symons (1976).

――――――――――――――――――――――――――――――――

ゃにされてしまった」と生々しく述べている。さらに，これらの近隣は，一度自分たちにつけられた悪いイメージから逃れることが難しい。ある地域が地区外で悪名をとどろかせているとすれば，その理由は，地元新聞の犯罪欄が大げさに書き立てていることが原因である。他の地域の家族は，犯罪を恐れて交流を控えるようになり，他の地域に住む同僚からは陰口を言われたりする。初めて会った人に「お住まいはどちらですか」と質問することは一般的であるが，スティグマの伴う住宅地区に住んでいる人たちってこの質問は，貧困であると決めつけられたり，貧しい生活を送っていると見抜かれるのではないか，という不安を想起させる（Dean and Hastings 2000：17）。

多くのステレオタイプがそうであるように，イメージと現実は必ずしも一致するとは限らない。コールとスミスは，ある住宅地区の中で，「その住宅地区にステレオタイプに基づいたイメージがあるために，(その住宅地区が)直面している実際の問題とイメージ上の問題とを区別することが難しくなっている」（Cole and Smith 1993：16）として，以下のように続ける。「地域がある程度安定していること，多くの住民が前向きな捉え方をしていること，犯罪件数の水準が低いこと，これらすべては，こうした地域が極端に問題を抱えた地域ではないということを示している」。しかし，重要なことはそのイメージであり，多くの

人は非常に容易にそのイメージを内面化してしまうのである（「6-2　スティグマ」参照）。地域と住民の失敗のみに焦点を当てる欠如モデル（deficit models）（社会的不利，デプリベーション，排除など）や，活動資金を得るために地域のニーズと問題を「誇張」すること，コミュニティや住民の「病理」にのみ焦点を当てた政策は，結果として排除をさらに深刻化してしまうだけなのである。

　このような状況下において，住民たちが参加するようになる可能性は低いであろう。若者について言えば，私が欧州地域再生事業について調査した際に，回答者は次のように述べている。「若者たちは参加を期待されています。しかし，若者たちに関するすべてのことは，彼ら自身に問題があるという考えに基づいており，彼らを軽蔑するようなステレオタイプによって抑圧しておきながら，関係者は，どうして彼らは参加しようとしないのか，と不思議がるのです」（近隣再生事業に参加している専門家）。

　マリスが論じるように（Marris 1996：105），住民たちは，「社会との関係性が薄れ，自分たちの能力が過小評価される」ことで，自分たちが排除されていると実感するようになる。しかし，そういった人たちは，「あきらめてしまったり，現在の住居を短期間で出て行ったり，別世界の出来事だと割り切ったり，もうどうにもならないと心の中で唱えたりすることにより，心の中で生活の主体者としてのいくらかの意識を保ち続けることができる」のである。これこそが，街角で若者が虚勢を張る理由であり，自分たちが敗者とならざるを得ない社会の価値観を否定する対抗文化が発展している理由を説明してくれるのである。さらに，マリスは「彼らは，自分たちの領域内のみで，自分たちの状況を理解しようとしていると周囲から非難されるのである」と述べている（Marris 1996：108）。このような状況になってしまったのは，彼が論じるように，「不確実性に対する保護が不平等であることの残虐な結果」の一つであり，結局，排除されている人たちは「自分たちの人生をより良くするチャンスを失うことに協力しているのである」。ティリーにとって，この「順応」は，「構造的不平等（durable inequality）」と呼ぶ状況を持続させるための重要な要因なのである。

　他方で，地方の公共サービスそのものは，社会的な位置づけが低く，依存を生み出すものとしてのスティグマが伴っている。そのため，地方の公共サービスのスタッフの新規採用が難しく，離職率も高い。実際に，グレイが論じるよ

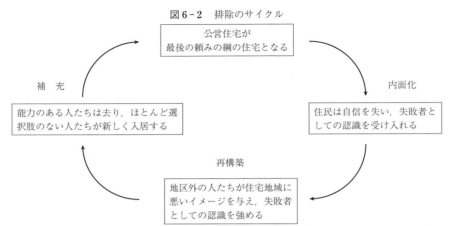

図6-2 排除のサイクル

出所：Taylor (1998). テイラー・アンド・フランシス社の許可を得て，一部修正（www.informaworld.com）。

うに，福祉制度こそが貧困を強化しているのである（Gray 1996: 43）。「新自由主義的思想では福祉制度を第一義的に貧困救済の装置として捉えているために，彼らを貧困な状態にすっかり慣れさせてしまうことは避けられない」。このような状況下において公的な福祉制度を利用せざるを得なくなることは，不適格の烙印を押されることと同義であり（Mathers, Parry and Jones 2008: 598），「社会サービスの提供者や，その他の公民の管理者の専制的で，介入的な指示にしばしば従わざるを得ない」ことになる（Young 2007: 280）。公共サービスにスティグマが伴っていること，そして，公共サービスの削減が，自らの地区の否定的なイメージをますます強める。恵まれない近隣の住民たちは，不当な扱いを受けても，住んでいる場所や自分たち自身が内面化したイメージによってそのことを仕方ないと思うようになっている。

　我々の過去の共同研究の中で，ヤングによる薬物中毒領域の研究（Young 1971）を取り上げながら，図6-2のように，この過程を「排除のサイクル」として説明した（Taylor, Kestenbaum and Symons 1976; Stewart and Taylor 1995; Taylor 1998）。すなわち，報道などで全体的に悪いイメージが伝えられ，さらには彼らの「ニーズ」や「問題」に焦点を当てる政策が進められるようになってしまったために，公営住宅の住民から尊厳が剥奪されてしまっている。彼らは，失敗者としてのレッテルを貼られた上で，社会の周縁に追いやられてしまうこ

とで，自らに対する否定的なイメージ像を受け入れ，内面化している。専門家，政治家，他の地域の人，マスコミといった地区外の人たちが，このイメージに影響を与え，確固たるものにし，社会へ広めている。そのため，貧困地域の住民たちは郵便番号による差別(7)（postcode discrimination）に苦しんでいる。例えば，雇用主が住所を知った途端に関心を失ったり，金融機関が融資を控えたり，タクシーやバス，配送車も最も評判の悪い地区を避けて通る。地区外の人たちは，その住宅地区を訪れる理由もほとんどなく，社会で広まっている実際のイメージを検証する理由もほとんどない。彼らは訪れないようにしようとするだけである。

さらにサイクルが進み，いったん地区にレッテルが貼られると，選択肢のある人たちは，その地区を去っていく。彼らが退去したあとには，選択肢をほとんど持たない人（たいていは経済的困窮者である）が入居し，このサイクルが繰り返される。したがって，単に人々を労働市場へ戻すことに焦点を当てる政策は，個々人を排除から抜け出すように援助することはできても，排除されている地区そのものにパワーをもたらすことはできないという限界があるのである。

本節では，社会的排除が複雑なものであり，自ずと深みにはまっていく現象であることを示した。「コミュニティ」は，こうした問題の解決方法として期待されているが，本章の後半では，「コミュニティ」という手段のみで社会的排除に取り組むことが困難であるとするいくつかの理由を示したい。

2 貧困はコミュニティで解決できるのか

社会的排除が関係性に基づく概念であることを考えると，コミュニティ，ソーシャル・キャピタル，市民社会といったネットワークや結束，互酬性を強調する考え方は，社会的排除の状況を好転させることに大きく貢献することができるはずである。しかし，その前に，我々はコミュニティをめぐる言説が前提とするいくつかの想定を検討しておくべきであろう。第1に，排除されている地区の中でコミュニティが失われつつあるという想定，第2に，前節でみたように，コミュニティそれ自体が，排除の悪循環を推し進めてしまうことがあるという想定，そして，最後に，そうはいいながら，「コミュニティ」こそが排除

されているコミュニティにとって必要とされているものであるという想定である。

（1）コミュニティは失われているのか

　多くのコミュニタリアンの考えに基づくと，恵まれない地区や排除されている地区においては「コミュニティ」が「失われて」おり，このコミュニティの喪失こそがこれらのコミュニティを社会的に不利な状況にしている理由であるとされている。しかし，多くの論者は，この主張の問題点を指摘している。フォレストとカーンズは，「関係や信頼，親密さが網羅的に存在することがソーシャル・キャピタルの重要な側面であるとすれば，こうした地区には，活用できる豊かな資源が存在する」と述べている（Forrest and Kearns 1999：22）。

　ページは，イギリスの公営住宅地区の住人たちは，「地域住民のほとんどが地域コミュニティの中でしっかりとまとまっており，この事実は『社会的排除』という概念に重大な挑戦を突き付けている」と論じながら，前述のフォレストとカーンズの主張を実証している（Page 2000：46）。ページの調査では，ほとんどの人たちがコミュニティを親しみのある場所として捉えていたのである（Page 2000：21）。また，彼の調査では，失業中の人たちも，他の人たちと同じように，自分たちのコミュニティ内の人たちとしっかりとつながっていることが示されている。さらに，ページは衰退している近隣にいる人たちの「モラル」が低いという考え方にも反論している。実際にモラルが低いように見えたり，彼らの基準がしばしば社会一般の基準とは異なっていたりすることはあったとしても，ページは彼らに明確な道徳的基準が浸透していると主張している。フォレストとカーンズはこうした基準を次のように支持している。

> 「会社や車からの窃盗や店舗での万引きは生き延びる術として許容されることもあるが，地元住民やコミュニティ・センターもしくは地域の学校からの窃盗はそのようにはみなされない。」（Forrest and Kearns 1999：11）

　さらに，ホゲットが論じるところによると，最も問題のある住宅地区に強力な規範やネットワークが存在することがある（Hoggett 1997a）。しかし，これら

の規範やネットワークは，コミュニタリアンの求めるものである可能性があると同時に，ギャングの規則や麻薬カルテルに従っている可能性もあるのである。

　一連の客観的事実（evidence）に基づくと，中産階級の人たちは，労働者階級や恵まれない近隣の住民よりも，ボランティアを行いたいと思っており，フォーマルな組織に属している。例えば，アメリカにおける政治活動への関与には，インターネット上かそうでないかにかかわらず，所得と強い相関関係がみられる（Smith et al. 2009）。イギリスでは，フォーマルなボランティア活動が教育レベルや社会経済的地位に関連している（CLG 2010）。約10年前の研究で立証されているように，より恵まれない地区の住人たちは，少なくとも伝統的な方法でみた場合には，確かにほとんど参加と呼ばれる活動をしていない（Prime, Zimmeck and Zurawan 2002）。例えば，インフォーマルなボランティア活動のレベルは，最も恵まれない地区では59％であるのに対して，それ以外の地区では71％であった。また，地域コミュニティやボランティア活動への参加レベルは，最も恵まれない地区では57％であるのに対して，それ以外の地区では73％であった。

　しかしながら，上記の調査結果から恵まれない地区の人たちのコミュニティ意識がないと結論づけられるかどうかは，何を測定するのか次第で変わってくる。例えば，フォーマルな活動への参加を測定する研究では，労働者階級，貧困コミュニティもしくは排除されたコミュニティや特定の民族集団がインフォーマルなものを好みやすいという事実が見落とされている。フォーマルなボランタリー組織のメンバーシップは中産階級と関連している傾向があるが，特に排除されているコミュニティに住む多くの人たちにとっては，フォーマルな組織への参加は自然なこととはいえない（Burns and Taylor 1998）。例えば，1970年のパールの報告によると，フォーマルな組織とフォーマルなリーダーシップは中産階級のコミュニティに共通するものであるが，労働者階級のコミュニティはフォーマルな組織を形成したり，リーダーが台頭したりすることを，快くは思っていなかった。

　パールは，ブロディ（Broady 1956）を引用しながら，多くの労働者階級の人たちがフォーマルな組織を避けていることを報告しており，そして，「労働者階級のコミュニティにとっては，委員会は『正規のもの』ではなく，また『認めら

れるもの』でもない」ことをしばしば指摘している。ブロディの報告によると，「委員会を形成しても，何も変わることはなく」，そして労働者階級のコミュニティが重要なものとみなす連帯を破壊するものとして理解されている。この説明は，労働組合や労働関連の組織を十分に考慮していないが，1970年代以降，これらのフォーマルな組織の会員数は明らかに減少している。そして，フォーマルな組織は，ますます組織の統廃合を進め，中央に集中するようになっていることから，失業率の高い近隣地区では，こうした組織との関連が薄くなっているのかもしれない。

そのような客観的事実（evidence）から見えてくることは，インフォーマルな相互扶助活動が排除されているコミュニティ内での支援の重要な源泉であるという点である。例えば，こうした活動によって，アイデンティティを再構築し，強化することや，「安全な」環境を作り出し，外部からの脅威から守ることができる（Suttles 1972; Foster 1995）。また，その活動を通じて，他者であれば購入するような商品やサービスを利用することもできるようになる。パールが論じるように，過去には，親族のつながりと伝統的な労働者階級との関係は，財産と中産階級の関係と同じようなものであった（Pahl 1970 : 76）。いわゆる，経済保障と支援の重要な源泉であったのである。同様に，途上国を中心に研究を行っているトゥンガランザは次のように述べている。

> 「社会的ネットワークは，都市の貧困層にとって，お金を両替し，資源を共同利用し，そして労働力を共同利用するという重要な社会制度である。」
> （Tungaranza 1993）

しかし，ウィリアムズとウィンデバンクは，「貧困地域の住民が親族や親族以外の支援ネットワークに依存できるという理解は，特にアメリカにおいて，予算削減を正当化するものとして用いられている」と非難している（Williams and Windebank 2000 : 147）。この点は，少数エスニックの住民にとっては，今でもなお「自分たちのことは自分たちで面倒を見る」ことを前提とされているために，特に問題となる点である。ウィリアムズとウィンデバンクは，最貧困層の人たちが，コミュニティにおける交換に依存させようとする政策によってますます

排除されていると論じている（Williams and Windebank 2000）。なぜなら、こうした人たちは、比較的裕福な人たちと比較して、こうした交換活動にあまり積極的に参加していないからである。

このように見てみると、いまだに、最も恵まれない地域とそうでない地域間において、活動やインフォーマル・ネットワーク、参加のレベルが異なるという仮説を検証するだけの十分な調査結果は得られていない。しかしながら、フォレストとカーンズの報告によると、経済的な資源が十分でない近隣の中でも、相互扶助活動やボランティア活動のレベルが高いことがある（Forrest and Kearns 1999: 22）。そのため、最も恵まれないコミュニティが他のコミュニティよりもあまり活動的ではなく、組織化されていないということが一般的にはいえるとしても、参加やインフォーマル活動のレベルが高く、長期にわたり継続している近隣活動の事例が確かに存在する。人々の生存を可能とするようなインフォーマルな経済の存在からもわかるように、排除されている地区が必ずしも社会経済的つながりを欠いているとはいえない。実際、多くの排除されている近隣においては、住民が困難に直面しているにもかかわらず、住民の参加レベルは驚くほど高いのである。

しかしながら、このインフォーマルな活動の特性から、政策立案者にとってのもう一つの課題が浮かび上がる。第5章で論じたように、インフォーマル・ネットワークは脆いものであり、インフォーマル・ネットワークをフォーマルなものとしようとすると、それ自体が壊れてしまうかもしれないという危険性がある。インフォーマルな解決方法が機能するのは、合法と違法との間のグレー・ゾーン、もしくは、対抗文化の中かもしれない。就労につなげるという政府の好む社会的排除の解決方法は、インフォーマルな経済や準合法的な経済から抜け出すことへの埋め合わせを行いながら、その手立てを提供しなければならないという課題に直面するのである。

その他にも、「コミュニティ」だけでは社会的排除が解決できない理由は多くあるが、主要なものは資源である。フォレストとカーンズは、排除されている地区でのソーシャル・キャピタルのレベルに対して肯定的に言及しながらも、不足しているものは、仕事や所得といった「良い効果をもたらすようなソーシャル・キャピタル以外の要素である」と述べている（Forrest and Kearns 1999: 22）。

フレイザーは，コミュニタリアニズムが機能するのは，その必要性が最も低い地域であると述べている（Frazer 2000 : 185）。彼女が論じるように，排除されているコミュニティにいる人たちは団結することができるが，彼らは変革に影響を与えるだけの資金という資源を持っていないのである。

（2）参加への障壁
1）貧　困
　サンプソンが論じるように，「集合的効力感の創出を説明しようとすると，資源の不平等がかなり大きな問題となってくる」（Sampson 2004 : 108）。恵まれないコミュニティで暮らす多くの人たちの参加を困難としている要因の一つは，日々最低限の生活を行うことにも困るという現実に彼らが直面せざるを得ないことである。ハムデン-ターナーがコミュニタリアンのアジェンダに応答して論じているように，「失業や終わることのない貧困により権利を剥奪されている当事者・関係者たちは，自分たち自身，その家族，近隣及びコミュニティの世話をするというコミュニタリアンの責任を担うことができない」（Hampden-Turner 1996 : 11）。マズローの欲求5段階説はよく知られているものであろう（Maslow 1943）。すなわち，欲求には，生理学的なもの（食事や衣類）から，安全や保障，社会的要因や自尊心を経て，自己実現までの範囲がある。多くの社会の周縁部に追いやられているコミュニティの人たちは，日々の生活を維持するのみで精いっぱいであり，欲求のヒエラルキーの最上位にある自己実現までの道のりは遠い。そのため，生き残るためには，社会参加のための時間やエネルギーを削らざるを得ないのである。

> 「個々人に与えられる自由な時間が少なくなればなるほど，国家への要求は大きくなり，市場に依存するようになる。相互扶助活動に参加し，彼らのネットワークのつながりを拡大させ，多種にわたるそれぞれの問題に応じた（ad hoc）連帯を作り上げることができるのは，それらを行う時間がある場合のみである。」（Rosenvallon 1995 : 209）

　バンデューラの自己効力感（self-efficacy）に関する研究は，この問題に対する

もう一つの視点を示してくれる。彼による自己効力感とは，自分には「自分の生活に影響のある出来事に影響を与える」能力があるという信念，と定義されている（Bandura 1994：1）。彼は，この信念を社会的学習の産物とした上で，自己効力感の4つの源泉を明らかにしている。

・達成体験（自己効力感は成功により高まり，失敗により下がる）
・代理的経験（他者ができるのであれば，自分にもできる）
・社会的説得（激励と肯定的なフィードバック）
・生理的情緒的要因及びそれらの認知方法

　社会の中ですでにほとんどパワーを持っていない人たちは，自分たちが自己効力感を得ることが困難であると捉えることは明白である。彼らの人生経験では，自分には成功するだけの力があるという自信を持つことができる可能性は低く，周囲に成功のモデルがほとんど存在せず，激励されることもほとんどなかったり，成功できるような環境におかれることもほとんどない。これらの条件が整わない状況下においては，公共の活動への参加が，失敗したという感覚を強く植えつけ，不安をあおり，怒りを駆り立て，挫折感を強めることにつながってしまう恐れがある（Gilchrist and Taylor 2011）。実際に，バンデューラも，自己効力感を高めるよりも，壊す方が容易であると述べている。彼は，能力がないと思い込んでいる人たちは，可能性を開くような活動への挑戦を避け，困難に直面するとすぐさまあきらめてしまう傾向があると論じている。

　このように，所得の不足，交通手段の未整備，保育の未整備，安全でなく陰鬱な環境であること，毎日のように節約のことばかり考えなければならないこと，自尊心の低さ，前向きな行動強化の欠如，といった第一義的に人々を社会的に不利にしているすべての事柄のために，社会的ネットワークを発展させることや，集合的活動へ参加することができなくなっているのである。さらに，国家や公共サービスが縮小してしまっているために，過去にあったかもしれないあらゆる公的なセーフティネットも徐々に奪われている。フォレストとカーンズの報告によると，子どもたちが地域ネットワークの重要な要素であり，女性が鍵を握るアクターである（Forrest and Kearns 1999：20）。しかし，保育や保

育所設備がなかったり，極めて少ない資金をめぐって対立が起こったりすることが，よりフォーマルな参加を抑制している。ポーティスとランドルトは，「スラム街には多大なソーシャル・キャピタルが存在するが，参加者たちが，スラム街のソーシャル・キャピタルから手に入るプラス面を用いて，貧困から抜け出すことはほとんどない」と指摘している（Portes and Landolt 1996: 20）。

2) 構造上の変化

人々の参加を困難にしている第2の要因は，社会の多くの変化が，コミュニティを形成するための基盤を壊していることである。今日の労働市場がしばしば家族と友人のネットワークを崩壊させている（1980年代におけるサッチャー政権から繰り返し出された政府からの要望の一つは，失業者は仕事を見つけるために「現在の居住地から移動」すべきであるということである）。このような形で人々が分断させられることがない場合でも，公営住宅の供給はこれまで以上に不足しているため，ニーズの最も高い人たちに優先して割り当てられるようになっている。こうした公営住宅の状況が，家族が密接に生活することをますます難しくしている。さらには，過去のコミュニティの関係を支えた社会制度も消滅している。近隣の成長を支えた地場産業が廃業しており，それに伴って，組合の支部，社交クラブ，教会，中小企業は建物を残して閉鎖され，遠く離れた場所にある職場へのアクセスも不十分である。それゆえ，いくらか皮肉なことではあるが，市場の用語が人々の選択や自由を称賛する一方で，市場が失敗し，それゆえに広範な社会からますます排除されている人たちに対しては，「コミュニティ」が必要だとされるのである。

このように，排除されている人たちにとっては，社会的な要素が侵食され，地域住民全員に相互扶助の責任がますます求められるようになっているために，生活状況が一層深刻なものとなっている。バウマンは，ヴァカンを引用しながら（Wacquant 1993），これらの排除されているコミュニティを「周囲のコミュニティにとっていかなる経済的あるいは社会的有用性ももたない人たちのためのはきだめ」と説明している（Bauman 2001: 120）。幾人かの初期の資本主義者（ロバート・オーウェン［Robert Owen］，タイタス・ソルト［Titus Salt］，キャドバリー・ファミリー［Cadbury family］などが想起される）は，資本主義によって侵食されてしまった過去のコミュニティの本来のあり方を理想村（model village）の開発を通

して再生しようとしていた (Bauman 2001:35)。しかし，今日の世界の富裕層の人たちは，友愛組合に加入して「メンバー間で利益を分かち合うという友愛的な義務」にかかわろうとはしない (Bauman 2001:58)。そのため，資本主義の犠牲者は，チャリティ以外のいかなる支援もないまま放置されるのである。ローレンスはこの危険性を繰り返し指摘しながら，現代では非営利団体を中心とした解決方法を強調することで，「貧困なコミュニティに対する社会全体の義務が重視されなくなってきている」と論じている (Lawrence 2007:291)。そのような環境下においては，フェアバンクスが論じるように，貧困な近隣では，コミュニティを求めることが，かえって「耐えがたい負担」となってしまうのである (Fairbanks 2007:108-109)。すなわち「マクロ的な構造の力によって貧困な近隣に投資がなされないことにより生み出された格差や外部からの軋轢を住民に埋めあわせることを求めているのである」。何人もの論者が警告しているように，実際に，現代の脱中央集権化と地域主義の潮流がかなりの負の影響力を持つことがあり，最も周縁部にいる人たちをますます排除しているのである (Evers 2003; Fairbanks 2007)。

3） 排除が排除を呼ぶ

一般的に不幸な出来事が起こると，人々が結びつく可能性があるのだが，貧困はコミュニティの精神と同様に対立や疑念をもたらす可能性もある。ページ (Page 2000) 及びフォレストとカーンズ (Forrest and Kearns 1999) の両者が指摘するように，イギリスでは社会的周縁にある公営住宅地区の衰退の責任がしばしば新規転入者に向けられている。公営住宅地区では，成功した人たちは転出し，立場の弱い人たちがその後に転入してくる。そして，公営住宅の供給が不足している中で，隣にやってくるのが自分たちの息子や娘でないよそ者であることを知る時，移住者に対する敵対心はすぐに大きなものとなる。もちろん，新規転入者に対して敵対心を持つのは最も貧困な近隣だけではないし，常にそうであるとはいえないことも確かであるが，ほとんどの短期滞在型のコミュニティでは，フォレストとカーンズが論じるように (Forrest and Kearns 1999:12)，入転出の回転率が高いために，疑念が高まり，対立が目立つようになる。そのため，「多くの人たちが，ある不安定な環境から別の同様の環境への移動を行う」ようになる。

そもそも社会から排除されているコミュニティが「包摂的」であることを期待すること自体が，特に個人主義がかなり浸透している社会においては，奇妙なことだといえるだろう。マリスが論じるように，「不確実性が高くなればなるほど，自分たちを防御するために排除を生み出し，スケープゴートを作り出し，シニシズムを推進するような政治が台頭してくる」(Marris 1998 : 14)。そして，ロイドとジルクリストが指摘するように，コミュニティは，対立関係が深まり，偏見が生まれ，コミュニティ間で対立が起こるなど，「相容れないものや自分たちとは著しく異なるものによって引き裂かれた疎外を引き起こす場所となることがある。近隣内には，様々なコミュニティが共存する可能性があるが，住民相互の交流がほとんど行われず，他者の存在をひどく不快に思うかもしれない」のである (Lloyd and Gilchrist 1994 : 135)。

ダーレンドルフの研究は，「境界，特に社会的境界線は，最も近いところにいる人ほど目につくものである」(Dahrendorf 1995) と指摘しながら，排除を生み出す分断を我々に想起させる。前述したようなステレオタイプ化の過程によって，人々は，コミュニティ間のつながりやネットワークを発展させることが難しくなっている。それに代わって，自らの地域に向けられたステレオタイプを，地域の中の近隣者，見た目の異なる人々，街角をふらつく子どもたちへと向けていく。住民たちは，彼ら自身の抑圧された状況を広い文脈の中ではなく，相互の状況の中で理解しようとしている。コミュニティが安全な場所ではなく，不安の場所となってしまうのもそのためである。アイデンティティを排除から生み出すことは可能であるが，イスラム原理主義的イデオロギーに持たざるものが魅力を感じたり，北アイルランドの各分派の内外でのテロリストからの攻撃の恐怖があったり，人種差別に基づく嫌がらせが続いたり，世界中の恵まれないコミュニティにおいて極右政党が成功したりしている状況をみると，強いつながりのコミュニティや結合型ソーシャル・キャピタルを社会的排除の解決手段として捉えることの危険性についても知るべきであろう。

4） 安全な避難所はあるのか

アトキンソンは，排除されている空間を分けて考えることの必要性を強調している (Atkinson 2000a : 1048)。彼が論じるように，人口移動が安定し，強いコミュニティ意識を持つと同時に，他の社会から排除されているという意識も強

いコミュニティがある。これまで見てきたように，ページは，こうした地域にニューカマーが入り込むことは難しいものとして説明しているが，これらのコミュニティにおいては，転出した人たちが再び戻ってくることが見られることも珍しくないとも論じている（Page 2000）。アトキンソンは，この種のコミュニティと，住民たちが選択の結果ではなく，無力であるがためにそこに居住せざるを得ないコミュニティとを比較している。彼が主張するように，この無力な状態だけがこうしたコミュニティで互いに分かち合える唯一の共通の経験である。さらに，国家と公共サービスが徐々に縮小していくことは，公的部門の存在感がかつてよりも失われてきていることを意味している。リチャードソンは，多くの公営住宅地区において，その住宅地区にサービスがほとんどもしくは全く存在しない場合には，互いにコミュニケーションを図ることも難しく，お互いの事柄に対応する時間もほとんどないという，「市民性の不在（civic absence）」という現象に言及している（Richardson 2008：264）。もしくは，こうしたコミュニティは，敵を寄せ付けない要塞のごとく周囲と隔絶されるかもしれず，そのため，自分たちが暮らす近隣は包囲されているような感覚を強く抱くことになるかもしれない。

　さらに，ブラウアーは，近隣には3つの側面があるとしている。すなわち，物質的環境（雰囲気），社会的交流（参加），そして彼が「多様な選択肢の存在（choicefulness）」と呼んでいるものである（Brower 1996；Forrest and Kearns 1999：25）。「多様な選択肢の存在」とは，近隣内に多様な生活の選択肢が存在していることを意味している。また，住民たちが住居に関する選択肢を持っているという感覚とともに，そうして選んだ場所は他の人からも選ばれるような場所であるということも含意されている。1972年にサトルズが論じたように，居住地域を選択する際に最も重要なポイントとなるのは，ステイタスと治安の2点である。彼は，住民たちがこれらの要件を満たす主な方法は2つあると論じている。一つの方法は，高い生活費を負担することで共に生活する住民の特性を保障できるような場所を購入することである（そして地区が衰退した場合に再びお金を払い，出て行くことでもある）。もう一つは，地域を育てていくことである。最も排除されているコミュニティにいる人たちは前者の選択肢を持っていないし，その環境にステレオタイプが染みついているために，住民たちを啓発していく

ことが難しい場所とみられるようになることがある。このようなコミュニティは，サトルズが「分断されたコミュニティ (defeated community)」と呼んでいるものと一致するかもしれない。ウィリアムズは，「空間」としてのコミュニティ（すなわち，領域と機会）と「場所」としてのコミュニティ（すなわち，人々が強制的に居住させられる／もしくは閉じ込められる）と対比しながら，自由に選択されたコミュニティと強制されたコミュニティとの相違を指摘している（Williams 1993）。

　この「分断されたコミュニティ」とは住民に選択肢がない場所を指している。サトルズの説明によると，住民が選択する住居コミュニティには，その他に3種類があるという (Suttles 1972)。第1に，住民たちにとって極めて重要な関係やつながりが地区以外のところにあるような（すなわち，地理的コミュニティではなく，選択的に関与する近隣ネットワークによる）有限責任 (limited liability) のコミュニティである。第2に，官民の開発者により造られた人工コミュニティ (contrived community) である。彼の説明では，状況を変化させようと，多様な住民の混合を試みたものである。第3の形態として，侵入から守られた近隣 (defended neighbourhood) がある。これは，危険を避け，地位の要求を高めるために，住民外の人たちを隔離するようなコミュニティである。サトルズは，集団の慣わしや自警団によって保護されているコミュニティを侵入から守られた近隣と説明している。一方で，この用語を同じように，富裕層が作り出した「自発的ゲットー (voluntary ghetto)」にも当てはめられるかもしれない（Bauman 2001）。近年，多くの国々で「要塞」都市が増加している。富裕層は，対立の可能性を避けるためにますます社会から離脱しているのである。この現象を興味深く取り上げたものとして，J. G. バラードの小説『コカイン・ナイト (*Cocaine Nights*)』(1991) がある。この小説では，スペインの要塞都市における魂を失っているように見える集団を取り上げていた。その集団では，すべての人たちの生活は扉の中の私的な空間に限られており，共同社会的な生活の兆候は全くなく，コミュニティの感覚もない。今日的にいえば，ソーシャル・キャピタルがないということになるだろう。共同生活への魂を再び根づかせ，住民たちを互いにつなぎ合わせるための唯一の方法は，その主人公によれば，共通の敵を再発見すること，すなわち，犯罪が起こることなのである。

このように，安全は，社会全体に対して高くつくものとなっている。タジフェルは，社会的アイデンティティの理論の中で個々人の社会移動の過程を説明している（Tajfel 1981）。すなわち，個々人は，既存の集団の一員であることに不満がある場合には，より価値を認められている他の集団へと移動するという反応をするという。彼が論じるように，集団間の個人的な接触が減少すればするほど，対立の可能性と自分の所属する集団の優越心が高まる。例えば，アパルトヘイトは，分離が排除を呼んだ事例の一つである。その他にも，長期的な居住形態の変化を研究してきた専門家は，富裕層がますます貧困層と交流しなくなるために起こる問題を強調している。セインは，イギリスでは，19世紀後半の交通手段の発達に伴い，都市の「郊外化」が進み，「地域内での地元企業やエリートの専門職と貧困層との間の地理的及び社会的交流」が減少していると指摘している（Thane 1982：63）。こうした現象は，本章の冒頭での『シビル』の引用で説明したことと同様である。このような富裕層と貧困層の分断が意味しているのは，異なる階級が共通して持っていた利益がなくなっているということである。このことは，伝統的な富裕層による貧困層への博愛事業にも大きな影響を及ぼすことになった。本章の冒頭で言及したインナーシティからの富裕層の逃避に見られるように，20世紀後半にもこうした傾向が引き続きみられるのである。

5）コミュニティのつながりは貧困者たちが必要としていることなのか

　世界中の最も裕福な人たちこそがコミュニティを失っており，他の世界から離脱しているといえるかもしれない。富裕層は，高度のセキュリティの整った要塞地域にある要塞マンションから，防弾装備の装着された自家用車や専用飛行機に乗り込み，そして，他の秘境の町にある5つ星ホテルへと移動している。誰もこのような富裕層の人たちに対してコミュニティが必要だとは思わない。しかし，こうした富裕層の人たちの決定することが多くの人たちの生活に影響を与える以上，富裕層が他の大多数の人たちの生活から離れていくことは重要な問題であり，前述したように，貧困者に対するコミュニティの必要性にのみ注意を向けるだけではなく，貧困層に富裕層を再び結びつけることも，排除に対する解答の一つになり得るかもしれない。我々は，社会の中で最も周縁部にいる人たちに，時代遅れで，不自然なコミュニティの概念を押しつけることに

関して，非常に慎重である必要があるのである (Hunter 2007)。

　本章の中で，多くの排除された地区においては，コミュニティの結束や結合型ソーシャル・キャピタルが依然として強力であることを論じてきた。しかしながら，強力なコミュニティのつながりが実際に排除の問題の解決策となりうるのかどうか多くの人たちが疑問に思っていることも事実である。第3章では，恵まれないコミュニティにあるいくつかの問題が，「コミュニティの結束が過剰であった結果」であるかもしれないというモイニハンによる主張に言及した。本章で示したように，弱いつながりや橋渡し型ソーシャル・キャピタルが我々の現在の生活の特徴となっていることを考えると，恵まれないコミュニティを特徴づけ，そしてそのコミュニティを社会的に不利な状況に導いているのは，これらのつながりの欠如（ペリー6 [Perri 6] が「ネットワークの貧困」と呼んでいるもの）であるのかもしれない。

　　　「多くの人々は知人を通じて仕事を得ている。仕事を見つけるための最も有望な社会的ネットワークとは，広範囲にわたる他業種の人々との「弱いつながり」をどれだけ持っているかである。家族，近隣住民，学校の旧友，身近な人々との強いつながりから構成されるネットワークしか持たない人々は，就職や転職の機会も少ない。多くの長期失業者の知人は，他の長期失業者のみなのである。」(Perri 6 1997b：6)

フォレストとカーンズは，この分析をさらに深めている。

　　　「『成功している』とされる郊外のコミュニティが，コミュニティとしての特徴や近隣感覚を備えているとは限らないけれども，そこに住んでいる人たちは豊かで多様な関係の網の目を持っている。一方，貧困な近隣地区のネットワークは，逆境の時に力を発揮するとはいえ，弱く，内向きである。これらのネットワークのある種の強さと内向き志向という特徴がマイナスの要因になるかもしれない。」(Forrest and Kearns 1999：9)

こうしたことは新しい現象とはいえない。パールが約30年前に論じたように，

取引に使用できるような緩やかなネットワークは主に中産階級に特有の現象であった。1982年のフィッシャーの研究によると，アメリカにおいては，学歴が高い人たちの方が広く散りばめられた社会的ネットワークを持っていた。他方，ウィルモットは，1986年のイギリス犯罪調査を引用し，その当時，専門家や経営者は，地域内に友人が住んでいる割合が15％のみであったのに対して，未熟練者の場合は34％であったと指摘している（Willmott 1986）。まさに社会的排除の特性は，排除されている近隣を支えている近隣活動やネットワークの多くが近隣内に限定されており，それもしばしば非常に狭い近隣の中での活動やネットワークに限定されているという点にある。このため，住民たちはほとんど新しいつながりや役割モデルを得られず，その結果として不登校のような社会的排除を強める価値や行動形態をますます身につけていくのである。ヴィンソンらがアメリカで行った児童虐待の調査（もちろん恵まれない地区に限定していない）の結論に基づくと，「虐待を行っている母親の社会的交流は，同じ価値，同じ行動パターンを共有する身近な家族に限定されているために，行動を変容することが難しく，幅広いネットワークから引き出すことができる様々な支援に欠けている」（Vinson, Baldry and Hagreaves 1996：527）とされる。

　ページは，2000年のイギリスの公営住宅地区の研究の中で，公営住宅地区の住民たちの活動は，住民たちがごく頻繁に境界線を越えて移動しているような他の近隣と比較した場合，当該住宅地区に限られている割合が高いことを明らかにしている。彼の研究（及びForrest and Kearns 1999の研究）によると，最もつながりの薄い人たちは，排除されている住宅地区内で育った白人の若者と，労働市場にほとんどもしくは全くつながりのない成人であった。反対に，最もつながりの深い住民たちは，古くからの住民であり，彼らはその住宅地区の良き日々を覚えており，他の地域における交流も続けていた。フォレストとカーンズによる研究の中では，少数エスニックの住民たちは，都市全体の広範な民族ネットワークを活用しながら，強いつながりを保っていた。彼らは，少数エスニック・コミュニティ出身の成功した起業家たちが，こうした広範なサポートメカニズムを活用できるために近隣を離れようとはしないと論じ，あらためて緩やかなつながりの重要性についての議論を支持している。

　排除されているコミュニティが弱いつながりを形成できない理由は他にもあ

る。1960年代から1980年代にかけてイギリスの多くの都市郊外に建設された公営住宅地区は，交通網が整備されておらず，設備もほとんどなかった。しばしば住宅地区の物理的な設計が複雑であるために，この問題が深刻なものとなっている。例えば，入口と出口が一方通行であり，建物内が迷路のようになっていたり，袋小路になっている。さらには，公共交通を利用し，市場に買い物に行っていたために，安価な交通機関がなくなってしまったことにより，住民たちの移動が制限され，そして強いつながりも弱いつながりのいずれも形成する力が弱くなるのである。よそ者たちがこのような都市の周辺部を訪問したり，通過する理由もなく，その存在すら忘れられてしまうのである。

3　考　察

　社会政策においては，貧困や社会的排除を社会の中の関係性の産物と捉えることが重要であり続けてきた。こうした関係性を検討する上で，コミュニティやソーシャル・キャピタルという概念は重要になるだろう。しかしながら，本章及び前章で議論したように，コミュニティなどの概念は複雑であったり，矛盾があったりするために，安易に用いることはできない。たまたま近くに暮らすことになった人たちが，共通の価値観を持ち，進んで協力して行動すると簡単に想定することはできない。特に，社会から排除されてきた人たちであればなおさらそうであろう。なぜならば，最も恵まれない近隣の住民たちは，住む場所や近隣住民を選択できないからである。彼らが社会全体から排除されるにつれて，ますます彼らの問題が根深くなり，内部での対立が多くなる。そのため，コミュニティがつながりを生むのではなく，不安の源となってしまい，その結果，集合的効力感を高めて地域を変えていくということができなくなっているのである。

　こうしたことを踏まえれば，「貧困者」に解決策としてのコミュニティを「処方」するよりも先に政策立案者が取り組まなければならない問題が多くあることが明らかだろう。第1に，ヘンダーソンとサーモンは，コミュニタリアンが，「政府や公的機関，企業の社会的責任」について取り組んでいないことを批判した上で，「コミュニタリアニズムの基本原則に従うと，社会的責任が，個人や家

族，コミュニティだけでなく，一般の人たちの生活に影響を及ぼすあらゆる機関にも適応されるべきだ」としている (Henderson and Salmon 1998 : 27-28)。研究者たちは，政策が特定の人に社会的排除の原因となるような社会的不利を集中させることを助長してきたと強調してきた。それゆえ，多くの人たちが強調するように，社会的不利の悪循環に取り組むつもりであれば，継続的な国家の介入が必要なのである（例えば，Evers 2003 ; Sampson 2007，参照）。そしてその政策を成功させるためには，少なくとも，コミュニティそれ自体の責任と同じぐらい，排除を強める構造的要因や，こうしたコミュニティに向けられるステレオタイプに基づいた地区外からのアプローチに注意を払う必要があるのである。

　第2に，政策が「貧困者」に向けて「処方」しようとするコミュニティの種類について考える必要がある。過去に想定されていたような明瞭な道徳的秩序を伴う密接なコミュニティ（もし実際にあったとしてだが）は今日ではもはや意味を持たないとする人たちがますます増えている。成功しているコミュニティの特徴は，強い結束とともに弱いつながりがあることであり，人々が部分的な共通点のある多くのコミュニティに関係を持っており，それぞれを状況に応じて使い分けることができているのである。弱いつながりと重層的なネットワークは，地域の内外において，人々に選択肢を与えている。政策を成功させるためには，地域内でこれらの弱いつながりを形成する条件を創り出し，異なるコミュニティの人たちが相互に入って行きやすい「透過性のある場所（permeable places）」に転換させる必要がある (Forrest and Kearns 1999)。コミュニティを「透過性のある場所」とするには，地域外の人たちや専門家との関係を形成するとともに，コミュニティを孤立させている物理的な構造や交通の問題にも注意を払う必要がある。

　このようなことから，結合型ソーシャル・キャピタル（強い結束）を排除されている地域の問題に対する解決方法として推進することに焦点を当てることは，それ自体重要としても，本質的には問題があるといえる。その一方で，社会全体が排除されているコミュニティを拒絶してしまうと，極めて重要である橋渡し型のソーシャル・キャピタルを構築することが難しくなってしまう。これは，排除されている近隣内の多様なコミュニティ間でも，排除されている近隣とそれ以外の近隣との間でも当てはまる。同様の議論は，アイデンティティや利害

関心に基づくコミュニティにも適用可能であり，エリアを限定した取り組みに焦点を当てすぎると，こうしたコミュニティは排除されてしまうかもしれないのである。

ギデンズは，「貝殻制度（Shell institution）」という用語を新たに提唱し，グローバリゼーションの結果として，国民国家，家族，自然，労働といった慣習が，彼らが馴染んできた意味を失っていると説明している（Giddens 2000a）。ギデンズはその一覧にコミュニティを含めてはいないが，コミュニティを含めるべきであろう。これらの2つの章で示してきたのは，「コミュニティを解決策として提示すること」は，コミュニティを様々な場所で機能させる方法，そして様々な人たちのために機能させる方法の深い理解に基づいている必要があるということである。21世紀に必要とされる新しいコミュニティの概念とは，現在の我々の生活やそうしたいと望む生活を反映したものでなければならず，オッフェとハインツェが強調しているように，グローバリゼーションにより社会的周縁に追いやられている人たちに「前資本主義的生活様式の魅力を彷彿とさせて」良しとする（Offe and Heinze 1992）ことではないのである。

訳注
(1) イギリスに17世紀後半から20世紀初頭まで存在した貧困者を収容する施設である。
(2) 欧州貧困撲滅計画とは，当時のEC（現・EU）が1975年から開始したヨーロッパの貧困対策プログラムである。1975年から1980年を第1期，1980年から1989年を第2期，1990年から1994年を第3期としている。
(3) 使用目的とその内容を地区ごとに規制する政策である。
(4) 国家の所有する公営住宅を，入居者が購入できるようにした制度であり，同時に購入価格の割引制度を行った。
(5) イギリスでは，保護者の学校選択を促すため，学校ごとの学校別教育達成度一覧表（league table）をマスコミ等に公表している。「不登校の多い学校ワースト20」「上位成績校ベスト20」など多岐にわたる指標がある。
(6) イギリスの治安判事は，治安判事裁判所において，主に刑事事件のうち軽微な犯罪を扱う。日本の簡易裁判所の位置づけに近いが，イギリスの治安判事はボランティアであることが多い。
(7) イギリスでは社会階層（social class）の意識が強く，国勢調査においても郵便番号ごとに社会階層の割合を公表している。そのため，社会階層の低い人たちが多いとされる郵便番号の地区は差別の対象となりやすい。

第7章　権力とエンパワメント

　国際連合開発計画（UN Development Programme）は，1990年代初頭に発行した人材開発報告書（Human Development Report）の中で，人々が常に「意思決定と権力（パワー）へ接近」できることを参加の定義とした（UNDP 1993: 21）。その後の10年間で，「コミュニティ・エンパワメント」という概念は，イギリスのイングランドなどで政策の中心テーマの一つとして取り上げられるようになった。しかし，コミュニティという用語に論争があるのであれば，権力とは何であり，どのように生まれ，どのように持続し，再生産するのか，というように，「権力」という用語にも論争が存在する。本章で見るように，コミュニティに権力が付与されるのであれば，他の誰かが権力を譲り渡さなければならないとする，権力を有限のもの（「ゼロサム」財）と論じることがある。他方では，権力をより流動的なものと捉え，権力を共有するために，権力の量を増やすことができるとする，「ポジティブ・サム」財とする考え方がある。いずれにせよ，エンパワメントという概念は，一見矛盾したものとして捉えることができる。AがBに権力を付与できるのであれば，AがBより確実に優位な権力を持つ地位にあることを前提としており，もう一度その権力を剥奪することができるのであろうか。それとも，Bに与えられる権力が，Aのものと比較して，どこか劣っていることをほのめかしているのであろうか。権力とは「授けられるもの」であろうか，それとも獲得しなければならないものなのであろうか。

　第3章では，40年間にわたる「コミュニティ」政策を説明している。これらの政策がコミュニティに権力を付与したかという問いには第9章で取り組んでいくが，大まかに述べると，調査結果では，恵まれないコミュニティが権力の周縁に留まっていることが示されている。このような結果について，第2章で紹介した悲観論者は，反対意見を取り込み，そして，本質的な矛盾を抱える資本主義システムに象徴的な正当性を与える必要性からパートナーシップが推進されたことが原因であると論じるであろう。社会的排除に取り組む政策は，せ

いぜい、資本主義の進行の結果生まれる被害者への「絆創膏」であり、社会全体への感染を防ごうとする応急措置にすぎないであろう。この悲観主義的な分析では、権力はゼロサム・ゲームであり、かつ既存の権力構造に有利に働いているとする。すなわち、悲観論者たちは、「構造的不平等（durable inequality）」（Tilly 1999）を創出する過程に入ると、どんなに試みても、そこから抜け出すことはできないとするのである。権力は、文化、特有のものの見方を秘めている言説、普段決して疑問視しない前提事項の中に編み込まれている。そのような筋書きのもとでのコミュニティの参加は、権力の強い人たちに取り込まれてしまう危険性があり、抵抗のみが唯一の現実的な選択肢とならざるを得ない。

　他方、楽観主義的な分析では、パワーを誰かが占有するものではなく、循環するエネルギーとして捉えているために、権力のゼロサム・ゲーム的な見解や対立概念的な捉え方を受け入れないであろう。この考え方のもとでは、権力の主要な形は、ものごとの仕組みや何が可能であるかについて常識的な想定の中に織り込まれているが、それでも権力は静的というより動的である。そのため、社会の中の「ものの見方（way of seeing）」は絶えず日々の活動や交流を通じて調整され、新しく生まれ変わっていく。このような楽観主義的な見解のもとでは、個々人が必ずしも資本主義の囚われの身ではないため、ゲームのルールの見直しを迫ることができるのである。そのような分析のもとでは、統治内の利害の多様性が強調され、そして政策立案を、分断線を巧みに利用し、連立を作り上げていくような、複雑で、相矛盾した過程として捉えるであろう。

　本章と次章では、これらの異なる見解を、より詳細に、そしてより総合的に、さらには政策過程と関連させながら見ていこう。

1　権力の理解の仕方

（1）権力の保有者

　マルクス主義、エリート優位主義、家父長主義、構造的フェミニズムといった権力に関連する理論群では、権力を社会の特定の集団もしくは勢力が保有するものとする。そして、この理論群に従えば、これらの集団に該当する資本家、特権階級、男性の権力は、富、背後にある文化、教育などを通じて、永遠にそ

の集団に備わり続けるのである。後期マルクス主義の発展は，このような史的決定論の力を弱め，変革を起こす方法の前提条件をより洗練されたものに変容させているが，この理論群の他の理論のように，本質的には権力を決定論的，ゼロサム的な見方となお関連づけていることは変わらない。そのため，これらの理論群では，パワー，よって政策は，資本主義者，エリート主義者もしくは家父長主義的な考え方に基づく概念及びその利害により，決定されるとする。

別の一連の理論に基づくと，やはり蓄えられる権力は有限であるとするものの，マルクス主義の階級支配，エリート理論の階統的支配，家父長主義的構造的フェミニズムには異を唱えている。むしろ，多元主義者の議論に基づけば，予め定められた支配集団はないとする。彼らの主張によると，権力は少数の者ではなく，多数の者の中で拡散する可能性があるものであること，そして既存の構造に本来的に備わっているものではなく，競合的に取り引きされるものとする (Clegg 1989:9)。つまり，前者の決定論に基づく理論群では，権力保有者であるかどうかは，どのような人であるのか（名声）により決定され，後者の多元主義者によるアプローチでは，権力は意思決定過程の成果（業績）の視点から決定する。多元主義者が述べるエリートは，モスカのような初期のエリート理論が主張するもの (Mosca 1939) とは異なり，分散し，細分化され，相互に調整されることがない。そのため，多元主義理論では，エリートが常に同一人物であるとは限らない。多元主義者は，ポップル (Popple 1995:40-41) を引用しながら，「合理的な議論，集合的価値や道徳上の信条の醸成を通じて，変革を起こすことができる」と分析している。それゆえ，多元主義では，権力はなお多様な利害関係者が競い合う有限の財として捉える一方で，より広い範囲に配分される可能性がある。すなわち，多元主義者による分析に基づくと，ある領域で権力を持つ人たちが，必ずしも他の領域で権力を持っているわけではないのである。そのため，すべての集団がいくつかの局面で意見を求められる機会があると考えられるのである。

（2）権力はどのように発動されるのか

マリスは，権力を「命令する力 (power to command)」と定義している (Marris 1996:87)。ピヴェンとクロワードは，グラムシと同じように，権力は支配力に

よって，また富によっても支えられるものと以下のように論じている。

> 「常識と過去の経験から，あらゆる社会の権力の起源について，単純ではあるが，説得力のある見方が出てくる。粗雑な言い方かもしれないが，はっきり述べると，肉体的な抑圧の手段を統制する人たち，そして，富の産出の手段を統制する人たちは，それらを持たない人たちを支配している。」
> （Piven and Cloward 1977：1）

　ピヴェンとクロワードは，情報とその伝達方法を統制する力を加えてもよかったかもしれない。

　多元主義者は，利害関係の競合がこれらの支配的な権力の形態に挑むとするが，その見解に対しては，すべての人が対等に競争する能力があることを前提にできるとは考えることはできないという批判もある。多元主義理論に批判的な人たちは，多元主義者が，社会の権力の配分が不平等であること，もしくは，多数派の勢力がアイデアの創造・維持という役割を担っていることを見落としている，と主張する。すなわち，社会の権力配分には，巧妙な細工が施されていると考えているのである。

　グラムシは，権力がどのように持続し，再生産されるのかという点を理解するためにヘゲモニーという概念を開発している。ヘゲモニーとは，明示的権力の行使よりも緻密なものであり，「支配階級が，知的，道徳的，哲学的リーダーシップを発揮し，社会全体に対する基本的な展望を示すという目標にうまく到達する時」に発生するものである（Bocock 1986：63；Clegg 1989）。このようなイデオロギー的及び文化的統制が現状を維持し，そして，既存の階級や権力関係の正当化に寄与しているのである（Butcher 2007b：24）。

　これらの考え方は，多くの方法により発展している。1962年にバックラックとバラーツ（Bachrach and Baratz）が論じているように，権力には，ある集団による他の集団への支配だけではなく，政策上のアジェンダからの排除という側面を捉えることからも説明できる。彼らはこの状況を「偏向の動員（the mobilisation of bias）」と呼んでいる。1974年に，ルークス（Lukes）は，この議論を，権力の3つの側面へ拡大させ，整理している。

1．第1の側面として，二者以上の対立状況の混乱を公然と解決することであり，AがBに対する権力を持っているとすること（命令する力）。
2．第2の側面として，Aがアジェンダを提示する権限を持ち，議題からBの問題を排除すること（権力保有者は「門番［gatekeeper］」や「濾過装置［filter］」として作用する）。
3．第3の側面として，BがAの権力の概念を内面化すること。すなわち，権力保有者は，他の人たちが自分たちのできること・できないことを考える方法を型にはめてしまう。何ら疑問を持たないまま，もしくは，認識さえしないままに，権力の構造を受け入れ，内面化するのである。

　第3の側面は，ヘゲモニーの概念を繰り返しているものであるが，社会的神話，言語，象徴，そしてそれらが権力の過程と情報伝達の双方の中で巧妙に操られる方法を詳しく調べることで，突き止めることができるものである（Gaventa 1980）。

　ヒーレイの見解に従うと，この一連の概念は，「権力関係は，物質的資源の配分だけではなく，細部にまでわたり社会に散りばめられ，当然視されている前提事項や慣例を通じて，抑圧と支配を実行する力を持つ」（Healey 2006：29）ことを表している。彼女は，現状把握，計画策定，マネジメントに関して，合理的科学アプローチが優位であることを例として引用している。その合理的科学アプローチでは，政策分析と計画策定に長期的な目標を盛り込むようになっており，近年では，新公共経営管理や根拠に基づく実践（evidence-based practice）が行われるようになっている（第8章, 参照）。ティリーは，もう一つの事例として，西洋の自由主義思想に基づく個人主義的な権力を挙げている（Tilly 1999：36）。彼は，「少なくとも西洋諸国の人たちの中では，自分の立ち位置が明確であり，自分でやる気を高めているような能動的な人たちは，自分たちが努力することにより，状況を大きく変えることができるのだ，という話を伝えることを人生の早い段階で教わる」と論じる。

　ルークスの理論は一定の新たな進展はあったものの，権力を有限なものと想定する「ゼロサム」的な分析を行っているように，なおも支配としての権力に焦点を当てている。彼はその後，支配としての権力では，他者を支配する権力

表7-1 権力に対するアプローチ

ホッブズ主義(リバイアサン)	マキアヴェリ主義
状況に関する大きな物語	交渉可能なゲームのルール
意図的	偶発的
権力は所有するもの	権力は流れるもの
ゼロサム	ポジティブ・サム
「統制すること」	「力を与えること」
権力とは何か	権力は何を行うのか
モダン,合理的,科学的	ポストモダン,個別多様的

出所:Clegg (1989).

が生産的かつ権威的であり,そして地位の高さと一体的になりうるという,複合的な側面を軽視していたことを認めるようになっている(Lukes 2005:109)。クレッグ(Clegg 1989)は,これらの「ゼロサム」的なアプローチと,権力を,個々人やエリート集団の所有物ではなく,システム内を流れるものとして捉える,より「ポジティブ・サム」的な分析を比較している。さらに,クレッグは,他の研究者たちとともに,「統制すること(power over)」(ある集団や個々人が他者を統制する権力,もしくは他者の決定に服従すること)と,「力を与えること(power to)」(人々の活動能力を解放すること)とを比較している。彼は,前者の「統制すること」の考え方をホッブズのリバイアサンに関連づけ,後者の「力を与えること」の考え方をマキアヴェリに関連づけ,表7-1のように両者の相違点をまとめている。

　ミシェル・フーコー(Michel Foucault)は,これらの概念をさらに発展させている。彼は,構造主義者が抱くような考え方や,マルクス主義者の分析のような実在の利害が生産関係により決まるという考え方を捨て去っている。それらの構造主義者やマルクス主義者に代わるフーコーの権力とは,人々が,権力保有者の思惑通りとなるような関心事を自分の関心事として抱くように説き伏せる,もしくは「新しく自分たちの利害関心に合う人たちを集める(recruited)」といった一群の技術及び規律的実践として捉えるものである。この分析では,支配の権力形態がなお社会に深く根づいているものであり,「規律(disciplines)」と「監視(surveillance)」(フーコー),「思考世界(thoughtworlds)」(ハーバーマス:Habermas),「文化及び象徴資本(cultural and symbolic capital)」(ブルデュー:Bourdieu),「力の回路(circuits of power)」(クレッグ)を通じて,永続的に再生産

されているとする。これらの過程を断ち切ることは容易なことではない。というのも，権力は，他者を支配する一部の人たちに特権を与えているだけではなく，ある特定の知識を正当化させたり，特定の議論の方法や特別な組織形成の形態，一部の認識方法に特権を与えたりするものでもあるためである（Healey 2006：60）。ストーンは，このような過程の中で生み出される言説は，「あたかも事実を単純に記述している」ように見せようと試みているのだと論じる（Stone, C. 1989：22）。

　フーコーは，権力をすべての社会関係の中に現れているものとして捉えている。一群の概念が，社会的に影響力のある言説や「まなざし（gazes）」として固定され，働くようになるように，知識と権力には大きな関連がある。支配的な「まなざし」は規律を守らせることから見られ始め，そして，権力は，専門的知識を含めた特別な形態の知識を支配することにより，発動する。医学的な「まなざし」はよく取り上げられる事例であり，その一つの事例として，過去20年間にわたる障害者の戦いがある。さらに，フーコーは，「合理性…（中略）…とは，政治システムが科学的であり，そして，それゆえ正確な根拠を持っているという確信を強めさせることにより，政治システムと権力構造を正当化させるガバナンスの道具である」（Servian 1996：12）と論じる。ドレイファスとラビノウは，この合理性が議論を脱政治化させる点を説明している（Dreyfus and Rabinow 1982：16）。すなわち，「本来は政治上の問題であるものを取り上げ，その政治的言説の領域からその問題を外し，中立的な科学の領域に持ち込むことにより，政治的テクノロジーが進められていくのである」。この命題は本書の様々なところで取り上げていく。

　フーコーは，権力が対象となる問題は外部から影響を与えられるのではなく，内部から動き出すという，権力の「毛細血管的」な特徴を強調している。この分析には，「権力の発動には，自発的な国民の服従が必要である」という彼の持論が中心にある。そのため，権力の成熟に伴い，外部からの監視が自己による監視に置き換わっていくために，実際には権力を発動させることが不要となるのである。ルークスは次のように説明している。

　　「フーコーに触発された一連の研究では，自発的な服従を固定化する形

態を探究し始めている。というのも、人間は、しばしば自分自身が監視者として働きながら、幅広い形態の規範的な統制の中に組み込まれている。他方で、自分たち自身の権力が解放されており、自分たち自身で選択を行い、自分たちの利益を求め、合理的に議論を評価し、そして自分たち独自の結論を導き出そうとしていると信じ込んでいるのである。」(Lukes 2005：106)

ブルデューは、「ハビトゥス (habitus)」という概念を用いながら、権力の働き方の研究を発展させている。クロスリーは、ブルデューの概念の中心となる要素を次のようにまとめている (Crossley 2003：44)。

「ブルデューにとっての実践 (practice) とは、…(中略)…行為者のハビトゥスと資本が…(中略)…形作る行為と交流の遂行である。一般的な「ゲーム」もしくは「市場」(界)における参加の共有が形作るコンテキストやダイナミズムと同様である。ハビトゥスは、活動の当事者が考え行動する方法を規制する一連の対応と定義されうる。それは明確な表現、批判的考察、意識的な操作に抵抗する方法で、意識下で作動する。」(Lukes 2005：140)

行為者の活動は、一連の市場もしくは、経済市場と同じような方法で運営される社会的、政治的、文化的な「界」の中で行われる。各界には、独自の支配的な制度、活動の論理、生産手段、それぞれ固有の規則により定められる利益及び損失の計算方法がある (Taylor, Howard and Lever 2010：149)。これらの界の中では、行為者が多様で多量の経済的、社会(関係)的、そして文化資本、そして彼らの背景にもよるが、教育、財産やその他の属性に関する資本を持ち込むことから、資源や地位(権力)をめぐる争いが起こるのである。ブルデューは、ハビトゥスは界との関連の中でのみ認識されるものであり、そして同様のハビトゥスが、界の状況に応じて、かなり異なった実践や様相を導き出すことがあると論じる (Bourdieu 1990：116)。さらにブルデューは、第四の資本の形態である象徴資本を加えている。象徴資本は、その界の中ですでに権力を持っている行為者や機関により神聖化されているものであり、そして既定の界への参加に

関わる条件に影響を与えることがあるものである。

　そのため，ハビトゥスは，支配構造と権力行使が結晶化する点を表している（Peillon 1998）。界の行為者たちが，状況が進むにつれ，意味のある応答を行うのは，ハビトゥスを身に付けてからである。ハビトゥスは，界の構造とその内部での実践とを媒介している概念であることから，支配関係を，権力，そしてその界の中で不足している資源の入手へ転換するのである。ブルデュー（Bourdieu 1986）が論証しているように，一部の集団が，美意識的にも，政治的にも，ライフスタイル的にも異なることを理由として，自分たち独自のハビトゥスを他者のものよりも優れていると象徴的に定義づけるのは，このためである（Taylor, Howard and Lever 2010 : 149）。

　フーコーとブルデュー両者共に，言説と類別の重要性を強調している。ブルデュー（Bourdieu 1990 : 54-55）は，「広い範囲において言葉が現状を形成していることや，言葉が変化し，そしてより一般的にその言葉が表明された時には，すでに状況が変化しているという事実から言葉の重要性（時には言葉の荒々しさ）がわかるように，社会的世界は，言葉に関する闘争の場である」と論じている。ブルデューは，物事に名を付けると，それらが実際にそうなると論じる。そのため，ニコラス・ローズが説明するように，「コミュニティ」という界においては，「コミュニティという言説」が「抵抗という言葉」を乗っ取ってしまい，「コミュニティが専門家の用語や職業に置き換えられてしまっている」（Rose 1999 : 175）。そのために，コミュニティが，「調査，図式化，類型化，文章化，そして解釈される領域」になってしまうのである。同様に，フェアバンクスは，コミュニティが「第三のガバナンス空間」を意味するものとして用いられたり，また「公的に提供されるサービスを再編成するための設計図」として用いられたりしていると述べている（Fairbanks 2007 : 114）。より一般的には，ラパポートが強調するように，特定の階層の人たちをステレオタイプ化し，従属化させるような支配的な文化的な話を伝えていく際には，マスメディアなどの機関が重要である（Rappaport 1998 : 231）。ラパポートやそれ以外の人たちも，個人の人物像を人種により判断したり（Rappaport 1998 ; Lawrence 2007），反社会的行動と結びつけたり，若者を悪魔のような存在と決めつけたりすること（Barns, Newman and Sullivan 2007 : 34, 39）により，これらの物語が永続的に続いていく点を

> ### 7-1　システムはどのように制度化されるのか
>
> 　ディマジオとパウエルは，組織の実践が枠にはまるようになってしまう方法を説明するために「制度的同型化」という用語を提唱している。彼らは，同型化の3つの形態を指摘している。
> - 強制的同型化…組織が，特定の方法による行動を強要される時に発生する（例，資金供給者や法的要件）。
> - 模倣的同型化…組織が，他組織の活動方法の成功事例を模倣する時に発生する。
> - 規範的同型化…組織が，ある組織形成の方法が「規範的」である，もしくは，特定の基準が専門家によって確立されていると決め込んでしまう時に発生する。
>
> 出所：DiMaggio and Powell (1983).

説明している。

　制度論の論者たちは，支配的な権力の形態が永続化されていく点をより深く検討している。すなわち，人間の行動や相互作用のあり方が，行動を制限する規則や，適切な振る舞いへの期待を定める規範を作り出す点を説明しようとしているのである (Barns, Newman and Sullivan 2007：59)。その議論によると，一度そのような制度や規則が確立すると，基盤となる制度や規則が個々のアクターとは無関係に作用するのである。そして，そのような制度や規則は，文化や役割システム，活動や目的のルーチン化により持続され，新しいアクターに考え方や活動が伝わっていく。すなわち，「アクターは，新しい状況に直面した時，既存の規則や適切な行動論理に基づき，その状況を理解し，応答しようと，既存の資源を引き出す」のである (Barnes, Newman and Sullivan 2007：61)。社会関係に関する好ましい制度形態やシステムは，制度的同型化 (institutional isomorphism) (DiMaggio and Powell 1983) もしくは「模倣形態 (emulation)」(Tilly 1999) を通じて，その他の場へ広まっていく。(「7-1　システムはどのように制度化されるのか」参照)。この概念は，ブルデューのハビトゥスと界の概念と明らかに類似するものである。

2　エンパワメントの可能性

　前節では，社会の中で，支配的な勢力に有利に働く権力の形態について述べている。しかし，フーコーなどの論者は，支配的な勢力が事実上巧妙な方法で既存の権力関係を持続させている点を捉えながらも，彼らの分析においては，エンパワメントについての一定範囲の可能性も開いている。フーコーが論じるように，権力には，抵抗という概念を含んでいる。さらには，権力が言語や概念の中に深く組み込まれているのであれば，権力の再形成もありうる。権力が流れていくことにより，意味や意義を作り上げていく新たな回路が生まれるのである。実際に，クレッグは次のように論じている。

　　「この権力の見方は，しばしば想像されるほどの，大規模で，圧政的で，禁制的な装置ではない。確かに，権力によりそのような結果が生まれることがあるが，『支配イデオロギー的』，『ヘゲモニー的』，『第三次元的』な権力の見解で示されるほど単純なものではない。権力は二面もしくは三層があるものとして捉えるのではなく，力と抵抗の個々の回路を渡っていくプロセスとして捉える方がより良いのである。」(Clegg 1989 : 17-18)

　ギデンズとハーバーマス両者共に，権力関係と「ものの見方」を再構築する可能性を強調している。例えば，ギデンズは，構造や意味を作り出し，維持していく中での能動的な行為主体者の役割，そして，再帰性を通じた「構造を転換させる力 (transformative power)」の可能性を強調している (Giddens 1990)。ヒーレイは，この概念を深めながら，次のように論じている。

　　「我々は，構造的な力により形成されるとともに，構造的な力を生み出している。そのように，我々は『権力を持っている』のであり，構造的に抑圧されていることに十分気づくことができれば，規則を変え，資源の流れを変え，そして，最も重要なこととして，現状に関する考え方を変えることにより，変革を起こすよう活動することができるのである。」(Healey

2006：49)

　ヒーレイは，権力保有者による事実の歪曲に立ち向かうための集合的対話の可能性を強調するハーバーマスの「コミュニケーション的行為」(Habermas 1984) の概念も検討している。コミュニケーション的行為は，交渉集団や利害集団から，民主主義時代における優位な勢力としての，対等な市民による共通の理性への変化を表している (Cohen and Fung 2004 ; Gaventa 2006)。そのため，ヒーレイは，我々の思考がなお文化的に縛られていることを認めながらも，そのような対話の中に学習，開発，構造転換を起こす行動の可能性があると論じている (Healey 2006：53)。彼女は，イネスら (Innes et al. 1994) の研究を用いながら，これらの構造転換を起こす可能性とソーシャル・キャピタルに関する概念とをつなぎ合わせている。彼女は，社会変革の原動力は，ネットワークから，またそれを通した新たな意味形成のシステムや活動方法と価値づけの方法を学習，伝達，時には形状を変化させることにより，集めることができる，と論じる。その他の論者は，連帯を通じて獲得される権力や，協働の過程を通じて高まる権力を説明しようと，「つながる力 (power with)」や「まとまった力 (integrated power)」という用語を新しく提唱している (Butcher et al. 2007：26)。

　本書は権力マップ上の様々な場所から作業を始めている。クレッグは，いくつかのコマは他のコマよりも多く動き，いくつかのコマは他のコマよりも良い位置にいるというチェスとの類似性を説明している (Clegg 1989)（彼はこれを「特権的な経路 [privileged pathway]」と呼んでいる）。しかし，クレッグやその他の論者たちは，支配としての権力という観点からのみフーコーの分析を捉えている論者には批判的である。例えば，ローズは，「私たちの現在の状況は，厳格な管理の論理から生まれるとともに，折々の〔訳者加筆：管理の論理への〕「徹底的な」批判からも生まれる」と論じる (Rose 1999：278)。同様に，バーネス，ニューマン，サリバン (Barnes, Newman and Sullivan 2007) は，「〔訳者加筆：政府による権力の〕専有 (capture)」の概念はそれほどはっきりしたものではなく，言説の力を強調しすぎるきらいがある，と主張する。彼らの調査では，市民は，自分たちに対して示されるアイデンティティへの順応を拒否し，公式な規則や規範と戦う能力があるとしている。実際，フーコーは，彼自身の初期の見解から距離を

置きながら，言説が権力の道具や結果となることがあるが，他方で妨害物，すなわち，「障害物，抵抗の場，抵抗戦略の出発点」(Foucault 1991:101) となると論じている。彼は，自身の考え方を統治と政治に援用しながら，「政治が示す全体化の形態は常に…（中略）…極めて限定的であること」を理解した上で，「問題化（既知の事実を問題化すること）」という考え方を促している (Foucault 1984: 389)。このようにして，モリソンによると (Morison 2000:119,120)，フーコーの後期の研究では，権力が刻み込まれているとする「従順な身体 (docile body)」という概念を，国家の外側で自発的に活動するアクターが，政府の活動に協力するだけでなく，権力を明確な形に作り上げたり，権力に影響を与えていくことができるような「能動的主体 (active subject)」となることができる潜在力に置き換えているのである。

　ブルデューの分析においても主体的行為を認めているが，それは極めて危機的な状況下，すなわち広く受け入れられている世界の見方が一時的に停止し，より重要性の高い現場での実践形態や新たな合理的見解に身を委ねざるを得ない時にのみ認められるとされる。しかしながら，クロスリーは，このようなブルデューの考え方は「様々な点で自分たちを不利にしている社会構造に影響を与え，批判し，抵抗を示すだけの社会的な行為者の能力」を過少評価している (Crossley 2003:49)，とする。クロスリーは，対立の政治の歴史とその歴史が生み出す文化資本が，エリートを問題視し，批判する忍耐強い性向や，この批判を行動に移すだけの政治的ノウハウ，そして参加に特段の意義や価値を示す気風（エートス）を含む「ラディカル・ハビトゥス (radical habitus)」をどのように生み出したのかを説明している。その中で，クロスリーは，ハビトゥス，文化資本，界，そしてその後者の界に含めるサポートネットワーク，社会イベント，そして歴史を通じて繰り返し新しい文化を再生産しながら，知識，参画，再帰性を伝達する教育エージェント (pedagogic agents) の相互作用を強調しているのである。

　ポストモダン的な権力へのアプローチでは，権力は極めて個別多様化しているために，社会的な調整や統制の形態を保つだけの一般原則や，一般的に理解されているところの「思考世界」はもはやないであろう，と論じられていることから，ヘゲモニー的な分析を完全に破棄されることが期待されることがある。

現代において，人々は，アイデンティティを「寄せ集める」ことができ，そして，いくつかの定義から出たり入ったりしている（Jacob 2002）。しかし，この分析では，中心部に集中している権力を崩させるように見えるが，同時に権力保有者の利害や活動を隠すことにもなるのである。

これまで検討したように，明らかに，これらの多様な権力の概念は，エンパワメントに対して多様な示唆がある。構造主義者の説明には，権力保有者を引きずり下ろすことができるような対抗戦略が含まれている。多元主義には，排除されている集団が競い合う手助けを行う戦略が含まれている。構造転換主義及びポストモダンの説明には，政策過程の緻密な理解と，政策過程の中で見られる機会の窓が含まれている。これらの概念がどのように活用されるかという問いは，第10章で検討していく。

3　エンパワメントへの道筋

（1）個人的な事象の政治化

本章ではここまで権力の構造的分析に焦点を当て，集合的権力をどのように定義し，配分するのかを見てきた。これらの分析では，個々人は，過程の中で絶対的に重要な要素ではなく，巧妙に操られる要素となる（Servian 1996：1）。しかし，1960年代と1970年代のフェミニスト運動では，構造的分析を認知しつつも，それにとらわれず，エンパワメントの複次元的な視点を取り入れながら，「個人的な事象」を「政治的な事象」に戻したことは周知のことである。それゆえ，排除されているコミュニティの人たちをエンパワメントする方法を理解するためには，支配の構造だけではなく，個々人の主体的行為（agency）の行動の中で促している，もしくは，立ちはだかっている要因を調べることも必要である。個々人がこれらの過程への参加を決定する要因は何か，また，個々人はこれらの過程をどのように用いるのであろうか。

第6章では，個々人がコミュニタリアンの求めるだけの義務の遂行に奮闘することは期待できないことを述べている。すなわち，人々の政治的な力を高める前に，生存できるだけの物質的資源や社会に参加できるだけの精神力を高める資源を入手する必要がある。セリグマンは，行動主義者による犬を使った実

験を引き合いに出しながら,何度も期待に反し続けると「あきらめる」傾向があることを明らかにしている (Seligman 1975)。マリスは,この見解をさらに深めながら,社会の中でより強い権力保有者たちが,中央政府から地方政府へ,雇用主から労働者へ,富裕層から貧困層へといったように,最も社会的周縁部にいる人たちに順応という負担を徐々に転嫁させるという一連の動きを繰り返す中で,弱者に不確実性の負担を強いていることを証明している。彼は,この状況下にいる人たちは,心理的に引きこもることにより自分自身を防御するほかない,と論じる。「彼らが,自分たちの仕事,もしくはその仕事の継続性の確保に対するコントロール権がないのであれば,自分たちの仕事にいかなる個人的な意味も注ぎ込まれないことから,精神的なダメージを受けにくくなるであろう」(Marris 1996 : 103-104)。

第6章では,この不確実性に対する防御がいかに自滅的であるかを説明している。ドゥノコンビは,「無関心 (apathy)」が新たな抵抗の形態であると述べている (Duncombe 2007)。彼は,この「無関心」を説明する際に,マリスの見解を強調している。すなわち,排除されている人たちにとって,抵抗は,「他の社会から非難を受けるような一種の無責任」な形態となることがある。しかし,抵抗が彼らに唯一残されている自己主張であることからすると,抵抗と自尊心との関連性は高いといえる」(Marris 1996 : 107)。マリスは,自分の失敗に関心を示さず,もしくはその失敗を強調し,それゆえ自分の失敗を固定化するある小学生の事例を引用している。なぜなら,その小学生にとって成功しようと挑み続けることはストレスが強すぎるからである。マリスが論じるように,犠牲者たちは,そのような状況を受け入れることを日常のことや想定内のこととする方法で自分たちの状況を捉えるが,そのことがかえって彼らの排除を強めているのである (Marris 1996 : 108)。

第6章では,恵まれない近隣地域やコミュニティの中での参加を妨げているものを明らかにしているバンデューラの自己効力感の概念も取り上げた (Bandura 1994)。その分析を振り返ると,彼の自己効力感の源泉には,個々人が権力を実感できる方法が含まれている。第1の要因は達成体験である。ただし,彼が強調するように,「簡単な成功」ではいけない。忍耐強く壁を乗り越え,成功することが必要である。第2に,本人と同一視できるほど共通点の多い人たち

の成功例の役割モデルの存在である〔訳者加筆：第6章では「代理的体験」として説明されている〕。第3に社会的説得であり，激励や肯定的なフィードバックだけでなく，重要なこととして，成功する可能性の高い状況に置くことも含まれる。最後に，生理的情緒的要因が挙げられる。ただし，生理的情緒的要因の影響力は，どのように解釈されるのかにより異なってくるであろう。この意味では，自己効力感の源泉は，累積的かつ相互依存的なものである可能性が高い。また，ライフ・サイクルや置かれている状況下でも異なる。類似の概念としては，「内的な力（power from within）」がある。この概念は，個人の自信を説明するために用いられ，しばしば文化，宗教もしくはその他のアイデンティティの側面と関連づけられ，正当化されているように見える思想や行動に影響を与えるものである。ブッチャーが指摘するように，この種の権力はポジティブ・サム的であり，他の誰かを犠牲にして，権力を獲得する必要がない（Butcher et al. 2007）。

　ウォーレンは，「エンパワメントの旅」という観点から，個人的な事象と政治的な事象の関係性を分析している（Warren 1996）。彼は，人々が個人としての力を高めない限り，政治的にエンパワメントされることはないと論じている。ウォーレンの研究を見ると，エンパワメントの旅は，4段階に分類することができる。すなわち，①関わり合いと個別支援，②ピアグループ（当事者団体）からの支援／ケアとピアグループ内の批判的内省，③行動の開始，そして④参加を通じたシティズンシップである。彼は，ソーシャル・ワーカーとコミュニティ・ワーカーという異なる職種のそれぞれのグループワークのアジェンダを比較している。前者は，グループを表出的機能のあるものとして理解しており，主に構成員の情緒的支援と，個々の構成員の育成と支援のためのグループの能力を重視している。後者は，グループを道具的なものとして理解しており，そのグループの主な関心事はグループそれ自体の外側にあり，これらの外部の目標を達成しようとしている限りにおいては育成と支援という要素のみが重要となってくる。彼は，前半段階でのケアとカウンセリングの視点という個別支援と，段階後半での集合的及び政治的な視点という社会的支援とが組み合わさったものをエンパワメントの旅として捉えている。

（2）市場主義か民主主義か

新自由主義者による福祉へのアプローチは，ハーシュマンが呼ぶところの「離脱（exit）」する力を人々に付与することにより，消費者としての力を高めることを想定している（Hirschman 1970）。すなわち，消費者は，受け取る商品やサービスが気に入らないのであれば，他の提供者へ「離脱」するのである。この離脱は，市場を統制するものとして機能する。なぜなら，サービス提供者は，消費者から商品やサービスを選択されなければ，倒産するからである。

表7-2　発言のための議論

個別的	集合的
忠　誠	公　平
利　用	全体的な選択
継続性	公共善
機密性	インフラ
複雑性	
危　機	
非統制	

出所：Taylor et al. (1992).

ハーシュマンが離脱，発言（voice），忠誠（loyalty）と区分したことは周知の通りである。この区分では，すべてのサービスや商品が「離脱」という選択肢に従うわけではない点が認知されている。消費者が商品やサービスを気に入らないが，離脱を望まない（もしくは，できない）時には，それに代わって，「発言」を行使することができるのである（表7-2参照）。この発言の行使は，他の商品やサービスに変更しなければならないというわけではなくむしろ，既存のサービスや状況を変えられることを意味している。あるいは，現在の状況を維持することの方が賢明だと計算し，ハーシュマンの第三の選択肢である「忠誠」を選択することができる。

一方で，離脱の選択肢に関しては，消費者と提供者間の関係を単純化しすぎているとの批判が多くの論者から寄せられている。「離脱」は，市場の単純な製品に対しては何ら問題がないかもしれないが，製品やサービスがより複雑になればなるほど，さらには，市場での消費者の離脱する力がニーズや購買力により制約を伴う場合には，さらに複雑な状況となってしまうのである。社会的ケア（social care）のような商品に対してこの分析を用いてみると，離脱が全く容易ではない状況が多いことがわかる。

第1に，多くの排除されている人たちや公共の福祉サービスの利用者のように，費用負担のできない利用者がいる。公共サービスの領域では，より良いサービスを購入する余裕のない消費者は，しばしば自分の手に入るものを使わなければならず，他の選択肢は示されない。第2に，社会福祉は，継続性を必要

とする商品である。利用者は，新しくやって来る専門家たちに，何回自分たちの話をすればよいのか。また，どれだけの専門家を自分の生活に関わらせればよいのか。この継続性に関連して〔訳者加筆：第3に〕，もちろん機密性の問題がある。

　第4に，多くの公共サービスは複雑である。すなわち，提供者を変えることによりある要素が良くなるかもしれないが，元の提供者によるサービスの方がより良かった要素を失うかもしれないのである。このことを，社会的ケアの領域を例に挙げて考えてみると，新しい施設に移ると，宗教上特別な食事を必要としている人たちのために，食事の選択肢の幅が広がったり，エスニックに関わる好みに多くの注意を払ってもらえるかもしれないが，活動の機会が少なかったり，部屋が狭いかもしれない。このようなことから，離脱という手段が行動を規制するには不十分であることがわかる。また，利用者は，商品のある側面が自身のニーズに合っている場合，不満があったり，気持ちをくじかれるような行為にも我慢していることがある。一例を挙げると，在宅介護において，時間の融通がきかないかもしれないが，サービスの選択肢が多かったり，介護者を単に好ましく思っているような場合である。

　第5の複雑な要因は，多くの利用者が危機的状況の中でケアや福祉の選択を行う必要があることである。このため，利用者は，範囲の広いサービスを利用するだけの，もしくは市場が求める合理的選択を行うだけの情報収集が必要であるが，その能力が制約されるのである。最後に，社会の中で最も排除されている人たちの一部は，離脱についてのコントロール権がない。例えば，多くの精神保健サービスの利用者は，強制処遇措置の下にいる。加えて，多くの福祉の選択を行っているのは，ケアマネジャー，地区担当医（general medical practitioner），住宅管理人などの専門家といった代理人である。福祉サービスの受給者は，そのような代理人の薦めに基づいて選択するか，もしくは，資金の割当てに応じて，サービス計画策定者が選択するかもしれない。

　表7-2で示したように，市場こそが，選ぶべき選択肢を組み立てていることがわかる。この点は，次の2点から見てとれる。第1に，マーケティング業界の急成長が示しているように，市場は情報を操作し，個人の行う選択肢を作り上げることが可能である。第2に，ほとんど何も持たずに市場に入る人たちは，

ほとんど何も持たずに市場から出ていく可能性が高い。第6章で説明したように，富裕層の消費者は，常に選択を行使できる一方で，貧困層を市場の周縁部に追いやっている。この点については，前章で論じたように，多くの人たちが犯罪多発地区や生活の利便性の悪い地区からの離脱を選ぶため，選択肢のない人たちをますますその地区に集中させる結果を生んでいる。富裕層の持つ住居の選択肢や子どもの学校の選択肢は，貧困層の手の届かない所にある。実際のところ，このような状況は，まさに富裕層が意図するところである。生活のある側面での選択肢は，根本的に不公平である。

しかしながら，個々人の選択を総計すると，全体の利害に反することもある。イギリスでは，住宅所有権が高騰しすぎており，現在最も人気の高い地域の住宅価格がかなり高くなっているために，教師，看護師，ソーシャル・ワーカー，ケアワーカー，その他の公共サービスの従事者を確保することがますます困難となっている。彼らはそこに住むだけの経済的余裕がないのである。また，多くのイギリスの村から地域の店舗や学校がなくなっている。それらの村の住民たちは，多くの商品を購入するために，時間をかけて他の地域に自家用車で出かけていく。そのため，自家用車を持たない人たちが買い物をできる近隣の店舗がなくなっている。公共交通機関も同様の理由により利用できない。すなわち，多くの人たちが自家用車を持っているため，公共交通機関も経営が立ちゆかなくなっているのである。それにより自家用車を持たない人たちが途方に暮れている。村が別荘で埋め尽くされ，地元の人たちが農村住宅の費用を負担できず，学校も立ちゆかなくなっている。都市部でも同様の傾向が見られる。レジャー施設や店舗の郊外移転が進んでいるために，交通手段を持たないままに都市の中心部で生活している人たちの選択肢がますます制約されているのである。

これらの理由により，「発言」を行使することが必要となる。公共サービスにおいて，産業界から借り受けた「消費者憲章」や「質保証」という概念を強調するようになっていることにより，離脱アプローチの限界が認められつつある。多くの国々において，公共サービスの計画策定・実施，コ・プロダクションにサービス利用者が参加している。しかしながら，「発言」は，離脱と同じくその行使に制約がかかることがある。力の強い利益集団は，なお力の弱い人たちを

犠牲にして利益を得る可能性がある。また,「発言」は,代表制民主主義と参加型民主主義のどちらにより行われるのか,情報とアドボカシーによるバックアップがあるのか（市場の選択がそうであるはずであるように）,個々人はどのような権利を有するのか,といったことを検討していくと,多くの異なったことを意味するようになる。そのため,サービス提供者が利用者の選択に耳を傾けるのではなく,自分たちの選択を正当化しようとすることから「発言」を不正に操作することもある。

個々の消費者のエンパワメントに対する離脱と発言のアプローチは,集団のアイデンティティにも,地域にも適用できる。例えば,第6章で言及したタジフェルの社会的アイデンティティに関する調査の中で論じているように（Tajfel 1981）,地位の低い集団にいる人たちにとって,所属集団から離脱し,より社会的評価の高い集団へ移動することは,実現可能な選択肢ではない。しかし,彼が続けて指摘するように,人々は,自分たちの運命を良い方向に変化させたり,少なくとも特定の集団のメンバーシップをより良いものと見られるようにするために,他者との団結を決意することがある。彼は,地位の低い集団の価値を高める3つの方法を説明している。すなわち,自己の集団の信念や属性の解釈を変えること,当初は受け入れられなかった要素を受け入れられるようになること（順応）,現状下で望まれている変革を起こすためにソーシャル・アクションに参加することである（Tajfel 1981：24）。

ローリー,デ・ホーフとライオンズ（Lowery, de Hoog, and Lyons 1992）は,地理的コミュニティにハーシュマンのモデルを応用している。すなわち,住民は,居住地区が気に入らないのであれば,その他の地区へ「離脱」するか,当該住居地区を住みやすくするために発言を行うことができるとしている。また,住民は,忠誠を選択し,「良い」要素が「悪い」要素を上回るのであれば,住み続けることを選ぶこともある。また,ローリー,デ・ホーフ,ライオンズは,第四の側面である,地域と交流しないことを意味する「参加の拒否（neglect）」を追加している（ハーシュマンモデルの議論にはしばしば抜けている側面である）。マレー・ステュワート（Murray Stewart）と筆者は,過去の文献の中で,この「参加の拒否」という視点を「関係の遮断（alienation）」と呼んだ。

コミュニティにいる人たちは,これらの多様な戦略を集合的にも個別的にも

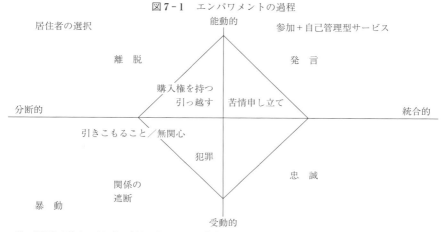

図7-1 エンパワメントの過程

注：個別的応答は，ひし形の内側に示している。集合的応答はひし形の外側に示している。
出所：Lowery, de Hoog and Lyons (1992)；Stewart and Taylor (1995：15).

用いることができる (Stewart and Taylor 1995)。暴動は，集合的な「参加の拒否」もしくは関係の遮断として捉えられるかもしれないが，前述した「無関心」や「引きこもること (withdrawal)」は個別的なものであろう。ヨーロッパにおける公共サービスに関するコミュニティ・マネジメントの推進や社会的協同組合の振興を進める政策は，サービス利用者に，集合的離脱の機会を与えるものとみることができる。一方で，苦情申し立てなどは個別的な発言として捉えることができる（図7-1参照）。

(3) 権利，責任及びシティズンシップ

市場は，選択や効率との関連は強いが，前述の議論で見てきたように，社会正義や公平という要望には十分には応えられていない。18世紀に遡ってみると，市場の主たる擁護者であるアダム・スミス (Adam Smith) でさえも，資本主義の進展に伴う自己中心的な狭い利益追求を危惧している。1980年代以降に新自由主義が台頭する中でも，同様の懸念が高まっている。例えば，ローレンス (Lawrence 2007：288) の説明によると，アメリカの1980年代のロナルド・レーガン (Ronald Reagan) 政権下においては，エンパワメントを単に自分の人生を自分の力で前に進める潜在力を高めるものとして捉え直されるようになっていた。

新自由主義的思想においては、シティズンシップが、「消費に関する選択を行う際に行使されるものに矮小化されてしまう危険性がある」(Barnes, Newman and Sullivan 2007：70)。

他方、社会民主主義政治下においては、社会正義とは、国家が責任を担うものとされていた。これに対して、国家福祉に批判的な新自由主義者たちは、再配分の試みが依存を生み出したと論じている。新自由主義者たちは、国家による福祉の代わりに、個人や家族に責任を求めようと考えている。しかしながら、本章で論じているように、基本的な社会的資格の基盤が整っていないにもかかわらず、自己の責任の果たし方を修得することは難しい。第6章でマズロー(Maslow 1943)による欲求5段階説のヒエラルキーに言及している。このマズローに従うと、住居、仕事、所得、サービスなどといった人間としての生存のために必要となる基本的な資源が整っている場合にのみ自己実現が可能であるのであれば、人々が生存と基礎的な生活の質を享受するための手段を入手することといった基本的人権がエンパワメントの前提要件でなければならない。マーシャルは、権利を3形態に分類している(Marshall 1950)。

1．公民権及び法的権利（言論の自由と干渉からの解放）
2．政治権（選挙権，被選挙権）
3．社会権（福祉サービス受給資格）

さらには、第四の形態として経済権が加えられる（所得確保の資格）。

しかしながら、あらゆる党派を超えて、基礎となる公民権と政治権の重要性は合意されているが、社会権と経済権の概念はそうではない。前者（消極的権利）の概念は、市民の生活への国家や個人による介入を控えるという趣旨から構築されており、それゆえ、これらの権利の行使には、費用がかからないものとされている。一方、社会権と経済権（積極的権利）には、国家に実施する余裕がないようなサービスや、保障の難しいサービスまで、際限なくサービス提供の責任が発生するという批判がある。しかしながら、治安維持活動、防衛、データ保護、空港警備などをみると、消極的権利は支持者が主張するほど費用がかからないものではないし、その配分が公平とも言えない。さらに、シティズンシ

ップに関する多くの論者たちは、人類の繁栄に不可欠であるとされる社会権や経済権に対立的な議論があることを非難した上で、これらの権利がなければ、公民権や政治権を行使することができないと論じている。

権利を議論する際には、背後にある文化によって権利やシティズンシップの捉え方が大きく異なると理解しておくことが重要である。例えば、いくつかのアジア諸国の人権の歴史に関する資料を批判的に検討してみると、それらの国々では、先進諸国の権利概念を歪曲され、かつ個人主義的なものと論じる一方で、自分たちの国の権利概念には家族やコミュニティに対する社会権や経済権を含めていると述べている。この議論は、伝統的な右派と左派という二分法に厳密には当てはまるものではない（メイヨ［Mayo］から個人的に頂いた資料に基づく）。

社会権及び経済権が国家の責任を際限のないものにすることへの批判があることから、個々人の社会に対する責任を考慮に入れるという条件付型の権利という概念が台頭している（Mead 1985）。この概念は、権利と責任のバランスに関して続けられてきた議論を反映させたものであり、そして国家と市民間の「社会契約」の一部として権利を捉えている。この議論の一部では、主に福祉給付受給者に条件を付けるとしており、「救済に値する（deserving）」貧民と「救済に値しない（undeserving）」貧民という古典的な分類のような亡霊を呼び起こすだろう。このような考え方の下では、当該社会で優位な価値観に従っている人たちのみが社会から何がしかを期待する権利があるとされる。すなわち、道徳的アンダークラス言説に通ずる考え方なのである[1]。しかし、中立的立場を採るフリードマンは、シティズンシップに関するオーストラリア議会の調査を引用（オーストラリア連邦議会 1995：67）した上で、市民の義務の考え方をあらゆる分野において必要不可欠なものとして次のように論じている。

> 「個々人や組織に参加や責任の覚悟がなかったり、公共の利益という考え方がなかったり、寛容さや思いやりという価値観がなかったり、一定の連帯感や所属意識がなかったりすると、シティズンシップは実現しないだろうし、民主主義による統治が困難であり、安定さえしない。」（Friedmann 1998：27）

条件付型の権利を擁護する人たちは，貧困の罠に陥っている人たちにとって，求められる責任が実現可能なレベルのものであり，十分な支援が伴うのであれば，責任は，負担ではなく，依存から脱却するためのはしごを提供するものとなると論じている。実際に，この考え方は，フランスの社会的包摂政策に関わる契約の基盤となっている。この分析では，対象となる人たちが能力を高め，不必要かつ品位を失うよう依存から脱却するには，地位と自信が必要とされる。それゆえに，条件付与型の権利は，社会から無能力化されたり，過少評価されたりする人たちの尊厳のための秘策となることがあるが，その人たちに提供されうるものも，現実的かつ利用可能なものであり，そして寛容なものでなければならないであろう。

　さらなるアプローチには，市民という消費者が市場のアジェンダの一部としての公共サービスに求めることを定めた憲章を通じて公共サービスに導入された消費者の権利に焦点を当てたものがある。国家による福祉への介入を擁護する人たちの多くが論じるには，サービス利用者が真の権力を得るためには，社会の構成員としてのサービスに対する実体的な権利や資格を持たなければならない。この点は，1985年に国際連合が採択した消費者の権利の冒頭に挙げられたものである（「7-2　国際連合で定められている消費者の権利」参照）。しかしながら，国家と市民の関係ではなく，生産者と消費者の契約に基づいたアプローチでは，排除の問題ではなく，管理やアカウンタビリティ，サービスの質といった限定的な範囲での救済手続きや情報提供の権利に焦点を当てる傾向がある。さらに，障害者運動は，当事者に対して単にサービス利用者としての力を高めさせようとすると，他の誰かの定めた現実の中に彼らを留めさせ続けることになると主張している。そこには，特定のニーズや機能障害の観点からのみ障害者を定義しようとしたことの結果があるのである。障害者運動で論じられるように，このような状況下におけるシティズンシップの権利は，特定のサービス利用のエンパワメントとならざるを得ない。利用者の参加を広範囲にわたるシティズンシップの権利の実践として理解しないのであれば，この参加は「事実上政治とは切り離されたもの」になるのである（Jones and Gaventa 2002：7）。

　手続的（procedural）権利と実態的（substantive）権利という区分も広範囲にわたる民主的シティズンシップの議論に関連している。前者の手続的権利では，

---- 7-2　国際連合で定められている消費者の権利 ────
・基本的ニーズが満たされる権利…十分な食料，衣服，住居，医療，教育，公共サービス，水，衛生施設など，基本的な生活必需品的な製品やサービスを得る権利
・安全性の権利…健康や生命を脅かす製品，製造過程，サービスから保護される権利
・情報提供を受ける権利…十分な情報に基づいた選択を行うために必要な事実を知る権利，不正で誤った判断をさせる広告や表示から保護される権利
・選択する権利…競争価格で提供される，満足できる品質を持った一連の製品・サービスから選択できる権利
・意見を反映させる権利…政府の政策立案・施行や，製品・サービスの開発において，消費者の利益を表明する権利
・救済を受ける権利…まがい物や不実表示，不十分なサービスへの補償を含め，正当な賠償請求に対して公正な解決を受ける権利
・消費者教育を受ける権利…基本的な消費者の権利・責任と，そのために取るべき行動を認識すると同時に，製品やサービスについて，十分な情報に基づき自信を持って選択するのに必要な知識や技量を得る権利
・健全な環境を享受する権利…現在と将来の世代の生活を脅かさない環境で生活し，働く権利
出所：www.consumerinternational.org

シティズンシップを参政権など基本的な権利の観点から規定しており，様々なエリートの間で選挙を行うだけの比較的受動的な個人として市民を捉えている（John 2009：13）。後者の実態的権利は，所属する社会の共通目的を形成する際の市民の参加を強調している。この後者の考え方は，ギリシャ政治に関連した市民共和国の哲学に近いものであり，マキアヴェリやルソーのような思想家の政治哲学から現在に伝えられているものである。新自由主義体制下では，権利を訴訟に限定しており，公共サービスのリスクを回避する機運が高まっているため，規制が増え，原告・被告のどちらであろうとも訴訟を進めるだけの資源を持つ人たちに有利に働いているが，実態的権利はこのような訴訟に限定した権利を主張する新自由主義的体制下の考え方を克服できるものである。実態的

権利は，社会の中の優先事項を決定し，多様な利害関係者間のバランスを図り，公共善を定める際の市民参加を強調するのである。

　本節の冒頭では，市民としての参加や主体的行為の基盤としての所得確保や基本的な物的財やサービスの入手のための基本的権利の重要性を強調した。バウマンは，市民を不確実性から解放し，国家を法，秩序，危機管理の代理機関としての役割から転換させることにより，そのような基本的権利として，シティズンシップの基盤となる一種の市民参加や連帯を認めるべきであると論じている（Bauman 1999）。しかし，彼は，そのような権利を受け入れてもらえる可能性に関しては悲観的である。このため，彼は，競争の原則に代わる均等配分の原理を取り入れそして，競争や消費でもなく，「ニーズ量優先」の状況に基づかない，よって分断的かつ資格を剝奪させるような「資力調査」に基づくものではない，〔訳者加筆：市民であることを可能とする〕諸権利の原理を打ち立てながら，市場の価値からの抜本的な転換が必要だと論じるのである（Bauman 1999：184）。

　しかし，グレイは異なるアプローチをとっている。彼は，権利を強調しすぎる議論に疑問を呈している（Gray 1996）。彼の議論によると，権利は，社会の中で競合する利害関係のバランスをとるために繰り返される政治的再交渉の必要性に取り替えることはできない。実際に，権利と政治的闘争との間に継続的な関係性が存在する。権利は，集団闘争から要求され，生み出されるが，ジョーンズとガヴェンタが一連のシティズンシップの文献をまとめる中で論じているように（Jones and Gaventa 2002：12），そのような闘争により生み出されるものは，権力の不均衡の是正への取り組みがない限り，富裕層に有利である可能性が高く，そして，社会的周縁部にいる人たちはさらに排除されるであろう。これは，富裕層のみが，より豊かになっていくことが可能なもう一つのアリーナである。

　近年，この議論の中に，アマルティア・セン（Amartya Sen）やマルサ・ヌスバウム（Martha Nussbaum）との関連が深い潜在能力（capabilities）の概念に関心が集まっている。潜在能力の概念の擁護者たちの主張によると，この概念は，マーシャルによる社会的シティズンシップ・アプローチに関するいくつかの欠点を克服することができるとする（Carpenter 2009：351）。

　カーペンターは，この潜在能力アプローチの鍵となるいくつかの要素の特徴

をまとめている（Carpenter 2009：355-356）。その潜在能力アプローチは，一定の潜在能力には人間の機能化（human functioning）に不可欠であるという視点を基盤としている。しかしながら，この理論には，「人間は，自分たちの人間としての潜在能力を具現化するだけのものを等しく配分されているわけではなく，階級，人種，障害，ジェンダー，性別といった構造上の不平等から生まれる障壁により異なってくる。…（中略）…それゆえ，一部の人たちにとっては，競争の場が他者よりも大きくなるという事実を考慮に入れた上で，社会正義に平等と多様性の原理を取り入れる方法を示す」という点についての認識がある。この議論では，経済政策や公共政策の目標を「人間の持つ本質的な自由が拡大する過程」（Sen 1999：297）と定義した上で，経済成長や消費が自由を拡大させるかどうかは不確かであることから，経済成長や消費を成長の主な目標とする見方に疑問を呈している。センは，選択よりも「自由」を強調しており，そして自由の中でも〔訳者加筆：積極的に保証を図っていくという〕実質的な自由に強調点を置いている。

　潜在能力アプローチ（「7-3　潜在能力アプローチ」参照）は，「その他の重要な言説とつながる大きな物語を提供しながらも，マイナスに導く抵抗を回避する」ことができるものであることから，カーペンターが「ポストモダン脱構築理論（postmodern deconstruction）」と呼ぶものに代わる新たなアプローチを提示するものである（Carpenter 2009：369）。このアプローチでは，「一部の人たちの権力が，真なる人間の機能化のための潜在能力に影響を及ぼすことにより，他者の利害に影響を与える時に起こるものを支配と呼ぶ」（Lukes 2005：118）と言われるように，権力の考察を深めていく手がかりとなっている。潜在能力アプローチの擁護者たちが論じるように，このアプローチは，権利概念よりもより包括的である。しかしながら，カーペンターは，潜在能力アプローチを擁護しつつも，このアプローチの目的と，その達成のために示される限定的な手段との間にある溝に対する批判を続けている（Carpenter 2009）。また，潜在能力アプローチは，権利に関する議論のいくつかのジレンマに取り組んでいるものの，権利と責任とのバランスに関する長年にわたる論争を解決できるかは不確かである。ましてや，そのようなアプローチとグローバル経済の要求との間の緊張に関しては今後の課題といえるであろう。

> ── 7-3　潜在能力アプローチ ──
>
> 　下記のリストは，イギリスの平等に関する報告書（Equalities Review）の中で，平等人権委員会（Equalities and Human Rights Commission）のための評価枠組みとしてまとめられたものである。このリストは，カーペンターが「イギリスに潜在能力アプローチを非常に意欲的に取り入れたもの」として説明している（Carpenter 2009：364）。
> ・生を保つこと
> ・身体的な安全を確保し，生活すること
> ・健康でいること
> ・知識を得ることができること，理解し，結論を下すことができること，社会に参加するための技術を得ること
> ・快適な生活水準を享受し，自立した安全な生活を送ること
> ・生産的で，価値ある活動に参加すること
> ・個人の生活，家族との生活，そして社会的な生活を享受すること
> ・意思決定に参加するために，発言や影響力行使を行うこと
> ・自分らしくあり，自己表現を行い，自尊心があること
> ・法律により個人情報が保護され，合法的に扱われること
> 出所：Equalities Review（2007：99, 127-130）からカーペンターが引用したもの。

4　考　察

　ここまでの章では，排除されているコミュニティにいる人たちがいかに個人的，経済的，文化的，政治的なエンパワメントを阻害されているか，また，どのようにして排除や無力な状態が自ら深められていくのかを説明してきた。本章では，権力とエンパワメントの多様な見解を論じ，ゼロサムとポジティブ・サムのアプローチの長所を比較している。また，本章では，第2章で取り上げた悲観論はなお説得力のある議論としながら，構造的な権力分析の影響力を強調している。しかし，本章では同時に，より肯定的なメッセージも送っている。すなわち，権力は固定のものでもなく，不変のものでもないことから，想定の見直しを図り，権力の流れを新しい方向へ変えるための機会を摑むことが可能である。また，本章では，個別的と集合的，離脱と発言，権利とシティズンシ

ップといったように，いくつかのエンパワメントの異なるモデルを検討しており，さらには，新しいアプローチとしての潜在能力の概念を取り入れている。これらの概念は，政策という舞台の中でどのように実践されるのであろうか。次章では，政策過程に関する理論と，参加者が意思決定過程の中で与えられる権力のレベルを測る枠組みを検討することになろう。その上で，今日の政策環境下における政策への影響力の付与とエンパワメントのために開かれているいくつかの機会を説明することにしよう。

訳注
⑴ 「救済に値する貧民」と「救済に値しない貧民」，道徳的アンダークラスなど，貧困に関わる議論は，第6章を参照。
⑵ 平等人権委員会とは，イギリスにおいて，2006年の平等法（Equality Act 2006）制定により設置された非政府公的組織であり，同年10月1日より発足している。平等の促進と実施に対する責任を担っている。

第8章　政策過程の権力

1　誰が政策を決定するのか

　ゼロサム・ゲームによる権力の説明は政策決定（policymaking）が社会の特定のエリート層や階級が支配するものと捉えがちである。他方で多元主義に基づく説明は分散的モデルを提示する。これらの諸モデルの一方の極にあるのは，コーポラティスト型モデルで，分裂と対立の可能性をはらんだ利害——例えば資本と労働の利害や，エスニシティや宗教に基づく集団間の利害——が，代表者や利益代表団体を通じた政策決定過程に組み込まれることによって，統合される仕組みを定式化している（Schmitter 1974）。他方の極には，民主主義のアソシエーション・モデルが存在する。このモデルは自発意思に基づく自治型のアソシエーション（結社）が基盤となることで，国家は二次的な調整役を果たすとされている（Hirst 1994）。多元主義モデルによれば，国家はいかなる利害や集団の統制下にもなく，自律しており，かつ，いまだ支配的な役割を果たしている。

　権力はまだゼロサム型で捉えられており，政策決定は特定の集団に支配されているとみなされがちである。それにもかかわらず，多元主義アプローチを取りながら，多様な政策領域で多様な集団が権力を持つと論じることは可能である。

　多様な諸勢力が意思決定に参加していることを，多元主義アプローチは認識している。多元主義アプローチは政策領域を「市場」として理解している。このような政策領域では，参加者は資源を持ち込むことが可能である。このような資源は政策領域の参加者に影響力を行使することを可能とする潜在力を与えている（Maginn 2002）。

　ロッド・ローズがこのテーマを発展させている（Rhodes 1988）。ローズは政策

共同体とイシュー・ネットワークを区別した。前者は，課題（issue）と政策についての基本的な価値観と態度を共有している諸アクター間の緊密な関係であり，政策決定過程に密接に関わっている。政策共同体は人の入れ替わりが少なく，人数も限られていて，相互の交流も活発である。そして「構成員が重要な資源を有し，国家の政策実行を左右できる場合に，大きくなる可能性が高い」(Smith 1993：10)。一人一人の構成員が，取引する資源を持ち，その支持者に資源を「提供する」能力を持っている。マーシュとローズの議論によれば，政策共同体の行動は，変化をやり過ごし，押しとどめ，押さえ込み，方向を変えることを目的としている (Marsh and Rhodes 1992)。以上の2人の見解はクレッグの主張と共鳴している (Clegg 1989)。すなわち，不確実な世界において，伝達手段の数が限定されている比較的安定したネットワークの構築を通じて，行為者は自分の持つ権力回路を押し付けることでコントロールを発展させる。このことは第6章の「特権的経路」で扱った。対照的にイシュー・ネットワークはもっと広く，多様で緩やかに結びついており，ネットワーク内には不均衡な権力や多様な資源が存在する。イシュー・ネットワークは統治に対する重要性は高いとは言えないが，利害がまだ制度化されていない，新しい問題領域で発展する可能性は高くなる。

　レジーム理論はローズによる分析，とりわけ政策共同体に関する概念と類似性がある。この理論は，権威もしくは支配の担い手（agency）としての国家が持つ能力が複合性や断片化によって限定されることを認識しており，国家をむしろ資源動員と調整の担い手と捉えている。また「社会的管理」としての権力を，「社会的生産」としての権力と対比させていく上で，レジームという概念を「政策決定に関して，自らに持続的な役割を与えてくれる制度的資源へのアクセスを持つ，インフォーマルだが比較的安定した集団」と定義している (Stone, D. 1989：4)。しかし政策共同体と同様に，誰もがそこに参加できるわけではない。社会構造に応じて，資源管理する，あるいは戦略知を持ち，その知に基づいて行動する能力を持つ一部のアクターの参加がいまだに特権化されている (Stoker 1995)。またアクターの中には，産業界のように，組織だった権力を持つがゆえに，自らの利害を考慮させるために行動する必要さえない部分も存在する。最後の特徴だが，レジームはいったん成立してしまうと，その存在はなかなか

揺るがない。ストーカーが論じているように（Stoker 1995），既存のものに代わるレジームを編成することは極めて難しい。ゆえに既存のレジームは「自らの利害に直接関わる重要な選択について，意思決定をなかば独占」しているといえる。

マロニーとジョーダン，マクラフリンは，政策決定をめぐってインサイダーとアウトサイダーを単純に2つに分けることに批判的である（Maloney, Jordan and McLaughlin 1994）。そして基本的な境界線はインサイダーとアウトサイダーの間にではなく，アウトサイダーにあえて留まる集団，すなわち，周縁的インサイダー（ローズのイシュー・ネットワークに似ているともいえる），と専門家ないし中核的インサイダーとの間にあると捉える。周縁的インサイダーとして決定に加わらせないのであれば，話は比較的簡単であるが，「たいていの場合，そのような集団を無視することは，その集団を尊重して扱うよりも，当局は大きな問題を抱えることになる」（Maloney, Jordan and McLaughlin 1994：32）。しかしながら，マロニーらは，この視点は，政策共同体やレジームが課す制約の範囲よりも大きな影響力を行使できる余地があると主張する。第1に，マロニーらは，政策決定に周縁的なインサイダーとして接近することの方が，直接的に影響力を行使するよりも期待が持てることは認めつつ，政策に影響を与えることはあまりできないことを認めている。一方，集団の側に十分な取引材料がある場合には，影響力を行使することも可能であると論じている。つまり，「政府は諸集団に対して公共政策を形成する機会を提供している一方で，集団の側は政府に一定の資源（例えば知識，技術面での助言や専門技術，メンバーからの承諾や同意，信用性，情報，実行の保証）を与えている」。第2に，政府が「先入観，性行，優先順位，縦割り文化を共有する集団に地位を認める傾向がある」ことを彼らは認めているが（Maloney, Jordan and McLaughlin 1994：29），一方ストーカーは別のところで，それがどのように行われているかを述べている（Stoker 1995：67）。すなわち，「いくつかの集団の立場は…（中略）…，そうした集団が参加し，そして提示する解決策が特に妥当ないし適切なことを示唆するような形で政策概念が支配的になり，『問題』が定められることで高められるだろう」。

これが当てはまる時，コミュニティには，支配的な権力保有者でない場合でも，影響力を行使し，ローカルな知識を提供し，政府の介入に正当性を付与す

る可能性が生まれる(詳しくは第11章で扱う)。しかし諸集団が取引の機会を利用し,政策決定にアクセスしようと望むのであれば,政策決定過程に特有のプロセスとゲームを理解する必要がある。参入はどこで,またいかにして可能なのだろうか。

2　政策はどのようにして作られるのか

　政策過程は,事実や客観的な証拠に基づき価値とは無関係な,合理的かつ科学的で技術的な営みであると説明されることが多い(Onyx and Dovey 1999)。この見解によれば,政策は循環的な過程を経る。すなわち,ニーズの評価に次いで目的が特定され,その目的を満たすためには必要な計画が策定・実行され,体系的なモニタリングと評価が行われ,以降の計画の策定にフィードバックされるという道筋を辿る。

　しかし政策がこのように一直線で合理的に機能すると考える見解に,以降の研究者は疑問を投げかけている。政策過程は制度内のアクターによって覆されると考える研究者もいる。例えば公共選択論の伝統から,公務員が予算と部局規模の最大化を通して,自己の権力と利益の最大化を目指す様子はよく知られている(Buchanan and Tullock 1962)。

　ストリート・レベルの官僚に関するリプスキーの著作は,現場レベルの公務員が政策を実行するのみならず,政策を形成している様子を明らかにしている(Lipsky 1979)。また,カオスや複雑性の理論を用いる他の研究者たちは,政府が採用する合理的な計画立案の方法論は,実態以上に,政府が環境を統制することを想定してしまっていると議論する(Haynes 1999:67)。意思決定が行われる環境の複雑性を踏まえ,マーチとオルソンは組織的な意思決定を「ゴミ箱」として概念化した(March and Olsen 1976)。これによれば,ゴミ箱の中身は箱に貼られたラベル,現在発生しているゴミの種類,入手可能な箱の組み合わせ,ゴミの収集・撤収の速度によって決まる。ヒルはこのゴミ箱を「一般の人々の利益に対して偏向した傾向を持つ…(中略)…資本家」と見なす傾向があるが,このゴミ箱が「首尾一貫せず,予測不能なやり方」で動くため,統制し続けることはできないことを認めている(Hill 1997:228)。

キングダン（Kingdon 1984）はこの議論を土台にして，政策アジェンダがどう設定されるかを理解しようと試みている。キングダンは政策過程を3つの流れで捉える。

- 課題をアジェンダに載せ，その性質を定義する「問題」の流れ
- 一連のアイデアや潜在的な解決策を見出し表面化させる「政策」の流れ
- 政策過程の媒介役となり，実際の成果に結びつけるために実施する事柄を決定する「政治」の流れ

キングダンによる「政策の流れ」は，自然淘汰や生存，死滅，再結合という独自原理を備える，一種の「原始のスープ」として描かれている（Parsons 1995: 192-193, 参照）。このスープの中でいろいろなアイデアが表面に浮かんだり底に沈んだりしているが，スープ内を泳ぐのは，仲介者となり，アイデアの生死の鍵を握る政策革新者（アントレプレナー）なのである。例えば現代社会におけるシンクタンクの活動はこの事例として認めることができる。

キングダンはこの3つの政策の流れを，本質的に別々だが，変化の機会が発生する特定のポイントでのみ一つになる過程と定義している。これに対してサバティアは，この分析に反論する（Sabatier 1988）。アジェンダ設定と，それより幅の広い政策立案との関係は，ここで述べられているよりもずっと複雑でダイナミックなものだというのだ。サバティアの議論によれば，政策サブシステムは，一定の考え方（beliefs）のまとまりを基礎とする，多数の「アドボカシー連合」（すなわち利益集団や関係機関，一部の立法者や研究者）から構成される。

（訳者加筆：アドボカシー連合の）核となる考え方（biliefs）が変化することはめったにない。しかし2次的な側面（これらの核となる考え方を実現する上での方法の詳細，問題の深刻さや様々な要因の重要性の度合など）は，アドボカシー連合内での「政策志向型学習」が行われることで変化する。アドボカシー連合は影響力の行使をめぐって競争関係にある一方で，「政策仲介者」——公務員，公選された役職者，調査委員会など——は，アドボカシー連合が推進する様々な立場との間に納得のできる妥協点を見つける。サバティアによると，政策変化とは，こうした競争，仲介者の行動，サブシステム外の出来事や人事の入れ替えによっ

てもたらされる作用の一つである。

　もちろん他にも理論やモデルは存在する。しかしここで簡単に見てきたことからわかるのは，権力の働きの完全な予測は不可能であること，政策立案は複合的な過程であること，またそれは競争し対立する利害の調整に関わること，そして関与の機会（points）が多数存在しうることである。

　これらのモデルの違いは，政策エリートの考えをどの程度変えることができるのかという点である。大多数のモデルは，政府の核となる考え方の部分より，周辺的部分の方が，政策変更が容易であることを示唆する。これを踏まえてマーシュとローズは，1992年に，起こりうる変化の大きさは課題の重要性によって異なると主張した。もし課題が周縁的（あるいは第二次的——サバティアによると〔Sabatier 1988〕）なものであるならば，操作の余地は大きくなる。しかしながら，より中心的な課題の場合では，〔訳者加筆：政策が〕意図されて実行されるまでの旅路は単線的と言うには程遠い，とマーシュとローズは示唆する。

3　ガバメントからガバナンスへ

　以上のような考え方をまとめた上で，それに立脚する，この問題に関するもう一つの解釈を，ガバナンス理論が提供している。コミュニティと同様，ガバナンスという語の用法は多岐にわたり，理論や規範的なモデルとして，あるいは実践の記述に用いられている。理論としては，これまで述べてきた事柄を乗り越え，そして社会が一層断片化，複雑化するのに対応する形で，統治のあり方に生じている大きな転換を記述している。あるレベルからすると，ガバナンスへの転換は，よく言われるように国民国家から国民経済の運営能力を損なってきたグローバリゼーションのプロセスに対応したものだと見なされている。また別のレベルでは，ネットワークやパートナーシップを通じた調整活動の新たな実践を基礎にした，コミュニティや都市，地域での「自己調整型統治の出現」で言及されている，が注目されている（Newman 2001：24）。こうした統治のあり方は，「関係性や責任のあり方を作り直すこと，制度間に存在する浸透可能な領域をまたいだ行為者とネットワークの複合的な連携，ならびに公共領域に関する拡張した見方を包括する」ことを含むものである（Cornwall 2004a：1）。

ガバナンス理論は，特定の制度に根ざしたものとしての固定的な権力観から離れ，パートナー間で交渉される，より流動的な権力観へと我々を導く。ガバナンス論には「漕ぐことではなく，操舵すること」(Osborne and Gaebler 1992) という機能付与型国家に関する様々な命題が含まれている。例えば市場とヒエラルキー，ネットワークの新たな組み合わせ，意思決定をより幅広い参加へと開くこと，ガバナンスの規模の見直しと多層化，脱中央集権化と権限委譲，そして市民，政治家，ならびに政策実施に責任を持つ機関との関係の新たな集合などである (Taylor 2007a: 299-300)。ガバナンス論者の間には，この理論が唱える自己組織化された組織間ネットワークを「不干渉型政府の究極型」ともてはやす声もある (Rhodes 1997: 110)。参加者に政策への影響力を行使するだけでなく，政府の業務を引き継ぐ機会をも与えるからである (Stoker 1998)。しかし，ガバナンス論の支持者や論者は権力と行為者，アカウンタビリティに関わる問題に対処できていないとする批判的意見がある (Newman 2001; Jones 2003)。あるいはガバナンスの大半の形態が埋め込まれている内部の矛盾した緊張関係に対処できていないとする批判的な意見もある (Swyngedouw 2005)。

　フーコーにならい，統治性 (governmentality) 論者は，権力が「統治」としての国家から離れ，そしてそのことが示唆する点をさらに探っている。ニコラス・ローズは統治という行為 (governing) を「他者の振る舞いに方向性を与え，導き，管理しようとする試みのすべてであり，人が自己統治を行うように仕向けられる際の方法」だと定義する (Rose 1999: 3)。フーコーは権力を国家の内部に位置づけなかったが，その代わりに国家とは一定の距離を置いた，あるいは国家を超えた権力形態が，国家内部の諸制度よりも国家を効率的に維持することも少なくないとは論じていた (Foucault 1980: 73)。第7章で論じたように，統治の実現は強制的な管理によってではなく，社会が統治可能となり，個人が自己統治を担うようになる様々な技術が複雑に組み合わさり，巧妙に拡散することでもたらされる (Rose 1999: 176)。こうして「統治は被治者の自由を前提とする…(中略)…被治者が持つ行為能力を押さえ込むのではなく，その能力を認めた上で，個人自身の目的のために利用するのである」(Rose 1999: 4)。統治性論はこのような形で，社会が統治可能となり，諸個人が自己統治を担うようになる技術と実践に関心を向けている。

こうした議論は政策の「内容」と「手段」の双方に影響を与えている。このうち「内容」に関係して，スィンゲドーは，グローバルなレベルと国家のレベルの両方において，超国家的で新しい脱中央集権化された統治編成のあり方が，ネオリベラル型経済言説の内部にどう位置づけられているかを描いている（Swyngedouw 2005: 1993）。このような新しい脱中央集権化された統治編成のあり方は，ローカルレベルにおける解決策が発見されるべき文脈を規定している。また，「手段」に関してヒーレイが記述するのは，ガバナンスという用語が示唆する流動性の高い統治システムと，不確実性と複雑性の管理，あるいは支配的利害の維持を目指す中央統制型の技術との間の恒常的な緊張関係である（Healey 2006）。フィッシャーの研究（Fischer 1990）を引用しながら，ヒーレイはこの対立を次のようにまとめている。

　　「現在のガバナンスの領域には全面的な争いがある。広範な利害関係者や様々な形の知識，価値の基盤を認める多元的で民主的な潮流と，我々の社会のマネジメントのあり方を管理し続けようとする技術—企業的潮流との間の争いである。後者は技術分析やマネジメントを行うツールや，企業の主要な利益に関わる知識を用いている。」（Healey 2006: 241）

　意思決定における不確実性や複合性の増大は以下のことを意味している。「決定や選択，『政策』を用いて複雑性を管理することの必要性がこれほど高まったことはない。まれに見るほどの急激な変化に左右されるシステムの不確実性を減らそうとするならば，複雑性の管理が頻繁に行われ，広がることを保証しなければならない」（Melucci 1988: 251）。したがって「手段」に関していえば，こうした状況への反応として新公共経営管理「ニューパブリック・マネジメント」の名で知られるようになった手法の世界各地の行政府への伝播（McLaughlin, Osborne and Ferlie 2002）や，「最良の」あるいは「証拠に基づく」実践に対する今日の関心がある。
　これに関して，パワー（Power 1994）は「監査の爆発的な増加」と名づけた現象を記述している。パワーは「今日，監査が一般大衆の想像力の中に有している制度上の足場」（Power 1994: 8）についての懸念を表明し，監査が「行政管理

に関するすべての解決策の地位を占めている」と論じている。1990年代を通じて，パワーは以下のように論じてきた。

> 「公共サービスのアカウンタビリティ拡大に対する政治的要求は，会計や予算統制，監査，品質保証などの経営的手法を用いた遠隔統制の実施に対するネオリベラルな選好と緊密に結びつくようになった。」(Power 2003: 191)

監査文化が極めて優勢になっていることは，支配的な仮定が内部化され当然のものと見なされるプロセスを示している（第7章参照）。しかし監査文化が優勢になることによって「より開かれた，再帰的な形のガバナンスに寄与する参加の余地」はかなりの制限を受けることになる（Newman 2001: 163）。

パワーの概念は他の論者にも共有されている。パーソンズは，現在有力な合理的・実証的アプローチによって，今日では政策実施を下支えする測定と評価を担っている専門職や専門家，テクノクラートや官僚に，権力がいかに委ねられているかを描いている（Parsons 1995）。実際，パーキンによれば，会計検査官と会計士は現代の有力な専門職になっている（Perkin 1989）。ヒーレイの説明は次の通りである。理論の上では，生産目標は科学研究や技術的理解から導かれなければならない。しかし実際には，適切な知の基盤を中心に作ることは，より多くの困難に直面することになる。こうして効率的で効果的な成果に関わる論理は「目標達成型政治」にすばやく取って代わられる。

「専門」知の行使は「遠隔統治」過程の中心に位置している。このことがコンサルタント，とりわけ行政府のお気に入りのコンサルタントに相当な権力を与えている。というのも，支配的な言説を地方自治体やコミュニティに伝達し，地方自治体やコミュニティとコミュニケーションを行い，中央政府にフィードバックするシステムとして，コンサルタントは重要な手段となっているからである。コンサルティングという成長産業は，北側諸国と南側諸国の両方で資金獲得法やガバナンス構造の設計手法，達成の測定手法を売り込んでおり，その手法には，あらゆるセクターに新しい経営管理主義（managerialism）を広め「規範的同型主義（normative isomorphism）」なるものを助長するリスクが存在する。

パーソンズはこの議論を展開させ，公共政策がいかにしてシンボル操作による意味創出に支配されるようになり，市場や経営者，道徳家，メディアの所有物となったのかを示している（Parsons 1995）。したがって，第7章で扱ったコミュニケーション行為と再帰性の考え方が示唆するように，支配的言説，ならびにそうした言説が政策過程に与える意味を再解釈する潜在的な力は確かに存在するが，より強力な産業が存在し，いまだにこうした支配的言説や意味体系を強化し，神聖なものとして続けている――例えば同じく第7章で取り上げたブルデューの「象徴」資本が示唆するように――と論じていることもできるだろう。政策と政策コンサルティングがマーケティングやPR部門の領域となっている点に，今述べられたことがはっきり表れている。今日政治家が共通して訴えるのは，政策の不適切さや誤りではなく，政治家が適切に政策を説明せず，メッセージを伝えてこなかったことだ。世論は政策「消費者」のコントロールをめぐる闘いの中で，絶えざる意見の作り変えや市場調査技術によって操作されている。その一方で，パーソンズが再び論じているように，政策は今やアイデア市場に並べられた商品のように新種の政策企業家によって販売されている。

　以上の分析では第2章で示した悲観主義的な議論に大きな余地を与えている。しかし同時に，世界中に存在する強力な制度が，コミュニティ参加を推進し，参加型多元主義を重視してきたことは，そのことが伴う諸々の面倒さやリスクとともに我々は見てきた。これによって，「コミュニティに力を与えること（power to）」やコミュニケーション行為アプローチを提唱する人たちが主張してきた対話と相互学習の余地が生まれている。

　複雑性理論もまた，政策領域を通して，境界横断的に機能する制約のない，高い柔軟性を備えたネットワークが展開する可能性を提示している。そして，新しくより機能的な秩序の形式を可能にするためには，無秩序や不安定性が必要であると論じている（Haynes 1999; Gilchrist 2009）。さらに政策形成過程の複雑さと曖昧さこそが，これらの分析においては，モリソンのいう「能動的主体」（第7章参照）が主体性――を行使し，「下」から政策を形成し，影響を与える機会を提供している。

　オドノバンは，「対話型国家（interactive state）」の概念化を目指す新しい理論の特徴の一部を要約している（O'Donovan 2000: 226-227）。オドノバンによれば，

図8-1 ジョン・アボットのコミュニティ参加環境のイメージ

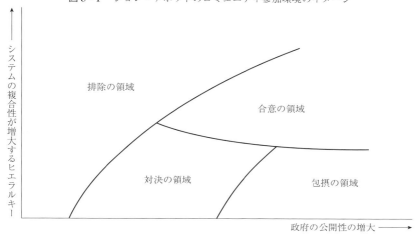

出所:Abbott (1996:124).

国家のアジェンダへの自動的な吸収ではなく,仲介作用(agency)を強調している。すなわち,政策はあらかじめ決定されているのではなくて交渉の対象とされ,国家は一枚岩ではなく,内部に多層性を有しているとみなされる。しかしながらオドノバンは,こうした過程は平等な力関係によって与えられているという見方に対して警告する。政策過程に関与する新しい方法は存在するが,影響力の度合いには依然としてバラツキがあり,全体として国家が提供する入り口の大きさや形に依存している。加えて,第7章で論じたように,あらゆる知の形態——何が可能で何が不可能なことに関する考え方を含む——は社会的に構築されている。

コミュニティの利害を常に国家の利害と対立すると見なし,コミュニティ参加を治者と被治者の間の支配をめぐる闘争と捉えるコミュニティ参加分析を,アボットは批判する。アボットが反対するのは,「政府とは,少数派の目的を満足させるためにコミュニティを操作したり,統制したりするものであるとみた」1980年代に支配的であった政府観である(Abbott 1996:113-114)。政府と国民の関係はこれよりはるかに複雑であるとアボットは論じている。アボットは多様なコミュニティ政策を扱ったモデルを作り,その基礎をコミュニティの関与に対する政府の開放度や,意思決定が行われる課題を制御する制度の複雑さの度

合いに置いている（図8-1参照）。

　政府が閉鎖的で決定が複雑な場合には，コミュニティは排除され，敵対的な戦術が唯一の選択肢となるであろう。政府が開放的で決定が単純な場合には，コミュニティは人々が，成果が明示された特定のプログラムを軸に組織されるコミュニティ開発やコミュニティ・マネジメントのスキームによって包摂される。しかし課題が複雑で政府が開放的な場合には，複雑な相互関係が必要となり，これをアボットは「交渉による発展」と呼んでいる。

　本章の以下の部分では，市民が影響力や権力を行使するために存在する新しい機会の一部を明らかにしたい。それから，そうした機会によってもたらされる，現実の政策過程での権力のバランスの変化のあり方を——そして，そうした機会によって，アボットのいう交渉による発展に基づく統治に関する，新しいアプローチが実際どの程度作り上げられるのかを——評価する仕組みを検討する。

4　対話型の国家

　参加についての今日的関心は，意思決定過程に市民が参画する前例のない機会が訪れている点である。国家が統制型から「条件整備型 (enabling)」へ，また「漕艇」型から「操舵」型に変容していることを踏まえ，クラインとコッペンヤンは以下のように論じている。

　　「政治家が重視すべきことは，一般利害の先読みを基盤とする政策内容の決定権にではなく，利害を精査した上で解決策を想像力あふれる形で生み出し，ひいては共通利害を少しずつ見出すことを目的とする社会の議論の口火を切り，リードする能力に置かれるべきである。」(Klijn and Koppenjan 2000 : 386)

　社会運動理論家の用語を使うと，こうした事態からは，新しい機会と新たな連携を生み出すだけでなく，政策コミュニティを新たに作り出すかもしれない力を秘めた，新しい政治的機会の構造が生まれてくる。クラインとコッペンヤ

ンによれば，目下出現中の対話型の意思決定という新たな形の下では，参加者は制度化された利益代表の形式には——本章の冒頭で述べたコーポラティスト型モデルがそうであるが——もはや束縛されない。潜在的パートナーが早い段階で，すなわちアジェンダが設定されたり，解決策がまとまる前に登場する。ワークショップ，ロール・プレイ，シュミレーション・ゲーム，将来予測，あるいは世論調査などを含む新しいプロセスも用いられている。こうした動きによって，協議とパートナーシップの創造的で新たな形が強化されている。これらの新しい意思決定のあり方は，2つのお互いに重なり合った姿で現れている。すなわち一方では協議民主主義と熟議民主主義であり，他方ではパートナーシップ活動である。これらこそがここでの主たる関心事である。

（1）協議民主主義

政策策定における一般市民の発言権を高めるために，一連の協議技術が導入されてきた。これらの協議技術にはユーザーの満足度調査，世論調査，双方向的なウェブサイト，市民パネル，一般市民による質疑応答セッション，市民陪審員，フォーカス・グループ，ビジョン運動（visioning exercises）などを含んでいる。協議の諸形態を発展させるために，市場調査技術が広範囲に使用されてきた。また以前には政策過程に参画することが決してなかった人たちの参画を後押しするため，想像力に富む手法が見出されてきた。合衆国におけるオレゴンの実験は，早くから行われたもので，広範に普及した例である。この実験では，市の財政問題をいかにして解決するのかということに関して，アイデアを生み出す機会が市民に与えられた。このことは，市民が独自の見解を表明する機会を意味するだけでなく，熟慮や反省を可能にする方法で，一定の期間にわたって，複合的な意思決定に市民が参画するための機会でもあった（Goetz and Gaventa 2001：30）。一連の熟議フォーラムを通じて，これは後押しされ，市議会も一連の調査を使用した。これらの調査は，財政支出される資金をどこに向けるべきであるのかを市民に問うことで，高い回答率を引き出した。

しかし，こうした技術が疑いもなく多数の市民が声を表明するための手段を提供してきたものの，数多くの欠点も抱えていた。これは多数派の声を反映する傾向が強く，少数派の利益（例えば障害者のニーズなど）を脇に追いやる傾向が

あるため，オレゴンの実験は批判された。調査は住民に声を上げる手段を提供するに違いないが，しかし質問される調査事項や結果の分析は，調査に回答した住民のコントロールの下に置かれているわけではない。また常に住民は回答を熟慮する上で十分な情報を持っているとは限らない。ジグムント・バウマン (Zygmunt Bauman) は「思考の統制エコノミー」(command economy of thought) という用語を作り，以下のような意味で用いた。それは情報が中央に集められる過程である。中央で情報が処理され，中央からの指令を基礎にして情報が使用されている (Hillier 1997)。これらの技法の多くはまた，組織化された諸集団ではなく，諸個人の参加を優先させるものでもある (Lowndes and Wilson 2001 : 635)。

「消費主義者」形態の協議は第7章で議論したような「コミュニケーション的」行動や対話の理念とは完全に異なるものであるように思われる。しかしより熟議的な技術はこれらの理想に我々を近づけ，利益の集合や交渉ではなくて，論証的で教育的な民主主義の可能性を提供するものである (Dryzek 1990; Gaventa 2006)。例えば市民陪審員は住民に，コミュニティの資源や情報を与え，特定の問題に対して住民独自の解決を引き出すことを可能にしている。専門職や他のコミュニティとの討論のために，コミュニティ・アート事業がコミュニティの諸問題をオープンにする上で果たしうる役割について，第11章では議論する。すぐに答えを出すことが難しい（もしくは適切ではない）ような複合的な諸問題に対して，情報に基づく内省を行うことを支援することによって，熟議は我々がポピュリスト的な政治から距離を置くための潜在力を有している。

しかしながら，仮に熟議の技術が具体的行動に結びつくものでないのであれば，それはいまだに支配の技術の域に留まる可能性もある。ゲーツとガヴェンタは，例えば市民陪審がアメリカやイギリスの公共政策にほとんど影響を与えていないことに注意を喚起している (Goetz and Gaventa 2001 : 48)。彼らはアメリカやイギリスとドイツを比較している。ドイツでは，彼らの著作が執筆された時期に，中央政府が市民陪審に委託しており，市民陪審には50人以上のメンバーが参加していた。行政当局も市民陪審の勧告を配慮しなければならないことに合意していた。

チャンドラーは一連の展開を「セラピー的政治 (therapeutic politics)」と呼んで切り捨てている。その理由は，彼らの論によると，これらは参加者に政策策

定へのいかなる統制力をも与えるものではないからである（Chandler 2001：10, 11）。チャンドラーが論じているように，「住民に『声を上げる機会を与える』という目的は，主として諸個人に包摂の感情やコミュニティに所属している感覚を与えるものである」。チャンドラーはまた参加や協議を，代議制の民主主義と連動させることにしばしば失敗していることに対しても批判的である。しかしながら，こういった危険性が明白である一方で，過去10年間以上にわたり，これらを行使する経験が相当蓄積されてきた。コミュニティや市民のエンパワメントに積極的に貢献するために，これらの潜在力に関して我々は何を学んできたのか，このことを第11章でさらに詳細に議論することにする。

（２）パートナーシップ

「ガバメント」から「ガバナンス」へという言葉の変化とともに，パートナーシップは多数の国々における政策策定の流行となってきた。今日の複雑化しグローバル化した世界において，政府は他の諸アクターとの協力に依存している。社会的な諸問題の解決に必要な知や専門家を中央の１点に集中することは，もはや不可能である。レジーム理論が示唆するように，彼らが付与する正統性と同時に〔訳者加筆：社会問題の解決のための〕資源，知識や協議のメカニズムなどのゆえに，他の諸アクターが必要とされている。仮に彼らが体制の中にいなくても，これらの同じ資源は意思決定過程に不満を表明したり阻止したりする能力を彼ら〔訳者加筆：政府以外の諸アクター〕に与えている。こうしてピーターズとピエールは以下のように指摘している（Peters and Pierre 2001：131）。

> 「自由―民主主義的視点の国家モデルから，偶然性に左右される複雑なモデルや外部アクターへの依存により特徴づけられている国家モデルへと移行している。…（中略）…政治権力や制度上の能力はますます国家に属する公式の立憲的な権力から引き出すことができなくなっている。むしろ公的及び民間の諸アクターや利益からの資源を引き出すことや調整できる能力に由来するようになっている。」

先に，私はガバナンスが包含する，「諸アクターの複合的な同盟」「制度上の

諸境界線を横断している諸ネットワーク」「公共領域の拡大した未来図」に言及した (Cornwall 2004a : 1)。「多様な利害関係者 (マルチ・ステークホルダー) の参加，多様な利益の解決，対決ではなく妥協，行政による認可ではなく交渉」といったものの過程にも評者は言及している (Hambleton, Savitch and Stewart 2002 : 12)。このことは，国家の制度に根づいている固定的な権力観から，より流動的な権力観へと移動する機会を与えるものである。より流動的な権力観は，自律的であるが，相互依存的である多数のエージェンシー間のダイナミックで双方向的な社会的学習のための潜在力を前提に，諸パートナー間で共有され，発展され，交渉されるものである (Jessop 2003)。

　パートナーシップを推進する他の要因も存在する。一つには「市場や民営化政策の結果引き起こされた，政府機能の多元化や断片化」である。これは，とりわけローカルなレベルで，新しい制度的な環境を創り出してきた。同時に，階級政治の断片化，多様性の増大，多様な利益を認識するための要求の声 (Daly 2003 : 119) といった，下からの異議申し立て (challenges) は政府の政治的正統性や健全性を弱体化してきた」(Newman 2001 : 18-19)。

　クラインとコッペンヤンはさらに別の推進要因を示唆している。これは市民と選挙で選出された政治家や公務員との間のギャップが増大していることに関するものである (Klijn and Koppenjan 2000)。ゲーツとガヴェンタもまた政党の次元をつけ加え，多数の国々において得票を勝ち取るために政党が有権者に応答的であることを示す必要があることを記している (Goetz and Gaventa 2001)。

　ベニトンとゲデスは，パートナーシップはEUにおいてとりわけ顕著に見られる (Benington and Geddes 2001) と論じている。すなわち，パートナーシップは4つの重要な課題——すなわち政治的正統性，経済的イノベーション，社会問題の解決，組織の複雑性——への応答である。ヨーロッパの補完性原理は，解決が求められている問題に最も近い人たちの参加を要求するものである。この原理は，ヨーロッパ統合の概念を支持するために，「同質化の概念 (homogenising concept)」を提供している。補完性原理は，1988年の構造基金の改革の原則として記されており，ベニトンとゲデスによると，1990年後半のアジェンダでは抜け落ちていたにもかかわらず，新世紀 (21世紀) になって復活したとみなされている。政治過程からの疎外が増大していることを阻止するために，住民のパー

トナーシップへの参画を推進しているヨーロッパの文書を,アトキンソンも引用している(Atkinson 2001:395-396)。しかしながら,ベニトンとゲデスは,パートナーシップはいくつかのヨーロッパ諸国においては依然としてなじみのないたぐいのものと述べている。

ファウラーの記述によると,パートナーシップは,公式な国際援助システムにおける「意味があるように思われる唯一の関係の類型」とされている(Fowler 2000)。他方でオーストラリアではオニキスとダビが「協働(collaboration)」を国家セクター政策で流行している専門用語——パートナーシップにおいて重視される言葉——として定義してきた(Onyx and Dovey 1999:187)。パートナーシップと協働の活動はまた長期にわたりカナダの政策発展の特徴でもあったし(O'Neill 1992),アメリカにおける包括的なコミュニティ事業の特徴でもあった(Connell et al. 1995)。後者としては1993年にクリントン政権によって設定されたエンパワメント・ゾーンやエンタープライズ・コミュニティ・プログラムなどがある(Gaventa 1998;Morrissey 2000;O'Connor, 2007)。これらのプログラムの目的は経済開発と戦略的ビジョンの変革にあり,その基盤は持続的なコミュニティ開発,及びコミュニティのあらゆる部分の代表者を巻き込むコミュニティを基礎にしたパートナーシップに置かれていた。「8-1 南側諸国におけるローカル・ガバナンスのための参加アプローチの強化」は南側諸国におけるさらなる事例を示している。

パートナーシップは何を必要としているのかを理解することや,重要な諸パートナーの定義,パートナーシップ内における国家の役割は,国により異なっているかもしれない。しかし,第2章で見たように,至るところでコミュニティはこれらのパートナーシップに参加するように求められているように思われる。パートナーシップは,提供できる新しい知識・専門技術や,有形・無形の資産の両方で評価される。

サービスのプランニングに参加することや地元のニーズに直接向き合うことを通じて,パートナーシップは公共サービス改革に貢献するための潜在力を持っている。パートナーシップへの参加は民主主義の不足に関する懸念に取り組み,ソーシャル・キャピタルやコミュニティの融和を構築することを可能にする(Taylor 2007a:300)。政府やあらゆるレベルの大規模な制度において諸コミ

> **8-1　南側諸国におけるローカル・ガバナンスのための参加アプローチの強化**
>
> 　ポルト・アルグレ市では，毎年多数の市民が，近隣地区の集会に集まる。これは，地元地区の優先事項に関する討論や議論を行うためのものであり，または年間予算を承認することに関し，他の近隣地区や地元の官僚と交渉するための代表者を選出するための集まりである。
> 　インドネシアでは当局による規制の10年間に続き，市民，地元の官僚，企業家，その他のセクターが会議を開き，地元の諸問題を公開で議論し，解決を見出すことが可能な新しい空間として，多数の「フォーラム・ワーガス (forum wargas)」(市民フォーラム) が出現している。
> 　フィリピンでは，地方政府の法律によって，地域の発展を策定するために，地元のコミュニティ諸組織や諸NGOが，地方で選出された当局と同じテーブルに同席するための空間を創出している。全国レベルの連合を通じて，諸NGO，諸コミュニティ集団，地元の官僚は新しいやり方で協働の活動をしており，諸サービスの提供の仕方に変革を生み出している。
> 　ウガンダでは，全国を横断して諸村落が，参加型アプローチに加わっている。これは，財務省，全国の諸NGO，地区政府や地方政府が参加しているプログラムを通じて，国の予算の優先事項を定めるものである。
>
> 　出所：Gaventa (2004b).

ュニティが意思決定に参加することを求めるインセンティブを与えるには，以下の諸項目の実現が必要である。

- 事業体の共同所有が，事業の持続性の可能性をより高めること。
- 住民の暗黙知は，政策に関わる「やっかいな問題 (wicked issues)」への解決を発展させる上での資産 (asset) であること。
- 住民はアウトカムをモニターする上で決定的に重要な地位にあり，十分に定義されていないまま到達目標が設定されている諸サービスに重要なチェックを行うことが可能であること。
- コミュニティへの参加は，コミュニティのレベルにおけるスキル，信頼，ビジョンを発展させる上でかけがえのない価値をも持つこと。

　プランニングとの関係で，ジャクソンは以下のように議論している。

「プランナーや政策策定者は次のことを理解するようになっている。すなわち，人々に影響を与えるような参加が，オルタナティブな価値や解決を見出し，土地の所有の不公平を解決し，意思決定における共有感を高め，紛争を減少させ，究極的には意思決定の改善や持続可能な環境マネジメントへと導く。」(Jackson 2001:135-136)

結果的に，多数の国々で革新的な新しいモデルが発展してきた。すなわち，「公共政策における新しい政治にとってのるつぼ」として作用する潜在力をもった，「国家と社会の境界面に位置するハイブリッドな民主的な空間」である(Cornwall and Coelho 2004:5)。

しかしながらガバナンスという言葉を使用することは，批判がないわけではない。ジェソップが論じているように (Jessop 2003:101)，コーポラティズムと同様，ガバナンスは古い方法にファッショナブルな正当性を施すものである。その実際的な適用において，ガバナンスへの批判者は諸パートナーのコミットメントを疑問視し，単に政府の市民に対する責任を放棄するためにパートナーシップが使用される危険性を強調している (Healey et al. 2002a; Atkinson 2003:102)。

パートナーシップは複合的な過程である。パートナーは過程に対して多様な期待，目標，文化，世界観，スキル，権力，資源をもたらしている。最初の方で指摘したように，政策策定の複合性が諸コミュニティのために機会の窓を創り出す一方で，同時にコミュニティを排除することもありうる。権力のバランスがどの程度シフトしたのか，我々はどのように評価すればよいのだろうか。

5　エンパワメントの枠組み

コミュニティはどの程度の力をもつべきなのか。このことを考察し，評価する上でドライゼックは必要な3つの次元を識別している (Dryzek 2000:29)。これらは以下のようなものである。

・参加資格 (Franchise)。集合的な意思決定に効果的に参加することが可能

表 8-1　パートナーシップの諸類型

ホール（Hall 2000）	ホワイト（White 1996）
自律的：持続的な参加を保障するためのメカニズム	変容的：コミュニティのエンパワメントを促進すること。
参加的：平等なアクセスと頻繁に策定される政策の優先事項	代表的：コミュニティが影響力を行使できるよう，参加することが可能な，持続的な組織の能力を構築すること。 （発言）
協議的：他の諸アクターが変革できる余地があること	道具的：公共支出削減に対抗するため，コミュニティの資源や知識を活用すること。 （手段）
外　観：名目や特色づけ	名目的：コミュニティが「中枢に入る」ために参加が可能になるような，正統化。 （表示）

な市民の数。
- 視野（Scope）。民主的な管理下に置かれる生活上の課題や領域。
- 〔訳者加筆：市民参加の〕信頼性（Authenticity）。コントロールが実際に行われているか，象徴的なものであるかにかかわらず，自律した適切なアクターの効果的な参加が伴っていること。

〔訳者加筆：上記の内〕最初の2つはエンパワメントを「誰に」及び「何に」に対して付与するのかという問題に関わる。3点目は，どの程度のエンパワメントを行うのか，という問題を提起している。

アーンステインの「市民参加の階梯」（Arnstein 1969）は，いまだにコミュニティ権力に関する研究において支配的な影響力を有している。彼女の有名でよく引用される8段階の階梯は，（操作やセラピーといった）一番下の段階の非・参加から，（情報提供，協議，懐柔といった）中段階の申し訳程度の参加努力を経て，最上段階の市民によるコントロールのためのパートナーシップや権力の移譲に至る。

コミュニティの権力を増大させる方向で，多数の研究者が類似するアプローチを使用してきた。表8-1では，2つのアプローチ——南北世界からそれぞれ一つずつ——を階梯の形で再現している。

フイトとシャーはこれらのモデルに関係する4つの問題を明らかにしている（Guijt and Shah 1998b: 9-10）。第1に，これらのモデルは静態的で，時代によっ

表 8-2 市民参加に関するジャクソンの諸段階

諸目標の設定	誰のために	特 性
情報の提供	問題に関して情報を知らされていない人たちのために。	一方的なコミュニケーション。
市民教育	問題を認識しているが、それを［解決するための］技術もしくは含意をわかっていない人たちのために。	一方的なコミュニケーション。
反応を試すこと	進歩的で、より情報を持っている人たちのために。	双方向的なコミュニケーション、協議。
諸理念や代替的な解決を探すこと		
合意を求めること		意思決定の共有

出所：Jackson (2001) を基に作成。

ていかに権力関係が変化するのかということを考慮していない。第2に、これらのモデルは参加者と部外者（outsiders）の区別を過度に単純化している。第3に、すべての市民が参加するような、参加の理念型をこれらのモデルは想定している。最後にこれらのモデルは、コミュニティを同質的なものとして想定しており、その多様性を無視している。フイトとシャーの見るところ、いかなる場合でも100％の参加は神話にすぎず、参加の盛衰は、政策過程の諸段階や、考慮される意思決定の特定の側面に依存している。これらのモデルすべてにおいて、〔訳者加筆：参加の〕階梯の頂点は求めるべきものになっていると見なされている。「市民のコントロール」は参加者が望むものであり、常に適切なものであり、コントロールを勝ち取った参加者は他者をエンパワーすると想定されている。

そこで参加をサイクルもしくは車輪と捉えることが望ましいのかもしれない。ここでは、参加者がピンポイントで自分が選んだ目的のために参加する。またローリ・S・ジャクソン（Laurie Skuba Jackson）は別のモデルを発展させている（表 8-2 参照）。これは彼女の以下の信念を基礎にしている。すなわち、「ステークホルダー参加の究極レベルは協働的であり、共有された意思決定で変容的ある」。これは、アーンステインのモデルのようなコミュニティの統制ではない。ジャクソンのモデルは、より高い段階が優越しているような階梯ではなく、参加の一連のものとして想定されている（Jackson 2001：140）。

彼女は，多様な種類の参加は，多様な諸段階やステークホルダーごとに，適切なものとなるべきであろう，と主張する。

　議論されている枠組みは併存的なものとして見なされうる。権力が移行する程度を評価する意味において，我々はそれぞれの枠組み内における（参加の）高いレベルを求めている。

　焦点の当て方は他にもある。まず誰が参画しているのかという問題である。ドライゼックの第1の次元や第3の次元の両方に関係して，コミュニティ内における知のレベルや「市民」や「コミュニティ」が構成されるあり方が問われる。また市民やコミュニティが参加している場はどこかという問題がある。すなわち，政策過程における段階の問題や，意思決定が行われる空間の諸類型の問題である。

　最初に，誰が参画しているのかという問題を見てみよう。地域コミュニティの代表者や指導者として振る舞う「常連の連中（usual suspects）」や「利己的な目的を抱いている」地域の人たちと，「現実にある」本物のコミュニティは対照的である。このコミュニティは，偏見を抱くことがなく，集合的活動にも巻き込まれていない。しかし，「現実にある」コミュニティ構成員が行うことが可能な貢献は，意思決定や政策展開により多く参加する人たちによる貢献とは質的に異なっている。その理由は，人々が持つ参画に関する能力や知識は異なっているからである。保健・医療における市民の参加に関する著作において，テイラーとルプトンは，彼女らが「素朴なユーザー」と呼んだものと，「熟知しているユーザー」と呼ばれるものとを区別している（Taylor and Lupton 1995 ; Lupton, Peckham and Taylor 1998）。前者は不確かな証拠や彼もしくは彼女の個人的な経験に依拠している。後者は蓄積された知識から得られる経験や知に依拠しており，こういった知識は，意思決定過程への参画の時期全体に関わるものであり，必要とされる決定の性質についての理解を深めるものである。両者の貢献は重要なものであり，熟議民主主義における多数の試み（initiatives）は両者を架橋することを試みてきた。素朴な参加者もしくは熟知していない参加者のレベルに留まる参加を維持し続けることは常に中心を特権化することになる。というのも，この中心こそが，集められた情報が加工され解釈される場であり，バウマンが言う「思考の統制エコノミー」の支配が可能となる場であるからだ。素朴

なユーザーの観点で討議することよりも，多様で広範囲の情報源から得られた情報やアイデアを処理する上で熟知しているユーザーが当局と共同で活動することを可能にすることの方が，市民やコミュニティがガバナンスの権力を行使する可能性を高めるように思われる。

　誰がという問題に関して，引き続きバーンズ，ニューマン，サリバンは市民が構成している参加フォーラムのあり方に焦点を当てている（Barnes, Newman and Sullivan 2007）。すなわち「エンパワーされた」公衆，「消費する」公衆，「利害関係者（ステークホルダー）である」公衆，もしくは「責任を有する」公衆としてである。彼女らの説明によると，エンパワーされた公衆という言説は，国家のプレイヤーと特定のコミュニティないし集団との力のバランスを変えることを目的としている。消費する公衆の言説は，公共サービスにおける消費者の権利に関わっている。利害関係者（ステークホルダー）としての公衆という言説は，サービス利用者，納税者，直接・間接によって影響を受けている人たちとして，発言する公衆の権利に焦点を当てている。責任ある公衆は，シティズンシップの責任と関係している。これは国家の役割を減少させることを伴っており，権力への関心を持たないというものである。これらがエンパワメント，国家，市場に関する多様なイデオロギー的な想定に関係していることは明らかである。

　どの程度権力が共有されているのかを評価する上で，どのようなポイントで新しいプレイヤーが過程に参加を許されるのかを考えることもまた重要である。すなわち，「どこで」という問題である。第7章で見たように，消費主義者の諸政策はサービスの選択や使用の力を市民に許すものであるが，しかし，市民に利用可能なサービスの範囲を超えて，あるいは諸サービスに対して市民が持つはずである諸権利の決定に際して，公衆に市民としての権力を許すものではない。諸コミュニティは政策の実行面においてのみ参加しているのか〔訳者加筆：確かに，このことも重要であろうが〕，それとも諸コミュニティはアジェンダ設定や政策への展開にも参加しているのか。この点を考察することが参加に関するいかなる分析にも必要である。ゲームの規則である意思決定過程を知ることは，コミュニティの諸アクターにどの程度許されているのか。この点を考察することもまた必要である。

　どこでという問題に関する別のアプローチは，開発学研究所（the Institute of

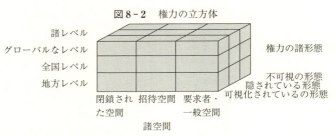

図8-2 権力の立方体

出所：the powercube.com

Development Studies) のガヴェンタ (Gaventa) とその同僚により提供されている。ここでは意思決定「空間」の3類型が，統制実行者の違いにより区別されている。第1類型は，市民やコミュニティには閉ざされている，「閉鎖された」空間である。第2類型は，市民やコミュニティは招かれているものの，招待者が支配・統制を及ぼす，招待空間である。第3類型は，市民や諸コミュニティ自身によって設定され，統制されている，要求者 (claimed) もしくは一般空間である。この区別は，権力の立方体と呼ばれているもので用いられている3次元モデルの1側面を表している。これを，図8-2で表しておく。

この枠組みの第2の要素は，地方レベル，全国レベル，超国家レベルという，参加される政策策定のレベルである。第3の要素は問題における権力の類型に焦点を当てており，第7章で述べた，ステファン・ルークスの権力の3次元を基礎にしている。これらは，以下のように権力の立方体で定義されている。すなわち，(意思決定メカニズムが可視化されている) 可視化されている形態，(政策アジェンダを形成し，影響力を与えている) 隠されている形態，(規範や信念を形成する) 不可視の形態，である。

6 考　察

グローバルな権力のブローカーや政府が財政赤字救済プログラムの条件設定に参加しているという事実は，強力な変革への梃子とインセンティブを提供している。そのことは，政府制度内における諸同盟やドアをノックしている諸コミュニティのポジションを強化している。またそのことは，変革に対してより

消極的かもしれない人たちにインセンティブを与えることに有効である。しかし上からの圧力だけが変革への梃子なのではない。

　社会運動の理論家たちは政治的な機会構造を下からの変革が成長したり成功したりする決定的な要因であるとみなしてきた。タロウは次のように論じている。

　　「機会が開くことは、内部資源を持たない人々に外部資源を与えることになる。前に壁しかない状態で開くこと。以前には可能ではなかったように思われる同盟や、新しい集団に権力をもたらすような再編成を可能にする。」(Tarrow 1994：99)

　本章の冒頭で示した楽観主義からすると、ガバナンスやパートナーシップへの移行は新しい政治的空間を開く潜在力を持っている。そこにおいて、継続している排除の問題に取り組むための新しい手段を見出すこと、意思決定の新しい形態を創り出すこと、オルタナティブな経済的解決を発展させることが可能である。しかし第7章での権力分析が示唆しているように、新しいガバナンス空間は、あまり可視的ではない方法で、旧来の権力パターンを単に永続化しているだけなのかもしれない。仮にパートナーシップや民主主義の熟議的形態が単に既存の制度への固定化、すなわち諸パートナーや諸コミュニティを既存の体制や理解の枠組みに取り組むことを意味するのにすぎないのであれば、それらは問題解決への道のりを提供しているのではなく、むしろ疎外や排除に加担していることに留まっていることになろう。

　上からと下からの変革へのはずみは、アボットが本章の初めに主張したような、創造的な対話や「交渉による発展」へと活用されているのか。あるいは現実はそれ以上に複雑なのであろうか。これは「権力を超えて」もしくは「権力への参加」を示しているのであろうか。あるいは政策策定の新しい形態を見出すものなのか。さらには無難な制度の試行錯誤に陥っていることを意味しているのか。これらの新しい機会を実践に移そうと試みる場合に生じる、逆説や緊張のいくつかを、第9章では明らかにするものである。

第9章　エンパワメントを経験する

1　みせかけ，それとも機会の窓

　これまでの章では，コミュニティ参加を通じたエンパワメントがどうして世界中で貧困と疎外への主要な対応策になってきたのかについて説明してきた。そこで述べたように，ガバメントからガバナンスへの動きのなかで推し進められているコミュニティ参加政策やパートナーシップ政策には，新たな公共，政治空間を切り拓く潜在的可能性がある。このパートナーシップのレトリックが物語るのは，国家制度に根ざした権力という固定的な考え方から，パートナー間で共有，開発，協議が可能な権力といった柔軟な考え方への移行である。しかし，我々が詳しく調べてきた他のすべての用語と同じように，ガバナンス，パートナーシップ，参加という言葉は，至るところで好き勝手に使われたり，過度に単純化されて用いられたりする可能性のある用語である。つまり，我々が議論してきた新たな政治的機会とは，シンボル的なものにすぎないのか，それとも現実的なものなのかが問われている。

　第1章では，ステュワートと私が行った1995年までのエンパワメントに係る文献レビューに言及した。そこで我々は，時間の経過とともに，コミュニティ参加に対する思想，政治，実務上の環境に変化はあったけれども，依然として，権力の欠如，コミュニティ勢力の権力構造への限定的アクセスという同じ問題が手つかずのまま残されているとの結論を下した（Stewart and Taylor 1995：63）。そして我々は，「際限のない，無益な努力の繰り返し」と「経験よりその場しのぎの便法」について言及した。以来，状況は変わったのであろうか。

　当時も，それ以降も，イギリスの研究文献では，本当の意味で進歩を遂げるのは，実施のレベルであることを示す報告が相次いでいる。幾年にもわたって，住民たちは小規模な決定に影響力を及ぼし，自ら決定した事業の運営にあたっ

てきた (Mayo 1997 ; Anastacio et al. 2000 ; Coaffee and Healey 2003 ; Richardson, 2008)。しかし，政策形成上の争点を動かすこと（ルークスの権力の第2の顔）は，より困難であることがわかった（Burton et al. 2005）。よって，前進は図られたものの，先はなお長いといえる（Schofield 2002 ; Atkinson 2003 ; Jones 2003 ; Somerville 2005 ; Ingamells 2007 ; Barnes, Newman and Sullivan 2007）。

　世界の他の場所での経験も似たような話を伝えている。1995年にファインスタインとハーストは，アメリカでは，近隣組織が勝利を収めつつあるものの，それは限定的であり，「困窮の元々の原因となったより大きな力に挑戦したわけではない」と報告している（Fainstein and Hirst 1995 : 190）。その後，ギッテルは，クリントン政権のもとで設置されたエンパワメント・ゾーン（Empowerment Zone)[1]を「よく知られた失敗モデル」（Gittel 2001 : 100）と表現している（De Filippis [2001 : 28-35] 参照）。アトキンソンとカーミッチェルは，パートナーシップや他の住民参加形態のフランス，デンマーク，イギリスでの成果に懐疑的である（Atkinson and Carmichael 2007 : 59-60）。南半球の国々の研究者たちもまた，多くの参加の取り組みに極めて批判的な姿勢を崩していない（Cooke and Kothari 2001 ; Hickey and Mohan 2004a）。それは，そうした取り組みのもとでは，分権化のレトリックにもかかわらず，参加者間の権力の不均衡や，明らかなあるいは暗黙のうちの（反対派や少数派の）取り込み，費用負担の（コミュニティ等への）転嫁，継続的な集権化などの問題が顕在化しているからである。1998年に，ブラックバーンとホランドは，次のようにコメントしている。

　　「村落や都市の貧困地区において，参加型計画に資源を振り向けるのと，長年にわたって参加の取り組みを実施しづらくしてきた既成機構の運営構造を問題視し，極めて硬直的で，リスクを取らないその組織体質の変革に踏み出すこととは別問題である。」(Blackburn and Holland 1998 : 3)

　その10年のち，コーンウォールは，コミュニティ参加は，なおもその民主的な潜在可能性からして不十分なままであると論じている（Cornwall 2008b）。コエーリョとの共著では，新たな民主的な空間は，まだ本格的な変化のための空間になっていないと主張している（Cornwall and Coelho 2004）。

いずれの協議形態も，以前のような形態と比べると，かなり改善しているといえるが，依然，コミュニティの期待はもちろんのこと，パートナーシップと参加のレトリックにも，見合うものとはなっていない。いずれの「協議」の形態も，しばしばアーンスタイン（Arnstein）の（参加の）梯子上ではかなり低く順位づけされている。実際，コーンウォールは，世界銀行にとって，情報提供や協議が参加やエンパワメントの形態としてどのように考えられているかを説明している（Cornwall 2008a：270）。それによると，今日，コミュニティは全般にわたって様々な協議に参加することを求められているが，その協議が行動に移されることは滅多にない。例えば，イギリスの監査委員会の報告によると，（業績評価における）優良自治体の4分の3が協議結果を意思決定過程に結びつけていないことが判明した（Audit Commission 1999：41）。このような状況を見ると，コミュニティは以前よりも幅広い分野で本当は疎外されているのではないかとの疑念が沸く。もちろん，こうした例ばかりではない。サクセスストーリーもまた存在し，それについてはこの本の後段で立ち戻ることになるが，本章では，なぜコミュニティ参加政策やエンパワメント政策の潜在力が今もって引き出されていないのかについて探っていく。

では，そもそもそうした政策を妨げる要因は何であろうか。ガバナンスやパートナーシップについての考え方は，権力の多元主義的分析を前提としがちである。そしてその前提に従えば，すべてのステークホルダーを意思決定の席に招くことで，様々な議論について合理的な比較検討が可能となり，結果として合意がもたらされると仮定する。しかし，こうした考え方は，様々なパートナー間での権力，文化，資源の違いを考慮していない。多元主義は，エンパワメントのニュアンスを含むものではないのはもちろん，アクセスの平等を意味するものでもないのである。

2　ゲームのルール

クレッグは，「権力は行動を可能にもするし，束縛することにもなる『ゲームのルール』のなかに常に刻み込まれるものであり，プレイヤーのなかには，プレイヤーとしての動きをするだけでなく，権力資源としてのルールの審査にあ

たるものもいる」と論じている（Clegg 1989：200-201）。これがコミュニティにとって問題なのは，ガバナンスにおける新しい「招待空間」のなかで行われるゲームを決めるのは，コミュニティ自身ではないということである。すなわち，コミュニティがゲームのルールや審査システム，あるいは実際，誰がプレイするのかを決定しているのではなく，より権力を有するプレイヤーが有利な立場に立つようになっている。実際のところ，多くの人が自分は完全に誤ったゲームをしていることに気づいている（Taylor 2001）。

（1）我々がプレイしているゲームは何か

　今日まで，ルークスの言う争点化の力は，公共機関の手のなかにしっかりと残されてきた（往々にして，その背景には民間セクターの利害が存在する）。多くの国で経済的な課題が常に優先されるなか，コミュニティの代表は，社会的な問題を提起していくことの難しさにずっと直面し続けてきた。実際，第3章で論じたように，ニュー・レイバーはイングランドの近隣再生国家戦略のなかで社会的疎外に対するより包括的なアプローチを導入したが，任期の終わりまでには失業問題への対処に主眼を置く方向へと回帰してしまった。アトキンソンによると，この伝統的な経済重視の姿勢は，「何度も修正が加えられた末に」，グローバル化は現在の形態のなかでは必然であり，「政府は市場に抵抗できない」とする仮説を肯定するものとなっている（Atkinson 2000b：226）。社会的要素が組み込まれているプログラムであっても，「資本の流動化や，低い労働費用，社会的支出の削減，賃金の平等の堅持を推奨する包括的な政策アジェンダ」のもとでは，何らかの有益な進歩を成し遂げるまでにはなかなか至らない（O'Connor 2007：25）。

　この経済アジェンダは，国家，国際レベルで決定づけられたものであるが，往々にして，それは地域レベルで強化される。地域では，他地域との競争のなかで民間投資（Anastacio et al. 2000；Fraser et al. 2007）や特定の公的資金プログラムを呼び込もうとするニーズに沿ってアジェンダが設定されることもある。そのように経済競争力を重視することで，例えば，大規模開発をめぐる決定に，開発の影響を被るコミュニティの多くが深く関われなくなっている（Taylor 2007a：304）。また，経済的発展がパートナーシップや他の重要な関心事におい

て最重要の目的になってしまう可能性もある（Thekaekara 2000）。このため，パートナーシップで働く人たちやコミュニティ代表は，コミュニティの見解をプログラムの設計や計画に盛り込むことよりも，むしろコミュニティに対し外部世界の事柄を説明することに時間を使わなければならないことに気づくようになる（Diamond 2001）。

　また，アジェンダは成功とみなされるものによって決定される。コミュニティがプログラムの計画や設計に関与している場合でさえ，コミュニティはプログラムをモニター，評価する基準，すなわち判断基準についてほとんど発言権を持っていない（「9-1　何が大切かを決める」参照）。政治家や資金提供者が「厳しい定量的なアウトプット」を強調することによって，技術的な偏りが生じる。これは，第8章で論じられているプログラムの構成や運営に対する合理的，科学的アプローチの制度化につながることになる。この種の話は，世界中の至るところで実例として報告されている（Uphoff 1995：26）。「一般に，説明責任とは，目的と手段の詳細を事前に明らかにしておく義務を果たすために課されるものである。それが課されることで，はじめて目的が達成されているか，目標実現のために予め決められた手段が適切に活用されているかを評価することができる」。このように，アップホフ（Uphoff）はプロジェクトがそれを取り巻く経済的，社会的，文化的，物理的状況やその他の環境から切り離されていると主張しているのである。

　重視されるのは何がなされたかであり，コミュニティが重要だと考えるものの，数値化が困難な仕事は考慮に入れられない可能性がある。あるいは，コミュニティが実施したい案件を似つかわしくないアジェンダのなかに無理矢理押し込んでしまうこともありうる。すなわち，「それは他の誰かのアジェンダに関するものである。実際のところ，彼らはコミュニティからの参加者に対し，ただあれこれと少しばかり手を加えることだけを求め，優先順位をつけるようには決して頼んでこない」（近隣再生プログラムへのコミュニティからの参加者の発言）。また，プログラムが進展するにつれ，裁量の余地はほとんどなくなる。

　「9-1　何が大切かを決める」の2つのプログラムは，両方とも長期（それぞれ7年と10年）のものである。しかし，ギッテルはアメリカにおいて，より幅広い，縛りのない支援の価値を認める研究データにもかかわらず，長期に及ぶコ

> ── 9-1 何が大切かを決める ─────────────
>
> 　イギリスでは，1997年にニュー・レイバー政府が，より良い社会福祉サービスの提供により，健康面での社会的格差の解消を図るため，健康アクション・ゾーン（Health Action Zones）(2)と呼ばれるプログラムを開始した。しかし，このプログラムは予想していたよりも，トップダウン的なものとなった。優先順位は中央政府によって設定され，コミュニティのための目的や優先順位を定めるよりも，公的システムの枠組みのなかにおける事業の位置づけを協議することにより多くの労力が費やされた（Barnes, Newman and Sullivan 2007:29）。
>
> 　同じことが，ニュー・レイバー政府の目玉事業であったコミュニティ・ニューディール（New Deal for Communities）(3)プログラムでも起こった。都市部の困窮問題に取り組むことを目的としたこのプログラムは，過去のパートナーシップ・プログラムの数多くの教訓を踏まえ，コミュニティを地域再生の中心に据えることを確約し，最初からコミュニティに対し参加に必要な資源と時間を提供した（本章以下本文参照）。けれども，成功の判断基準については，コンサルタントが中央政府のガイダンス・ノートとそれに付随する67の義務的指標に照らし合わせて作成したものであった。もっとも，地域によって決められたその他の基準は全く排除されたわけではなく，レトリック上はそうした基準も奨励され続けた。しかし，政府の基準を満たすことに時間，資源，労力を奪われてしまっているなかでは，必然的に地域やコミュニティの基準は，後回しになった。

ミュニティ開発への包括的アプローチに代わって，縛りのきつい特定プロジェクト資金が導入されていることに批判的である（Gittell 2001）。こうした彼女の主張は過去の経験に学ぶことなく，むしろ同じことを繰り返し続けているかのようにみえる短期プログラムやプロジェクトに批判的な他の多くの主張と共通している。（O'Connor 2007；Butcher and Robertson 2007:98）。

　本項の最後に，バーンズ，ニューマン，サリバンのコメントを紹介したい。彼らは，コミュニティ参加の要求に応えようとする地方自治体について論評し，自治体がすでに現場にあるはずのものを考慮せず，新たな討議の場を独自に設置したがる点に苦言を呈している（Barnes, Newman and Sullivan 2007:187）。ナイデゥは，南アフリカにおいて同じような現象を指摘している（Naidu 2008）。彼は，同国で「多くの活気あるコミュニティの取り組みに代わって，区委員会が新たに設置されたのは，政権にとって区委員会の方が公衆参加の基準を満たしていると言うのに都合のよい手段」であったからだと説明している。また，こ

の問題は，政権交代の際によく起きることとなる。ニカラグアでは，サンディニスタ政権が2006年に政権へ返り咲いた際，それまでの市民による取り組みを政権設置の委員会に置き換えてしまったため，都市委員会を創設しようとする新たな市民の試みは一掃されてしまった（Taylor et al. 2009）。

（2）どのようにプレイするか

争点化の力がルークス（Lukes）の権力の第2の顔を反映したものであるならば，権力の第3の顔は「ゲームのルール」を前提とすることではっきりと理解されるものとなる。統治性理論の観点（第8章参照）から，アトキンソンは次のように論じている。

> 「パートナーシップ形成とエンパワメントのプロセスは，恵まれない人たちに地域再生の恩恵（のいくばくか）を確実に届ける方法であるかもしれない。その一方で，それは既成の支配とコントロールの関係を強化する効果に加えて，世のなかの現実のある一面を正当化する効果を併せもっている可能性がある。そして，その正当化された現実が，何が『合理的』であるかや，要求が通りやすい言葉づかいといったものを決めてしまっているのである。」（Atkinson 1999：170）

排除のゲームのルールには，3つの要素がある。それは，意思決定の構造と体系，行動基準（特に，対立と合意をめぐるもの），そして審査の体系である。

1）構造と体系

多くの研究が不可解な構造，階層組織，手続きに関するコミュニティの不満について報告している。「プロセス全体が途方もなく複雑であったがゆえに，コミュニティ代表は，その巨大な官僚主義的プロセスに立ち向かわなければならなかった」のである（Taylor and Seymour 2000）。適切な仕組みというものに執着するあまり，ビジョンの共有が後手に回り，結果として行動が遅れてしまうような事態があまりにも頻繁に起きている。その結果，直面する現場の喫緊の課題を解決したいと願う潜在的な参加者が関与できないでいる。管理や手続きばかりにこだわっていると，最も献身的に取り組んでいる住民からもエネ

ギーと熱意を徐々に奪ってしまうことになりかねない。

　パートナーシップは，一般に既成の権力構造，プロセス，枠組みのなかで発展してきた。すなわち，新たなレトリックが，古い瓶のなかに流れ込んだのである。公共セクターの文化が，極めて深く染み込んでいるので，権力を保持する側は，既成の権力関係を維持しようと，往々にして無意識のうちに，部外者には不可解な言語や手続きを使ってしまっている。その場を公共セクターの会議やプロセスの慣習が支配してしまっているのである。そこでは今も，手続きや言語を変えるべきかどうかだけでなく，コミュニティ代表が状況を理解するのに説明を要するかどうかについても，全くといっていいほど顧みられていない。「9-2　コミュニティやサービス利用者からのコメント」では，このことがコミュニティの参加者にもたらす問題を記載している。

　公共セクターはその文化のなかに染み付いたコミュニティに対する固定観念から抜け出せないでいる。すなわち，コミュニティというものは，重要な決定の複雑性を理解せず，予算制約や公平性を担保する必要性からやむなく生じてしまう犠牲も積極的に受け入れず，自分たちの関心によって支配されていると想定されている。確かに，コミュニティの多くの人たちの関心領域は狭くなりがちである。特に，参加プロセスの始まりの頃にはそうである。しかし，第11章で論証するように，そうした前提を覆す証拠も相次いで報告されている。それによると，疎外されたコミュニティの人たちも利害と予算のバランスを保つ必要性を理解できるし，また実際そうしている。さらに，彼らは困難な選択を行うこともできる。そしてそれにより，コミュニティの人たちは困難な問題の解決に影響を及ぼす，これまでにはない重要な知見をもたらしうる存在となる。

　しかし，それにもかかわらず，複雑な技術のせいで，コミュニティが排除されてしまう可能性がある。オニールはコミュニティの参加者の意欲を削いでしまったモントリオールの健康プログラムへの参加に係る研究を引き合いに出し，次のように述べている。

　　「（コミュニティの人たちは）高度に技術的で複雑な問題や自分に縁のない技術者特有の物の考え方に接するうちに意欲を削がれてしまった。結果として，健康システムの運営は，専門家や行政担当者の手に委ねられてしま

第9章 エンパワメントを経験する

---── 9-2　コミュニティやサービス利用者からのコメント ───

適応するのは誰？
「私が関わったすべての取り組みで，自治体のレベルに届くよう努力しなければならないのは我々であった。（中略）彼らは決して我々のところまで降りてこないのだ。」

不慣れなシステムに向き合う
「とてもたくさんの背広を着た人たちが居るなかで，勇気を出して声を上げるのは難しかった。時には，今度こそ何か言おうと決心していても，どういうわけだか口を開けることなく，会議は終わってしまうのだった。」

やる気を削ぐような反応
「『馬鹿げたことを』言った，『会議のなかの不適切な時に』言った，『関係のない議題のところで』言ったなどと『感じさせられる』ので，最初のコメントを言ったら，二度と自信を取り戻せない人たちもいる。」

同意していない決定に関わる
「会議の場に座って積極的に同意しても，欠席により，実質的に書類を通してしまったことで結果的に同意したとしても，同意した以上，決定について質問したり，反対したり，それに類することをしたりするのは難しいかもしれない。」
「ぎっしり詰まった議事のなかで，行動計画は最後の20分で承認されることになる。」

専門家中心の議事になってしまう
「コミュニティ・フォーラムであるはずなのに，我々は他の人たちの（専門的な）報告を最後までずっと聞いていなければならない。」

出所：Hastings, McArthur and McGregor (1996); Skelcher et al. (1996); Kumar (1997); 著者の未公開研究。

った。住民の代表は，『時間の損失をもたらし，意思決定プロセスのスピードと効率を妨げるばかりか，機関内あるいは施設内の様々なグループ間で無益な対立を生む』存在だと受け取られた。」（O'Neil 1992 : 291）

　イギリスでは，申請プロセスの複雑さや申請期間の短さのせいで，コミュニティ・グループはコンサルタントを雇うことをよく推奨されるが，そのコンサルタントが成功とみなす判断基準は，トップダウンのアジェンダの内容を反映したものである（コミュニティ・グループ本来のものではない）（第8章参照）。コミ

ュニティ・グループは，ゲームに参加するために見知らぬルールやシステムに自分たちで適応していかなければならないことに気づくであろう。「7-1　システムはどのように制度化されるのか」で描写している「同型化」のデモンストレーションはその典型例の一つである。

　コミュニティにゲームのルールの採用を働きかけるには，さらに巧妙な方法がとられる。第7章で論じられている，フーコー（Foucault）の統治性理論の主題は，それがたとえ市民の利益に反している場合であっても，統治の技術が，いかに市民の自発的な服従をつくり出すために使われるかを示すことにある。ラーナーとバトラーは，統治性理論が現場でどのように機能するかを示すために，優良事例ガイド（good practice guide）や移転可能信念モデル（transferable models），将来像検討作業（visionary exercise），コミュニティ活動デー（community action day）を引き合いに出し，それらが「コミュニティの主体として個々の市民を再構成する」ためにどのように使われているかを説明している（Larner and Butler 2005：38）。特に，明確に何かを要求していない場合でさえ，必ずガイドラインには，無力な人たちが自らの前にある課題についてどのように理解したらよいのかが示されてある。つまり，そのようなガイドラインは，引き受けている仕事に関してあまり経験のない人たちを支援する意図を持って提供されている。それらはまた，国全体の政策枠組みのなかでの地域開発の位置づけをきっちりと理解できるようにするためのものでもある。ガイドラインは，コミュニティの関与を強調する際にも，反抗的なパートナーを同調させる上で役立ちうる。しかし，ガイドラインが中央でつくられたものである以上，以前から存在するプログラム設計や意思決定の文化を大事にしようとする傾向が強い。限られた時間と資源のなかで，コミュニティでの物事の進め方にバラツキが出るようなリスクを負うことをあまり想定していない。こうしたガイドラインは強制的なものではないのかもしれないが，注目を集める取り組みを主導的に進める立場のパートナーたちは，当然のことながら危険を冒さないでおこうと考え，その内容を真摯に受け止めようとしている。

　パートナーシップにおけるコミュニティの代表たちは，政府のプログラムが彼らに求める技術を身につけるため，自分たちの言語と行動をいかに改めるかについて学ぶことになる（Schofield 2002）。しかし，サンプソンの言葉を借りれ

ば，それは次のようなものになる。

> 「聞いてもらうためには，私はあなたがたが示したやり方で話さなければならない。私が私のようにではなく，あなたがたのように話すその時のみ，聞いてもらえる。」(Sampson 1993: 1220)

この同一化は言語という枠に留まらず広がっていく。アトキンソンは，コミュニティ組織が施策上の幅広い要求に応えるべく，集合的にも，個別的にも自己統治可能であることを示すよう迫られた際，どのようにして自らを再編するかについて説明している (Atkinson 2003: 118)。一方，サービス提供者や社会的企業としてのコミュニティ組織の組織化を目指す国の施策では，コミュニティ組織ならではの社会的原点，精神，目標が，施策上の組織の活動や役割と政治的，社会的にあたかも無関係であるかのように捉えられ，駆逐されてしまう危険性がある (Carmel and Harlock 2008: 156-157)。

２） 容認可能な行動

前述の議論は，ゲームの運営の背後にある不文律の存在を浮き彫りにしている。そのなかでも目立つのが，対立にあえて向き合おうとしない，多くのパートナーシップや参加の取り組みの姿である。アネット・ヘイスティングス (Annette Hastings) と彼女の同僚は，1996年に行った10のパートナーシップへの調査において，合意の文化がパートナーシップの空気を圧倒的に支配してしまっているように見えると報告している。それによると，住民たちが協議の場で自分たちの統一見解を示せないでいると，住民だからといって大目に見てもらえるような雰囲気では全くなかった。また，パートナーの提案に対する住民たちの抵抗は，妨害として取り扱われた。さらに最近では，バーンズ，ニューマン，サリバンが，特定の立場に立った，あるいは個別の経験に基づく熱心な意見の表明よりも，私情を挟まない，公平な討議が選択される現状を批判し続けている (Barnes, Newman and Sullivan 2007: 204)。彼らは，「政府はコミュニティを利用したいと思っているが，コミュニティの行動主義（アクティビズム）には強い不快感を抱いている」と主張している。クリーヴァーは，さらに踏み込んで，「礼儀正しい態度，対立の回避，合意による意思決定はすべてパートナーシ

ップが十全に機能を発揮することを担保するものであるが,それらは一方では不平等を助長する方向に働いてしまうこともある」と述べている(Cleaver 2004:272)。相違や不一致を受け入れて取り組もうとしないと,住民たちの力は大きく損なわれてしまう(Taylor 2007a ; Taylor et al. 2009)。特に,対立が生じる場合,より強力なパートナーに有利に解決されるのが通例なので,そうならざるを得ない。

>「私は,対立を避けることが解決策になるとは思わない。このアジェンダに参加している多くの人たちは,対立を負の力であり,効果的でないとみなしている。しかし,私はそうは思わない。議論やプロセスのなかで,対立がないとすれば,それこそ憂慮すべきことだといえるだろう。対立がないということは,現状を何ら変えようとしていないことに他ならないからだ。」(近隣再生プログラムの専門家)

南半球の国々における経験を基に執筆しているホワイトは,次のように述べている。

>「多くの『参加型』とおぼしきプログラムにおける対立の不在に,我々は疑念を抱くべきである。変化には痛みが伴うものである。」(White 1996:155)

力の弱いパートナーが多数意見に同調するのではなく,むしろ自信をもって異議を唱えられるようになると,対立はパートナーシップが機能していることの証しとなりうる。1990年代に様々な研究の対象となった33もの地域再生プログラムがあるが,そのなかで最も成功したのは,対立や膠着状態という瀬戸際から脱したものである(Taylor 1995b)。実際,パデューと彼の同僚は,その研究において,信頼というものは,時としてある程度の対立期間を経ないと現れ得ないとの見解に辿り着いている(Purdue et al. 2000)。

確かに,合意形成の努力は,パートナーシップの取り組みを超えて行われている。第7章で,私はニコラス・ローズ(Nikolas Rose)のコメントを引用し,コ

ミュニティの言説がどのように抵抗の言語から専門的な言説に変わっていったのかについて述べてみた。デ・フィリップス，フィッシャー，シュレイジも，地域開発，社会的供給におけるコミュニティ密着型組織の果たす役割の拡大は，政治批判の衰えと軌を一にしていると主張している（De Filippis, Fisher and Shragge 2009 : 38）。また，デモやストライキのような伝統的な形の反対運動や社会活動も，ますます不快に思われるようになっている（Barnes, Newman and Sullivan 2007 : 204 ; Cornwall 2008a : 282 ; Bunyan 2010 : 122）。この問題については，本書の後段で立ち戻ることとする。

3）審　　査

　私は先にアジェンダは「大切だとみなされるもの」によって予め決められていると主張した。世界中の研究は，パートナーシップにおけるコミュニティ活動を抑制する主たる要因の一つが，過剰なモニタリングとアカウンタビリティにあることを示唆している。パートナーシップやコミュニティ・プログラムでは，過剰なモニタリングとアカウンタビリティへの対応はいわば当たり前であり，特に，公的資金を活用している場合は必須であると言ってよい。また，思い通りにはいかないもので，パートナーシップの取り組みに活用されるこうした資金は，パートナーシップ内での合意へのインセンティブを提供するだけではない。政策ビジョンの必要性よりもむしろ金銭の支出に関心を払い，手続的な（上方への）アカウンタビリティの問題ばかりをアジェンダに取り上げることによって，パートナーシップ内での合意の妨げにもなりうる。

　エドワーズとヒュームは，こうしたアプローチがいかに南半球の国々に浸透していったかについて説明している（Edwards and Hulme 1995b : 13）。ここで彼らは，「論理的枠組み」アプローチと官僚主義的な報告行為への大きな信頼が，「アカウンタビリティ」よりもむしろ「会計能力」を育ててきたと論じている。すなわち，階層的な管理体制を支持し，指標の標準化を推進することで，（コミュニティなどの）学習意欲を削いできたのが，このアプローチの実態である。これでは，コミュニティにも，戦略的アプローチにも役立たない。結局のところ，「機能的アカウンタビリティが戦略的アカウンタビリティに優先され，上方へのアカウンタビリティが下方へのアカウンタビリティに優先される」ことがほとんどなのである（Edwards and Hulme 1995a : 219）。

適切なモニタリングやアカウンタビリティの必要性については，まず誰も異論を唱えないであろう。しかし，適正な支出ばかり気にしていると，複雑な申請様式を定め，数値化できる経済的なアウトプットのみを重視し，仕組みと手続きにこだわってしまうことになる。そしてこうしたことのすべてが，将来性に富んだ多くの取り組みの妨げとなってしまっている。例えば，イングランドのニュー・レイバー政府の大臣たちが，社会的起業家精神やイノベーション，独創性といったアイデアにこだわろうとしたのに，政府の制度はなおも不可解な手順や不可能な期限，規則，規制を設け，様々な試練を課してきた。ニュー・レイバーは，地域の関与や活力あるコミュニティに対し惜しみない賛辞を送ってきたが，結局のところ，国家が乗り手の立場に立ち戻り，以前よりもさらに厳しい政府規制を導入する結果に終わってしまっている（Chandler 2001：10）。現在の政府は，小規模なボランタリー・コミュニティ組織のために，官僚主義的な手続きの負担を軽減しようと規制緩和のタスク・フォースを設置しているが，過去の似たような取り組みの経験から，これが難題になるであろうことは想像に難くない。

モニタリングとアカウンタビリティへの要求は，不釣り合いなまでにアカウンタビリティの末端にいる人たちのところへ降りかかってしまっている（Taylor and Warburton 2003）。第6章で述べた不確実性の転移（置き換え）によって，最も強力な省庁や機関は，弱者に調整の負担を無理矢理背負わせ，バランスを保とうとする（Marris 1996）。国際的，全国的なレベルから地方自治体を経て，コミュニティ組織にまで降りていくこの移転のプロセスは，世界的にみられる現象である。欧州連合（EU）の経験から，官僚機構の階層化が進めば進むほど，公的なパートナーはリスクをより回避する可能性の高いことがわかっている。特に，下位の政府は，上からの潜在的な要求から身を守るため，リスク回避的な行動をとりがちになる。

コミュニティが，ここにみられる皮肉に気づかないわけはない。彼らは，1ポンド，1ユーロ，1ドルを使った証拠として，バスの領収書の提出を求められる一方で，欧州委員会の上層部の詐欺や政治家の不正経理請求の問題についての記事を常日頃から目にしている。彼らはまた，政府の目玉事業において何百万ポンドものお金が日常的に浪費されていることについても知っている。だ

から，欧州基金プログラムに関わっていた住民の一人が，次のように主張することになる。

> 「私が思うに，彼らはコミュニティに対する責任よりも財政的な責任を重要だと考えている。だから，国中のボランタリー・コミュニティ・セクターは，『上から課された責任を考慮せざるを得なくなっている』。…（中略）…政府の取り組みや事業は…（中略）…予算を何百万も上回っても問題にされないのに，コミュニティ組織が予算をオーバーしたり，一歩間違えたりすると，彼らは我々を激しくとがめる。」(Taylor and Parkes 2001)

こうした懐疑的な見方を補強したのが，先般の銀行危機であった。納税者の犠牲による巨額の銀行救済策にもかかわらず，規制に対する業界の抵抗が続いた。

煩わしいモニタリングの要求に付随するのは，皮肉や不公平感だけではない。それに加えて問題なのが，パートナーシップへの資金提供者がいつも求める複雑な申請様式や評価プロセス，モニタリング・システムのせいで，資金提供者，公的団体，コミュニティの間で不信感が生まれ，関係悪化につながっているという事実である。別の研究（Craig et al. 2002：19）においてあるボランタリー・セクターの代表が言っているように，「依然ボランタリー・セクターの申請をまるで不正を避けなければならないかのように取り扱っている公的団体があまりにも多い。そこには，立ち向かわなければならない偏見がある」。さらに，これまでの報告からすでに明らかなように，規制は常に増えていく傾向にあり，滅多なことでは減らない（Bardach 1989：224）。

パワーが名づけた「監査社会」(Power 1997) が実際に支配的になったことで，優れた政策とコミュニティ・エンパワメントの双方に逆行するような事態が生じている。その内容としては，主に次の3点が挙げられる。まずその第1は，監査社会の考え方がイノベーション創出に向けた活動に関する最近の知見と相容れないという点である。国連の国際比較調査によると，優れたコミュニティ開発プログラムの重要な特徴の一つは，「定型的な手続きよりも柔軟さ」にある。この見方は，パデューとその同僚による研究でも支持されている（Purdue et al.

2000)。彼らは,「最小限の仕組みのもとで物事を臨機応変に行えることが,協調して自在にイノベーションの創出にあたる上での鍵となる」と主張している (Purdue et al. 2000 : 48)。しかも,彼らはさらに続けて,「現在のやり方では,明確なコミュニティの関与が始まる前の申請段階で詳細にわたって決めてしまうことが多い」とも述べている。社会的排除という滅多なことでは解決しない問題に取り組むつもりならば,やはりどうしてもリスクというものを背負わなければならないであろう。

　第2点目として挙げられるのは,数々の過剰なモニタリングの要求が,開発,エンパワメント,地域再生プログラムが参加を期待するまさにそのコミュニティの活動を阻んでしまっているという事実である。そうした要求が,意欲を削ぎ (Anheier and Kendall 2002),また現場の作業に注力できなくしてしまっている。第3は,モニタリングの要求が,コミュニティ密着型組織の運営方法を専門化させてしまっている点である。それによって,これまで組織で独自に行ってきたコミュニティへの貢献活動の継続が危うくなっている。また,厳格な業績評価を求めようとする姿勢は,エンパワメントへの発展的アプローチとは相容れない。例えば,シェパードは,インドのウッタル・プラデーシュ (Uttar Pradesh) での EU の資金支援による取り組みにおいて,「資金提供者の圧力によって厳しい制約が加えられたため,本来参加型事業ならば生み出したであろう潜在的に有益な成果を実現することが難しくなってしまった」と説明している (Shepherd 1998 : 95)。先に見たように,数値化されるもので,コミュニティ自身が重要だと感ずるものはほとんどない。

　　「数のゲームは,どれだけの時間と作業がたった1回のコンタクト,1人の若者との関わり合いに振り向けられる可能性があるのかを全く考慮していない。」
　　「それは,とてつもなくたくさんの文書作成作業であり,膨大な数あわせの行為である。〔小さな事業であっても〕,あなたは,仕事をどんどん前に進めるよりもそういうことをするのにより多くの時間を使うことになる。」
　　「人は,それを書類上のチェック欄に☑印を付けているように感じる。何かしらあった人間的な現実味がどこかに失われていくのを感ずる。」(著

者の未公開研究）

マリスは，これが新しい問題ではないと指摘している。

> 「例えば，1960年代に応用科学研究がアメリカ諸都市の条件不利コミュニティの計画ツールとして流行するようになったせいで，そこに暮らしていた人たちは，度々苛立ちを抱えることになった。というのは，彼ら自身が自分たちのニーズについて説明しても，それが彼らにとってよくわからない社会学的な形態で記号化され，分析され，表現されないと，往々にして有効な情報として理解されない事実に気づいたからである。」(Marris 1996 : 75)

皮肉なことに，こうした政策プログラムのすべてが合理的，科学的な政策形成アプローチに基づいているはずなのに，結論として，そのうちのいずれの単独のプログラムも，それが何を達成したかを示すことは極めて難しい。マリスは「貧困との戦争」に言及して次のように論じている。

> 「結局，信頼すべき科学としての政策を遂行する試みによって，多数のプログラムが評判を落とした。なぜならば，政策介入手段としてのプログラムと望ましい成果の間に十分な因果関係はほとんどみられなかったからである。…（中略）…これは，介入の効果がなかったことを意味するわけではない。それは，プログラムにおいて予め目標に設定していたある特定の効果が結果的に出なかったにすぎない。」(Marris 1996 : 75)

多数のコメンテーターが，効果的な政策というものは，効果予測に基づく厳格なモニタリング・システムよりも，むしろ質の高い，的確な情報に接しつつ，長期にわたって対話と学習を繰り返すことで開発される可能性が高いと主張している。

こうした議論はまた，フーコー（Foucault）が示唆しているところの主体の「自発的な服従」や暗黙の選択肢を権力の言説がいかに確保しうるかを明らかにし

ようとするものである。例えば、バンクスは、集団が目標や成果の「共有」に向かって取り組み始めると、あらゆる機関の厳しい監視の目や目標達成への強迫観念によって、結果的にその「重要な強み」を喪失するとともに、同化してしまう可能性が高いと主張している (Banks 2007a: 92)。ほとんどの人が、監査の必要性や監査者の解釈に疑問を呈さない。人々はただ欄を埋めるだけである。しかし、有名なカオス理論のバタフライ効果のように、特定の欄に特定の方法で印を付す、特定の証拠を求めるといった、一見さして重要でないようにみえる要求が、何が可能で、何が可能でないかを決定する際にシステム全体にわたって影響を与える可能性がある。政策実施に関する決定は、モニタリング記録の保持、提示方法や、組織の構成、運営方法に条件を付すことによって、政治的領域ではなく、技術的領域の問題となる。

　もちろん、政府が成果達成の証拠を求めるべきであることや、確かな証拠が重要であることを否定するのは馬鹿げているだろう。コミュニティも、そのパートナーの政府機関と同じくらい、具体的な変化の証拠を欲している。しかし、社会的問題を技術的問題に変えるアプローチのもとでは、その価値規範についても、そもそも問題の根本的原因となった課題についても、議論の俎上に載せることはない (Onyx and Dovey 1999)。客観性や合理性の仮定は、特定の世界観や有力な勢力に有利に働く。それらは、判断根拠となる価値を曖昧にし、エリートの権力保持を目的としたゲームというものの本質に目を向けない。したがって、ホワイトが論じているように、「政治的問題として始まったものも、開発事業を展開するなかで、さほどの困難もなく対応できる技術的問題に変化してしまう」(White 1996: 7)。こうして新公共経営管理は、排除の問題と効果的な解決手段の探求の双方において、政治色を取り除いている。

(3) 誰がプレイするのか

　第8章では、政策コミュニティが政策プロセスを通じていかに特権的なアクセスを創り出しているかについて叙述した。ケンドールとペリー6 (Kendall and Perri 6 1994) の主張では、コミュニティ組織には、政策コミュニティの結びつきを強化する「場」に必要な資源や発信力がない。だから、マロニーら (Maloney, Jordan and McLaughlin 1994) のアウトサイダー、インサイダー、周縁的

第9章　エンパワメントを経験する

インサイダーの区分でいえば，ほとんどの場合，コミュニティの役回りだと思われるのは，周縁的インサイダーである。イギリスのある地域再生の取り組みの評価結果をみると，地域コミュニティの代理人としてパートナーシップと頻繁に協議を行っていたのは，大規模 NPO や中間支援組織であった (Clarke 1995)。そのような大きな組織というものは，いかなる場合でも，「議員と理事たちの様々な結びつき」によって政策プロセスのなかに組み込まれてしまいがちである (Wistow et al. 1992 : 33)。他方，参加のレトリックは，簡単には実践のなかに反映されないのが現実である。フレイザーらは，「進歩的政治」と「市民活動」という点で定評のあったアメリカのある市で，どうして近隣住区再生委員会に住民委員の席がない状況が生まれたかについて説明している (Fraser et al. 2007 : 317)。同じように，デ・ゼーウは，彼女が研究したオランダの再開発プログラムからコミュニティの根幹部分がいかに排除されていたかについて記述している (De Zeeuw 2010)。同様の結果は，アトキンソンとカーミッチェルがヨーロッパの他地域で行った研究でも示されている (Atkinson and Carmichael 2007)。絶賛されている「優良事例」であっても，それをほんの少し知るだけで，現場での実践が，常に PR の内容に見合うものではないことがわかる。

　確かに，ゲームの参加者の定義は広がりつつある。現在の参加重視の風潮のもと，コミュニティは，上からの強力な支援を受けて，ゲームに出場する新たな機会を提供されている。多様性への認知は広がっており，人種・性別問題に対処する必要性とともに，小規模組織の参加を保証する必要性はとりわけ強く認識されつつある。世界的機関や中央政府は，NGO とコミュニティ密着型組織を区分する必要性を強調している。

　多くのコミュニティ参加のアプローチにおいて，リーダーシップ重視の姿勢とともに，組織を超え「本当の参加者」に向き合おうとする姿勢が強く見受けられる。けれども，実のところ，この2つは上手く噛み合っていない感がある。例えば，「社会的起業家」やコミュニティ・リーダー個人を政策的に強調してしまうと，そうした人たちがコミュニティで普通に暮らしているのか，あるいは暮らせているのかについてほとんど関心が向けられないまま終わる可能性がある。すなわち，コミュニティ構成員の幅広い見解を反映するリーダーの正当性や資質についての問題をうまく回避してしまっている。このことはまた，持続

性の問題を提起している。地域再生事業を幾度となく経験してきたコミュニティ代表の多くは，増大する要求がつくり出す大きな負担に耐え切れず，燃え尽き症候群の問題に直面している。リーダーの後継を擁立する必要があるのに，そのことに十分な関心が払われていないのが現状である。成功しているコミュニティ・リーダーらを，パートナーの公的機関が称賛し，指名し，宣伝するやり方を見ていると，なかなかその後に続けなくなる。

　こうした状況をつくり出している背景には多くの要因が絡んでいる。その第1の要因は，公共セクターのパートナーや他の実権を握る人たちがほとんどいつも，彼らが一緒に仕事をしたいと考える「エキスパート市民」を選んでしまっているということにある（Bang 2005）。必然的に，そうした市民とは，最も仕事をしやすい人たち，あるいは最も接近しやすい人たち（コミュニティに参加する人たちのなかで「受けの良い」顔ぶれ），すなわち当局が抱く偏見，直感，優先順位，文化を分かち合える人たちになる可能性が高い（Maloney, Jordan and McLaughlin 1994：29）。この点からして，彼らは出身コミュニティの「典型」的人物ではないであろう。メイヨは，一部の公的機関では，協議の場を「人形劇」にしてしまう意図で，その場限りの協議グループを設置する傾向にあることを説明している（Mayo 1997）。そして，そのせいで，本来，コミュニティ・パートナーシップの成功にはまさに鍵となるべき勢力や組織がのけ者にされてしまっていると指摘している。一方，パデューらは，その地域再生の研究のなかで，パートナーシップが助長するコミュニティ・リーダーの資質とは，官僚主義と財務に上手く対処する能力であると論じている（Purdue et al. 2000：36）。彼らの見解では，コンプライアンスの文化は，ダイナミックで，革新的なリーダーの参加を促進しない。パートナーによって評価されるリーダーは，むしろ，地域再生プログラムの手続き面を学ぶことに熱心な人たちであると彼は評している。

　こうしたパートナーシップのシステムそのもののせいで，コミュニティから遊離した「おなじみの連中」が，指名を受けることが多くなる。彼らは，必ずしもパートナーシップのパートナーによって手間暇かけて慎重に選ばれているわけではない。期間が短い，パートナーシップがたくさんありすぎる，パートナーシップの規則が複雑すぎる，予備知識が必要であるなどの理由から選任されているにすぎない。その結果，直ちにその任にあたることのできる人しか実

際には参加できなくなっている。多くの場合，機関が協議や参加の案件を諮る仕組みを公式的に一つに絞ってしまい，そのことが障害となっている。また，最も説明責任能力の高そうなリーダーでさえも，パートナーシップや参加の取り組みからのプレッシャーによって，出身コミュニティからいとも簡単に切り離されてしまう可能性がある。特に，彼らが出身コミュニティに対するアカウンタビリティを効果的に果たす上で支えとなる手段を持っていないと，なおさらそうなってしまう確率が高い。

　ディアニは，コミュニティ代表が新たなエリート・ネットワークに組み入れられつつも，どの程度旧来のネットワークの結びつきのなかで役割を果たし続けるかを問うている（Diani 1997：140）。コミュニティ代表が，パートナーシップのあらゆる要求に応えるためには，自由になる時間をかなり必要とするが，このことは莫大なコストを伴う。また，公共セクターのパートナーとコミュニティの間に挟まれる彼らには，相当の精神力が必要とされる。公共セクターのパートナーは，自分たちに何か受け入れ難いことを言えば，代表らしくないと即非難しようと手ぐすねを引いて待ち構えているし，コミュニティはコミュニティで，パートナーシップがサービス提供をしない場合には，彼らに責任を押し付けてくるであろう（「9-3　一体コミュニティ代表が勝利する可能性はあるのか？」参照）。アナスタシオと彼女の同僚は，「コミュニティのスター」は被害者になりやすいと言っている（Anastacio et al. 2000）。

　第8章で指摘しているように，「現実の人々」に辿り着きたいという願望は，時として，「情報に通じたユーザー」よりもむしろ挑戦心のなさそうな人たちのところへ向かおうとする願望になりかねない。パデューらが示唆しているように，パートナーシップ内のパートナーたちは，自分たちの不十分さから注意をそらす手段として，コミュニティ代表の代表性の欠如を非難することもある（Purdue et al. 2000）。他方，コミュニティ代表は，他のパートナー（民間セクターからの人たちを含む）の正当性や代表性が滅多に問題視されないことをすぐに指摘し返すことができる。

　しかし，代表と広範な参加——深みと幅——の間には，常に緊張関係が生じることになる。最近の研究において，地域パートナーシップの議長は，パートナーシップのコミュニティ代表が再選を目指した際のジレンマを次のように解

> ### 9-3　一体コミュニティ代表が勝利する可能性はあるのか？
>
> 　専門家や権力保持者は，経験豊富なコミュニティや見識のある消費者の意見をとかく軽視しがちである。次の2つのコメントは，この憂慮すべき傾向を説明する良い例である。
> ・身体障害者組織の代表たち…（中略）…は，社会福祉・健康部門の担当官に，利用者の代表ではないと言われ，取り合ってもらえないことがままある。彼らはとてもはきはきとした口ぶりで話すので，「本当の利用者」ではないとみられてしまうのである（Bewley and Glendinning 1994: 165）。
> ・毎度毎度，「おお，我々は本当の人たちがこれに参加することを望んでいる」と聞いてばかりいるので，我々は「では，わかりました，本当の人たちを集める手助けをしましょう」と言う。本当の人たちを集めると，次に彼らはその人たちに向かってあなた方は組織化しなければならないと語る。…（中略）…そして，その人たちが集団になったその時，彼らは，「だめだ。我々は集団を求めてはいない。求めるのは，本当の人たちだ」と言う（Taylor and Warburton 2003: 334）。
>
> 　さらに別の研究では，自治体の役人はコミュニティ代表がパートナーシップのゲームの要領を覚えると，その支援者から絶縁され，結果として「役に立たなくなる」危険があると嘆いていた。（著者の未公開研究）

説している。

　　「我々には一貫性が必要である。我々は，たっぷり時間をかけて能力を磨いてきた。…（中略）…彼ら（コミュニティ代表）は経験を積み，問題への当事者意識を高めていくことで，バランス感覚を持って物事を見ることができる。全く新しい人が入ると，ずっと以前の状態に逆戻りしてしまうことになる。」（著者の未公開研究）

　権力の共有が難しいことに気づき，代表しているはずのコミュニティと距離を置くコミュニティのゲートキーパーの話については，我々は嫌というほど聞いている。しかし，だからといって，委員会の一員としての活動に時間を割いているすべての人たちを同列視すべきではない。実際，リチャードソンは，常連たちを紋切り型で捉えることに警告を発し，彼らは「砂金」のようなものだと主張している（Richardson 2008: 235）。彼女が指摘するように，彼らは，お茶

とトーストをとりながら（あるいは，パブでビールを飲みながら）形式張らずにアカウンタビリティを果たすことが多い。私的な関係や偶然の出会いもそのために活用される。さらに，代表が効果的に活動するには，代表やリーダーシップがコミュニティのなかにしっかりと根づいている必要があり，それを可能にする具体的なインフラが必要である。代表に，もし出身のコミュニティや様々な意見を論議する場と関わり合う時間や手段がないのであれば，彼らがコミュニティの見解の多様性を反映することはあまり期待できないであろう。私は，第12章において，盛んに論じられているこの問題に立ち戻りたい。

（4）ダイスは初めから仕組まれている

「ゲームのルール」を操るための交渉や学習からわかるのは，コミュニティがパートナーたちと対等に活動するに留まらず，独自の貢献を継続するつもりならば，そのルールにもっと精通する必要があるという事実である。しかし，コミュニティが他のパートナーと同じだけの資源をもって席に着くことは滅多にない。ほとんど例外なく，コミュニティからの参加者は，他のパートナーが当然とみなす人員や技術的資源，情報のバックアップを持ちあわせていない。それに加え，パートナーたちは，自分たちがコミュニティに課す要求をまずもって気にはしていないし，個人的にも，組織的にも負担しなくてはならない莫大な参加のコスト，特にストレスを抱えたコミュニティにおけるコストを正当に評価しない。

> 「あなたが，コミュニティのために，公的団体と話したり，ある問題に関して一緒に作業したりすることを止めたら，誰も代役を務めない。あなたは，近い将来，コミュニティにあなたの仕事上の損失に見合うだけの良いことが実際に起きるのではないかと思わないとやってられないだろう。」
> （著者の未公開研究）

いくつかの研究は，コミュニティがスキル，自信，能力を構築する上で助けとなるコミュニティ開発支援の重要性を裏づけている。しかし，コミュニティが中味の濃い貢献を十分にしようとするならばいかほどの資源を必要とするか

について，パートナーたちが正当に評価することはほとんどない。近隣地区に派遣されたコミュニティ・ワーカーが，数十年にもわたる疎外の現実をたった一人で打開するものと極々当たり前に想定されている。

加えて，パートナーシップというアイデアそれ自体の人気のせいで，あらゆるセクターからの参加者が限界ぎりぎりまで酷使されている。ある研究では，地域のボランタリー（非営利）セクターの主要なプレイヤーは48のパートナーシップ団体に参加していると語っている。一方，別の事例研究では，回答者は地域のパートナーシップの数が全体で83にものぼると答えている（Craig et al. 2002）。

別の資源問題も存在する。権力というものは通常，パートナーが協議の場に投入するか，投入が期待（例えば，潜在的な雇用者の場合など）される有形資産をよりどころとする。資産移転（アセット・トランスファー）[4]は，イングランドや他のイギリス諸国において，これまでずっと政策の重要な一部であったが，そのゲームのプレイヤーになることができるのは，アメリカのコミュニティ開発法人のような不動産開発志向の大規模組織やイギリスのいくつかのコミュニティ開発トラスト（例えば，「11-1　ロンドンのコミュニティ・ビジネス——権利侵害に対する応答」参照）だけにすぎない。もっと規模の小さなコミュニティ・グループは，そのような資産がないことが多いし，グループが実際に持っている無形資産，例えば，地元ならではの知恵といったものは相変わらず正当に評価されていない。仮に，コミュニティ・グループが，投入できる有形資産を実際に保有していたとしても，それらはたいてい，政府補助金というそれ自体バランスを欠く権力関係によって得たものなのである。

資金や人的支援だけが，唯一の資源ではない。コミュニティは，効果的な参加に必要な時間というものも滅多に与えられることはない。これには，2つの局面がある。第1に，コミュニティがインプットを行うよう要請される段階である。公的機関はいずれの取り組みにおいても，通常内容がはっきり決まってからでないと，協議に出向きたがらないものである。コミュニティがアジェンダへのアクセスを得る頃には，すでに強力な既得権益ができあがっていて，理事会で必要な対策についてのコミュニティの優先事項や新たなアイデアを取り上げる時期ではなくなっている。

第9章　エンパワメントを経験する

　「一度文字になってしまうと，極めて難しくなる。なぜならば，それはどう考えても人々の血と汗と涙の結晶だからだ。あなた方は，我々を様々な点から信頼しているだろうが，何かを始める前から，実際にアイデアを共有するようになると，我々をパートナーとして本当に信頼するようになる。」（著者の未公開研究）

　当局はコミュニティの見解を故意に抑圧しているのではなくむしろ，伝統的な手続きやプロセスに従うことによって，また，コミュニティよりも自身のニーズを優先させることによって，権力の不均衡を強固なものにしている。
　第2の時間の問題は，コミュニティがインプットを効果的に行うのに認められる時間的余裕についてである。イギリスの近年のパートナーシップの取り組みの嚆矢となったシティ・チャレンジ（City Challenge）[5]では，地方自治体当局が，中央政府への資金助成申請にコミュニティを参加させるために与えられた期間は，僅か数週間にすぎなかった。そして長い間，パートナーシップ申請へのコミュニティ参加を支援するために，コミュニティにリソースを提供する必要があるとの考えは一顧だにされなかった。シティ・チャレンジの後継プログラムである単一再生予算（Single Regeneration Fund）[6]でも，同じような問題が生じた。初期のパートナーシップ申請の大半は，コミュニティ主導ではなかったし，地元ボランタリー・セクターの中間支援組織が締め切り間際になって署名したことを除けば，コミュニティの参加さえほとんどなかった。
　その後の取り組みは，導入，発展段階を設けることによって，こうした問題に対処しようと試みてきた。例えば，ニュー・レイバーのもと，イングランドにおける全国近隣再生戦略の一環として始められた多くのプログラムがそのケースに該当する。しかしなお，新たな取り組みを華々しく開始しなければならない政治的必要性から，要請しても，コミュニティには有意義な形で参加するのに必要な時間は与えられないことが多い。財務省と政治の時間尺度に従って，資金を使う必要があるせいで，「対応可能な」者のみが，恩恵を被ることができる。あるいは，パートナーは効果的なパートナーシップの展開や戦略の共有化に費やさなければならない時間を省くことにもなる。イングランドの最近の取り組みをみると，その多くにおいて，中央での予算令達や意思決定の遅れ

に，当該財政年度末までの予算執行義務が加わって，1年間のプログラムが無理矢理2～3カ月ほどの期間のなかに押し込められてしまっている。これは，リスクが現場へと転嫁されていくもう一つの例である。これでは，とても効率的な運営方法とはいえない。

（5）我々は正しいゲームのなかにいるのか

　レイトとイクバルは，政策における2つのネットワーク「文化」を区分している。すなわち，それは起業家的文化と協働的文化である。さほど形式にとらわれない「起業家」ネットワークは柔軟で，機会主義的であり，メンバーの自主性をかなりの程度認める。そのネットワークは，「組織間関係の調整に優れ，ネットワーク参入をコントロールする組織」（Reid and Iqbal 1996 : 31）が介在することで，とても効果的ではあるが，排他的でもある。一方，より形式的な「協働的」ネットワークは，排他的ではなく，正当性への関心が強いが，参加者の努力に見合うほどの大きな成果を上げているようには見えない。

　この区分によって，なぜ多くのコミュニティ組織が権力の欠如を感じているか説明できるかもしれない。コミュニティ組織の存在は，公式のパートナーシップに正当性を付与しているが，コミュニティ組織は「実際の活動」の場である非公式の起業家ネットワークからは仲間はずれにされてしまっているように感じている。コミュニティ参加とコミュニティ・エンパワメントは，同じことではない。また，第3章でみたように，政府と市民では，参加プログラムへの期待も，かなり違う可能性がある（Gaventa 1998）。研究が示唆するように，パートナーシップや参加の取り組みの実践の形は，提供されるサービスの種類によって，国内においても，国毎によっても，あるいは非常にローカルなレベルでもかなり違う。各機関は，何も同意する権限を持たない若手スタッフをパートナーシップの会合に送ったりするので，関わり合いは，時としてうわべだけのものになる。ある機関の特定部局から来たスタッフが，他部局が主導するパートナーシップについてほとんど何も知らないのは，ままあることである。

　有力な政治家が，コミュニティ・エンパワメントを強力にバックアップした場合であっても，その意図は自らの権限や自由を脅かされたとみる人たちによって，徹底して阻まれてしまう可能性がある。イギリスでは，地方自治体は中

央政府からの攻撃にさらされていると長らく感じてきた（Lowndes and Sullivan 2004）。このため，自治体の職員や議員のなかに，コミュニティ参加を中央政府が自分たちを従わせる，あるいは自分たちを完全に迂回する仕掛けとして，疑いの目でもってみている人がいても，さして驚くべきことではない。最近のある研究では，一人の回答者は議員を指して，中央政府の政策によって痛手を受けたものの，いまだ危険な「傷ついたライオン」と呼んでいる（Taylor 2007a）。議員たちは，支配をあきらめ難いと感じている。

　こうした参加に対して起きる反発の大きさに関する記述は，国際的な文献のなかにも広く見出される。主に南半球の国々における開発経験について書いているコーンウォールとコエーリョは，「参加をめぐるミクロポリティクスの政治は，制度設計上の最善の意図をも根本からひっくり返してしまう可能性がある」と指摘している（Cornwall and Coelho 2004：3）。アメリカでは，それが貧困との戦い以来ずっと，プログラムを蝕んできた。それで，ギッテルも，エンパワメント・ゾーンのなかで，いかに「市の職員と官僚たちが，プロセスや参加者の変化を一切受け入れず，彼らの縄張りを守ることに汲々としている」かについて説明（Gittel 2001：91）している（Marris and Rein 1967；De Filippis 2001参照）。自治体の多くの人たちにとって，権力はなおもゼロサム・ゲームとみなされている。

　このような状況下では，バンクス（Banks 2007a：94）の研究のある回答者がコメントしているように，参加をしないという選択も全く合理的であるかもしれない。

> 「人々は，協議を受ける際，おそらく自分たちが言っていることが，ほんの僅かな違いをも生まないであろうことに気づいている。なぜならば，不動産再生の行く末は，どっちみち不動産鑑定評価のやり方次第で決まってしまうからである。結果として，活動的なコミュニティを築くことは難しかったと思う。」

　パートナーシップに参加することで他のコストも生じる。コミュニティはパートナーシップのなかで最前列の席を与えられるものの，パートナーシップの

レトリックが，市場が公共領域にもたらした競争の風潮や部局主義という伝統的価値観とぶつかるなかで，自らが公的団体，部局間の縄張り争いのなかに巻き込まれていることに気づくようになる。イギリスや他の国では，過去の失敗の原因が地方自治体部局や他の機関との連携不足にあったことが認識され，「連結（joined-up）」したサービスや政策の必要性が認められるようになってきた。しかし，これは単に地域レベルの問題ではない。中央省庁の政策と実施の間の調整が不十分なために，政策を地域レベルに降ろす過程で，意図された成果が政策間で完全に相矛盾する結果になってしまうことが多い。一つの省庁のなかでさえ，様々なプログラムや取り組みが「たこつぼ化」した個々の部門に降りていくことで，結果として現場では協調的な行動がとれない可能性がある。このように，政策やサービスを取り巻く環境がより断片化していくなかで，その断片を拾い上げるものとして取り残されるのは地域コミュニティである。

3　そもそも我々はこのゲームに参加し続けるべきだろうか

　間違ったゲームのなかに追いやられていることは問題であるが，正しいゲームのなかにいても，ジレンマはある。コミュニティは，自身のアジェンダに従い，独自の貢献を続けていくことができるのであろうか。それとも，政府のアジェンダに同化させられてしまうのであろうか。同化しないでパートナーシップにいるということは，コミュニティにとって大きな挑戦である。パートナーシップに参加するには，妥協を必要とする。マロニー，ジョーダン，マクラフリンは，結局，コミュニティは「将来の成功を見通すよりもむしろ，いつも望んでいるものをもらうことに興味を持っている」ようだと述べている（Maloney, Jordan and McLaughlin 1994：37）。しかし，数多くの事例が示すように，コミュニティが得た機会と成果がパートナーシップのレトリックに全く見合わないものであっても，コミュニティは結果として満足感を示すことがある。それは，コミュニティが実際に得られるであろうものを斟酌して，自分たちの見解を調整し，主張を変えるからである。おそらく，これはルークスのいう「権力の第3の顔」の例示となろう（Stewart and Taylor 1995；Barnes, Newman and Sullivan 2007：191）。

第9章 エンパワメントを経験する

　本章で論じられたような留意事項があるにもかかわらず，多くの国で，コミュニティのアクターが地域の意思決定に関与する機会は，過去よりも現在の方が多くなっている。これは，疑いようがない。けれども，コミュニティ代表がネットワーク・メンバーとして認められるのに必要な安定性や継続性を保ち，前提を共有し，参加のために実際に時間を割くようになればなるほど，代表はコミュニティの構成員からどんどんと遠ざかることになるかもしれない。また，パートナーたちの期待には，曖昧さがある。彼らは，コミュニティからの参加者が代表として活動するなかでコミュニティに対しアカウンタビリティを果たすことを望んでいる。しかしその一方で，彼らは「それぞれの代表が何かを提供する」というパートナーシップの文化を背景に，代表が「コミュニティの声を届け」，パートナーシップの活動に正当性を与えることを求めている。そのため，パートナーたちは，コミュニティ代表がその構成員に再確認しなければならない状況にとかく苛立ち，代表が広範な協議を経ずに意思決定を行うよう圧力をかけることになる。決定する必要性と委任を得る必要性の間できっちりとバランスをとらねばならないのだが，コミュニティ代表が，いかにこのバランスを保つべきかの判断をする際には，時として認められている以上の裁量を必要とする。「ぎっしり詰まった議事のなかの最後の20分間」(Taylor and Seymour 2000) に大急ぎで決定してしまうことで，コミュニティはだまされた，役に立たないという感情を抱いてしまう可能性がある。

　資金ゲームは，たいていの場合，これらの問題を悪化させる。非常に複雑な申請・評価プロセスを運営する仕組みを通して，コミュニティは新たなスキルを学ぶのかもしれないが，本当は参加を望んでいないゲームのなかに引きずり込まれる可能性もある。メイヨの調査においてある回答者は，参加を通してコミュニティがパートナーシップへ取り込まれていくプロセスを次のように表現している。

　　「シティ・チャレンジは，論争やいざこざを取り去り，みんなを無理矢理，資金や課せられるアウトプットに集中させた。誰ももはや抵抗することはできないし，することもない。」(Mayo 1997：20)

9-4　パートナーシップ——まちの唯一のゲーム？

　ウェールズ議会政府のコミュニティ・ファースト・プログラムの一環として，大規模な近隣再生事業がウェールズのある町で実施された。町には，すでに以前のプログラムのもとで設立され，大きな成功を収めていたパートナーシップがあり，地方自治体がその会計責任団体として機能し，職員も派遣していた。このため，新しい事業体制のなかにもこのパートナーシップが組み込まれることになった。元のパートナーシップの活動でできた小さな住民グループも，別個のグループとして運営を継続した。それは，グループとして住民に独自の意見を伝え続けることが，住民の事業への理解を促す上で重要だと信じたからであった。グループは，パートナーシップに代表を送り，コミュニティの意見の代弁者として話そうと努めた。しかし，彼らの意見が批判的であると，地方自治体の職員は感情的に反発した。グループは，他のサード・セクターからの参加者に支持された意見であっても聞き入れてもらえないと感じ，最終的に脱退することに決めた。けれども，しばらくした後，グループは，そこに戻るしか選択肢がないことに気づいた。なぜならば，パートナーシップは，グループが支援者たちに応えるために必要とする情報の主要ルートになっていたからであった。グループの活動を効果的に進める上で必要な情報を手に入れるために行くところは他に全くなかったし，地域コミュニティが声を出せる場も他に見当たらなかった。

　さらに有害なのは，資金ゲームがグループ相互の対立を煽ることである。とりわけ，問題となっている資金の額が比較的少ない時にそうなる。私が他で論じているように，「一見すると膨大にみえる助成金に対する高い期待は，数百万（ポンド）が個々の目的のために分割されていくなかで，必ず失望に変わるとみてよい。分け前を求めようとすると，信頼，関係の発展を大きく妨げてしまう可能性がある」（Taylor 2000a : 1028）。

　第8章で，私はコーンウォールや他の者らが行った「招待（invited）」空間と「一般（popular）」あるいは「要求を行う（claimed）」空間の間の違いを紹介した。パートナーシップでの活動がますます普及するなかで危険なのは，それがまちの「唯一のゲーム」になり，外部のアクターによって活動のアジェンダとルールが決められる「招待」空間へとコミュニティの活動家のエネルギーがどんどん引き寄せられ，他に行き場がなくなることである（「9-4　パートナーシップ——まちの唯一のゲーム？」参照）。この危機は，地域レベルにおいて代わりとなる様々な「一般」空間がなくなった多くの先進諸国で増幅している。かつて

地域では，地元の人たち，なかでも労働者階級が声を発し，自らの意見を試し，交渉のスキルを学んでいたものであったが，労働組合や政党がますます集権化するなかで，かつての産業都市，炭坑集落の象徴であった教会や勤労者教育機関，労働者クラブは，ほとんど姿を消してしまっている。そしてそこには，大きな空白が生じたままになっている。民主主義は，これらの代わりとなる空間を必要としているのだが，ヨーロッパ諸国のコミュニティのなかには，今，最も成功している組織者が，極右組織かもしれないという危機に直面しているところもある。それら極右組織は，最も条件が不利な近隣住区を標的にして，住民たち々の恐怖を煽っている。

4　考　察

　第8章で，私はこれまでにはない政治的機会が，社会的排除に立ち向かい，自らが求める変化の実現を目指すコミュニティとその協力者たちのために，新たな公共空間を切り拓きつつあることを示唆した。けれども，この章で報告されている経験は，それが達成されうるまでにはまだまだ長い道のりがあることを暗示している。コミュニティがどの程度対等の立場で政策形成の席に着くことができるか疑問視し，権力共有のあり方や，その可能性をめぐる上からの見解にコミュニティが簡単に取り込まれてしまうことも示唆している。また，パートナーシップが本来ならばその恩恵を得るはずのまさにそのコミュニティ・グループを排除してしまう可能性があることも論じている。

　こうした状況下では，ジョン・ガヴェンタ（John Gaventa）の次のような結論も納得できる。

> 「そのような招待空間は，影響力を行使できる機会を提供し，社会的公正を求めるグループには，組織化の機会を与えるものである。しかしその一方で，その空間が現実に重要な問題に関し長期的な社会変化を引き起こすきっかけとなるかどうかは疑問である。危険なのは，それらの空間が現状を正当化するのに役立ち，市民社会のエネルギーをより根本的な政策関連問題の取り組みに向けさせない可能性すらあるということである。」

(ESRC/NCVO 2007 : 7)

　パートナーシップは，しばしば高い期待を生み出す。特に，大きな資金が投入されるとなるとそうである。しかし，何も提供されないとなると，コミュニティは幻滅し，改めて挑戦しようとは思わなくなる。こうした事業は，それが生み出そうとする社会的統合やソーシャル・キャピタルなどの資本ですら破壊するかもしれない。今までみてきたように，資金主導の取り組みは，上手く設計，運営されなければ，コミュニティを分裂させる可能性もある。他方，大量のモニタリングや管理面での要求によって，活力は徐々に奪われていき，恩恵を受ける対象であるはずのコミュニティでさえ関わり合いを避けるようになる。実際，そのような取り組みをめぐる規則や規制は，時として，信頼を醸成するというよりも明らかにそれに取って代わるものとして設計されているようにも思われる。厳格な成果主義を強調することで，技術の維持・利活用のベースとなるソーシャル・キャピタルの存在を無視してしまっている（Cernea 1994 : 13）。とにかく，パートナーシップの取り組みはペースが速く，複雑であり，吸収すべき情報量も膨大である。さらに，資源不足も加わって，そのプロセスに参加するコミュニティ代表は出身コミュニティからいとも簡単に隔絶されてしまう可能性すらある。

　イギリスにおける公衆参加に関する研究で，バーンズ，ニューマン，サリバンは，新たな取り組みが，固定化した制度的，政治的な権力形態に打ち勝つ可能性について悲観的な見方を受け入れている（Barnes, Newman and Sullivan 2007 : 184）。この悲観論は，他でも語られているが（Cornwall and Coelho 2004 ; De Filippis and Saegert 2007a, 参照），このことは，参加とパートナーシップが提供するものは何もないということを意味するのだろうか。いや，必ずしもそうではないであろう。システムのなかには，協力者も擁護者（champions）もいる。また，本章の批評のなかにも隠された幾筋かの光があるし，コミュニティからはもっと声を発したいとの要望もある。後段の章では，こうした事実が示す可能性をより詳しく探っていく。しかし，本章で取り上げた批判は，パートナーシップに対する概ね肯定的なレトリックの裏に緊張関係があるという事実にも目を向けている。そして，緊張関係を解消するためには，その特徴というものについ

てよく理解しなければならない。すなわち，それは公共のアカウンタビリティと柔軟性，リーダーシップ，代表性と参加，競争と協働，合意と対立，さらには新たなガバナンスの場での独自の貢献と同化の間において生じるものである。それらの緊張関係を克服するには，かなりのスキルと想像力が必要になる。残りの章では，様々なコミュニティとそのパートナーがこの試練にどのように立ち向かってきたのかを探ってみる。

訳注
(1) 主に衰退した中心市街地への雇用機会を促進するため，民間投資による企業進出などの雇用機会の提供に対し，補助金や税の優遇措置などを与える制度。クリントン政権下の1993年に創設。1994年以降，約250の地区をエンパワメント・ゾーンあるいは類似地区に指定した（2011年12月末で廃止）。
(2) 健康上の不平等解消や優先課題（例えば，精神的健康，10代の妊娠，薬物中毒など）解決への取り組みを推進する特定地区を対象とした健康・社会福祉プログラム（エリアを限定した取り組み）。1998年に創設。過去2回実施し，全国で26地区（73地方自治体）を指定（地区人口：20〜140万人）。補助金総額は4億9,900万ポンドにのぼり，1地区平均，年間5,200万ポンドの補助を得た。
(3) 衰退地区とその他地区との間の社会経済的格差の解消に向けた社会実験プログラム。近隣再生のショーケースとして，1998年の導入以来，全国の衰退地区の約1％に相当する39地区において実施された。対象地区には，10年間にわたり総額20億ポンド，1地区あたり平均5,000万ポンドにのぼる資金が提供された。
(4) コミュニティ組織の基盤強化等を目的に，自治体等の公的団体が所有するコミュニティ・センター等の不動産の所有・管理権をコミュニティ組織に譲渡や長期リース等の手法により移転させる取り組み。イギリスでは，エンパワメント政策，パートナーシップ政策の一環として，2000年代中盤以降，政策的に推進されてきた。2011年現在，イングランド全域で1,000件ほどの資産移転が進行中であると報告されている。
(5) 1991年に創設された地方自治体の土地開発・不動産再開発計画に対する補助プログラム。ローカル・パートナーシップの形成と競争的入札制（Competitive Bidding）の採用という点で，画期的なスキームであったとされる。補助金額は1地域当たり年間750万ポンドにのぼった。5年間継続して交付（合計3,750万ポンド）され，1997年度に終了した。合計31の地域に対し，総額11億6,000万ポンドが交付された。
(6) 都市再開発関連予算のうち環境省（Department of Environment）などの5省庁の20事業が統合されて創設された予算。1994年4月に施行された。ここでは，SRBの枠内に設けられた包括補助金，SRBチャレンジ・ファンド（SRB Challenge Fund）

について話題としている。このSRBチャレンジ・ファンドは，シティ・チャレンジの基本的スキーム——競争の導入，パートナーシップの形成，地方自治体の積極的関与，エリアの限定——を継承しつつも，事業期間（1～7年）等においてより柔軟な対応が可能なプログラムとして設計された。

　SRBチャレンジ・ファンドは，2001年まで6回実施された。この間，計1,028の事業が採択され，総額57億340万ポンドが対象地区に提供された。そして，このプログラムの運営にあたる地域パートナーシップがイングランド全土で900あまり形成されることになった。なお，SRBチャレンジ・ファンドの運営については，ニュー・レイバーの政権獲得後，方針の見直しが行われ，地域コミュニティの直接的な参画が資金提供の前提条件とされた。

(7)　ウェールズ議会政府が最貧地区の恵まれない人たちの貧困解消を目的に2001年に始めたプログラム。2014年現在，対象地区はウェールズ内に52カ所（クラスターと呼称）存在する。各地区（1地区平均：1万～1万5,000人）では，パートナーシップを形成し，そのもとで住宅，環境，教育，雇用，福祉等の事業を総合的に実施している。ウェールズ議会政府は，2015年までの間にこのプログラムを通じ，総額7,500万ポンドの資金を最貧地区に提供することとしている。

第10章　コミュニティの再生

　第6章では，イギリス社会で最も恵まれないコミュニティの多くが経験する排除の悪循環を描いた。すなわち，コミュニティの住民はどのようにして自分たちがどこか劣っている，異常であると思い込むようになるのか，こうした烙印をどのように内面化するのか，外部の者やメディアの対応がそうした烙印をいかに強化するかを明らかにした。彼らにとってコミュニティとは，できるなら出て行きたい場所であって，住み続けるべき場所ではなくなっている。しかしながら，この悪循環は反転させることができる。もし住民たちに自信や技能が育まれ，地域の価値が高まり，近隣地域やコミュニティの内外にネットワークが構築されれば，外部の者の対応や自分たちのイメージを変えさせることができる。もし住民のために活動する組織を形成できれば，変革を生み出すために他の組織と協働することができるようになる。外の世界から尊敬される自信に満ちたコミュニティは，住んだり働いたりしたいと思う場所になるであろうし，そこで生活する住民の自尊心は高まることになる。

　こうした好循環を生み出すには，次のことが求められる（Stewart and Taylor 1995; Taylor 1998: 825）。

- コミュニティで自信とソーシャル・キャピタルを育み，すでにコミュニティが持っている価値や強みを理解すること。そうすることでコミュニティのメンバーたちは，もはや自分や近隣者を無能な人間とは見なさなくなる。
- 外部の者（サービス会社，企業，メディア）との新しい関係を構築することで，住民をサービスの利用者，消費者，労働者としてエンパワメントし，同時に地域のイメージを変えること。
- 人や資源をコミュニティに招き寄せるような仕事や価値を生み出すこと。それによって，コミュニティと主要経済との間により強固なつながりを

作り出し，コミュニティを共同生産者としてエンパワメントすること。
・住民を市民としてエンパワメントするような新しい形態のガバナンスを形成すること。

本章と次章ではこれらの政策課題を取り上げて，それを実践するにはどうすればよいかを探求するつもりである。本章ではまず，コミュニティ変革のための出発点について論じよう。そのために，コミュニティ内で自信，技能，能力を形成することを通じてコミュニティの潜在能力を解き放つような新規事業を探求する。第2に，物理的環境の改善，住民の構成比の変化，住民を外部の世界と結びつける「浸透性のある場所」(Forrest and Kearns 1999: 51) の創出によって，近隣地域をより住みやすい場所とするための技術的アプローチを手短に論じたい。

1 コミュニティの力の解放

近年，コミュニティを扱う活動は，「能力形成 (capacity building)」として描かれることが多い。これは，「トップダウン」的だとして繰り返し批判されてきた。というのも，能力形成という言葉には，コミュニティとは情報や知識を注がれるべき空の容器であるという意味が暗に含まれているからである。アナスタシオと共同研究者たちが引用しているある活動家は (Anastacio et al. 2000)，「コミュニティはすでにかなりの能力を持っている」と述べ，他の多くの人たちの感覚を代弁している。多くの人にとって，能力形成は「コミュニティの能力や価値を見つけ出すことへの参加」よりも，「コミュニティのニーズ，欠陥，問題」に焦点を当てる欠陥モデルを意味する (Kretzmann and McKnight 1993: 1)。だが能力開発は，すでにそこにあるが眠ったままの，まだ知られていない潜在能力を引き出すこととして捉えることができる。多くの恵まれない近隣地域は，結局のところ，能力が長きにわたって実らず，低く評価されてきた地区である。ウォーバートンは次のように論じている。

「すべての能力形成プログラムが認識しなければならないのは，能力の

不平等を是正することが必要なのではなく，能力を活かし育むための資源と機会の不平等を，社会の他の人たちが納得できるやり方で是正することが必要だ，ということである」(強調はウォーバートン) (Warburton 2009b : 27)。

これまで能力は，個人の技術や技能という点から理解されることが多かった。だが現在，関係を構築する能力が同じくらい重要なものとして認識されるようになっている (Howard et al. 2009)。個人の技能と知識は，「人的資本 (human capital)」として見なすことができ，また関係を構築する能力を育むことで形成されるネットワークや規範は，「ソーシャル・キャピタル」と見なすことができる。組織を形成し，意欲的に活動を行うのは，「組織資本 (organizational capital)」として捉えることができるかもしれない。これらの形態の資本が一体となることで，コミュニティが活動的な行為主体になったり，コミュニティの力が解き放たれたりする可能性が高まるのである。

こうした潜在的能力を育むためには，次の3つの相互に連動したプロセスが求められる。

- 学習…認識，発見，技能の習得，行動の仕方の発見，知識の習得と共有，自覚やアイデアの育成，実践への参加 (行動による学習)。
- ネットワークの構築…他者との協働，コミュニティ内外の非公式な結びつきの形成。
- 組織化…エネルギーと知識の動員，組織化の技能の育成，組織の形成，リーダーシップの養成，活動を起こすこと。

この3つはそれぞれ相互に依存し合っている。人は，行動することで学び，活動への動員を通じて知識を習得する。逆に学習は，活動に変革の可能性をもたらす。ネットワークを構築することで，多くの公式な活動がコミュニティの枠組みと責任でなされるようになるため，人間関係が形成され，人々は自信を持つようになる。ネットワークの構築は，人々が互いに学習し合う機会をもたらす。そして組織化は，非公式な人間関係と集合的な学習を制度化し維持するのに役立つ。コミュニティの実践において，活動と学習は表裏一体である

(Horton and Freire 1990)。活動と学習は，人々が活動を継続するための自信・人間関係・技能を育むのに役立つ。さらには，人々のエネルギーを蓄えて，より効果的な活動ができる組織の能力を形成するのにも役立つ。同時に，これら3つのアプローチは，人々が自分たちの活動を熟慮し，そこから学習することを促す。そしてそれは，排除の要因となっているより広範な社会的・経済的な諸力に立ち向かうために，目先の利害関心を超えて自らの活動を推し進める人たちを支えてくれるものとなりうる。

（1）コミュニティの学習

　チャナンによれば，排除されている地区の住民は，排除を客観的な問題としてではなく個人的な事柄として経験している。彼らは自分の経験を内面化し，排除される自分を責めるようになる（Chanan 1992: 43）。こうした自己認識を自力で変えるのは難しい。「いかに強くて有能な人であっても，世界観を共有する仲間がいなければ，生活を変革し続けるのは難しい」(Rappaport 1998: 237)。

　こうした経験を共有し，「私的な問題を公的な争点に」転換することのできる場（Bauman 1999: 7），すなわち「パワーの付与」と同時に「パワーの共有化」をもたらすような場を作り出すことが必要である（第7章参照）。したがって，エンパワメントの旅路は，排除の中で孤立してきた人たちが，自らの経験と感情を他の人たちも共有していることに気がつくことから始まる。ラパポートは，人々が逸話を共有する際，どのようにして一つの新しい共有された物語が生み出されるかを以下のように描いている。

> 「物語は個々人の間に記憶，意味，そしてアイデンティティを創り出す。…（中略）…あらゆるコミュニティは自らの物語を有しており，その物語はコミュニティのメンバーに強い影響力を持っている。…（中略）…これらの物語は，コミュニティの内外の者に，コミュニティの現在・過去・未来について語りかけるのである。」(Rappaport 1998: 226, 230)

　第7章で見たように，我々は一般的に，メディアと我々の社会制度が普及させている「支配的な文化の物語」の中に取り込まれている。これらの物語は，

多くの場合，社会的弱者を排除したり，型に押し込めたりする。けれども，口頭（時には視覚）を通じて自分たちの逸話を分かち合うことで，彼らは自分たちの経験が共有されていることに気づき，個人ではなく集団の観点から問題の枠組みを捉え始めるようになる。彼らは自らを責めたり，外の世界が押し付ける無能な個人という烙印を受け入れたりする代わりに，ウォリヴァーが言う「抵抗の物語」（Woliver 1996）を組み立て始める。だがその物語は，単に外の世界の不正を非難するだけではなく，変革の責任を共有するような形で，人々のコミュニティ意識に訴えかける。また抵抗の物語は，排除されたコミュニティの特徴としてよく見られる否定的な自己イメージに対して，逆の肯定的な自己イメージを対置する。

　多くのコミュニティ教育の伝統は，フレイレの業績に恩恵を受けている（Freire 1972）。フレイレによれば（Freire 1972 : 23-24），「抑圧者のイメージを内面化し，その指針を受け入れてきた被抑圧者は，自由というものを恐れる」。彼は，伝統的な教育学のアプローチを「空の容器を満たそうと事実を一方的に流し込む」教育であるとして拒絶している（Chambers 1997 : 60）。彼はリテラシーに関する研究を通じて，意識化（conscientisation）という観念を展開した。意識化とは，人々が自分たちの経験や状況を熟慮することができるようになる教育プロセスとして描かれている。相互の対話を通して，人々はそれまで当然視し，問題ないとして受け入れていた考えや状況を疑い始めるようになる。さらに実践（praxis）（継続的な批判的熟慮と活動）を通じて，人々は支配的な社会制度やイデオロギーによって否定されてきた自分たちを，個人的・集合的な行為主体として再構築し，「実践的な英知に基づいて様々な価値を実現するようになる」（Banks 2007b : 143 ; Ledwith 2005 ; Butcher 2007b, 参照）。南アフリカに関して，アボットは，抑圧的なエリートによる進歩（征服・分割統治・改竄・文化侵略）とフレイレの言う対話的活動（協力・組織・文化統合・解放のための団結）とを対比している（Abbott 1996）。北半球の文脈では，おそらく対話的活動と，より馴染み深いトップダウン型アプローチとを対比させることができるだろう。トップダウン型とは，専門家がコミュニティの外側にいて，コミュニティに外から「エンパワメントする」必要があると想定するアプローチである。

　フレイレのアプローチは，フーコーの「問題構成（problematisation）」の観念

と共鳴するところがある。問題構成によって，人は「自発的服従」から逃れ，「活動的な主体」になることができる。問題構成のアプローチは，世界中の解放的・大衆的な教育運動に影響を与え，それらの教育運動は，自分たちの生活を形作る政治的・社会的状況を理解するのに役立っている。この伝統の根は深い。イギリスでは，ジャクソンが，イギリスの著名な社会学者であり成人教育学者でもあるトーニイにまでこの伝統を遡っている（Jackson 1995）。

> 「多くの人は紙と針金でできた造花で満足しているが，それで満足できず，本物の花を手に入れたいなら，花だけでなく根や茎すべてを手に入れなければならない。…（中略）…同様に教育というものを実現したいなら，教育にとって枯れることのない生きた源泉である社会的利害から，教育を切り離してはならない。」（Tawney 1926：20, 22）

しかし解放教育は，トーニイよりもさらに以前の19世紀における選挙権闘争，さらには女性解放闘争にまで遡ることができる（Thompson 1963）。19世紀において教育と活動は，労働者階級の互助組織，都市の貧困地区に上流階級のメンバーを送り込む社会福祉事業（セツルメント），そして労働組合の中に組み込まれていた。20世紀では，フレイレの著作がラテン・アメリカの解放闘争を下支えした一方で，1930年代にマイルズ・ホートンがアメリカで設立したハイランダー研究教育センターのような研究所が，世界中の公民権運動に基礎を提供するのに役立った。

　フレイレは，外からコミュニティに解放運動を押しつけることはできないと論じている（Freire 1972）。すなわち解放運動は，市民自身から出てくる必要があるというわけだ。こうしたアプローチを発展させたのは，チェンバースらが開発したPAR（参加型活動調査）アプローチであった。

> 「PARは…（中略）…市民が自分たちの状況とそれを変革する方法について知識を得る際に，市民を積極的に参加させようとしてきた。また，同じ境遇にある人たちの自覚に基づいて社会的・経済的変革を引き起こそうとしたり，抑圧されている人たちをエンパワメントしようとしてきた。PAR

で用いられる技術には，会合や社会劇を通じた集合的調査，歴史の批判的回復，民俗文化の再評価と活用，書籍・口承・視覚による新たな知の生産と普及が含まれる。」(Chambers 1997 : 108)

　チェンバースによれば，周縁化された人たちも自分たちについての調査，分析，計画を数多く実施すべきである。反対に専門家は，自らの概念，価値観，態度，手法を批判的に熟慮し，媒介者やファシリテーターとして参加型調査のプロセスに関与することで，彼らの学習の準備をすべきだとされる。
　PARは，市民自身が貧困や排除の定義を基礎から発展させるために用いられてきた (Narayan et al. 2000)。PARは，地域のニーズ，資産，優先事項を上から定めるための方法ではなく，市民が自分たちでこれらを突きとめるための方法として広く採用され，活用されてきた。それはまた，多くの関連するアプローチを生み出してきた。そうした技術の一つに「権力地図」というものがある。参加者は，ネットワーク，組織，個人を描いた地図を作成し，権力がどのように流れているか，地域・組織・パートナーシップの中で権力がどこに集中しているかがわかるようになる。「参加者は，（地域の資料，フリップチャート，さらにはノート型パソコンまで用いて）権力地図を作成する。それを通じて，様々な側面から権力の実際の所在に関する多様な見方を調査し，変革に必要なものを探し出すための背景を明らかにする」(Mayo and Taylor 2001 : 51 ; Harris et al. 2008, 参照)。
　他にも，コミュニティ開発やより広域の開発を論じた文献には，教育活動や自覚を促す技術に関して数え切れないほど事例が挙げられている。教育，識字率向上運動，コミュニティ・アート，コミュニティ・ラジオなどこれらすべては，世界中のコミュニティ参加やコミュニティ変革政策に関する研究の大きな特徴となっている (Dey and Westendorff 1996 ; Goetz and Gaventa 2001 ; Mayo and Annette 2010)。この点については本章の後半や次章で再び論じよう。だが，クックとコザリ，及び彼らの編集した本の執筆者たちは，参加型評価の技術に関してもっともな警告を発している (Cooke and Kothari 2001)。彼らによれば，これらの技術が無差別に用いられると，還元主義的となり，恣意的な操作が行われ，文化的に不適切なものとなり，方法論的に偏ったものとなり，そして差異

が隠蔽され，権力や権力関係の複雑さを覆い隠しかねないとされる。さらにウォーディントンとモハンによれば，コミュニティには参加型の実践を独自に展開する能力がないと思い込んでいる場合には，参加型の実践の直輸入は，既存のあるいは潜在的なその地域の正当な意志決定のやり方を台無しにしてしまうという (Waddington and Mohan 2004 : 221)。

　これは，参加型の活用をやめるべき理由にはならない。けれども，彼らが示唆しているように，それが導入される地域の権力関係や背景，それがどう活用されようとしているのかを考慮しないままで，参加型の方法論や実践をある場所から別の場所へと転用するのは不適切である。これは単に，満たされることのない期待を抱かせ，地域が優先すべきことや強く望むことについて不完全なイメージを作り上げてしまうだろう。これらすべてのアプローチにおいて本質的なことは，「10-1　西アフリカにおける政治リテラシーの育成」に描かれているように，人々に受け入れられている考えを明らかにしたり，提起された問題に対して対案を考え出したりできる分析的な技能をコミュニティの中に形成することである。さらにこれらのアプローチの背後では，継続的な学習と活動が行われる必要がある。したがって短期的な事業は，多くの場合，効果的ではないのである。

　コミュニティ実践における学習に焦点を当てることは，住民に自覚を生み出すだけではなく，低所得の排除されたコミュニティの住民が経験する主な不利益の一つを是正することにもなる。そうした住民の多くは，教育を受ける機会に恵まれなかったり，全く実りのない教育を経験していたりする。サウス・ウェールズ・プロジェクトのあるコミュニティ・ワーカーが論じたように (*Unleashing the Potential*, video 1995)，コミュニティ・ワーカーにとって協働している住民たちを理解する際に最も重要なのは，「彼らが教育で失敗したのではなく，教育が彼らを育てるのに失敗した」ということである。

　変革を生み出すこうした教育形態は，コミュニティや個々人の変革の核となるものである。だが他方で，広範な分野に参加するための跳躍台の役割を果たす，より「初歩的な」教育形態の持つ潜在的な力を過小評価してはならない。例えば，ウェールズで私が実施した調査では，地域住民の中には，EUの能力形成プロジェクトに初めて参加する際，まずは言語の授業に出席する者がいた。

第10章 コミュニティの再生

10-1　西アフリカにおける政治リテラシーの育成

　従来のアプローチを西アフリカの地域開発に当てはめようとする経験の中から，住民自身が企画し運営する「アリザマ（Arizama）」と呼ばれる一つのアプローチが発展することになった。これは，REFLECT（Regenerated Freirian Literacy through Empowering Community Techniques）のパラダイムを活用して政治リテラシーを高めることを目的としていた。REFLECTのパラダイムとは，参加者自身のアイデアや共有された問題分析を活用しながら，政治リテラシー育成の基礎となるキーワードや画像を作り出していく手法である。「アリザマ」によって，住民は開かれた柔軟な空間の中で協働するようになり，扱いにくい争点を提起したり，「互いのことをよく知ること」ができるようになる。これがガーナで実践された時，地域コミュニティが実際にどのようにして意思疎通をはかっているのかを明らかにし，これを積み上げていくことから始めた。だが，こうした過程を経る中で，コミュニティは，対話と討論を通じて既存の体制の中にある隠れた不平等を認識し批判することができるようにもなった。鍵となるのは，他人の意見や見解に耳を傾けることを学び，当初はバラバラであった仲間集団が協働するようになることである。

　あるコミュニティにおける「アリザマ」の実践では，男性と女性にこれまでとは異なる情報交換のネットワークをもたらすことができた。例えば，男性は従来からある公式な組織を通じて活動するのに対して，女性は，様々な集団や利害とつながる非公式なネットワークを通じて活動している。実践の場では，2つのタイプのコミュニケーションにどうやって参加するか，この2つが衝突するのはどこか，この2つをエンパワメントできていない場はどこかが議論された。首長会議では，女性の排除という問題に取り組み，NGOの代表者，女性の首長たち，地域のオピニオン・リーダーが，伝統的な社会における女性の役割や女性の直面している様々な問題について話し合った。これらの問題は，変革を促すための村単位のワークショップを通じて，それぞれのコミュニティに持ち帰られた。具体的な成果の一つとして，地域連携の出現が挙げられる。これは，女性がコミュニティを横断して活動できる有能なビジネスマンとして認識された結果であった。各地を移動するある成功した女性商人は，報酬を手にし始めたので，学校の建設に貢献するようになった。

出所：Waddington and Mohan（2004：222-224）から抄録。

若者は，音楽ビデオの製作方法を学ぶ授業に惹きつけられていた。このプロジェクト自体，地域の夜間授業に出席していた集団が企画した地域史のプロジェクトから発展したものである。別の事例を以下の「10-2　組織化への道としての学習」に挙げておく。

　反対に，コミュニティの事業に参加した人たちが公式な教育に再-入学し，結

> **10-2　組織化への道としての学習**
>
> 　非公式な活動がさらなる参加をもたらす方法は，ブリストルのキルト製作集団の事例に示されている。何年もの間，高齢者向け公営住宅の改善活動を行ってきたある地方組織は，その運営集団に地域の住民や利用者を参加させようとしてきたが，なかなかうまくいかなかった。ある年，キルト製作集団を立ち上げた約10人の女性に対して，活動の支援や物質的資源を提供するための資金が工面された。女性たちは，キルト作りに大いに参加し，強力なネットワークを確立した。彼女たちは，まさにキルト作りの活動を通じて，組織へより大きな関心を抱くようになったのであり，中には運営委員会のメンバーになる者もいた。
>
> 　出所：Burns and Taylor（1998）から抄録。

果として新たなチャンスを手に入れたという事例は，数多くある。人々はコミュニティ組織へ参加することを通じて，会議の運営や進行，組織化のための資金集め，経営管理，調査，情報，コミュニケーション技術といった新たな技能も獲得する。認定制度によってこれらの技能が明確になれば，こうした技能は適切に評価され，雇用につながったり，他の状況に転用したりできるようになる。

　学習に明確な焦点を当てることには，さらなる利点がある。というのも学習には，政策の「問題点」に対する解決策をコミュニティ自身が――今まで語られなかった知識を表出させながら――探求できる，という大きな長所があるからでだ。この点については，第11章で検討するつもりだが，これは正当性の重要な源泉であり，学習過程によって身につく交渉や熟議の技能とともに，外部の者たちと向き合う際にコミュニティの力を高めてくれるものである。

（2）ネットワークの構築と組織化

　ダルリンプルとバークは，エンパワメントが機能するのは，次の３つの次元であると述べている（Dalrymple and Burke 1995, 引用は Jacob 2002）。

- ・感情のレベル…感情が共有されることに気がつく。
- ・観念のレベル…自己認識，自己規定，自己の有効性感覚の高まりが意識の変革をもたらす。

第10章 コミュニティの再生

・活動のレベル…個人的な問題から政治的な問題への移行。

　前節では，これら3つのうち最初の2つを扱った。自覚の高まりは重要であるが，それ自体が変革を生み出すわけではない。ハンナ・アレントが述べているように（Arendt 1958），権力は人々が協力して活動する時，実際に現れるのである。

　人々は様々な理由から集団に参加する（Taylor, Barr and West 2000）。例えば，

- （教育を含む）共通の活動に参加するため
- 帰属とアイデンティティの意識を手に入れるため
- 相互に支援を行うため
- コミュニティ内外の他者に，サービスや支援を提供するため
- 外部からの脅威と闘うため，あるいは攻撃されている権利や特権を守るため
- 自分自身や自分たちのコミュニティがより良い処遇を受けられるようにするため
- 外部の行為者に対する影響力を手に入れるため

　集団の目的は一つとは限らないだろう。例えば，多くの女性は，お互いの家で友人として会い，相互に支援を行うだろうが，それだけでなく子どもの放課後の遊びのために集団を作ることへと進み，保育のための資金を求めるようになるかもしれない。そうした集団が公式なものになるにつれ，教育的な視点を発展させ，女性たちは自分や子どもの健康に関してもっと学習しようとするかもしれない。さらには女性ロビイストとして政治的に活動するようになって，近隣地域により良い保育施設を求めるかもしれない。

　これらの活動は自発的に生じる場合もある。だが，組織の立ち上げに成功した経験，自信，技能を持つ人たちがすでにいるコミュニティもあるだろうが，多くのコミュニティはそうではない。望まない地域開発の中止を求める中流クラスの近隣地域には，弁護士，建築家，会計士，そしておそらくは地方議員も住んでいることは，よくあるだろう。けれども，自信や資源がほとんどないコ

> **10-3　モールバーンの居間会議**
>
> 　イギリスのモールバーンのある小さな公営団地では，既存のコミュニティ集団が消滅しかけていた。そこでコミュニティ・ワーカーは，最初に多くの住民と接触をはかり，住民が生活している場所について，またそこで何がなされるべきと思うかについて地域住民が感じていることを話し合うために，彼らの家の居間で非公式な会合を開いてはどうかと提案した。会合には毎回5〜6人が参加し，口伝えで招かれた。用意周到な準備と専門的なファシリテーションによって，会合は順調に行われ，出席者は「専門家」として扱われていると感じるようになった。会合が開かれるたびに，少なくとも一人は，団地の住民が参加するために設立された公式な組織に参加することを望むようになった。
>
> 出所：Taylor et al. (2007).

ミュニティには，これらの専門的な技能がない場合が多く，実際，コミュニティの目標に合った援助をしてくれるつながりがないことが多い。そうしたコミュニティは，多くの場合，コミュニティ・ワーカーが提供する仲介や支援を必要としているのである。

　コミュニティの実践は，自宅にいる人と日常の些細なやり取りの中から関係を作り始めることがよくある。北半球の国々では，家庭訪問，校門で子どもを出迎える親との交流，コインランドリーやパブに行くこと，気軽に立ち寄れる場所・娯楽・教育機会の提供，自分たちの地区での生活をどのように感じ，地区について何を望むのか（してもらいたいのか）に関する調査，などが行われている（例えば，「10-3　モールバーンの居間会議」参照）。遊び場，環境清掃，若者の活動，母親と幼児の集団，自助集団といったものは，最重要項目ではないかもしれないが，まさにこうしたものからコミュニティへの参加が始まることがよくある。小規模な活動は，信頼できると感じた他者と協働する機会を提供し，それがより広範な参加への第一歩となるのである。

　クレッグから「パワーの回路」という比喩を借りるならば（Clegg 1989），コミュニティ政策の課題は，止まったり壊れたりしている回路を（再）連結させて起動させることである。またメルッチによれば（Melucci 1988：248），コミュニティ政策の課題は，ネットワークが生み出す別の「意識の枠組み」に沿って，「日常生活の中に埋没しているネットワークの網の目を活性化することにある」。

そのような回路がないと，多くの場合，活動やイベントが何らかの意義を持ち続けることはできない（「コンセントにつながれて」いない器具と同様に）。さらに錆びついた回路は，対立や分断といった「回路のショート」に対して脆弱である。

　ジルクリストは，コミュニティを再生しエンパワメントするには，非公式なネットワークの構築が重要であると強調している。彼女によれば，「変化や不確定な状況に対して創造的な対応をするコミュニティの能力は，つながりや関係の網の目の中でこそ見出すことができるのであって，個人の頭の中やボランティア団体の公式な構造の中にあるわけではない」（Gilchrist 1995 : 174）。非公式なネットワークの方が，住民にはアクセスしやすいし，より自然なものに感じられるだろう。非公式なネットワークは，公式な組織ほど明確な関与を求めないし，安易な逃げ道も与えられている。住民は，非公式なネットワークに入るか出るかを選ぶことができ，これは抑圧的な状況にいる人たちにとって特に重要である。公式な組織とは異なり，非公式なネットワークは，人々をすぐに動員したり，新たな状況に適応したりできる。リチャードソンの報告によれば（Richardson 2008），あまり参加に熱心でない場所であっても，住民は，非公式な集団をコミュニティ精神の一部が可視化されたものと見なす。また非公式なネットワークは，ソーシャル・キャピタルを構成する重要な要素であると同時に，ソーシャル・キャピタルからもたらされる利益でもある（「10-4　ソーシャル・キャピタルがもたらす利益」参照）。

　ジルクリストは，ネットワークが構築される段階を次のように規定している（Gilchrist 1995）。

- コミュニティの中に，多様な連結点を提供してくれる様々な種類の重なり合うネットワークが形成される。
- ネットワークを可視化し，結びつきを強め，人々に共通のアイデンティティの意識を与えるようなイベントの組織化が促される。
- 地域のネットワークが，公式な組織や，資源と権力を持つ外部組織と結びつく。
- 公式な組織や特定の活動の中で身につけた専門知識が，コミュニティに広く還元され，さらなるニーズやチャンスに応えることができる能力へ

---- 10-4 ソーシャル・キャピタルがもたらす利益 ----
　イギリス政府による近隣マネジメント先導プログラムに関する評価報告で取り上げられた3つの近隣地域に関する研究で，回答者たちは，ソーシャル・キャピタルを形成する活動によって次のような利益が得られたと述べている。
・大きな信用と市民の参加が，反社会的態度を抑制し，犯罪の通報を促すようになる。
・地区への高い信用と信頼が，多くの場合，犯罪の恐怖を減少させる。
・参加，社会支援のネットワーク，強い帰属意識が，健康の向上に貢献する場合がある。
・強い学習意欲が，多くの市民参加をもたらし，こうして好循環が生み出される。
出所：Taylor (2007b).

と確実に転換されるようになる。
・情報がネットワークの内外に確実に伝わり，公式な組織がより広範なコミュニティに対して責任を負うようになる。

　これは常識のように感じられるかもしれない。ネットワークを構築する技能は，ほとんど体系的に論じられてこなかった。だが，ネットワーク開発という考え方によって，ネットワークが認識され，意識的に配置され，記録されるようになり，そのことを通じてこれまで隠れていた過程が可視化され，より大きな効果を発揮するようになるのである (Gilchrist and Taylor 1997)。
　しかしながら，非公式なネットワークはその性質上，長続きしない場合があり，そこで生まれる学習や対話も同様である (Taylor 2006：336)。非公式なネットワークの活動能力には限界がある。接触があまりに多すぎると，ネットワークを歪めてしまうので，非現実的で不適切な要求にネットワークが押し潰されないようにすることが決定的に重要となる (Burns and Taylor 1998)。ジルクリストも報告しているように，「やらなければならない作業が多くある場合や，僅かな資源をめぐる競争がある場合，権限や責任が不明確だと問題が起きやすい」(Gilchrist 2009：153-154)。非公式なネットワークでは，対立を解決する能力が限られており，すぐに情報過剰になりやすい。したがって，非公式なネットワークは集団的活動をもたらす貴重な跳躍台ではあるが，公式な組織があって初め

て，コミュニティは持続的に活動し，長期的な目標を達成し，活動的な行動主体となり，外部の行為者と結びつき，変革を引き起こすことができるのである。社会運動の視点から論じたカニーリャとカーミンによれば，公式な組織が必要な理由は数多くある（Caniglia and Carmin 2005 : 202-204）。例えば，公式な組織は住民を動員したり，安定感をもたらしたり，才能を育成したり，成熟を可能にしたりする。公式な役割や組織が明確だと，対立や曖昧さを減らすのにも役立ちうる。タロウも（Tarrow 1994），ネットワークにあまり期待しすぎないように注意を促している。彼によれば，非公式な結社の力には限りがある。コミュニティが活動的な行為主体になりたいのであれば，内部にある無数の隠れたネットワークから生じうるエネルギーを引き出し，それをもっと公式な活動へと転換させる必要がある。

　タロウによれば，コミュニティが活動する能力を手に入れ，広範なコミュニティの活動に責任を負うようになるには，公式な組織が必要である。しかし，ネットワークが生み出す専門知識を広くコミュニティに還元し，それをさらなるニーズやチャンスに応えられる能力に転換したいのならば（Gilchrist 2009），公式な組織は，非公式なネットワークにしっかりと根を下ろす必要がある。スモックは，「女性中心」型のコミュニティ開発モデルを描く中で，「住民たちが集まり，相互に支援し合い，共有されたリーダーシップを形成できるような安全な養成空間」を提供する重要性を強調している（Smock 2003 : 25）。これらは，活動への信頼と動機を形成し，参加の種を蒔く活動であり，公式な組織をスムーズに機能させる上で役立つものである。人が初めて会合に参加するのは，誰かに頼まれたからということが多い（「10-3　モールバーンの居間会議」参照）。そして，その後も再び会合に出るか否かに影響を与えるのは，多くの場合，そこに道具的・個人的な成長目標を見出した場合か，社会的なネットワークを構築するチャンスを見出した場合である。非公式なネットワークは，説明責任の回路も提供する。ジルクリストの説明によれば，人は物事を検証したり，自分たちの立ち位置を見出したりするために，ネットワークを活用するという（Gilchrist 2009 : 108）。

(3) 参加経路の多様性

これまでの議論は，公式と非公式を含め，参加経路の多様性が重要であることを強調してきた。変革を促したいと思うなら，すべての卵を一つのカゴに入れることには慎重になる必要がある。カゴが，地域に存在する多くの様々な紐から編まれていない場合は，特に気をつけねばならない。ミロフスキーが論じているように，「コミュニティは，小さなボランティア組織の横断的で相互支援的なメンバーシップと結びついている」(Milofsky 1987: 280)。彼は，コミュニティを市場になぞらえながら，特定の組織の維持よりも，重なり合うネットワークの成長の方が重要だと論じている。そうしたネットワークの重なりがあることで，組織の知性を保つことができるようになり，そこからよりフォーマルな組織が現れることができるからである。彼は「コミュニティの中で社会的ネットワークの密度が濃くなればなるほど，傍観者の中から新たに参加する者が増えるであろう」と記している (Milofsky 1987: 283)。彼はハンターとともに，コミュニティの能力は「近隣地域型組織からの豊富な供給」やコミュニティの背景にあるものに依拠している，と論じている (Hunter 1974)。それらは，組織の経験を蓄え，社会起業家を生み出し，「ギリシャ劇の合唱隊〔訳者加筆：劇の状況を説明するなど，解説者や批判者として劇に参加する俳優たち〕」のように後ろから支える役割を果たしてくれる。そして，公式な組織に意見を述べたり，責任を問うたりする。重要なのは，強い抵抗があるにもかかわらず一つの組織を維持しようとすることではなく，コミュニティが依拠できる「組織の知性」を蓄えることである。

ここには，グラムシが支配的なヘゲモニーに立ち向かう際に要請した複合的レベルでのリーダーシップとイニシアチブの影響が見られる。ミロフスキーもまた，アリンスキーの議論を引用しながら，人が政治的影響力を持つのは，活動的コミュニティの一員となった場合であって，単一争点でのみ活動する場合ではないと論じている (Milofsky 1987: 281)。

「コミュニティ」の様々な人たちの多様なニーズや選好が認識されるには，多くの様々な参加方法が必要となってくる。大人が組織する会合やイベントは，若者には魅力的でない場合が多い（「10-5　ダ・フッドを守る──若者の参加」参照）。昼間の会合は，日中に働いている人たちを排除することになるし，その逆

第10章　コミュニティの再生

── 10-5　ダ・フッドを守る──若者の参加 ──

　このプロジェクトは，ロンドンの地域団地でエスカレートするギャングがらみの刺傷事件や銃撃事件の結果として展開されたものである。

　最も「接触が難しい」若者は誰か，そしてそれはなぜなのかを知るために，体系的な分析が行われた。このプログラムは，これまでの縄張り争い（とりわけ団地内でのギャング抗争）には特に慎重に対応した。次に，このプロジェクトは一連の協議会を開催し（2004年9月以降，8回企画された），一時は500人もの参加があった。テクスティング〔訳者加筆：携帯電話のショート・メッセージ・サービスを利用して短いメッセージを送ること〕は，次に開催されるイベントを若者に周知するのに成功した画期的な方法となった。イベントの資金は，警察，住宅協会，地方議会が共同で出資し（1回の平均は1万4,000ポンド），関係者が若者たちの意見を聞く機会が設けられた。

　「これら（のイベント）は，エンターテインメントや音楽によって若者を惹きつけた。しかし，いつもイベントの最初には，深刻な問題が議論され，関係者や協力者が若者の話を聞くよう求められた。」（地方議員）

　結果として，このプロジェクトによって，若者たちは音楽やビデオの製作について学ぶ機会を得ることになり，ある若者の集団がラジオ放送局──ストリートFMコミュニティ・ラジオ放送局──を設立し運営するのに役立つこととなった。このラジオ放送局は，当初，地域の若者に焦点を当て，公認の訓練を受ける機会を与えるためのプロジェクトとして始められたのだが，現在は，世代間の結びつきを形成する機会を提供するようになっている。あるイベントが2005年末に開催され，年配の住民が料理をし，地域の若者が客に料理を運んだ。このイベントは全国にも放送され，こうして──少なくとも原則としては──その近隣地域とそこに住む若者に対する外部の偏見を打ち破る端緒となったのである。

　出所：Taylor（2007b）．

の場合もある。人種差別に悩まされる地区では，既存の組織が誰にでも開かれていると主張するだけでは不十分である。少数エスニックの出身者たちは，少なくとも参加の初期段階では，自分と同じ少数民族集団の中でのみ安全だと感じる傾向がある（「12-1　協働のための個別活動──イギリスの事例」参照）。

　活動が多様化するにつれ，人々は自分に最も合ったやり方で，自分が最も心地よく感じられる仲間と一緒に参加するようになる。これによって重なり合うコミュニティと連帯のパッチワークが形成され，それは活力を生み出したり，

強固な組織を作り上げたりする上で必要なものである。こうした端緒から信頼が育まれ，より広範な参加や他者との共通基盤が見出されるようになる（第12章参照）。多様な参加方法を示すことで，人々は様々な場所からやって来ること，エンパワメントの旅路の中で彼らのいる地点が様々であること，そしてまた，彼らの人生の段階が異なることが認識されるようにもなる。本章ではすでに，サウス・ウェールズのコミュニティ・センターにおいて，成人教育が多くの人のさらなる参加への道をどのように提供したのかを見た。実際には，エンパワメントの旅路がセンターに関わった初期にもう始まっている人たちもいた。コミュニティ・センターにあるコミュニティ・カフェは，気軽に立ち寄れる場を人々に提供したが，さらなる関与を強いたりはしなかった。にもかかわらず，彼らはそこから，センターの他の活動に参加する自信を得たのである。あるコミュニティ・ワーカーは次のように述べている。

　「教育に関する活動には，教育を受けた人しかやってこないが，ここには一杯のコーヒーのために様々な人がやってくる。」

　子どもの参加は，親の関心を惹くことができれば，コミュニティを横断する参加にまで広げる上で，とりわけ効果的な方法となりうる。例えばイングランド南西部の町プリマスでは，荒廃した公営住宅団地をもう一度設計し直すのに，子どもたちが参加した。その際，地域の学校は，団地のセキュリティ・ゲートと入口のモザイク画をデザインするように依頼された（Watson 1994）。その他にも，子どもたちは環境調査，校庭の設計や維持，コミュニティの広報誌や掲示板の企画に参加した（Taylor 1995b）。こうした子どもの参加は，コミュニティ内のマイノリティ集団と協働する場合にはとりわけ重要となる。
　コミュニティ・アート，コミュニティ・ビデオ，コミュニティ劇場は，すべての年代を参加させる有力な方法として用いられてきた。マタラッソによれば，様々な集団は，自分たちの経験，表現形式，伝統から出発することで，自分たちの姿と信念を描き出すことができるようになる（Matarasso 2007: 456-457）。彼によれば，コミュニティ・アートは，外から押し付けられた目標や定義ではなく，自分たちの価値に注目することで住民をあきらめから救い出す力がある。

それは，技能，自信，ソーシャル・キャピタルを形成する触媒となり，個人やコミュニティのアイデンティティを作り出したり，それらの価値を高めたりするのに役立つ。それはまた，処罰を恐れずに，タブー視されている問題に切り込む手段にもなりうる（Abah 2007）。キンロックによれば，例えばハーレムで行われた若者中心のプロジェクトでは，何十年にもわたる様々な形態のハーレムの芸術を研究することで，貧困地区の再生という課題に応えた（Kinloch 2007）。これは，近隣地域を再定義し，その歴史と自分たちとの間に再びつながりを見出し，世代間の議論を刺激するのに役立ったのである。

都市設計の実践では，「現場に根ざしたプランニング（planning for real）」といった技術が長く用いられてきた。それは，すべての地域コミュニティが参加するようなやり方で，その地域の基本設計を作り上げるというものである（「10-6 イギリスにおける場所づくり」参照）。こうした実践は非常に可視的で実践的なので，専門家にも素人にも，若者にも高齢者にも，公的な場で明瞭に話せる人にもそれが難しい人にも受け入れられている。

都市設計の実践やコミュニティの祭典などといった短期間の活動は，非公式及び公式なネットワークのメカニズムを形成するという役割を果たす。だがこれらの活動は，長期にわたって行われることで，広範な基盤を維持するのに役立ち，一種の社会的「接着剤」となる。これらの活動のほとんどは，「非常に高度なもの」ではなく，社会変革をもたらさない無用の長物に見えるかもしれない。だが，それらはオークの木に成長するドングリ，すなわちエンパワメントの旅路の出発点となりうるものなのである。

インターネットが切り開いた可能性は，これらすべてのアプローチの質を向上させてきた。インターネットの秘めている力を——とりわけこれまでインターネット文化の中で育ってきた若者たちが——どのように利用することができるのかを，我々はまだ学んでいる最中である。とはいえ，2011年時点でインターネットは，強力な情報源であることはほとんど疑い得ない。とりわけ他の情報源への接触が限られてきたコミュニティには，これが当てはまる。地域のウェブサイトは，仮想上の活動拠点を生み出すことができ，人々はそこで情報を共有し，何が起こっているかを知ることができる。インターネットはまた，熟議民主主義を向上させることができる。熟議民主主義は，多くの場合，対面

―― 10-6　イギリスにおける場所づくり ――

　40人の若者を含む約180人のイースト・ブライトンの住民は，アクション・プランニング・テクニックの中で「在野の都市デザイナー」としての訓練を受けた。場所づくりのイベントは14の地域で企画され，住民たちにより運営された。各地区では以下のことを行った。
・プロジェクトとサービス改善のために優先事項を明確にした。
・近隣地域の物質的な状況に関する包括的な写真調査を実施し，ほとんどの写真は若者が撮影した。
・地域の公営住宅と環境管理サービスの水準について，写真と言葉で住民の考えを記録した。
・自分たちの地区を「より清潔で，より安全で，もっと魅力的に」するために，千ポンド支出するという最初のプロジェクト案をまとめた。

　場所づくりイベントは，地域の競技場における祝賀会で幕を閉じた。それには約450人が出席し，写真調査の展示も行われ，最も優れた写真には賞が与えられた。その地区出身の若手の歌手や音楽家が，エンターテインメントの一部として演奏を行った。そのイベントは，地域のラジオで広範囲に放送され，そのラジオは後に住民の意見や音楽を含んだCDの製作を支援した。そしてCDは，地域コミュニティ会報の春季号と一緒にすべての家庭に配布されたのである。

　この活動は，それまで参加していなかった人たちを参加させるのに重要な役割を果たすと同時に，地域の要望や優先事項について大まかな青写真を作り上げるのにも重要な役割を果たした。こうしてこの活動は，特に若者を参加させるのに成功したのである。

出所：Capital Action（2001）から抄録。

での話し合いと結びつく時に最も力を発揮するものであるが，インターネットは，一度や僅かしかない出会いの可能性を押し広げることができる。それはまた，直接的な接触を超えたコミュニティ間のつながりを橋渡しすることができる。その価値が最も高く示されるのは，おそらくグローバルなレベルにおいてであり，インターネットによって，コミュニティは大陸を超えて相互に学び合うことができるようになった。さらには，グローバルな制度に対抗して人々を動員することもできるようになったのである（第12章参照）。

　とはいえ最新の研究では，すぐれた特効薬と同様に，インターネットにも副作用があることが指摘されている。技術は，他の資源と同様に不平等に配分さ

第10章　コミュニティの再生

れている。例えば、ピュー・インターネット・アンド・アメリカン・ライフ・プロジェクトの研究によれば、従来と比べて、富裕層と高学歴層はインターネットを通じて、同世代の人たちよりも政治に参加する傾向が見られた（Smith et al. 2009）。しかしながら、その研究の著者たちは、インターネットを通じて社会的ネットワークがさらに構築されることで、このような状況が将来は変わると見ている。すなわち社会的ネットワークの構築は、平等をもたらす偉大な地ならし機になりうる、というわけである。にもかかわらず、統治の視点から見れば、仮想空間も他の空間と同様に、政府、有力メディア、商業的利害に植民地化された「統治可能な空間」になる恐れがある（O'Donnell and McCusker 2007 ; Morison 2003）。世界のいくつかの場所で国家による検閲が行われているように、インターネットはすべての人が自由に利用できるわけではない。そして、大衆の「植民地化されていない」空間として見た場合でも、インターネットは洗練された質の高い対話を保証するわけではない。ナヴァリアは、インターネットには浅はかなデマが見られると警鐘を鳴らし、説明責任、代表制、透明性といった点で問題があることを強調している（Navarria 2008）。

（4）時間・資源・支援

　一連の非公式及び公式なネットワークを確立し、それを存続させ維持できる組織を形成し、異なる利害を超えた結びつきを作り出すこと。これらすべてには時間と資源がかかる。手っ取り早くできることなどほとんどない。スコットランドのウエスター・ヘイルズにおける事業は、アネット・ヘイスティングスと共同研究者たちが1996年に行った調査の中で最も成功した事業の一つに挙げているものだが、これは20年以上にわたる活動を基盤としていた。その研究の結論によれば、活動的なコミュニティでさえも、コミュニティのネットワークがパートナーシップへ効果的に参加できる段階に至るまでには、5年もかかったという（Taylor 1995b）。

　資源は、現在取り組んでいる業務と対応している必要がある。とはいえ、それがあるかないかで活動がなされなかったり、参加が生じたりという違いをもたらすような資源は、そう多くはない。電話代を払える、会合の場所を借りられる、交通手段を確保できる、などができれば十分である。コミュニティの建

物も，近隣地域にはとても重要であり，活動，サービス，地域アイデンティティの集約点になりうる。特定の近隣地域の中で孤立しているかもしれない利害関心に基づいたコミュニティにとっても，コミュニティの建物は重要となる。

　すでに述べたように，持続的で組織的な活動には，特にほとんど活動歴がない新規事業の場合，献身的なコミュニティ・ワーク支援が必要なことが多い。例えば，先述したプリマスの事例では，ある団地の住民たちが，地方政府当局が反対していたにもかかわらず，自分たちの住まいを修繕するための資金を勝ち取ることに成功した。彼らにそれができたのは，つまり独自の計画を作り上げ，自ら外部の人たちと交渉することができたのは，独立の技術援助ワーカーから受けた多くの専従の支援のおかげである（Taylor 1995b）。しかし，集団は「もっと軽い関与の」アプローチから利益を得ることもできる。「10-7　使用条件のない小さな補助金」で描かれた2つ目の事例では，あるイギリスの基金が4年以上にわたって補助金，ネットワーク構築のイベント，ファシリテーションを一括して提供した。4年以上の中で，ファシリテーターに任意の一つの近隣地域が割り当てられるのは，最大でもたった30日にすぎなかったのだが，集団にとっては，支援が必要な時に「電話一本で相談できる」その組織を知るファシリテーターがいるというのは，価値のあることであった（Taylor et al. 2007）。長期にわたって関係が続いたことで，信用が育まれ，能力形成という長期的な問題にも取り組むことができた。すなわちこの事例では，組織の抱える喫緊の「現在の問題」を超えて，組織の真のニーズを理解するために協働する方法を見つけ出すことができたのである。

　現場での支援も重要である。サービス提供者や他の外部の行為主体が，住民参加を促してくれる場合がある。彼らは情報を広めたり，会合場所，遊び場，ワークショップや人々が交流できる他の公共空間を提供したり，「朝のコーヒーパーティ」や様々なイベントを企画したりするからである。

2　コミュニティにおける設計

　これまで本章は，コミュニティの内部から変革をもたらす方法について論じてきた。しかし政策立案者は，コミュニティを「設計し直す」という解決策も

10-7 使用条件のない小さな補助金

　コミュニティ基金（Community Chests）やコミュニティ学習基金（Community Learning Chests）は，イギリスの単一コミュニティ・プログラム（Single Community Programme）の一部として，僅かな額の補助金を地方組織に提供した。地方組織の多くは，新しく設立されたものか，周縁化された人たちと協働している組織である。様々な集団が，補助金を申請する際に支援を受け，必要とされる場所で公式に設立された集団となるのに役立った。基金から補助金が配分されると，祝賀イベントを開催する地区もあった。そのイベントには，情報交換をするために地区内外から，同じように助成金を受給している団体が集められた。その後に開かれる補助金パネルには，承認と新たな技能を授けようと，あまりに多くの受給者が呼ばれてしまったこともあった。

　別の事業では，一連の支援の一部として，コミュニティ集団が一定の補助金を受け取るというものがあり，その資金は，4年以上もの間，その集団の望むように使うことができる。この補助金は，多くの様々な方法で使われた。例えば，イベントのための部屋の賃料，お祭りのテントや大天幕などの備品費，子どもの活動費，公認訓練講座の受講料，コミュニティ形成計画の実施費用，2カ国語によるニュースレター作成のためのソフトウェア代，会議に出るための旅費などである。あるプロジェクトでは，コミュニティ・センターで必要なシャッターを購入するためにその費用が使われた。ある地方のファシリテーターが次のように述べている。

　「様々な集団は，ほとんど制約を受けることなく補助金を使ってきた。これは，広範囲にわたって優れた効果をもたらし，非常に工夫されたものや，目に見える重要なインパクトを与えるものも多かった。そうした緩やかな資金提供の仕組みに関して，人々が予測していた事態とは反対の結果がもたらされたのである。」

出所：CLG (2005); Taylor et al. (2007).

見出してきた（第3章参照）。これには3つの形態が考えられる。第1は，物質的な環境を改善することであり，コミュニティが頻繁に関わり，主導することも多い。これによって，帰属や安全に対する住民の意識を改善することができる。第2は，住民の構成比を変えることである。これは一般にトップダウン的な解決方法であるが，それがうまく機能すれば，偏見を打ち破り，一見不可避に思われる衰退の悪循環を打開することができる。第3は，インフラや地域の施設を発展させて，コミュニティを「浸透性のある場所」に変え（Forrest and Kearns 1999: 51），外部の世界と結びつけるという方法である。これらの政策は，それを行うだけでコミュニティの変革を成し遂げるのに十分というわけではな

いが，重要な貢献を行うことができるものである。

(1) 物質的な改善

物質的な改善は，恵まれない低所得層のコミュニティにおいて政策課題の上位に位置づけられることが多い。物質的荒廃は，近隣地域の衰退を示す最も明確な兆候であり，低所得者向けの公営住宅団地の公的なイメージに影響を与える主な要因である。例えば，板張りされた建物やゴミの散らかった階段といったイメージは，テレビの警察ドラマでよく見る光景である。それゆえ見た目の改善は，「楽観的な雰囲気を創り出し，その地区には未来があるという感覚を生み出すのに非常に大きな力を発揮する」ことができる (Forrest and Kearns 1999 : 50)。さらに，近隣地域が安全であると見えたり感じたりすることで，住民の間に信頼と自信を形成することができるようになる (Taylor 2007b)。だが，見た目の改善が支持されるのは，住民の声に応え，住民と十分な協議をしながら設計された場合のみである。

都市設計や「現場に根差したプランニング」といった設計や物質的改善の事業が，地域コミュニティの広範な交流をどのように呼び起こすことができるのかについては，すでに本章の中で見てきた。設計や計画も，コミュニティの安全を築くアプローチの主たる要素であった。例えばイングランド南西部のプリマスでは，公営団地の再設計を望む住民たちが，公共空間を見通し監督することができるようにするために，コミュニティの建築家と協働して団地の配置を変革しようとした (Watson 1994)。しかし，セキュリティの要請と，来客を歓迎し人を引き寄せるような環境の設計との間には，対立が生じうる。前述で示したプリマスの事例では，公営団地の新しいセキュリティ・ゲートのデザインに子どもたちを参加させることが，セキュリティ・ゲートに必然的に伴う否定的なイメージを和らげる上で重要な役割を果たした。逆に，セキュリティを強調しすぎると，人を寄せつけない環境が作り出され，犯罪への恐怖が高まる場合がある。それは，猜疑心を高めると同時に，偏見の目や団地の否定的イメージを強化する内向きなメンタリティを創り出してしまう危険性がある。

（2）住民の構成比の変更

　第3章では，イギリスで行われたスラム一掃とニュータウン開発によってコミュニティを再建しようとする初期の試みについて論じた。近年，この国でよく知られるようになった「保有の多様化（tenure diversification）」というアプローチは，偏見の目で見られている公営住宅の一画を，より混合的なコミュニティへと大規模かつ容易に転換させようとするものである。これには大きな意義があるであろう。この政策によって，周縁化された地区にはより多くの収入，技能，自尊心がもたらされ，同時に経済的に活発で意欲のある住民が留まることになる。そして，転居率と空き部屋の数を減らすことができる。またこの政策によって，最も周縁化された住民たちが必要としている緩やかな結びつきを育むことが可能になり，より良い公共サービスを維持し，それを要望さえできるようになる。

　しかしながら，いくつか留保もしておこう。多くの地域において，団地の住民たちは，「再設計」という目的のために既存のコミュニティを解体することに対して，何年にもわたって抵抗してきた。1990年代初頭のある団地の事例では，保有を多様化させる再開発を行っても，元の住民たちは全く幸せにならなかった。「団地の住民たちが激しく抵抗して守ろうとしているコミュニティは，すでに破壊されてしまっていた。彼らは，持ち家の住民たちに取り囲まれており，その区画は宅地開発業者が築いた高いフェンスによって仕切られていた」（Hyatt 1994）。物理的な距離を縮めても，社会的な距離は縮まらなかったのである（Pahl 1970）。

　約30年後，フォレストとカーンズは，保有の多様化には利点がなく，様々な保有形態の間で新たな分断や，想像上あるいは実際上の障壁ができてしまう恐れがあると論じた（Forrest and Kearns 1999）。同時期に，イギリスの混合保有住宅団地に関するジュップの研究は，異なる保有形態の住民同士の結びつきは限られていると断言した。ただし，同じ通り沿いの保有の混合は，近隣地域内で区画ごとに別の保有形態に分けるよりもずっと効果的であるとされる（Jupp 1999）。彼はまた，時間が経つにつれ結びつきが強まるかもしれないことを認めている。コミュニティに雇われた職員は，保有形態が異なる住民同士が共通に抱える課題を明らかにし，非公式な結びつきを育むことで，保有形態が異なる

住民同士の結びつきを強めるのに役立つことができると、ジュップは論じている。近年の経験は肯定的なものであり、混合保有住宅事業が、公営住宅政策と結びつきながら社会的多極化を推し進めることができることを示している。マーティンとワトキンソンによれば、初期の研究とは反対に、公営住宅団地によって保有と所得階層の混合を拡大させる事業は、資産価値の向上、転居率の低下、空き部屋への需要増加を一貫してもたらしてきた（Martin and Watkinson 2003）。この事業は、団地の住民に高い満足感も与えていたのである。

アレンによれば、保有の多様性によって、偏見の目で見られてきた近隣地域の評判が改善されるとは単純には言えず、「保有の混合それ自体が、開発の成功を保障するわけではない」と論じている（Allen et al. 2005：4）。多くのことが、地域の環境やサービスの質を含む他の要因に左右されるためである。変革の過程では、軋轢が生じないように細やかに対応したり、立ち退くことになる住民に適切な助言を伝えたりすることも必要である。もちろん住民たちは、保有を多様化するために住宅団地から出ていく必要はない。保有の多様化は、住民に購入権を与えたり、在庫の住居を別の地主に転売したりして達成することができる。しかしながら、借りる人がほとんどいない団地の住民は購入権を行使しないことが多く、それができないことも少なくない（Power and Tunstall ［1995］による20の団地に関する研究によれば、購入権の行使を選択した住民はたった5％しかなかった）。こうした事業計画が成功するか否かは、多くの場合、その地域の状況にかかっている。

（3）「浸透性のある場所」の創造

他のアプローチ——別々に行われるにせよ、並行して行われるにせよ——としては、恵まれない近隣地域とその周りの地区とを結びつけるような物質的方法や他の方法を推し進め、橋渡し型ソーシャル・キャピタルを発展させて偏見を打ち破る、というやり方がある。第6章で検証したように、20世紀の公営住宅は、都市の周縁部に建てられ、周りの地区や雇用の機会から切り離されてしまっている場合が多い。また、交通が不便なこともよくある。「切り離された地区が関わる世界を広げるのに役立ち」、他の地区の人々がその場所を訪れたいと思えるような政策が求められている（Forrest and Kearns 1999：51）。その

際には，恵まれない地区を再び人々に知られた場所にし，地区に出入りするための道路を整備し，そうした地区とその周辺との交通を改善することが必要である。しかし地域再生や近隣地域の再開発といった政策は，これらの問題をほとんど扱っていない。ディーンとヘイスティングスは，これらの近隣地域が都市と結びつくことは，物質的な変化以上のものを得ることになると指摘し，否定的なイメージや偏見を逆転させる活動的なマーケティング政策を推奨している（Dean and Hastings 2000）。

3　考　察

　本章の初めで論じたように，エンパワメントの第1段階は，排除されているコミュニティの住民に自信を持たせ，すでにその地区にありながら十分に評価されていない資産を認識し，地区に眠っているネットワークや潜在的なパワーの回路にエネルギーを注ぎ込むこと，そしてコミュニティの内外で学習と対話の機会を提供することである。この種のコミュニティ学習やコミュニティ活動を扱った文献やウェブには，数多くの事例が紹介されている。それらの事例は，コミュニティ間の結びつきを作り上げたり，地域の住民や集団が活動や学習の共有を通じて地道に地域のエンパワメント能力を形成したりしている。こうした活動の長所は，地域の資産が認識されること，小さなきっかけから何かを始める能力が身につくこと，参加や所有の可能性が高まること，そして比較的限られた資源でもかなり大きなエネルギーを解き放つことができることである。バウマンの言葉を用いるなら，こうした活動は，人々の私的な関心が公的なものとなりうる空間を創造するのである。そしてそれは，差異を論じることのできる安全な空間を提供することもできる。そのようなエンパワメントは，マレー・ステュワートと私が1995年の研究で論じたように，ポジティブ・サム・ゲームである。つまり，誰か他の人の力が実際に失われる必要はなく，コミュニティが獲得した力は価値あるものでありながら，より強力かつ強固な権力構造を脅かすものではない。だが，この研究の最後の一文では，こうしたアプローチの限界を強調した。すなわち，ここで描かれたような活動は，誰かを周縁化し排除している，より根本的な経済的・構造的過程やより深刻な権力の不均衡

の問題に取り組むものではないのである。

　おそらくこれは，クレッグの「パワーの回路」という議論に立ち返ることによって，最も適切に説明することができる。コミュニティをエンパワメントするとは，単に，コミュニティの内部やコミュニティの間にある眠ったままの，あるいは使われなくなった回路を再起動させればよいという問題ではない。より持続可能なパワーの蓄積を可能にするような「特別な通路」に，コミュニティのパワーの回路を接続するという問題でもあるのだ。何にもつながれていない発電機は，単にたくさん発電することしかできない。パワーがシステムを通じて流れることができるようになるには，これらの地域の回路が，これまで切り離されてきた社会的・政治的・経済的回路に接続されなければならない。これをどう行うかが第11章のテーマである。

第11章　権力の再生

　第10章で説明した基礎が整ってくると，コミュニティ変革やエンパワメントの過程は，異なったり，重複したりするような複雑な形態をもつようになるであろう。例えば，コミュニティは，消費者としてエンパワメントされ，提供されるサービスの質や提供の方法に大きな発言権を持つこともある。コミュニティは，サービスの運営を引き継いだり，それ以外の分野で社会的企業を発展させながら，サービスの生産者や共同生産者となるかもしれない。また，コミュニティは，政策課題を決定し，政策立案及び実行を担うために，他のプレイヤーと対等な立場で協働しながら，ガバナンスやパートナーシップに関する取り組みに市民として参画するかもしれない。他方で，コミュニティ発の変革のためのキャンペーンを行うために，独自の「主張を行う空間（claimed space）」（Cornwall 2004b）を作り出しながら，独立した活動を行うことを決心するかもしれない。本章では，各事例の中で見えてくる様々な改善に向けた取り組みの一部を説明していこう。

1　生産者や共同生産者としてのコミュニティ

　世界各国のコミュニティが，自分たちのニーズを満たす責任を担っている。例えば，アメリカのコミュニティ開発公社（CDC）は，低所得者向け住宅やその他の事業の管理権をコミュニティに付与している（第3章参照）。フランスでは，地区管理事業体（Régies de Quartiers）という住民主導型の団体があり，地域住民を雇用し，近隣におけるサービスを提供している。この団体は，良質で，住民に合うサービスを提供することと，援助対象となるコミュニティ内の排除されている集団，とりわけ長期失業者と無資格の若者のために，地域の雇用を生み出すという2つの目的を持っている（Clark and Southern 2006）。スコットランドの地域密着型の住宅協会（community-based housing associations）の事例では，最

も評判の悪い低価格の賃貸住宅のコミュニティによる管理，改善方法が紹介されている。イギリスのその他の地域では，コミュニティ開発トラストの数が急増し，資産の管理とサービス提供を行っている。イギリスの国家政策では，入居者たち自身による住宅管理が促されており（第3章参照），時にはコミュニティ，協同組合，社会的企業といったサード・セクター組織へサービス提供を移転させようとしている。近年の政策では，建物や土地といった公的資産をサード・セクター組織へ移すことも促している。

もちろん，南半球の国々においても，長い伝統の中でそのような事業が行われてきている。国際連合やコモンウェルス財団（Commonwealth Foundation）などの委託研究（Dey and Westendorff 1996；Goetz and Gaventa 2001）の中では，地域コミュニティが管理を受託している事業の事例が多く掲載されている。例えば，学校や農村地域の森林，集落の水の供給，健康保険制度，コミュニティの管理する公衆衛生システムなどがある。また，多くのそのような取り組みが，家父長的な仕組みのままであったり，貧困を持続させている非経済的な問題へ取り組んでいないといったチャリ-ワーグ（Chari-Wagh 2009）による批判があるものの，多くの南半球の国々で進められているマイクロ・クレジットは最も有名な成功事例である。

コミュニティの運営する社会的企業は，異なる脈絡の中で発展している。アメリカに加え，多くの南半球の国々では，国家が社会福祉へ資金を投入しなかったり，そもそも資金を投入するだけの力がなかったりする中で，コミュニティによる社会的企業が成長している。他方で，ヨーロッパ大陸の一部では，社会的協同組合が国家の資金提供を受けながら，活発に活動している。その背景には，時に国家に実施するだけの力がないこともあるが，それのみではなく，社会的経済を支える連帯に基づく気風（エートス）がある。このパラダイムは，エヴァースとラヴィル（Evers and Laville 2004）によるイギリスの慈善的な気風もしくはアメリカの博愛的，非営利的な気風との比較によるものである。

イギリスのサークは，そのような社会的企業を開始する多くのきっかけがあることを明らかにしている（Thake 1995）。

・権利侵害に対する応答…大規模再開発計画（「11-1　ロンドンのコミュニテ

第11章 権力の再生

---── 11-1　ロンドンのコミュニティ・ビジネス──権利侵害に対する応答 ─

　コイン・ストリート・コミュニティ・ビルダーズ（Coin Street Community Builders：CSCB）は，1970年代における近隣での行き過ぎた商業開発案に対する地域住民の長年にわたる反対運動の結果として設立されたものである。その地域では，地方自治体がサッチャー政権の政策を敵視化したことも部分的に功を奏し，利用方法を問題視していた土地を守ることに成功した。その土地の自由保有権はCSCBに売却され，土地の利用については公認のコミュニティ計画に従うという誓約を締結した。CSCBは，大ロンドン企業委員会（the Great London enter-prise board）[(1)] と大ロンドン議会（the Great London Council）から資金を借り入れた。借入金の返済は，その土地を一時的に利用した収入，主に駐車場としての使用料金から行った。その後，CSCBは，その開発された土地を担保とした銀行の融資を利用しながら，財政を立て直している。

　1984年以降，CSCBは，13エーカーの荒れ果てた放棄地を整備し，新築で手ごろな価格の住宅，店舗，ギャラリー，レストラン，カフェ，バー，河川敷の散歩道，庭，スポーツ施設，託児所や地域住民のための様々なプログラムのある近隣センターなど，にぎわいがあり，様々な利用のできるように近隣を開発した。CSCBは，「利益の上がらない公共サービスの提供」を設立目的とするイギリス法上の保証有限会社であり，その地域の営利組織（多国籍企業を含む）を含めた幅広い他組織とのパートナーシップの中で活動している。また，その役員会の構成員は全員地域住民である。

　運動を始めた当初の主たる目標は「オフィスよりも住宅」であり，そして，安定した，活力のある居住コミュニティを創造できるよう支援することにより，住宅協同組合を促進していくことが，地域経済再生のための不可欠な戦略であり続けている。住宅協同組合の構成員は，各住宅地区の入居者に限られており，そしてコイン・ストリート・セカンダリー住宅協同組合は，助言，訓練，管理サービスを提供している。その中には，四半期ごとのサウス・バンク・フォーラムのように，すべての住民が地域の下院議員や地方議員からそれぞれ招待を受けるものもある。

　CSCBは，宿泊施設を用意したり，経営・財務の支援サービスを提供する多くの自立的な地域のチャリティの設立も行っている。例えば，コイン・ストリート・センター・トラストがあり，家庭・児童センター，コミュニティ・スポーツセンターを運営している。現在，さらなる開発計画が進行している。

　注：コイン・ストリート・コミュニティ・ビルダーズの小冊子（「行動する社会的企業」）は，CSCB, G2 Oxo Wharf, Bargehouse Street, South Bank, London SE1 9PH から入手可能である。
　出所：Tuckett (1988) 及びインタビュー，Coin Street Community Builders (2010)．

　　　　　　ィ・ビジネス――権利侵害に対する応答」参照）や近
　　　　　　隣内での高速道路の建設などの脅威へ応答する
　　　　　　形で開始される社会的企業。
　・犯罪に対する応答…市民の暴動の後に形成された社会的企業や，増加す
　　　　　　る犯罪がもたらす脅威へ応答する社会的企業。
　・事業中止に対する応答…工場，学校，その他の地域サービスの閉鎖に伴
　　　　　　い開始される社会的企業。
　・外部からの介入に対する応答…特別に政府が資金投入を行う事業を受託
　　　　　　するために設置される（もしくは引き継ぐ
　　　　　　ための）社会的企業。

　これらの社会的企業は，保育などの福祉関係サービス，環境保全サービス，就労の場，訓練，文化活動，住宅，事業開発の機会や融資を提供するかもしれない。その他にも，新たなるエネルギーを提供したり，商品を大量に購入できる仕組みを作ったり（食品協同組合），地場産業にサービスを提供することもある（農業協同組合）。コミュニティ・ビルを建てることにより，地域サービスの中核拠点となるとともに，地域で利用できるスポーツ，芸術などの場を提供することもある。また，資金獲得や活動の継続に苦労するようなコミュニティに根ざした短期的な補助事業に対して，アンブレラ企業や持ち株会社を用意することもできる。さらには，一定期間就労しておらず，労働の経験と技術を必要とする地域住民に対して，媒介型の労働市場を用意することもできる。

　それらの社会的企業の活動の財源は，サービスや商品の使用料や土地の使用料，サービス契約，住宅のような賃貸できる資産から捻出することもある。例えば，アメリカの低所得世帯向け住宅は，長年にわたり，コミュニティ開発公社の財源の最も持続可能な資本基盤であり続けており，また，イギリスの最も成功しているコミュニティ開発トラストも，低所得者向けの住宅と土地が主要な財源となっている（「11-1　ロンドンの社会的企業――権利侵害に対する応答」参照）。これまで見てきたように，社会的企業は，好意的な環境のもとでは，特に発展段階において，しばしば国家の支援を受けている。イギリスの多くのコミュニティ開発トラストは自立しているが，他方で，特に近隣再生において政府

財源を伴う事業の結果として設立される場合には、資金を提供する政府やその他のパートナーとの間でパートナーシップ組織を形成している。

多くの恵まれない地域では、法外な利子を請求してくる闇金融、地域の外に自宅のある専門家、地区外に拠点のあるサービス提供機関、地域外の人たちが所有する企業などによって地域外へ資源が流出している。同じく、多くの社会的包摂関連事業では、地域住民を地域外の会社に就職させている。しかし、社会的企業には、評価の低い労働に高い価値を与えたり、地域コミュニティ内で資産や資源の所有権を持ち続けたり、地域密着型のサービスを提供したり、地域コミュニティ内で富を循環させたり、仕事の機会を創り出したりしながら、地域経済を転換させる力がある（例えば、「11-2　コミュニティ経済開発の原理をアドボカシーに利用する──バンクーバーのフィリピン人女性センター」参照）。地域での所有は、地域住民の暗黙知、地域住民のニーズと能力及び、地域資源に対する住民の理解を引き出す。そのようなことから、社会的企業は、サービスに関するより多くの権限をコミュニティに付与するのである。

しかし、コミュニティ運営型の資産管理やコミュニティ・ビジネスに対する支援は、「社会的経済」内で増加する利益のごく一部にすぎない。よりインフォーマルなコミュニティ活動やインフォーマルな助け合い活動を支援する事業が実施され、一般的な「現金」経済を補い（Atkinson 2000a）、そして、労働市場の外側にいる人たちに対して、一般就労への踏み台もしくは代替的選択肢を提供している。実際に、アトキンソンが論じるように、これらの非伝統的な労働形態の価値を大きく否定するような社会的排除の言説は、こういったインフォーマルな経済が「社会全体におけるシティズンシップと参加意識の刷新」（Atkinson 2000a : 1050）を可能とすることに寄与する点を認識する必要がある。ウィリアムズとウィンデバンクはこの点に賛同しながら、ミクロレベルでの交換を行うことが、信頼を生成する社会的規範とネットワークを発展させる手助けとなっていると論じている（Williams and Windebank 2001 : 17）。

国家と市場の双方の福祉システムが十分ではないと指摘されるようになっていることから、政府にとっての社会的企業の魅力が明らかとなっている。すなわち、政府にとって、社会的企業には、二重の、もしくは三重もの利点があり、そこには財政的利益のみならず社会的及び環境的利益も含んでいるのである。

> **11-2　コミュニティ経済開発の原理をアドボカシーに利用する**
> **――バンクーバーのフィリピン人女性センター**
>
> フィリピン人女性センター (Philippine Woman's Centre) は，1980年代に職業を求めてカナダに移住したフィリピン人女性が社会的にも，経済的にもますます周縁部に追いやられるようになったことに対応するために1989年に設置されたものである。このようなフィリピン人女性の実情は，政府プログラムの一環の中で，外国人を住み込み介助者としてカナダに移住するよう促進したことの結果として生まれたものである。当センターは，支援のための場を提供することに加え，移住者や出稼ぎ労働者の人権問題に関連して，教育を行ったり，集会を開催したり，組織を形成したりする活動を積極的に行っている。1995年には，コミュニティ経済開発のパイロット事業を開始しており，5つのコミュニティ経済開発事業に投資を行っている。それらの中には，共同組合住宅，相互扶助サービスやパルワガン(2)，融資保証基金，直営の芸術作品や工芸品の店舗，そして食事サービス（これらは主としてボランティアにより運営される）などが含まれる。フィリピン人女性たちは，これらの事業の結果として，手ごろな住宅を確保できたり，自分たちの資源を相互扶助のために共同で利用できたり，訓練を受けられたり，食事サービスや，芸術作品・工芸品の店舗の中で新しい技術を修得したりする機会を得ることができている。2種類の収益事業があり，その資金は直接給料や構成員間のワークショップ，会議場までの交通費に使用されている。研究者や法律家の団体とパートナーシップを組むことにより，移民女性の立場が大きく取り上げられるようになり，世間の注目が高まっている。
>
> 出所：Lo and Halseth (2009).

一方では，アボットが強調するように (Abbott 1996: 41)，コミュニティによるサービスや資産の管理を，すべてのコミュニティ・エンパワメントの過程の目標として捉える考え方もある。すなわち，シェリー・アーンステイン (Sherry Arnstein) の梯子の頂点にあたる（第8章参照）。トゥエルブトゥリーズは，コミュニティによる所有や経済開発を，「(資本主義的) 開発から帰結する巨大で，高まる格差」を埋めるための手段として捉えている (Twelvetrees 1998b: xxiv)。これらの議論をさらに進め，資本主義システムに対する代替的選択肢の探究における重要な要素として，また，2009年に発生した世界経済危機の中で，より市民的かつ持続可能な経済を発展させる手段として，社会的企業を期待する論者もいる (Carnegie UK 2010)。コミュニティ・マネジメントやサービスの所有は，

「新たな供給形態，情報生成システムもしくは利用者の自己組織化が，サービスをどの程度利用しやすく，適切なものとすることができるのか」(Goetz and Gaventa 2001：23) ということを明らかにしていく中で，サービス提供に関して一般的に受け入れられている「ゲームのルール」に挑んでいくこともできるのである。

　しかしながら，社会的企業やコ・プロダクションは，社会的包摂というジグゾー・パズルの重要なピースとはいえ，それだけでは十分とはいえない。第1に，複雑な問題に対して，コミュニティの幅広い政策立案過程への参加がないままにコミュニティに実施のコントロール権を与えてしまえば，その他の者では解決できない問題をコミュニティに転嫁するといった単に政府によるごまかしとなることがある。マルガンが論じるように，「権力の弱い人たちへの責任の転嫁が大きく進められている」(Mulgan 1991：45)。この点は，多くの国々において公共支出の大幅な削減が行われている状況の中で，特に懸念されている。さらには，これらのサービスを担うだけの自信やエネルギー，時間，政治的ノウハウそしてお金が社会の中で平等には配分されていない(New Economics Foundation 2010)。このことは，全体的に権力と責任を譲渡していく中で，持たざる人たちが利益を得る可能性は最も低くなるということを意味する。

　地域住民たちにサービスの管理権をより多く付与することは，原則的にはすばらしい考え方である。しかし，ゲーツとガヴェンタが指摘するには，地域住民たちは必ずしも自分たちのサービスを運営したいわけではないであろう(Goetz and Gaventa 2001：63)。彼らが論じるように，市民が「サービス提供者間の中で責任感を高め，サービス受託者となるという考えに基づいて直接的な参加を称賛する，ということを当然のこととしてはならない」。ホワイト(White 1996) が，排除されているコミュニティの人たちは，その他の多くのコミュニティではそうではないのに，なぜ参加を期待されるのかということを問いかけていることは，多くの論者の考え方と共通するところである。我々は，自分たちに関わるすべてのサービスの運営を求めているわけではない。求めることは，サービス提供者たちが我々のニーズや嗜好を確実に取り入れ，そして質と選択肢も示してくれることである。排除されているコミュニティは，他の社会の構成員と同様のサービスの質と提供を求めるためには，「参加」をすべきではない

はずである。外部主導型のコミュニティ・マネジメントを奨励する事業は，コミュニティに対して，地域のニーズに効果的に取り組むだけの資源や力がないが責任だけはあるという状況の中で，自分たちの排除を管理するよう強制するという危険性がある。

　他方で，多くのコミュニティは，地域プログラムの責任を担うことを意図的に選択することがあると認識することが重要である。あるコミュニティにとって責任の押しつけと思われるプログラムが，その他のコミュニティをエンパワメントすることがある。また，資産の所有は，パートナーシップの交渉力を高めることもあることから，地域パートナーシップにおけるコミュニティの影響力を高めている。リチャードソンは，外部団体に依存しすぎることにより力を奪われていくと住民たちが感じることが度々あると論じている（Richardson 2008：239）。彼女は，コミュニティは自助の限界を理解しているが，国家が提供できない何かを提供できると感じていると論じる。しかし，コミュニティ団体は，サービスの需要がほとんどもしくは全くないのであれば，持続していくことができなくなる。そのため，適切な情報収集を行い，「顧客」に密接でなければならない（Richardson 2008：158）。実際に，彼女の研究対象となった一部の団体は，自分たちの達成した費用削減に誇りを持っていた。地域コミュニティは，政策上の「やっかいな問題（wicked issue）」に対して，専門家よりも強固な対応をするかもしれない。例えば，「住民たちは，公営住宅の入居者の身元調査などといった賛否両論のある手法を議論することに関しては，専門家と比べて，気に留めることは少ないし，反社会的行動などにも厳しい態度をとっている」（Richardson 2008：94）。しかし，住民たちは，サービスを引き受けることを選択することと，「十分には機能していない公的機関の不足分を補わなければならないこと」（Richardson 2008：129）をなお別のものと考えている。

　第2に，コミュニティ運営型のサービスを理想化しないことが重要である。コミュニティによるサービスのマネジメントは，統制権を持つ人たちと持たない人たちとの境界線を単に移行させるだけかもしれない。コミュニティのすべてのメンバーがサービスや資産を運営するわけではない。そのため，結果として運営を担っているコミュニティの構成員は，国家や市場の提供者による統制と同じぐらい，サービス利用者を統制しているかもしれない。例えば，アメリ

カの文献のある論評では，アメリカの多くのコミュニティ開発公社は，地元の住民たちとの接触を失い，そしてその近隣の利害を代弁する力を失っていると結論づけている（Murphy and Cunningham 2003：40）。

第3に，特定のコミュニティに限定した事業に依存しすぎていることに対して，その事業のみで，経済的衰退の流れの向きを変える可能性は低いという議論がある。アメリカでは，コミュニティ経済開発事業が行われてきたにもかかわらず，多くの低所得者コミュニティが経済的には周縁部に追いやられたままである。マーフィーとカニンガムの論文で示されているように，ここでのコミュニティ開発公社による成果は，主にミクロレベルにおけるものであり，そして，それらの成果は，マクロレベルでの積年の無策と長期にわたる経済的衰退により相殺されている（Murphy and Cunningham 2003：38-43）。コミュニティ開発公社は，その後も地元住民に対して利益をもたらすかもしれないが，究極的には資本主義の中にある矛盾には打ち勝つことができない。この点については，シュテッカーが，次のように，コミュニティ・ビジネスが注意をそらし，非難の矛先を変え，そして失敗すると論じながら，議論を進めている。

「コミュニティ開発公社は，大規模な資本の投入を必要とするような投資不足のコミュニティと協働する組織としては，滑稽なほど資金が不足している。マスコミは，荒廃した環境の中で行われる個々の小規模事業を称賛し，そして，市民たちは，報道される小さな成果を大規模な勝利と捉え，税による再配分や富裕層による寄付金がほとんど必要ないかのように信じ込むようになる。それゆえ，再開発に失敗した時には，コミュニティ開発公社やその関連コミュニティを非難するのである。」（Stoecker 2007：305）

このテーマは，デ・フィリップスが，1950年代に，コミュニティの統制が黒人資本主義[3]になったと論じながら，発展させている。すなわち，「黒人の経済力を求めようとする大きな動きが，…（中略）…都市の黒人居住区において，資本主義実践をどのように再生させるのが最も良いかという議論に組み込まれるようになったのである」（De Filippis 2001：30）。彼は続けて次のように論じている。国家財源が切りつめられているために，コミュニティ開発公社は，個々人の社

会起業家精神（entrepreneurship）というアメリカの伝統のますます大きな一翼を担うようになっているだけでなく，「影の国家」となり，以前は地方自治体が提供していた物品やサービスを提供しているのである。

　第4の課題は，実行可能性の問題である。地域住民たちは，自分たちでサービスを運営するという考え方が魅力的であることを理解できるが，一部の住民たちはそれに伴うことを少なく見積もったとしても，これらのサービスを引き受けることにより，自分たちが押しつぶされることを理解している。同様に，建物の改修を十分に行わなかったり，建物を維持するだけの財源が確保できない時には，建物がすぐに負の資産に変わってしまう。さらに，あらゆる種類の小規模事業の失敗率は高い。購買力の低い地域での小規模事業の経営を成り立たせること自体に限界があるであろう。経営的な問題と，住民が注目していること，そして周縁化された住宅地区の地域的な課題を組み合わせようとすることは，難しい課題である。

　　「コミュニティ開発公社をコミュニティに限定したもの（小規模であり，コミュニティに根ざしている）とすると，包括的に行おうとする際に求められる資本や専門性を獲得できなくなる。他方で，コミュニティ開発公社モデルの中にコミュニティに根ざすという考え方があるために，コミュニティ開発公社を極めて重要な活動家や専門家から引き離してしまいながら，アマチュアリズムやボランタリズムが進行していくのである。」（Stoecker 2007：305）

　第5のコミュニティの経済開発事業に関連した問題は，持続可能性である。イギリスとアメリカの比較研究では，社会投資のインフラ，強力な博愛主義の伝統，そして，アメリカの地域再投資法[(4)]（Community Reinvestment Act）のように金融機関が地域コミュニティに資金を還元することを促す政策の重要性が強調されている。しかし，これまで見てきたように，アメリカにおいては，低所得者向け住宅の供給が地域の経済開発の中心的要素となっており，そして，ズデニェクによると，連邦政府の資金削減の中で，まさにその業務の遂行が危ぶまれている（Zdenek 1998）。差し当たってアメリカの銀行業界の再編成が意味す

ることは，コミュニティ開発事業における主要なパートナーであった地域銀行というインフラを大きく失っていくことである（De Filippis 2001 : 329）。

　前述で示してきた課題の構図は，世界中の多くの場所で小規模なコミュニティに限定した事業が成功していることと整合性をとる必要がある。例えば，ヨーロッパ内では，社会的経済の文化がしっかりと根づいており，また南半球の国々では，政府の力が弱く，国際NGOが代替的な投資の源泉を提供している。また，小規模なコミュニティに限定した事業は，社会投資やコミュニティ金融という革新的な新しい概念が徐々に発展している活動の場である。それゆえ，デ・フィリップスは，コミュニティ開発公社の運動を批判しているにもかかわらず，市場の活動原理とコミュニティの活動原理の間にある緊張は，我々が耐えることを学ばなければならない大切なものであると結論づけている（De Filippis 2001）。

　しかしながら，本章のこれまでの議論は，成功しているコミュニティ・ビジネスが，直接的であろうと，補助付住宅や給付支払のどちらであろうとも，公的資金の給付にしばしば依存していることを想起させる。そのため，国家サービスの代替や，これらの近隣を機能低下させている資本主義経済に対する代替的選択肢の提示のいずれであっても，コミュニティに限定した事業に対する熱意を持っている人たちが多く存在するものの，これまでの経験からわかるように，コミュニティの経済開発を著しいレベルまで高めるのであれば，逆説的に国家を必要とするのである。このことが，コミュニティ・ビジネスの自律性を脅かすかもしれないし，コミュニティの経済開発が同情的な管理に依存する可能性があることを意味するかもしれない。しかし，これまで，コミュニティに限定した事業が多様なレベルの公的な財源を十分に引き出すことに成功してきた。例えば，EUは，イギリスにおける特に重要な投資者になっている。

　これらの限られた時間の中で国家による支援を論じることは楽観的に思われるかもしれない。特にコミュニティ・ビジネスを予算削減の手段として捉えている多くの国々ではそうである。しかし，国家による支援に対してはもう一つの議論がある。トゥエルブトゥリーズは，コミュニティ・ビジネスやマネジメント事業を公的扶助政策と一体化させることにより，所得保障の受給（もしくは，インフォーマル経済による生活）から有償労働へ移行しやすくなると論じる

(Twelvetrees 1998c)。さらに，公平性に関わる議論がある。コミュニティに限定したサービスは，国家のようにあらゆる分野のサービス提供に関わることはできない。そのため，コミュニティ・ビジネスは，広範な戦略の一部分と見なす必要がある。様々なコミュニティのニーズや要望の選択も公共空間で行われるべきである。この業務は，選挙によって選出された民主的政府が実行するものの一つである。究極的には，社会問題の解決とは，社会全体の資源と技術を必要とする作業であり，変化の犠牲者に委ねられるべきものではない。そのため，コミュニティの経済開発やマネジメント事業の実施は重要であるが，他方で，コミュニティ政策には，活動や決定が地域に影響を及ぼす人たち及び，提供する資源を持っている人たちすべての参加が必要となるであろう。本章の次節では，このことの実現の方法を検討していこう。

2 政策立案者としてのコミュニティ

（1） 新たな機会を最大化させる

　第9章では，今日までのパートナーシップ及びエンパワメントの政策の進展についてかなり悲観的な見解を示した。多くの国々の研究で示されているように，ハーバーマス（Habermas）からヒーレイ（Healey）にまでわたる学者たちが擁護したコミュニケーション的行為や構造を転換させる力（transformative power）といった類の空間は開かれていない。むしろ，パートナーシップの言説は，権力関係を大きくは移行させておらず，そして，「コミュニティに力を与えること（power to）」よりも「コミュニティを統制すること（power over）」を含み続けている。

　他方で，より楽観主義的な見解があり，これらの点が本章の残りの焦点となるであろう。本書でこれまで考察してきたことを我々はしばしば忘れてしまいがちになる。第9章では，過去を振り返り，パートナーシップの緊張や欠陥に焦点を当てていたが，多くの場合，パートナーシップにより，真の機会への窓が開かれている（こともまた事実であろう）。たとえ意思決定の特性が変わっておらず，ましてや権力の配分どころではないとしても，コミュニティ団体は，他のパートナーとともに資源を持ち寄ることができ，そして同時に，他のパート

第11章　権力の再生

ナーとの関係性の中で影響力を高めている。開かれている窓や扉はそう簡単には閉じないであろう。

　第7章では，市民やコミュニティが「能動的主体（active subjects）」となる可能性を記している。フーコー（Foucault）は，後期の研究の中で，抵抗もしくは「内部からの批判（immanent critique）」の余地の存在を記している。ブルデューも，「行為主体者は，単なる構造の召し使いではない」（Bourdieu 1990：20）ことを認識し，クロスリーの「ラディカル・ハビトゥス」（Crossley 2003）の議論の分析を進めている。さらに近年の研究では，この点にさらなる支持が集まっている。例えば，ジョーンズは，「コミュニティを，…（中略）…必然的に取り込まれ，多様な活動方法や認識方法を（再）学習できないものとして理解すべきではない」と論じる（Jones 2003：594）。彼は，自身の調査の中で，「コミュニティ団体は，自分たちに有利となるように，一般的に広まっている言説を巧みに操つる大きな力があることを自ら示してきた」（Jones 2003：595）ことを明らかにしている。ラーナーとバトラーも，オーストラリアの経験から，地域のパートナーシップ組織が単なる新自由主義のために外観上の体裁を整えたにすぎないという批判に疑問を呈している（Larner and Butler 2005：100）。彼らの研究対象のパートナーシップ組織は，国家そのものを再構築しており，新しい形態の専門性を動員し，社会的監査などを取り入れていると彼らは論じる。他方で，ジルクリストは，複雑性理論を用いて，コミュニティ・プレイヤーが予期せぬ出来事にどのように影響を与えることができるのかを説明している（Gilchrist 2009）。すなわち，コミュニティ実践の戦略的，実践的な業務とは，コミュニティ・プレイヤーが上手に「ゲームをプレイする」方法をうまく発見できるよう支援すること，「地域の中で起こっているダイナミズムを読み解けるよう地域住民に権力を与えながら，権力の働き方，そしてより効果的に権力を操るための方法を理解すること，そして「権力の中にとらわれるのではなく，これらのダイナミズムを『プレイ』すること」（Ingamells 2007：246），これらの方法を発見できるようコミュニティ・セクターを支援することであろう。

　第8章で取り上げた熟議民主主義事業は，市民が情報提供を受け，熟慮した考えを政策に反映する一層の機会を提供している。熟議民主主義事業は，理知的に利用され，エンパワメントの対象となっている人たちに裁量を与えるもの

であれば，以前は参加していなかった人たちに発言権を与え，コミュニティと公的機関内の気づきを高め，コミュニティの構成員と専門家の間の対話を発展させる力を持つ。

　多くの住民と専門家との間での対話や相互の問題解決を促す技術が開発されてきている。わかりやすい一般的な事例としては，専門家がコミュニティの構成員間の議論を観察し，その後返答することを求める「ガラス張りの状態（goldfish bowls）」や，住民が順にそれぞれの専門家に自分たちの関心を伝え，その後示された解決方法に意見を述べる機会を住民に与える「決定の輪（decision wheels）」がある。これらの手法の重要な点は，問題解決の場において，コミュニティの構成員と専門家が対面的に関わり合うことである。すなわち，職業上の肩書きが顔を持つようになり，認識が深まり，専門家はコミュニティの暗黙知にさらされ，それらの暗黙知には専門家の知識と対等な価値を与えられ，そして新たな質問が行われ，その後インフォーマルな接触が続けられるようになるのである。コミュニティのプレイヤーは，サービス利用者及び提供者として，新たな専門性をガバナンス空間の中に採り入れることができる。すなわち，コミュニティのプレイヤーは，市民感覚に基づいた新たな解決方法を提示するのである（Richardson 2008：94）。また，コミュニティのプレイヤーは，システムの働かせ方について，独自の専門性を高める。コミュニティのプレイヤーは，時には，縦割り行政に縛られたままの専門家たちよりも，より包括的な世界観をもたらすことがある。この方法では，住民が専門家の活動に参加するというよりも，専門家たちが住民の活動に参加することができる，というものである。

　ニーズ・アセスメントや政策開発にコミュニティと政策立案者の双方を参加させるという考え方をさらに精巧に深めていくことは価値のあることである。例えば，立法演劇では，コミュニティが自分たちの体験を専門家に表明し，その上で，コミュニティの表明した問題をどのように解決することができるのかという議論に，専門家が加わることができている（「11-3　立法演劇」参照）。

　第8章で簡潔に取り上げた市民陪審員は，無作為に抽出した市民を一堂に集め，3日間にわたり，特定の政策課題について議論するものである。市民陪審員は，関連情報の収集，参考人の招致，提示された課題の議論を行うための資源を得ることができる。この手法は，時にコミュニティの参加として通過する

── 11-3　立法演劇 ──

　立法演劇はブラジルで誕生し，近年にはアメリカやヨーロッパで，問題解決や政策立案にコミュニティを参加させる手段として試験的に始まっている。コミュニティは，自分たちにとって重要と感じる問題に関する演劇を考案する。そして，その劇団は，聴衆が演劇の招聘を求めているコミュニティ内の参加しやすい会場を巡業し，提示した問題に対して良い影響があるような政策の変更やコミュニティ主導型の事業を提案する。このアプローチでは，このような相互作用や変革の提案の過程の存在が大きな特徴である。また，政策立案者や専門家との対話を促すためにも利用される。例えば，筆者が調査を行った一つの事例として，高齢女性の団体である「アメイジング・グレイス（Amazing Graces）」がある。この団体は，退職し，健康を害しながら自分の年金で何とか生活をしようとしている高齢女性の日常の経験に基づいた活動を行っていた。そこで強調されていたことは，給付制度が利用しにくいこと，高齢女性が介護職員に見下されるような態度をとられること，そして，家族が疎遠な場合には，女性が退職後にますます社会から周縁化されていく体験をしていること，であった。

　「私にとって大きな自信となった。私たちが演じた際に，…（中略）…私は誇りを感じ，私はまるで自宅にいるようであり，何らかの所属意識を感じた。何かを行うことで新しいものを生み出そうとしたことは本当に良かった。」（演者）

　「私はそこにいた。彼らはまさに私に私の生活を見せてくれた。同時に見ることで，かなり信頼でき，本当に関心をもつことができた点は素晴らしいことであった。」（観客）

　「住民が参加する素晴らしい方法であり，かなり実態的で，視覚的で，理解しやすいものと思った。私は，そのことについて書いたり，読んだりするよりも，住民が演じる方法が好ましいと思う。私たちはこの演劇をさらにたくさん行っていく必要があり，時間や労力をかけることで，大きな収穫を得ることができる。」（専門家）

　注：スカーマン・トラストの承認を受けている。

一度限りの調査や協議の会合とは極めて対照的なものである。市民陪審員は，一般的に，連続した3日間で開催されるものであるが，そのような集中的な参加を必要としない長期的な活動の場合，住民が持続的な問題に対する解決方法を作り出せるよう糸口を提示するという方法を採ることができる（「11-4　住民活動への専門家の参加──イギリスのイースト・ブライトンでの近隣マネジメント」参照）。

　多くの協議やパートナーシップに関する事業は，「既存のサービスや機会を

より良く機能させるにはどうしたらよいか」という問いに取り組んでいる。しかし，コミュニティから出発するアプローチは，かなり異なった問いに取り組んでいる。すなわち，「既存のサービスや仕事はどのように生産され，統制されるのか」という問いである。これらの2つのアプローチが組み合わされることが理想である。住民たちは，社会全体で価値を認められ，投資の対象となり，そして単なる「貧困層」の最後の頼みの綱と捉えられないサービスや事業において，専門家の傍らで共同生産者となる必要がある。ウィルキンソンとアップルビーが論じるように，「トップダウン」と「ボトムアップ」という用語は過去のものと捉えなければならず，新しくミドルグラウンドでの活動方法を発見する必要がある（Wilkinson and Applebee 1999）。

　前述したような想像力に富んだいくつかの活動があるが，それらの活動は十分なものではない。カーリーとスミスは，一時的な事業を行うことが，「その過程の中でコミュニティの役割を制度化させるとともに，イノベーションを生み出すための真のニーズや，地方自治体の主流な政策や実践を安定的かつ斬進的に改善させることから注意をそらしてしまうのである」と論じる（Carley and Smith 2001：196）。ドイツの意思決定システムと市民陪審員の結合（第8章参照）は，市民が変革の引き金を引く力を持ち，共同による所有を可能とするものであった。

　カーリーとスミスは，一度限りのもしくは一時的な事業に対してのみに批判を行っているのではなく，社会的に不利なコミュニティのみに対して参加を「処方」していることにも批判している。彼らは，参加は，社会全体にわたって適用されない限り，社会的に不利なコミュニティに権力を付与することにはならないであろうと論じる。

> 「住民への権限委譲は，一時的な場合や特別な場合ではなく，富裕層の近隣も貧困層の近隣も含めた地方自治体全域にわたる普遍的な政策である場合に真に機能する。すなわち，『権限委譲の文化』が定着するのである。」
> （Carley and Smith 2001：196）

　過去20年間にわたり，この視点から，人々が意思決定過程に参加したり，政

11-4　住民活動への専門家の参加——イギリスのイースト・ブライトンでの近隣マネジメント

　イースト・ブライトンに近隣マネジメントを導入した際に，我々は，住民たちがどのように活動し，なぜ彼らが参加すべきなのかを証明する方法を検討した。我々は，約20人の住民を午前中に集め，最も重要な議題とされた放置車両の問題を共に検討した。この近隣では，車両を撤去できない人たちや盗難車両で遊びまわった子どもたちが，頻繁に道端に車両を乗り捨てている。それらの車両が道端に何週間も放置され，何かの役に立ち，運び出せる物が徐々に剥ぎ取られていき，そして，磁石のように，退屈で，不満を抱いている若者を引き寄せるようになる。若者たちは，しばしば，最後には火を投げ入れるのである。

　住民たちは，小グループで作業を行う中で，路上に車両を乗り捨てているという単純な事実から派生する問題を明らかにした。住民たちは，地域住民がどの解決方法に寄与できるのかを検討しながらも，どの機関が参加する必要があるのか，そして，それぞれの機関に対する一連の長所を活かしてどの機関が活動を行うのかを決定した。地域の警察官，地域安全担当官，地方自治体の環境住宅部の管理官という3人の専門家は，質問に答えるために常に控えており，常に提案された解決方法が機能するかどうかをチェックしていた。

　その部屋では大きな歓声が起こり，最後には非常にポジティブなフィードバックが行われた。その日には，この問題に取り組むための一群の現実的な提案が生まれ，住民たちの間にも，本当に耳を傾けてもらえただけでなく，自分たちが以前は知らなかったことを理解することができたという感覚を得ることができたのである。そして，重要な点として，多くの住民は，自分たちが現在近隣マネジメントに関してより多くのことを理解していると感じ，ますます参加することに関心を持つようになった。また，訓練や支援に対する一群の提案も生まれた。その結果として，コミュニティ安全チームは，不要車両の処罰猶予期間の実施，24時間以内の放置車両の撤去，放置車両に注意が向かないよう撤去警告の方法の変更，無免許運転対策のための自動車免許局との協働といった，提示された多くの問題に取り組んでいる。また，その問題に取り組むために共に活動した機関の間には新しいつながりが生まれている（例，リサイクル機関と車両撤去会社）。鍵となる成功要因は下記の通りである。①解決方法を調査する際に，住民が主役となりながらも，関連の職業専門家と接触できたこと。②全員が発言の機会を得るために小グループで作業を行い，各グループには，最終の全体会において全員が確実に発言できるようにするためのファシリテーターがいたこと（それは決して皆が知っているコミュニティのリーダーというわけではない）。③その活動の結果として何かしらの変化が起こったかどうか，さらにどのサービス提供者が迅速に進めたかといった点を住民が監督できるように，アウトプットを明らかにしたこと。

─── 11-5　ウィスコンシン州での対話と熟議 ───

　アメリカのウィスコンシン州のオークラにおいて，地方自治体は，変革の輪という，コミュニティ円卓会議による人種差別と人権に関する議論の場を設置した。この会議の焦点は，多様な市民団体が人種差別の捉え方や経験に関する公開の話し合いに参加し，コミュニティ活動のための提案リストを作成する方法を提示することにあった。その計画策定グループには，行政執行責任者（city manager），副行政執行責任者（assistant manager），地元の大学や学校の職員，モン族共済組合の会長，大学生，関心のある市民（公募採用）が参加した。変革の輪事業は，35人のボランティアによるファシリテーターを育成し，135人の経済的にも人種的にも多様な市民の参加者を得て，15に分かれた討論グループを作り，議論を進めるための小冊子を用意し，そして，コミュニティ内の人種差別や差別への懸念に明確な焦点を当てたコミュニティ全体の行事を催した。行政執行責任者は次のように述べている。

　市民には，安全で開かれた空間が必要であった。その空間では，個人的なことや，時にはひどくつらい経験，公共政策の状況に対する考え方，そして課題を共有することができた。私が最も学習できた成果は，小グループを作ることで，全員が発言することができ，市民が参加することの力や影響力を理解できたことである。これまで行政が行ってきた大衆向けの公開の聞き取りでは，できなかったことである。

　出所：CDRC（Citizenship Development Research Centre）and Logolink（2008）．

府の活動の成果を監査したりする空間やその正当性を政府が作り出している場合には，多くの制度上のイノベーションが起こっている。「8-1　南側諸国におけるローカル・ガバナンスのための参加アプローチの強化」にいくつかの事例を挙げている。その他にも，ボリビアでは，地域の公選団体と並んで監視委員会（Vigilance Committees）が設置されており，南アフリカ共和国やウガンダでは，州や地方レベルで女性のために予算化された事業があり（Goetz and Gaventa 2001），インドの地方自治体やバングラデシュの健康監視委員会（health watch committees）では，女性により多くの発言権を与えようとする試みがあり（Cornwall 2008b），そしてアメリカでは，変革の輪（Circles of Change）がある（「11-5　ウィスコンシン州での対話と熟議」参照）。

　おそらく最も有名な事例は，参加型予算（participatory budgeting）である（「11-6　ブラジルの参加型予算」参照）。この事業は，ブラジルのポルト・アレグレ市で

第11章 権力の再生

11-6　ブラジルの参加型予算

　参加型予算では，近隣会議（neighbourhood assemblies），テーマ別会議（thematic assemblies），市全体の調整を行う会議のための代表者会議（meeting of delegates for city-wide co-ordinating sessions）という3種類の会議を並行して開催している。これらの会議は，年間を通じて行われる。最初に動き始める議論は，市内の16の区や近隣内での予算配分に関するものである。この議論は，上水道や下水道，道路の舗装，公園や学校のような通常は行政の担当部局の責任となるものである。区単位の会議は，公開の場において，16区の「全体会議（great assemblies）」（労働組合センター，体育館，教会，クラブ，サーカス・テントまでも含む）により，開始する。

　市の行政が行っている前年度の「財務諸表の公開」は，毎年の行事の開催を記録している。行政も，前年度の会議で決定されたことに従い，今年度の投資計画を発表する。そして，次年度のための議論が始まる。その議論は9カ月にもわたり，各区は2種類の評価を行っている。一つは，区内に必要なものに対するものであり（道路の舗装，学校建設もしくは水道管など），そしてもう一つは，市全体に影響のある取り組みに対するものである（海岸の清掃など）。公開の討論会では，区内での投資予算の配分に対する基準が決められる。これらの基準には，人口，貧困指標，未充足物の指標（道路の未舗装や学校の不足など），優先事項などがある。

　出所：World Bank（2010c）．

始まり，それ以降ブラジルの国内及び国外に広がっている。

　さて，これらの事業は第9章で示した課題にどの程度取り組んでいるのであろうか。ヨーロッパにおける調査によると，ヨーロッパでの参加型予算は，政治家がなお大きな発言権を持っているなど，ポルト・アレグレ市の事例ほどの成果は生まれていない（Grimshaw and Lever 2009：8）。他方で，イギリスの大臣がコミュニティ積立金[7]（community kitties）として説明している参加型予算をみると，しばしば予算規模が少なく，また周縁的な取り組みに留まっていることが明らかである。しかし，これらの取り組みが構造転換をもたらすようなものでなかったとしても，多くの事例において，個々人やコミュニティに大きな変化をもたらすような斬進的な改善を記す多くの事例がある（Richardson 2008；Gilchrist 2009）。例えば，市民（及びパートナー）は，新しい技術と知識を獲得している（Butcher et al. 2007）。これらの事業の中で対面で接触する機会が生まれることにより，たとえ最も難しいパートナーシップ領域においてでさえも，ステ

レオタイプが崩れ，信頼が生まれている（Friedmann 1998: 32）。アバースは，ポルト・アレグレ市の参加型予算の経験について次のように述べている。「複数の集団で一緒に活動する期間が長ければ長いほど，協働しようとする姿勢のもとで決定を行うことが多くなるであろう」(Abers 1998: 60)。彼女が論じるように，参加は，勢いが増すにつれて，「流れ落ちる滝のようなカスケード効果を持つようになる」(Abers 1998: 63)。イギリスの参加型事業に関する調査の回答者は，将来性の乏しい環境の中でさえも，次のように述べている。

> 「同室の中で話をしているというまさにその事実が，行政とコミュニティ・セクター間の信頼がゆっくりと発展していることを意味しているのです。」(CLG 2005)

フォーマルな場での接触が，貴重な連携型ソーシャル・キャピタルを形成する。その連携型ソーシャル・キャピタルは，より多くの権力に接近する道筋を作り上げながら，パートナーがフォーマルな場以外の場所においてもコミュニティ・プレイヤーと関わることができるように導くのである（CLG 2005）。ヒッキーとモハンは，「すべての地域のエリートやその権力関係が本質的に排他的かつ従属的なものであるわけではない」(Hickey and Mohan 2004b: 15) ことを想起させている。システム内には協力者がおり，政策上のコミュニティの言説は彼らの協力を拡大させている（Taylor 2007a）。実際に，システム内の協力者は，「腰が重く，もしくは介入的な官僚たちとは全く異なる」価値や理念，ものの見方，そして社会的ネットワークをコミュニティ・プレイヤーと共有している（Cornwall and Coelho 2004: 7）。これらの協力者の一部の人たちにとっては，コミュニティからの支援が，自分たちの機関を変革させるために必要な影響力をもたらすのである。

それゆえ，これまで見てきたような客観的事実から，下記のようなコーンウォールの見解を支持できるのである。

> 「新たな参加型プログラムにより，政府内の人たちは調整業務に適応し，ボランタリー及びコミュニティ・セクター内の人たちは，技術や自信を得

たり，政府との協働の方法を理解したり，他領域にある多くの役立つ教訓を得るのである。このことが生み出すかもしれない状況変化は，…（中略）…漸進的ではあるが，大きなものではない。…（中略）…制度化された参加が政策的な有用性をほとんどもしくは全く持たない場合であっても，そこでは，戦略の試行や協力関係の構築が行われる。」（Cornwall 2004a：9）

　さらに，より大きな成果を獲得することも可能である。ガヴェンタが論じるように，アメリカの貧困との戦いは，1970年代には早くも終焉しているにもかかわらず，対象となったコミュニティに大きな財産を残した（Gaventa 1998：52）。すなわち，「政策的介入があったことにより，新たな地域団体や地域のリーダーを形成していくきっかけが与えられ，これらの地域団体やリーダーがその次の20年間で相互扶助活動や非政府による活動の形成を続けたのであろう。この点は，「その後のプログラムや改革を進めていくための資源や考え方の再編成」を促しながら，特定のコミュニティを超えた利益を生み出したとも論じているマリスとレインが確認した視点である（Marris and Rein 1967：223；第14章参照）。さらに，オコナーは，1970年代中頃の抵当貸付公開法や地域再投資法の制定を通じて，恵まれない近隣で活動する金融機関の透明性が高まるなど，立法上の変革を成し遂げているのは草の根的組織であったと付け加えている（O'Connor 2007：23）。

（2）代替空間

　しかしながら，ジレンマが残っている。1つ目は，前述しているように，より上手くいっている事業が「エンパワメントのパラドックス」にぶつかってしまうことである。ある集団が他の集団を「エンパワメント」することができるということは，その集団はより大きな権力を持っていることを意味しているのであろうか，そして，もう一度均一になるようにその権力を剥奪することができるのであろうか。第2のジレンマは，現場でのパートナーシップ実践が継ぎはぎ状態になっていることである。イギリスでは，他の国においても同様であるが，地方自治体や中央政府の部局には，参加というレトリックを実現させたり，トップダウンで降りてくる政策上の事業を実施する意欲や能力に極めて大

きな差が存在する。第3のジレンマは，コミュニティは，ゲームの実践を学ぶにつれて，外部のアクターの求める政策課題や運営方法にのみこまれていくことに気づくかもしれないということである。

前述の理由から，パートナーシップ組織やそれに類する政策には，第10章で強調したようなしっかりとしたコミュニティの基盤を構築しなければならない。第8章では，イギリスに基盤を置く開発学研究所のコーンウォールとその同僚たちが，外部のアクターが創り出した「招待」空間とコミュニティが自分たちで創り上げた「一般」もしくは「要求を行う」空間とを区別している点を紹介している。ガヴェンタは，招待された空間の中で活動する人たちに責任を求めるだけの実際的な拮抗力が必要であると論じている（Gaventa 2006：38）。すなわち，開かれた自律的な空間がなければ，新たな参加型ガバナンスの招待された空間は，「既存の権力を持ったエリートが占有するであろう」（Gaventa 2006：36）。彼が続けて述べるには，開かれた自律的な空間は，「一般」空間と「招待」空間との狭間に存在するものであり，その空間の中では，活動，参加，変革の可能性が生まれる。同様に，フレイザー（Fraser）は，社会的周縁に追いやられている集団は，自分たちが作り出した空間の中で，自分たちの発言を行使するためのより大きな機会を見つけ出すことがある，と論じている。彼女が「サバルタン的公共性（subaltern publics）」と呼ぶものである。これらの空間においては，コミュニティは，解散したり，再結成したりすることができ，そして広く市民を対象としたコミュニティ活動のための訓練の基盤として活躍することもできる（Fraser 1992：124，引用はCornwall and Coelho 2004：18）。実際に，ローズ（Rose 1999：279）は，これらの従属的社会集団の勢力（彼の説明によると，自分たちが規定されることを拒む人たち）を，代替的な将来に対して最も大きな希望をもたらすものとして捉えている。

コミュニティ発の変革の戦略を発展させる際には，社会運動論から多くのことを学ぶことができる。結局のところ，社会運動は，「権力，正当性，そして民主主義における自然実験」（Crossley 2003：9）として捉えることができる。社会運動は，人々を動員し，政策課題や公共の論題の枠組みを再形成し，実行可能なこと（do-able）や表明可能なこと（say-able）の境界線を広げるのである（Craig et al. 2004）。クティは，1980年代のソビエト社会主義共和国連邦時代のハンガ

リーでの出来事を説明しながら，知識人や専門家が可能なことの境界線上での活動方法を発見したことを説明している（Kuti 1999：4）。「彼らは，実際の法的及び政治的な境界線を越えることはほとんどないが，しばしばその境界線に触れ，時にはそれらをなんとか広げることもあった」。メルッチは，新たな枠組みを提唱し，そして既存の権力システム内の矛盾を顕在化させることにより，社会運動がヘゲモニー的な権力にどのように挑むのかを説明している（Melucci 1988）。社会運動は，システムやその中の優位な利害関係者が創り出す傾向のある不可視な権力や沈黙という影の部分を暴き出す。そして，「可視的なパワーも，抵抗を受け，そして相違点を考慮に入れさせられるために，交渉の余地が生まれる」と彼は論じる（Melucci 1988：250）。こういった社会運動は，象徴やレパートリー，印象とともに文化資本を運ぶこともあり，そして，政治的教育も行う。このような対立の界は，サポートネットワークや社会イベント，そして歴史を通じて繰り返し新しい文化を再生産しながら，知識，参画，再帰性を伝達する教育エージェント（pedagogic agents）を提示するのである（Crossley 2003：56）。

このように，地域レベルの社会運動は，「地域コミュニティの構成員に対して世の中の矛盾した経験や理解を明確にする機会を付与する空間」（Popple and Shaw 1997：194）を生み出す。社会運動は，システム内の機会の窓を見分けること，支援者を動員すること，以前には排除されていた問題を意思決定の場に採り入れる方法を用いて既存の議論や政策課題を再フレーム化することを通じて，変化を生み出すのである。少なくとも自由民主主義国家では，社会に指し示すような，そして挑発するような方法で新しい問題を政策課題に取り入れていくことこそが，それらの問題に基づき連携できるようになり，そして，これらの新しい問題を一般的な文化的枠組みの中につないでいくことができるようになる手法である（Tarrow 1994：185）。このように，社会運動は，優位な物語に挑み，意味の管理という極めて重要な問題に取り組むのである。この点は，本書の中で論じ続けている権力についての議論というテーマである。

言説や物語の重要性は，多くの論者によって強調されている。ブルデューは，「名づけの力（power of naming），すなわち名づけることにより，それらがそのようになってしまうこと」に注目している（Bourdieu 1990：54-55）（第7章参照）。彼は，「『世論』というものがあるのかということを問題にすることなく，…（中

略)…世論がXもしくはYを選ぶ」という，政治家による頻繁に行われる主張を国民が受け入れるという事例を引用している。しかし，彼は，広い範囲で言葉が物事を作っており，言葉を変化させること，そしてその言葉を表明することが，すでに物事の変化を起こしている，と論じる。ラパポート (Rappaport 1998:237) は，アメリカのシャンペーン-アーバナ (Champaign-Urbana)(9)におけるコミュニティ主導型の医療活動を例に挙げながら，変革に関するコミュニティの物語を発展させる重要性を説明している。彼は，コミュニティの活動家たちが，精神病患者の記録に関する政策の問題化，出産前ケアの利用の促進，高齢者対象のサービスの改善を行いながら，地元病院の診療範囲の拡大という成功をどのように作り上げたのかを説明している。彼らの活動の成功に重要な点は，彼が論じるところによると，「有力なコミュニティの物語」は，その地域の中で最も権力の弱い市民の多くが自分たちの逸話として利用可能なものであり，一個人として加盟することができる，という点を示したことである。世界的に精神保健サービスの苦境に耐える人たちの運動が広まる中で，他にも新たに有力な事例が出てきている。

　さらには，順法闘争のようなパロディを行ったり，より権力の強いプレイヤーが自分たちのゲームと考えているものを認めなかったり，彼らの行動に含まれる意味に抵抗することによって，既存のシステムに抵抗することも可能である。第10章で言及したように，芸術には人々の発言を開放する役割がある。ブラニガンは，ユーモアがどのように権力を覆すのかを説明している (Branagan 2007)。ディーキンも同様に，1980年代のハンガリーの〔訳者加筆：共産主義体制への〕反体制派は，彼が「体制変換を求める運動 (sceptical manoeuvre)」と呼ぶものへの参加や，「ゲームを行うこと」の拒否（例．ロシア語の試験に合格しないようにすること）によって，どのようにシステムに抵抗したのかを説明している (Deakin 2001:118)。

　社会運動論者たちは，変革の物語を発展させる際のネットワークの重要性を強調している。ジルクリストは，ラゲール (Laguerre 1994) の引用を基に，一般的に広まっている想定を問題視する視点を拡大させるよう，ネットワークを用いることができることを認識しているが，権力を覆すような考え方を循環させ，その勢いを加速させ，そして最後には現状に挑むよう表面に出てくるというメ

カニズムでもあると論じている (Gilchrist 2009:63)。しかしながら，タロウ (Tarrow 1994) は，社会運動が生み出した自由な空間を持続させることができないことを悔んでいる。彼は，運動が衰退する際の重要な要素が戦術の論争であると論じている。例えば，好戦的な人たちの一部には，自分たちの戦略を過激化させることを主張する人たちもいる一方で，自分たちの組織を強化し，支援者に実質的な利益をもたらすことを求めている人たちもいるのである。

　それにもかかわらず，ジェンキンスは，社会運動の活動が取り込まれる危険性に対する強力な拮抗勢力をもたらすと論じている (Jenkins 2001)。彼は，コスタリカや南アフリカ共和国の市民社会組織が，パートナーシップや類似事業を展開していた状況下で，体制の移行時に，どのように取り込まれることを避け，独自の勢力を高めたのかを説明している。彼が論じるには，このことを可能としたものは，地域密着型の活動を支えることが可能な広範にわたる都市の社会運動の中で，つながりを作る彼らの能力であった。このことは，ラテン・アメリカにおいても重要な勢力であり続けている。ラテン・アメリカの調査では，クロスリーが述べるところの「ラディカル・ハビトゥス」(Crossley 2003) や文化資本の意識が，なお根強いことを示しているのである (Pearce, Howard and Bronstein 2010 ; Taylor, Howard and Lever 2010)。

　第9章で論じたように，伝統的には，階級に基づく運動において，コミュニティ活動家が自分たちの思いを伝え，地域レベルで政治的技術を高めていたが，少なくともイギリスでは，そのような階級運動は消滅している。しかしながら，過去を復活させようとすることはできない（実際には，復活させない方が賢い）。カーリーとスミスが論じるように (Carley and Smith 2001:187)，これらの伝統的な社会運動が社会のますます多様化する関心についていけず，伝統的な社会運動のいなくなった空間に新しい社会運動が入ってきている。これらに代わるものは何か，そして地域コミュニティがクロスリーの論じるところのラディカル・ハビトゥスをさらに高めることができる新しい舞台を示す社会運動の可能性とは何であろうか。

　新しく注目を高めている一つの舞台は，グローバルな反資本主義運動である。グローバリゼーションは，しばしば，社会正義という問題に取り組む際の諸悪の根源として捉えられている。しかし，センディングとニューマンが論じるよ

うに，この舞台では，国家そのものが存在しなかったり，少なくとも国家はかなり断片化されているために，非政府アクターの役割がますます大きくなっている (Sending and Neumann 2006)。コミュニティ発のグローバリゼーションは，世界のリーダー会議において派手な示威行動を行うだけでなく，インターネットを通じて，北半球の国々と南半球の国々のコミュニティ間で目には見えないが，無数の同じくらい強力なつながりを作ることによって，政府発のグローバリゼーションに挑みつつある。コミュニティ発のグローバリゼーションは，組織上の課題を露わにしているが，エドワーズは，「グローバルな正義のための運動が，新しく非階層的な仕組みを開発し，境界線を越えた技術を編成する際に，どのように特段のイノベーションを起こすのか」ということを説明している (Edwards 2004：106)。ただし，彼が付け加えるように，「これらのイノベーションが特定の政策に関わる代替案のレベルにおいて合意を得るかどうかについてはまだはっきりとしたことは言えない」。

　グローバルなレベルでの新しい可能性があるのであれば，地域内の近隣のどこに新たな空間を見ることができるのであろうか。トランジション・タウン[10]などの環境運動は，「グローバルに考え，ローカルに活動する」というスローガンを大切にしているものの，新しい社会運動は，特定の問題に焦点を当て，大規模に活動する傾向がある。本書では，精神保健の苦境に耐えている人たちの運動や障害者運動を取り上げており，そして，これらのコミュニティと一方でのより広範なコミュニティとの間には，すべてではないが部分的には共通点がある。過去には，近隣レベルにおける自立した学習や活動，討論のための空間を開くには，コミュニティディベロップメントワーカーが重要な役割を担っていたが（第3章参照），このような活動を行う機会は，道具主義的な業務マニュアルや目標値主導型のプログラムが台頭する中で，縮小している (Gilchrist and Taylor 2011)。他方で，能力開発に対するより真新しいいくつかの手法が代替案として示されている。インドのアジア参加型調査協会（PRIA），アメリカの産業地区財団やコミュニティ変革センター，オランダの市民主導型変革（Civic Driven Change）など一定の価値観に基づいた市民社会組織は，変革を起こすための，国家全体もしくは世界規模での，コミュニティとの協働プログラムを持っている (Howard et al. 2009)（「11-7　オランダから出発した市民主導型変革」参照）。

第11章　権力の再生

11-7　オランダから出発した市民主導型変革

　市民主導型変革の事業は，国家や市場からではなく市民が導く社会変革の方向性を探求し，広めていくために，力を集結させるものである。この事業は，オランダ人団体の民間援助機関（Hivos, Cordaid, ICCO Oxfam-Novib, SNV, IKV-Pax Christi, Context）が開始したものであり，その調整や進行は，ハーグ（オランダ）にある社会科学研究所（ISS）が行っている。この活動の前提には，主流の開発援助的な介入では，多数の人たちを貧困であり続けさせている根本的な制度上の課題に取り組んでおらず，変革に影響を与えることができないという点がある。市民主導型変革は，自分たちの生活に影響を与える制度を市民が統制できるよう（再）要求するために，市民活動の新しい手法や言語を生み出すことできるような協働による活動プログラムを提案している。これらの視点における能力形成の論理は，民主主義を深化させるために，地域，国家，グローバルのガバナンスに参加できるよう，シティズンシップと市民代理権を拡大させるというものである。

　出所：Howard et al. (2009).

しかし，彼らの手の届く範囲はなお限られている。

　宗教組織は，特にエスニック・マイノリティのコミュニティにおいて，変革のためのもう一つの焦点となることがある。宗教組織は，例えばソウル・アリンスキー（Saul Alinsky）による，「実践の中で政策を教授する」力のある組織を構築することを目的とする住民組織化のモデルにおいて，鍵となるプレイヤーになっている。この住民組織化モデルは，外部から持ち込まれた政策課題に応答するのではなく，教会区（parochial）を超える関心ごとを超えた連携を行いながら，自分たちのコミュニティ内に独自の政策課題を作成する。その鍵となるプレイヤーは，パートナーシップというものを否定してきた。

>　「政治は，敵対的で，争いがあり，痛みを伴い，苦悩の多いものである。政府システムや複雑な手続きを要する機関を通じて示されるこのシティズンシップのモデルは，争いに関する言及も権力に関する言及も全くない。いかなる文献の中にも見られない用語の一つは権力である。それに代わって，パートナーシップという用語を見ることができる。我々はパートナーシップ組織を見てきたし，それらに翻弄されてきたために，その用語に嫌悪感を覚える。同等の権力を持たないのであれば，それは詭弁にすぎない。

11-8　アリンスキーの伝統に基づくコミュニティの組織化

　アメリカの産業地区財団は，ソウル・アリンスキーの著書に基づいたものであり，排除の広範な原因に取り組むことができるように，集中的な草の根的な支援と国家レベルでの運動との連結の必要性を強調している。当財団は宗教団体とのつながりが強く，そして社会運動や労働運動などとの連携を構築するために，コミュニティを超えていくことを見据えている。この財団の活動は，「見事に政治的」であり，権力や社会変革を伴う活動の中で，リーダーを指名，採用，訓練，育成するために，基本的な10日間の訓練プログラムに加え，必要に応じて個別の訓練を行っている。

　ロンドン・シティズンズは，産業地区財団グループの一部である。その構成を見てみると，約150の組織に全体で5万人の構成員がおり，学校の関係団体やモスク，教会，学生，大学付属機関，人種に基づく組織などロンドン全体にわたるものが含まれている。その公開会議は，ある種のクエスチョンタイム，市民学習(11)，高校のタレントショー(12)として説明されており，これらすべてはペンテコスタル派の形式で実施される。この運動の目標は，対面式の会合や構成員との会議を何カ月も重ね，民主的に決定される。現在の運動の焦点は，「生活のための賃金」，安価な住宅，2012年開催のオリンピックを市民のための活動とすること，長期滞在しているが正式書類のない移民のための特例措置，反高利貸し運動，移民と難民にあてられている。ロンドンの市長室との強いつながりがあり，さらには，3つの主要政党すべてと関係が深い。

　出所：Howard et al. (2009); Open Democracy (2010); London Citizens (2010).

そのため，我々は，何かを行う時に対等な権力関係を得ることができるまで，パートナーシップ組織に関わりたくはない。」（著者の未公開研究）

しかしながら，1930年代のシカゴに起源のあるこのアプローチは，アメリカのバラク・オバマ（Barack Obama）の政権樹立の中で住民組織化の担った役割が一定程度功を奏したために，近年再び勢いを増している。イギリスの新連立政権は，ロンドン・シティズンズ（London Citizens「11-8　アリンスキーの伝統に基づくコミュニティの組織化」参照）の成功により勢いを得ながら，この手法への注目を高めており，今後5,000人のコミュニティ・オーガナイザーを育成する方針を示している。しかしながら，この事業の裏の意図は，コミュニティにサービスを運営させることであり，アリンスキーが心に描いていた戦いを挑むような発言を促すことではない，といった批判的な意見もある。

また，アリンスキーのモデルには限界がある。例えば，デ・フィリップスとサエガート（De Filippis and Saegert 2007c：160）によると，宗教団体を基盤としたその主たる組織化は，組織化されていない人たちをその輪の外に置き去りにしてしまうことになる。基礎的なコミュニティ開発は，当然視されているものの，理論的には常には実践されないのである。それにもかかわらず，第12章で見るように，基礎的なコミュニティ開発は，極めて地域的なものから国家や国際的な段階へ活動を拡大させていくための強力な土台であり，また基盤となるものである。

では，コミュニティは「ゲームをプレイする」べきなのか。それとも，外部からシステムに立ち向かうように組織化すべきであろうか。この問いについては第12章で立ち戻ることとする。

3　考　察

第10章と第11章では，共同生産者，市民，消費者としてコミュニティが権力を持つ可能性をまとめた。第10章では，コミュニティの能力を解放し，構築することにより，変革のための基盤を構築することの重要性を強調しており，本章ではコミュニティによる統制に関する異なったアプローチを説明している。本章では，コミュニティは，質・量ともに不十分な国家や市場のサービス・商品を代替するものとして，自分たち独自のサービスや商品の統制をどのように引き受けることを求めているのか，そしてまた，コミュニティは，「政府」が作り出された機会への応答であろうと，「コミュニティ」からの変革の推進のどちらであろうとも，変革を達成するために，どのように他のプレイヤーと関わり合いを持つのかを説明している。図11-1において，このことをエンパワメントの「樹木」として表している。変革の土台となるレベル1は，第10章で説明した学習，ネットワーキング，そして組織化の機会である。この段階では，多様な地域の施設や活動により，ソーシャル・キャピタルが培われ，個々人や集団が様々なエンパワメントの旅路に出発できるよう促される。コミュニティが自分たち特有の集合的な逸話や「物語」を生み出すのは，これらの土台からである。コミュニティは，独自の解決方法を生み出すか，もしくは自分たちの望

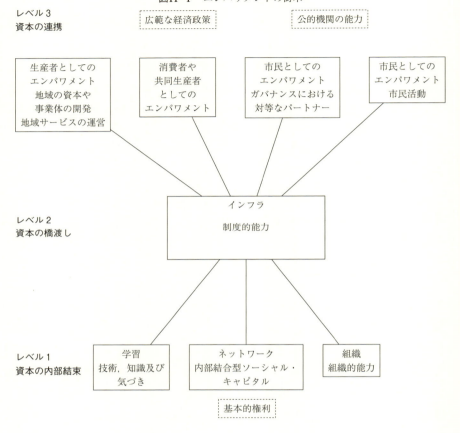

図11-1　エンパワメントの樹木

むように外部のアクターと関わりを持つかのいずれかが可能であるというのが，一般的な理解である（様々なソーシャル・キャピタルの形態の間の関係を強調するこの樹木の説明は，テイラー［Taylor 2006］参照）。

　レベル1から上部に上がることを望まない団体も一部にはいるが，それにもかかわらず，そのような団体の構成員も，このレベル1に参加することにより生活の質を改善するであろうし，また，他のレベルでの活動からも直接的に利益を得るであろう。しかし，ここで生み出される個別的及び集合的能力（もしくは，人的資本，ソーシャル・キャピタル及び組織資本）により，レベル2まで上がるだけのエネルギーと知識が得られる（木の幹である）。共通の目的を達成する

ための様々な活動やエネルギーをつなぎ合わせるインフラを整備しながら，橋渡し型ソーシャル・キャピタルが構築され，制度的能力が高まるのは，この段階である。この制度的能力は，レベル3（樹木の枝）へ上がるための基盤となっている。レベル3では，コミュニティの構成員が，自分たちの将来に責任を持ち，サービスを運営し，経済的な事業を発展させ，外部の機関や他のコミュニティと関わりを持つようになり，その結果，コミュニティから建て増しを行いながら〔訳者加筆：レベル3の様々なエンパワメントに関わる事業を増やしながら〕，領域もしくは地域のどちらであろうとも，コミュニティの変革を達成したり，抜本的な代替案を出したりする。

　その樹木の健全度は，その環境次第であろう。その樹木の成長する土壌は，その発展のために好ましいものでなければならない。本書の様々なところで示しているように，個々人のエンパワメントは，シティズンシップを支える基礎的な政治的，経済的，社会的権利が土台になければならない。その根元には継続的に栄養が与えられる必要もあり，そうでなければ，上部の構造が死に絶えるであろう。幹は頑丈で，ぶれないものである必要がある。樹木の周りの空気は，樹木に吹き込み，樹木を繁栄させなければならない。エンパワメントの樹木は，排除の構造的問題に取り組み，排除されたコミュニティを一般社会に戻し，そして専門家，公的機関，政治家が効果的に対応する能力を持っているような環境下において，成長する可能性が最も高い。

　これらのレベルを経ていく過程は，直線的なものではない。前章で論じたように，コミュニティ，ソーシャル・キャピタル，参加，エンパワメントといった考え方は，社会的排除や社会的不利に取り組む際に極めて重要であるが，コミュニティには矛盾があったり，権力に逆説性があったりするために，これらの考え方の中には解決が極めて困難な緊張が含まれている（第9章参照）。これらの緊張に取り組むつもりであれば，コミュニティや公的機関は，個人的及び組織的能力を高めるだけではなく，想像力豊かにこれらの緊張に取り組むためのインフラや社会制度的な能力を高める必要もある。次の2つの章では，いくつかの緊張を紹介しながら，そして，コミュニティ政策や実践を変革に向けて効果的に機能させるために，コミュニティ，公的機関，社会制度の中にあるインフラや社会制度的能力を発達させる方法を考察しながら，これらの問題によ

り深く取り組んでいく。

訳注
(1) 大ロンドン議会は，1986年3月にロンドン県の廃止に伴い，解散している。
(2) パルワガンとは，フィリピンの住民相互による融資制度のことである。
(3) 黒人資本主義とは，アフリカ系アメリカ人が企業の所有権や開発を通じた富の産出を行おうとする運動である。
(4) アメリカの地域再投資法とは，金融機関に対して，地域の資金需要に適切に応える責任があることを定めている法律である。監督官庁は，同法の評価に沿って銀行の支店の開設などを判断する。
(5) アメリカの行政執行責任者とは，地方自治体の業務を実施するために市議会や市長から任命された行政官を指す。
(6) 健康監視委員会とは，1998年にバングラディシュ政府が市民の健康改善システムにコミュニティ参加を取り入れた取り組みである。コミュニティ所有型の診療所の設置とともに，非政府型の組織として採用されているものである。
(7) コミュニティ積立金とは，コミュニティ・地方自治省が2008年に導入した住民参加型予算のプログラムである。
(8) アメリカの抵当貸付公開法とは，金融機関に対して，国勢調査の区画毎に住宅貸付の件数・金額の公開を求めている法律である。
(9) アメリカのシャンペーン–アーバナとは，イリノイ州のシャンペーン市（Champaign）とアーバナ市（Urbana）の両方を合わせて呼ぶ時の名称である。
(10) トランジション・タウンとは，石油に依存した社会から脱却を目指す草の根運動のことである。
(11) クエスチョンタイムとは，本来はイギリスでの議会における議事日程の一つで，役職には就いていない議員が，首相・閣僚に質問できる時間のことを指す。
(12) ペンテコスタル派とは，キリスト教のプロテスタント教会のうち，1900年頃にアメリカで始まった聖霊運動を行う一派を指す。

第12章　コミュニティの課題

　前章では、コミュニティ政策とコミュニティ実践の中にある多くの対立を明らかにした。それらの対立は、結束と多様性の間、統合と差異の間にあり、リーダーシップ・代表制・参加の間、包摂と有効性の間で生じている。さらには、取り込まれてしまう危険性を伴った内部での交渉と、影響を及ぼせないという危険性を伴った外部からのキャンペーン活動との間で生じている。本章では、これらの対立がもたらす様々な課題を論じ、それらに取り組むための方法を考察する。また、「ネットワークの拡大」というさらなる課題についても考察する。「ネットワークの拡大」とは、異なるコミュニティ間の結びつきを発展させるという意味である。そうした結びつきがあることで、コミュニティは互いに支え合い、様々な政府のレベルで近隣地域を超えて問題に取り組むことができるようになるだろう。変革を成功させるには、社会的不利や社会的排除の問題に取り組む際、近隣地域を越えた活動が欠かせない。したがってコミュニティが今後も重要な存在であり続けるには、場所・アイデンティティ・利害のいずれに基づくコミュニティであろうと、他のコミュニティと協働する必要がある。こうしたことすべてには、意見の違いに折り合いをつけ、多様な声を政策過程に届けることができるような効果的なインフラが必要なのである。

1　結束と多様性の調和

　コミュニティ活動とコミュニティの組織化には、異なる強固な起源がある。第3章では、1960年代のアメリカとイギリスの双方において、人種対立がどのようにコミュニティ政策の発展の引き金になったのかを描き出した。当時のイングランドの保守党の大臣は、ある主要な都市政策文書に「暴動発生 (It Took a Riot)」というタイトルをつけたほどであった。また第3章では、コミュニティ実践とコミュニティ活動が、公民権運動とフェミニズム運動からどのように刺

激を受けたのかについても描いた。1980年代のイギリスでは，伝統的な形態のコミュニティ実践は大きな課題に直面し，まずはフェミニズム運動家から，次いで黒人及び少数エスニック集団から異議申し立てがなされた。これらの告発者からすれば，コミュニティの内部で利害が一致するという想定は，白人男性の世界観を制度化するものであった。その後，障害者運動及びゲイやレズビアンの組織は，コミュニティの規範に適合しない能力やセクシュアリティを持つ人たちが，場所とアイデンティティと利害関心に基づいたコミュニティの中で排除されていることを強調した。イギリスの地方自治体の中には，これらの組織に補助金を出す場合もあった。それは機会の平等を促進するためであったが，同時にマーガレット・サッチャーの右派的政策に抵抗する際，地方自治体がコミュニティから支持を得るための戦略でもあった。

いかなる国のコミュニティ実践やコミュニティ政策でも，人種差別に基づく排除やその他の「執拗に続く不平等」——経済的・政治的状況が変化しても一貫して持続し，積極的に支持されている——は，見過ごすことのできないものであっただろう (Tilly 1999)。だが1980年代のコミュニティ実践におけるアイデンティティの政治の勃興は，アイデンティティに基づく「新しい社会運動」の台頭と同時に，階級に基づく古い運動の衰退も映し出していた。「『労働者階級』の解放は，たとえ達成可能だとしても，それだけでは社会的な分断と対立に至り，達成されないだろう」ということが，ますます明らかになっていた (Butcher and Mullard 1993 : 228)。排除されたコミュニティの中には，もはや一つの物語が存在しなくなったのである（もっとも，そんな物語がこれまであったとしての話だが）。

この新しい政治は，コミュニティ実践やコミュニティ政策において支配的な多元主義的パラダイムや，それに伴う社会民主主義的な現実の見方に異を唱えただけではない。ポップルとショウによれば，この新しい政治は，構造主義的パラダイムの階級還元主義や，労働運動を「革命的な社会変革の唯一の行動主体」として強調する考え方に異を唱えた (Popple and Shaw 1997 : 194)。また彼らによれば，フェミニストは個人的な事柄に焦点を当て，単に仕事をするだけでなく同時にプロセスも重視して働く必要性に着目しており，また障害者は，障害によって依存が生み出されるという典型的な見方を攻撃している。フェミニ

ストや障害者たちは，コミュニティ実践やコミュニティ政策が，「コミュニティの神話」の中にある多様性，対立，矛盾と正面から向き合うよう強く求めたのである（Guijt and Shah 1998a）。

その後数年のうちに，都市再生政策を実施する際には，「場所のコミュニティ」だけでなく「アイデンティティのコミュニティ」についても考慮する必要があることが認識されていった。多くの国の政府は，権利に依拠した平等政策を導入する場合が多かった。だが，近年の難民や亡命希望者に対する拒否反応，極右政党の台頭，2001年9月11日の事件以降，主に非イスラム教諸国でイスラム教徒たちが直面した報復行為は，こうした政策課題への持続的取り組みが引き続き重要であることを証明している。都市が「非常に多様化」しても，人種差別は相変わらずなくならず，それはここで論じている運動が立ち向かおうとしている他の形態の差別や偏見の多くについても当てはまる。主流社会からすでに疎外されたコミュニティは，神話と相互不信を増殖させる肥沃な土壌になりうるのである。

ミーコシャは（Meekosha 1993: 179），集合的活動を通じて平等や社会正義を実現するという政策課題に取り組もうとする場合，根本的なパラドックスが生じることに注意を喚起している。彼女によれば，人々が共通の問題を解決しようとすれば，個別の違いを十分に論じることができなくなり，その逆もまた当てはまる。彼女が論じているように，マイノリティ集団は1970年代以降，こうした矛盾の中で（多くはかなりのトラウマを抱えながら）活動しようとしてきた。国家が福祉から撤退したのを背景に，様々な集団が希少資源をめぐって競争し，互いに対立するようになるにつれて，この矛盾はますます先鋭化してきている。そして，「差別を受けているマイノリティや地域がこれまで以上に細かく区分され，通常はボランティアによって提供される特定のサービスの供給を組織化する方向に向かう」（Meekosha 1993: 185）という状況が生じている。ジルクリストによれば，国家がそうしたサービスを提供したことのない国々では，国際NGOからの補助金を確保しようとする圧力が働くため，同じように渋々ながらネットワークを構築する状況が見られるという（Gilchrist 2009: 154）。

利害集団の競争という消費者主義モデルは，社会の分裂を押し広げ，コミュニティの中でさえ権力はゼロサム・ゲームであるという意識を強化してしまう。

また個別利害にこだわりすぎると、「分割統治」やそれによるコミュニティ権力の分散を目論む権力者たちによって、操作されたり「出し抜かれたり」(Clegg 1989: 122) といった仕打ちを受けやすくなる。ローティはこれをもっと実写的に描いており (Rorty 1998: 88)、アメリカ人の底辺の75％と世界人口の底辺の95％の人たちは、民族対立や宗教対立に忙しく、他方でエリートは、党派対立に公平な判断と平等の促進を求めている、と述べている（引用は Bauman 2001: 104）。

　1990年代にアイデンティティの政治は、イギリスなどで1970年代に主流だったコミュニティ・ワーク理論とその実践に潜む自民族中心主義の伝統に対して、重大な批判を展開した。ミーコシャは、アイデンティティの政治によるこうした挑戦を歓迎した。フェミニズムや公民権運動の理論家たちは、当時、コミュニティ・ワークの理論に新しいダイナミズムを与えていたのである。しかしながらミーコシャは、クックバーンとともに (Cockburn 1991: 212)、エンパワメント戦略が「相対性の大海で漂流する〔訳者加筆：アイデンティティの政治が差異を強調しすぎてすべてが相対化されてしまい、収拾がつかなくなる〕」結果になるだろうと警告していた。近年ではオコナーが、この政策課題の複雑さを認識する必要性を強調している。彼女によれば、人種対立を解決するには、「単純な黒人-白人二元論を乗り越えて、人種の壁が民族的・階級的・性的な分裂にどのように影響しているかを探求する必要がある」(O'Connor 2007: 26)。

　アイデンティティの政治がもたらす内部分裂に関して、ミーコシャの懸念を共有している者もいる。1990年にミラーとブライアントは、次のように述べていた。このような差異の強調は、エンパワメントの名で促進されたが、他方で「もしそれがなければ共通の物質的資源を共有していた社会集団の間に、多くの対立、敵意、遺恨をもたらした」かもしれない (Miller and Bryant 1990)。これは、彼らではない我々 (Us and Not Them) として理解された「コミュニティ」であり、こうした他集団への恐怖や憎悪を通じて一つのコミュニティであることを表明しようとする背景には、アイデンティティ喪失の恐怖が存在している (Young 2007: 283)。他の集団は、目に見える安易な標的となり、社会的序列が下と見なされる集団なら、なおさら標的になりやすい。こうして、第5章で論じたように、安全への不安はマルチカルチュラリズムをマルチコミュニタリア

ニズムに変質させ (Bauman 2001:141), 排除が排除を増殖させてしまうのである。

　ミーコシャを含め, 何人かの論者が懸念しているのは, 差異や個人的・集団的権利を強調しすぎると, 経済的・政治的・社会的排除をもたらしているより大きな構造的問題から目をそらし, 根本的な経済改革の必要性を覆い隠してしまう恐れがあることだ。多様性は, 植物界や動物界だけでなく人間界においても, 健全で持続可能な生態には欠かせない (Harman 1993)。そしてまたイングランドの産業界は, 近年, 健全な経済のための移民制限の提案に積極的に応じる形で議論を行ってきた。ではどうすれば, 結束と多様性, 普遍性と特殊性との対立は解決できるのであろうか。

　本節で示されたジレンマに「正解」はない。あるのは, 話し合われた上でなされるバランスのとれた活動だけである。第1に, 社会は, 差異が許される空間を容認したり創出したりする必要がある。例えば, フライバーグが論じているように (Flyvbjerg 1998:209), 「社会が民主的になればなるほど, 様々な集団が自らに固有の生活様式を表明したり, 集団間で生じる不可避の利害対立を正当化したりすることが許されるようになる」。これには, 様々な集団に自分自身の居場所を見つけ出す機会を提供する, という意味がある。新しいコミュニティには, 定住のための支援が必要であり, 様々な文化集団は, 自分たちの文化を賞賛したり, よく知る最も信頼する人たちと問題を共有したりする機会を求めている。多くの場合, このようなことがあって初めて, 他者と協働する自信が生まれるのである (「12-1　協働のための個別活動――イギリスの事例」参照)。

　マアルーフは次のように論じている (引用は Bauman 2001:141)。「移民が新たな土地で, 自分たちの元々の文化が尊重されており, アイデンティティが違っても嫌われてはいないと感じればそれだけ, …(中略)…移民は新たな国の提供する文化に進んで打ち解け, 自分たちの異なるやり方に固執しなくなる」。同じことが, 「受入側の」コミュニティにも言え, とりわけ周縁化され排除されているとすでに感じている人たちにこれは当てはまるだろう。アイデンティティ喪失の恐怖によって人種対立が引き起こされている場合は, 特にそうである。

　あらゆる面のそれぞれの長所から始めるには, 「12-2　ジプシーや漂泊民との協働――小さな端緒から」に描かれているように, すべての集団がエンパワ

―― 12-1　協働のための個別活動――イギリスの事例 ――

　あるロンドンの近隣地域では，近年，バングラディシュ系の家族の流入が見られ，コミュニティ開発チームはバングラディシュ人女性と接触するという課題に直面した。彼女たちのほとんどが英語を話せず，宗教によって男性との接触が禁じられていた。その近隣地域には一つの女性グループがあったのだが，当然，白人女性によって構成されていた。補助金を支給している地方自治体は，近隣地区協議会がシレット語を話せる女性をコミュニティ・ワーカーとして雇用するよう促した。彼女はコミュニティ全体で活動したが，特にベンガル人男性の信頼を得ることができた。というのも彼女は，彼らに助言や情報を提供することができたからである（ベンガル人男性の多くは，配膳業で夜間働いているため，既存の住民会合へは行きたくても行けなかったのだ）。彼女は自宅を訪問し，女性たちと話をした後，裁縫の教室を始めた。白人女性は，裁縫教室を特にエンパワメントとして捉えなかったが，ベンガル人女性は求めていたことであった。それは，彼女たちが関心のある他の問題を論じたり，医療関係者や情報・支援を提供できる他の人たちに接触する機会を手に入れる「入口」になった。数ヵ月後，国際女性デーのイベントが企画され，これにはその地区の3つの女性グループが集まったのだが（中国人の女性グループもいた），これは近隣地域での女性たちの定期的な接触の第一歩となった。

メントの基盤として基本的権利にアクセスするのを保障することが必要となる。そうして初めて，共通の立脚点を見出し，エンパワメントの樹の幹を形成することができるようになる。

　ジルクリストが論じているように，対立がある場所では，もめている争点について議論したり，異なる集団のメンバーが互いのことを個人的に知るようになるための「安全な空間」を作り出すことが，とても大切になる（Gilchrist 2009：117）。ジルクリストや他の論者たちは，重なり合う緩やかなネットワークを発展させることこそが，進むべき道であると考えている。すなわち，学習を支援する非公式な空間や，異なる集団が合意する時も対立する時もうまく機能する中立的な空間である。サンプソンが論じているように，「集合的活動は，同質な人たちでないとできないわけではない。多様な人たちであっても，安全への要望については意見が一致できるし，実際に一致している」（Sampson 2007：167）。しかし，これを実現するには調停が必要であろう。調停する力は過小評価されがちだが，21世紀の多様な社会においてますます重要になっている技能である。

第12章 コミュニティの課題

12-2　ジプシーや漂泊民との協働——小さな端緒から

「我々に発言権を（Give Us a Voice）」プロジェクトは，ジプシーや漂泊民のコミュニティと一緒に活動し，彼らから協働する力，さらには自分の意見を相手に聞いてもらい理解してもらう力を引き出している。また，このプロジェクトは他の機関とも一緒に活動しており，それらの機関は，ジプシーや漂泊民の文化の固有性を守るために，コミュニティの自覚と輪郭を明確化させたり，彼らのサービス提供のやり方が適切になるよう支援したりしている。ジプシーや漂泊民のコミュニティからプロジェクトに参加している人は，自分たちの権利を守り，立ち退きを逃れるために，コミュニティのメンバーたちとこれまで協働してきた。

「私の仕事は，外出して，人々と一緒にコーヒーを飲みながら，腹を割って話すことから始まります。社会問題について話したり，人生について語ったり，細かな物事を変えたりします。同時に，影響力のある人物と自然に知り合いになり，政策や社会問題について教えてもらっています。時に厄介なこともあります。ジプシーや漂泊民はとてもプライドが高く，自信過剰で，支援を頼むのは弱さを見せることだと思っています。だから，私のするちょっとした仕事も，実際に彼らから支援のお願いがあるからではなく，問題点を強調するような会話から読み取って行われることになります。これも，我々の活動の成果を世に伝えることを難しくしています。また我々は，非常に私的な人間関係にあるので，何人かを一つの部屋に集めて，様々な問題について一緒に議論するなんて，とてもできません。これを克服する一つの方法は，相談パーティの開催です。異なるすべての漂泊者コミュニティからメンバーを招待し，ちょっとした一般的な問題について一緒に話す機会を設けます。人々の家でも集まりの場を設定し，会議というよりも，おしゃべりの場のように感じてもらいます。しかしまた，どうすれば快適になるかについて話したり，話し合いをうまく進行させたり，玄関をきれいにするなど，ちょっとしたことを変化させます」。

こうして信頼された結果，このワーカーは，ジプシー・コミュニティの人が立ち退きの通告を受け始めた時，連絡をもらうこととなった。ワーカーは，ジプシーや漂泊者に関する法律の講座を受講し，自治体の協力者とともに活動しながら，立ち退きを撤回させることに成功した。他の人も後に続き，現在は法律が改正されようとしている。

出所：Give Us a Voice：Gypsies and Travellers make it real, *Voices from Experience*, Yorkshire and Humber Empowerment Partnership, March 2009.

現在，近隣地域とアイデンティティのコミュニティとのつながりを形成することが，とりわけ重要になっている。それは，社会の分裂を超えて理解を高め，近隣地域内の最も排除されている人たちが確実にエリアを限定した取り組み（ABI）から利益を得ると同時に，それに貢献もできるようにするためである。排除をなくす活動が場所のコミュニティとアイデンティティのコミュニティのどちらを対象とすべきかに関する議論は，もはや「二者択一」ではなく，2つのアプローチを統合できるような方法を探究すべきである。近隣地域レベルで得られた利益は，アイデンティティのコミュニティを通じて，近隣地域を越えて広がっていく必要がある。エリアを限定した取り組みは，これまで支援の手が届きにくかった集団にまで確実に手を差し伸べるために，アイデンティティのコミュニティにいる専門家たちに頼ることも必要である。これは，景気が後退して公共支出の削減が様々な国で影響をもたらし，資金をめぐる競争が激しさを増す時代には，とりわけ困難な課題となるだろう。それには間違いなく，過去になされた個別の短期事業よりも多くのことが要請されるであろう。

　むろん世界には，北アイルランドや他の紛争地域から引き出せる，強烈な経験の痕跡がある。けれども，そうした経験が伝えるのは，いくら多くの優れた事業を行ったところで一つの漸増戦略や多方面戦略の中にそれらをまとめていかない限り，持続可能な長期的変革は達成できないということである。政策や実践も，数十年以上の経験から学ぶ必要がある。最近，私はあるセミナーで討論者を務めたのだが，そこで政府が過去の制度を記録していないという問題を指摘した。政府は頻繁に職員を変えるので，過去の事業から学んだ教訓が失われ，歴史が繰り返されてしまっているのである。多くの様々な次元で変革が生じることも必要である。北アイルランドの公営住宅では，変革の進展が見られたにもかかわらず，98％の公営住宅の居住者は，いまだ一つの宗教的信仰が圧倒的多数を占める近隣地域の中に住んでいた。

　アチェソンとミロフスキーは，これを「持続的対話」（Saunders 1999）の過程として描いた（Acheson and Milofsky 2010）。彼らには，歩まねばならない長い道のりがまだ残されているが，彼らは，「12-3　北アイルランドにおける平和と和解」の事例研究から多くの教訓を学んでいる。それは第一に，様々な次元での活動の必要性である。マクロの次元では，ロンドンデリー〔訳者加筆：北アイ

ルランド北西部の行政区〕の経済的孤立や他と隔絶した公営住宅は，持続的な平和へ向かう過程の障害となり続けている。だが構造的な変革だけでは，党派的敵対の文化は変わらないだろうし，様々なコミュニティが抱えるトラウマの記憶も消えないだろう。こうしたことに必要なのは，まさに地域の次元における対話である。第2に，アチェソンとミロフスキーによれば，対話も長期にわたって財政支援を受ける必要がある。EUによる支援の活用，領域横断的な政策コミュニティの出現，コミュニティ開発に投資する国家関係者の関与は，事態を進展させる鍵となる要素であった。第3に，リーダーシップが極めて重要であったと彼らは論じている。コミュニティ・リーダーたちは，目に見える形で対立をめぐる交渉の模範を示し，それによって，多くの人がかなりの個人的なリスクをとって対話に参加できるようにしていた。この事例研究では，非公式な人間関係の中に埋め込まれた公式な対話の必要性も描かれている。鍵となる都市のリーダー同士の対話は，私的な意思疎通から始まり，親密な言葉でなされ，次第に信頼や友情が形成されていき，それが公式の交渉を行う際の基盤になり得たのである。最後に，この研究では，変革を根づかせ制度化する際に市民社会の様々な組織が果たす役割の重要性が描かれている。

2 リーダーシップ・参加・代表の調和

リーダーシップの重要性を確認したところで，2つ目の対立に目を向けることにしよう。第9章では，「誰が担うのか」に関する議論の中で，代表とリーダーシップの課題を論じ始めた。「参加の常連 (usual suspects)」という現象は，様々な文献でよく描かれている。調査によれば，特に初期の興奮が冷めた後，コミュニティの会議やパートナーシップにおいて，ポストをめぐる争いはほとんど起こらない。これは，新しい参加者が知識と経験のあるコミュニティ・リーダーからポストを引き継ぐことにためらいを感じるからかもしれないし，あるいは排他的な慣行や特定の派閥の優位があるためかもしれない。だが，多くの事例でよくなされるありきたりの説明によれば，大半の人は，物事が概ね正しい方向に向かっている限り，リーダーシップによってたいていの物事が進められることを好ましく感じているという。

12-3　北アイルランドにおける平和と和解

　ロンドンデリーは，北アイルランド第二の都市である。アイルランド紛争のピーク時には，そこで宗派対立による軍事衝突が発生していた。そこにある公営住宅は，他とは隔絶した場所にあった（し，現在もある）。コミュニティ横断的な社会関係が形成される機会はほとんどなく，「単に他の場所からやってきた人と出会うことさえも困難であり，危険であり，望ましくない」ことであった。しかし1990年代を通じて，多くの要因が重なって持続的な対話の期間が設けられ，変革への現実的な希望が持てるようになった。

　マクロレベルでは，両陣営が軍事的勝利はないだろうという考えを受け入れ始め，その「紛争」は沈静化していった。これによって，コミュニティ・リーダーが現れたり，対話を始めたりできる状況が生み出された。同時期のEUによる資金提供は，平和の枠組みを創り出そうとする市規模や近隣地域レベルの多くの事業を支援するのに役立った。これには，社会的排除と戦うための中心戦略として，国家機関によるコミュニティ開発へのさらなる投資が結びつくことになった。

　市の中心地の再建やプロテスタントの管轄区に関する政治合意によって，一連の数多くの地域活動が生み出された。芸術組織は，直近の宗派対立には関わらない活動に着目することで，両陣営のコミュニティから人々を引き寄せた。ネーヴ博物館は，若者のロック・ミュージシャンを支援し，コミュニティ・ビデオ・プロジェクトを展開した。ヴァーバル美術館は，カトリック学校とプロテスタント学校の両方の若者に言語を教えている。また，両陣営のコミュニティに支援を受けたホスピス〔終末医療施設〕もある。さらに，障害者には料理や食品販売の能力を育成する参加プログラムも行われた。カトリックの女性団体もプロテスタントの女性集団も，どちらかの陣営に属す10代の若者の間で衝突が起きないように，彼らを釣り旅行や休暇に連れて行き，国内の混乱を先導しないようにした。両陣営を横断するグループも，正確な信用できる情報を提供することで，両陣営に蔓延する噂を打ち消そうとした。

　別の重要な事業としては，逸話を語るというものがあり，過去の出来事を覚えている集団と協働し，みんなの前で過去の出来事に関する逸話を語ってもらった。これは，紛争にまつわる感情を表に出し，それを制御するのに役立った。また，両陣営ともに失ったものに耐えていることを認識するのにも有効であった。だが，自分たちの怒りに向き合い，怒りの感情を放棄するためには，長期にわたる関与が必要である。「両陣営のリーダーが，かつて心から悪魔と見なしていた敵を進んで受け入れるには，難しい個人的内省のプロセスが必要であった」。

出所：Acheson and Milofsky（2010）からの抄訳。

第12章　コミュニティの課題

「連合やパートナーシップはだいたいリーダーに任せられる。これは必ずしも悪いことではない。直接的な参加にリスクを見出す人は，こうした権限を喜んで委ねるであろう。」(Hickey and Mohan 2004a：19)

　これまで本書で論じてきたように，他の場所よりも排他的なコミュニティの方が，多くの参加を期待できるという根拠はどこにもない。初めの頃，怒りや不満（さらには熱狂）に駆られて，戦略やプログラム立案の決定に多くの人が参加する場合があるが，そうした感情は大幅に消耗されて，めったに持続しない。最近行った調査研究で，ある回答者は次のように述べている。「様々な集団が同じ道を辿っています。初めて決定を行う会合では人々の関心は高いけれど，実施や契約の段階になると，もうそんなに関心がなくなります」。

　参加は（少なくとも公式な目的があるものとなると），非常に「参加者の少ない競技」となる。スキッドモア，バウンド，ローンスブロウによれば，人口の1％の参加が合理的な目標である（Skidmore, Bound and Lownsbrough 2006）。これには多くの理由がある。第1に，公式の目的があるパートナーシップに参加するには，莫大な時間と個人の資源を投入しなければならない。多くの人にとって，日々の生存，家族の世話，仕事の継続（さらに多くのこと）の方が優先順位は高いであろう。第2に，行動を起こしたり，声を上げたりすることが危険度の高い戦略となってしまうようなコミュニティがある。コミュニティの代表者たちの身の安全が確保されない限り，危険を犯すことが，時に悲惨な結果を招く恐れがある。犯罪や薬物，宗派対立に立ち向かうと，命が失われることさえあるのだ。

　そこまで暴力的ではない状況でも，大きな犠牲が伴うことがある。私が共同研究者とともに実施した調査の中で，あるコミュニティの代表者は次のように述べている。「ともかく何か問題を提起しようとした人たちは，みんな汚名を浴びせられてきました。それが理由で，参加をやめてしまった人もいます。…（中略）…市民の意見の中にはとても攻撃的なものがあり，それはほとんど脅しと言ってもいいほどでした」。第9章では，コミュニティの代表者たちが，彼らのコミュニティと意思決定機関の協力者との間でどっちつかずの居心地の悪い立場に置かれ，いかに板ばさみの状態になっているかを見た。彼らは，一方で

はよい結果を出せていないと告発され，他方では自分たちの意見が代表されていないとか，パートナーシップの決定をコミュニティに反映できていないなどと非難されているのである。仕事の要望は高度で，燃え尽き症候群に陥りがちである。そして先に論じたように，彼らは，コミュニティを効果的に代表するための資源を，ほとんど利用できないのである。

　第3に，コミュニティの代表者たちの期待は，かなり非現実的なことがある。多くのコミュニティにおける多様でしばしば分裂した利害を代表しようとするのは，不可能ではないにしても，極めて困難である。これは，名目上一つのカテゴリーに括られがちな黒人コミュニティや少数民族のコミュニティにとって，とりわけ困難な問題であり続けてきた（実際には障害者コミュニティもそうである）。

　最後に，第9章では，パートナーシップそれ自体の仕組み，期間，構造が「参加の常連」を生み出していることを見た。そして，コミュニティへの参加を促す事業が複合的に実施されるのに伴い，進んで参加してくれる数少ない活動的な住民の奪い合いが激化しつつあると，リチャードソンは警告している（Richardson 2008 : 255）。

　したがって「参加の常連」は，集団にとっては有害というよりも，むしろ貴重な存在として大事にされることがよくある。他方で第9章では，コミュニティの門番の存在についても確認した。ある調査で私が話しかけたあるコミュニティ・ワーカーは，次のことに気がついていた。

　　「権限を与える仕事を行う際に最も困難なことの一つは，権限を与える方法を他の人に教えることです。一度誰かに権力を与えると，その人が他の人に権力を与えるのが極めて難しくなります。権力が人と結びつくことで，制度全体の動きが阻害されてしまうのです。」

　かつてある学生が私に述べたように，コミュニティ・リーダーがアーンスタインの有名な参加の梯子（図8-2参照）を登り，その後に梯子を引き上げてしまうという事例を見出すのは難しいことではない。

　パデューらが述べているように，コミュニティ・リーダーは，その仕事に最適とは言えない人が自分から進んでなることがよくある（Purdue et al. 2000 : 3）。

第12章 コミュニティの課題

同様に，イギリスのコミュニティ開発に関する初期の事例研究では，初めの頃に参加したコミュニティのメンバーは，地域から出ていくことを望む人たちであった（Taylor, Kestenbaum and Symons 1976）。とはいえ，コミュニティ・ネットワークの中心にいる人たちが関心を示すまでには，それほど時間はかからなかった。だがそれによって，力のバランスが変化した。いったん地域の鍵となる集団が支配権を握ると，周縁にいる人たちが関わる余地がほとんどなくなってしまったのである。

マッカロックは，代表者たちが「逆コミュニティ」になってしまう場合があると述べている（McCulloch 2000 : 414）。逆コミュニティとは，代表者がコミュニティ内の集団に基盤を持たず，コミュニティの外部にある政治や政策策定に依拠するような場合である。コミュニティ・リーダーは，意思決定過程で自分の意見を実現しようと反対意見と闘っているうちに，他人に権限を委ねるのはそれほど難しくないことに気づかなくなってしまうのかもしれない（Pitcoff 1997 ; Purdue 2001）。排除されたコミュニティの住民は，普通の人がはまり込む落とし穴には同じように引っ掛かってしまうし，自分たちの力で切り開いたチャンスは当然，活かそうとする。だからこそ，コミュニティ・リーダーには支援が必要なのである。

しばしば戦略的な次元でパートナーシップに参加してくるのは，地域住民よりも，むしろコミュニティの専門家である。マリスとレインは次のように述べている。

> 「コミュニティ組織がつまずくのは，それが育もうとしている近隣地域のリーダーに対して，ただ狭い地方で努力するだけの生涯以外に何の将来も示すことができないためである。実際のリーダーは，コミュニティを組織する専門家たちがなっており，彼らはただ，キャリアアップのチャンスを広げるという動機からリーダーになっているにすぎない。」（Marris and Rein 1967 : 186）

これが変わる可能性があるのは，コミュニティのメンバーが地域の事業そのものに雇用される機会が開かれた場合であろう。とはいえ，一度雇用されても

「本当の参加者」にならなければ(第9章参照),むろんまた解雇される場合がある。だが実際に参加するのは,多くの場合,最も資源と時間を持ち,最も信頼され社会的に安定した人たちである。そしてこれは,彼らの立場をさらに強化することになる。というのも,参加によって政治的・技術的な技能を獲得すれば,参加のコストは減少するが(Abers 1998),そうでない人たちにとって参加のコストは相変わらず高いままだからである。

　財政的支援は,別の複雑な要因をもたらす。財政的支援を見込んで,様々な集団が参加に誘い込まれる。コミュニティの代表者たちは,自分たちの組織と目的のために資源を獲得しようとしてパートナーシップに参加するであろう。視野をより拡大させる代表者もいるが,常にそうとは限らない。それが自己利益の場合もある。というのも,そうした代表者たちは,自らのプロジェクトと,より広範な政策課題の両方にエネルギーを注ぐことはできないからであろう。もちろん,誤った運営をする事例もある。正当化できるかどうかにかかわらず,こうした運営は,より広範なコミュニティの中で不信と敵意を生み出す恐れがある。とりわけ財政的支援の申請が認められなかった人たちや,私欲を肥やすことを軽蔑する人たちに恨みを買うことになる。こうした事実は,最近のイギリスでの研究や(Anastacio et al. 2000 ; Purdue et al. 2000),私の最近の事例研究でも明らかになっている通りである。それによれば,地域住民は,その地区で最初の大きな宝くじ交付金の果実を受け取るのが待ち切れないほどであった。しかしながら,最初の高揚感が過ぎ去った後,期待が満たされるのは難しいことが明らかとなった。最初の数カ月は,新しいシステムの構築とスタッフの募集に費やされた。目に見える成果が見えてこない中で,新車を購入した2人の主要なコミュニティ活動家に対して不信の目(この事例では不当な疑い)が向けられた。

　パートナーシップが資金を分配する場合,利害の対立が起こらざるを得ない。「プロジェクトの利用者としてであろうと支援者としてであろうと,関係者が地域再生において利害の対立にある程度関わってしまうのは避けられないように思われる」(Taylor and Parkes 2001)。参加するコミュニティだけでなくプロジェクトの実施主体も,資金の配分方法に関して独自の既得権を持つようになるだろう。有能で献身的なコミュニティの代表者でありながら,同時にその人

第12章　コミュニティの課題

が資金の配分方法に全く既得権を持たないことが可能な仕組みというのは想像しにくい。実際，パートナーシップの委員会が戦略的業務よりも資金配分に力を注ぐようになると，役割が非常に混乱してしまう恐れが出てくる。このような場合，透明性が重要であり，異なる機能を分離するというやり方でパートナーシップを構築することが有効である。資金提供を望むすべての申請者に適切な支援をすることも重要であり，その際には，プログラムを利用した経験のある人が有利にならないような申請手続きにすることが大切である。そして，制度を作る際には，これらの対立に対処できるような資金配分の枠組みを設計することが必要なのである。

　このようなジレンマには，他にどのように取り組むことができるだろうか。「英雄的な」社会起業家を賞賛するという政府のやり方は，リーダーたちの指導に正当性を付与している基盤を無視している。第9章と第10章の議論を参照すれば，多くの教訓が見出せる。

　第1に，参加の幅を広げることが，資金配分のジレンマを和らげるのに役立つだろう。効果的な参加とその継続の両方にとって本質的に重要なのは，いずれリーダーになる人たちを生み出す多様な貯水槽の存在である。目的に応じて，様々なリーダーが必要とされるであろう。人々を刺激し結びつけるリーダーは，公的な役職を引き受けるリーダーと同じくらい重要である（Gilchrist 2009：102）。このために必要なのは，すでに第10章で論じたように，多くの様々な参加方法があることである。現場の活動範囲が拡大し，「入口」の多様性が増せばそれだけ，リーダーを生み出す貯水槽も大きくなり，リーダーと代表者に説明責任を果たすよう求めて，ミロフスキーとハンターの言う「ギリシャ劇の合唱隊」（Milofsky and Hunter 1994）が登場する機会がさらに増すであろう（第10章参照）。また活動が広範囲にわたることによって，多様性が現れるようになる。そして広範な活動は，人々が団結したり共通の土台を見出したりできるという自信を得る上での基礎を与えてくれる。

　第2に，参加の広がりという点で最も成功している参加の事業は，多くの場合，コミュニティ開発へ投資した歴史を持つ事業である。これは，カーリーとスミスが持続可能な変革事業の国際比較研究から導き出した結論であり（Carley and Smith 2001），イギリスにおける近年の体系的な研究でも立証されている

---- 12-4　リーダーシップの広まり ────

　2007年に，ブラッドフォードのコミュニティ・エンパワメント・ネットワークは，コミュニティ・メンター（助言者）制度を設立した。メンターは，様々な経路を通じて勧誘され，入門の夜間授業は，多くの学びをもたらし，雇用のチャンスを与えた。この授業は，ある養成講座に引き継がれた。この制度は，メンター講座の受講者たちに──新人や未経験のワーカーも少なくない──，「同じコミュニティに住み続けている」人に話しかける機会を提供している。これによって受講者たちは，彼らの話を聞き，励まされ，彼らの経験から得られた利益を享受することができる。それは受講者たちに，自分やコミュニティが利益を得るための技能，知識，理解を育む機会を与える。またメンターも，他のコミュニティをより深く理解することで自分を進歩させ，さらなる技能を育み，資格を手に入れるチャンスを手にすることになる。

　メンター講座を受けたある女性は，地域のコミュニティ・センターになかなか参加できないでいた。議長は門前払いをし，委員会はまともに機能していなかった。この女性は，委員会のメンバーになって委員会を再び活性化させたいと思っていたが，その方法を見つけられないでいた。彼女は，地域のボランティア組織を通じてあるメンターに接触し，4回会って，この問題にどう対処すればよいかを話し合った。メンターは様々な提案をし，それを彼女は試した後，2つの案をどう実現するかについて話し合いを重ねた。その結果，この女性は，とうとう壁を打ち破る道を見つけ出した。まずヘルシー料理と食事の集まりに参加し，そこへ友だちも加わってもらい，一つの大きな集団を作り上げ，一緒に議長のところへ行って意見を述べた。非を認めた議長は，その集団と協力して一つの大きな権限を持つ委員会を作り，選挙を実施した。メンター制度から生み出されたこの女性は，今やコミュニティ・センターの議長となっている。

　出所：Yorkshire and Humber Empowerment Partnership (2004) 'Community Mentoring—a gift relationship', Voices from Experience, May, pp. 1, 4.

(Pratchett et al. 2009)。メンタリングや同様の事業でも（「12-4　リーダーシップの広まり」参照），参加やリーダーシップの幅を広げることができる。

　第3に，この投資には成果を生み出すための時間的余裕を与えることが重要である。第9章で引用した国際連合の研究で，ロスマンは，「性急な活動よりも，適度なペース」（Rothman 2000: 101）が，成功したコミュニティ開発プログラムの大きな特徴であることに気がついた。リチャードソンは，イギリスの事例で

この特徴を確かめている (Richardson 2008：254)。同様に，アバースによれば，ポルト・アレグレ市の参加型予算形成事業の開始時に参加したのは，非常に組織化された近隣地域だけであった (Abers 1998)。けれども，時間が経つにつれて参加は拡大し，彼女の調査時には（事業開始から6年後），大規模な開会式に出席した人の半数以上は，初めての参加であった。

　これは，どのようなパートナーシップや参加事業でも初期段階での投資が重要であることを示している。第9章でも述べたが，コミュニティ開発に供給する最も重要な資金の提供が後回しにされ，システムが合意されプログラムの形態が決定された後に初めて，新しいプログラムを通じて資金が投資される，ということがあまりにも多い。コミュニティがパートナーシップに効果的に参加できるようになるには，新たな事業の中に準備段階が組み込まれる必要がある。ここでコミュニティに時間と資金を提供し，効果的な代表を送り込む上で欠かせない組織の能力を育んでもらうためである。このことは，イヤー・ゼロ〔訳者加筆：プログラムが公式に開始される前に準備の年度，すなわちゼロ年度を導入すること〕を通じてすぐに取り組むことができるだろうし，おそらく，コミュニティ内の多様性が適切に反映されれば，イヤー・ゼロ・マイナス・ワンを通じて取り組むことができるだろう。しかしながら，みんなが参加し続けるには，「短期で成果をあげる」ための何らかの準備が必要になるだろう。その成果は，すべての当事者が，長期的に投資する価値があると確信できるものでなければならない。

　第4に，市民には参加する動機が必要である。一つの単純な動機となるのは，投資に見返りがあること，すなわち結果として起こったことが目に見え，語ることができることである。活動が生じない場合は，その理由を知る必要がある。例えば，「11-4　住民活動への専門家の参加──イギリスのイースト・ブライトンでの近隣マネジメント」が報告しているフォローアップ・イベントでは，いつも前回の会議の結果として何が起こったのかを振り返る報告から，会議が始められていた。

　次に我々は，何がリーダーシップを機能させるのかについて，さらに多くのことを知る必要がある。参加に関しては豊富な研究が存在するが，そのほとんどは，コミュニティと，政府や非政府組織（NGOs）の権力者との間の力の不均衡を取り扱っている。コミュニティのリーダーシップや，これを支える権力と

責任の源泉を取り扱っている研究は,比較的少ない。効果的なリーダーシップを育むためには,異なる社会のコミュニティのリーダーや代表者たちがどのように社会的ネットワークとつながりを持ち,そしてどのようにそこから支援を受けているのか,さらには公式なリーダーシップと非公式なリーダーシップがどのように結びついているのかについて,今まで以上に多くのことを知る必要がある。どうすればこれらのネットワークを通してコミュニティの住民の中に参加と責任を広げられるかという問題は,参加者と他の協力者たちの双方にとっていまだに優先的な関心事項であり続けている。また,パートナーシップがコミュニティ内部及びコミュニティを超えて参加する人たちのネットワークにどのような影響を与えるのか,あるいはどうすればパートナーシップと参加事業は,ソーシャル・キャピタルを害するのではなくそれらを確実に育むことができるかについて,我々はもっと多くの情報を得る必要がある。

　最後に,コミュニティ政策の立案者や協力者たちは,人々の参加がどれくらい期待できるか,将来の代表者やリーダーにどれくらい期待できるかについて,現実的に考える必要がある。参加できる人の数と範囲は常に限られているので,コーンウォールが述べているように,「参加の最適条件,すなわち目の前にある目的に合うように参加の深さと広さのバランスをどうとるか考えることが,より重要になっている」(Cornwall 2008a:276)。参加する心積もりのある人には,学習の機会,支援,資源が必要である(「12-4　リーダーシップの広まり」参照)。それらが与えられることで,情報や責任に関してリーダーとコミュニティとの結びつきは強固なものとなり,代表の構造を十分維持できるようになるだろう。効果的なリーダーシップの秘訣は,ある部分,個人的な技能,政治的な自覚,個人の能力開発や訓練の機会があることにかかっている。しかし同時に,これらを支えるインフラにも,効果的なリーダーシップは左右されるだろう。

3　ネットワークの拡大

　本書の様々な箇所で,コミュニティは自力で持続的な変革を成し遂げることができないと論じてきた。政府や他の行為主体は,排除の構造的要因に対処しなければならない。というのも,そうした要因があることで,コミュニティは

流れに逆らって泳ぎ続けることになってしまうからである（O'Connor 2007）。排除の要因を取り除くためには，コミュニティは，下からの変革を促進するために団結する必要が出てくるだろう。実際，デ・フィリップス，フィッシャー，シュレイジは，「地域を越えてつながることは，社会的・経済的正義を求める闘争の核心である」と述べている（De Filippis, Fisher and Shragge 2009：49）（「12-5 地域を越えてつながる」参照）。

　それ以外の理由からも，近隣地域は自分たちの領域を越えて視野を広げる必要がある。システム内での協力かその外側での協力かにかかわらず，近隣地域（さらには利害関心に基づいたコミュニティ）を越えた協力によって，以下のことが可能になる。

- 近隣地域が，まだ手に入れていない協力者，知識，技能に接するチャンスを得ること。
- トップダウンよりもボトムアップから生み出される共通の知識や最良の実践を共有し，形成すること。
- 様々な集団が一つの考えを共有できる空間を形成することで，権力者が近隣地域と他の近隣地域とを対抗させて「分割統治」しないように役立てること。

　パートナーシップへの関心は，地区や市のレベルだけでなく広域地域のレベルでも，コミュニティの代表に新たなチャンスをもたらしてきた。コミュニティにシステムが強制されないようにするには，あるいはパートナーシップの場所をめぐって市や地域レベルで互いに争わないようにするには，コミュニティ同士が協力して，これらのチャンスを活かす効果的な方法を考え出すことが必要である。地域を越えて協力することで，様々な地域にまたがる地方政府の実践と比較できるようになり，最良の実践に基づいて他の地域に働きかけたりできるようにもなる。

　ギッテルは，アメリカのエンパワメント・ゾーンに関する調査の中で，コミュニティを基盤とした組織がたいてい持っている「固有の偏狭心」について述べている（Gittell 2001）。人々を身近な地域や利害のコミュニティに参加させる

―― 12-5　地域を越えてつながる ――――――――――

　フィフス・アベニュー・コミッティは，ニューヨーク市で最大かつ最も活動的なコミュニティ組織の一つである。1970年代に誕生したコミュニティ開発公社（CDC）の主な業務は住宅開発であり，共済組合型ないし有限会社型の公平な協同組合方式を展開してきた。とはいえ，住宅開発だけでは，コミュニティも含むより広範な政治的・経済的状況を変革できないと，CDCは考えている。そこでCDCは，住宅開発業務と結びつけながら，コミュニティや周辺の近隣地域に住む低所得層の長期的なニーズや利害に取り組むための組織づくりを行ってきた。

　自分たちのコミュニティや近隣地域の地上げの問題に取り組むために，「強制退去免除区域」を求める大きなキャンペーン運動が行われた。これには，交渉や対決，国家による法案制定を求める活動が含まれていた。それは地主に対して，低中所得の家庭に市場より低価格で賃貸するインセンティブを与える法案であった。区画の再区分など，キャンペーン運動が自分たちのコミュニティでうまくいかなかった場合でも，その経験から得られる果実を共有することで，他の場所でより大きな成果をあげるために役立てることができた。

　成功の鍵は，外へと目を向けようとする精神であり，例えば，手ごろな住宅を建設する際に，賃金を守ろうとする労働組合と協力した事例がある。また別の事例では，このキャンペーンから分離してできた組織「人種的・経済的平等を求める家族連合」――公的支援を求める女性の集団ないし人種の集団――は，雇用されて福祉支援を受けられなくなったベビーシッターの賃金や労働条件の改善を求めて，市政府に圧力をかけた。またその団体は，地域の経済開発が市の中で理解され実施されている方法を転換する，という長期にわたる市規模の取り組みにおいて主導的な役割を果たしてもいる。

　ある論文に掲載された事例研究は，明確な社会正義のビジョンと，現場での具体的な成功とを結びつけることが重要であると論じている。その事例研究は，基盤づくりとメンバーの形成を行う地域での取り組みから議論を始めているが，サービスの提供と政治教育・支持・活動とを結びつけるだけでなく，同じ利害を持つより広域の組織も結びつけることについても論じている。地域を越えてつながることは，社会的・経済的正義を求める闘争にとって本質的な要素なのである。

　出所：De Filippis, Fisher and Shragge (2009).

ことさえ困難なのだから，身近な領域を越える問題に関心を持たせるのは一層困難である（Storper 1998, もしくは本書第5章参照）。この節で論じてきたすべての対立状況は，より大きな範囲ではさらに悪化し，交渉が非常に困難になる可能性がある。代表者たちは自分のコミュニティからさらに切り離され，より多

第12章　コミュニティの課題

くの様々な利害を調整する必要があるためである。こうした理由から，効果的なインフラは決定的に重要となる。インフラは，橋渡し型ソーシャル・キャピタルを発展させ，地域コミュニティの中で発展してきた技能・知識・能力を，効果的で協働的な活動やリーダーシップへと転換することができる。インフラは，エンパワメントの樹形図において幹の部分にあたる（図11-1参照）。

優れたコミュニティのインフラは，地域コミュニティの考えを権力者に伝え，正当性を付与するための基点として機能することができる。それは，地域コミュニティに返答するための伝達経路として働くことができ，また政府が協力者として当然に求めてくる情報のバックアップを，コミュニティの参加者にも提供することができる。そのような優れたインフラは，コミュニティにいる他の人たちの能力も高めるであろう。その結果，リーダーシップの機能は拡大し，リーダーシップの継承も確実なものとなりうるのである。

だが，コミュニティのインフラが直面している課題はかなり重い。その課題とは，先に論じたように，首尾一貫性のある全体の中で多様性を調和させること，人々の様々な利害を表出させるための通路を提供しつつ，人々の統合を可能にする共通の基礎を明確にすることである。こうしたインフラがなければ，衝突や競争によって希少な資源が浪費され，コミュニティの代表は有権者から切り離され，様々な活動が1人か2人の個人に大きく依存することになりかねない。

リッチ，ジャイルズ，スターンは（Rich, Giles and Stern 2007），小規模集団が貢献できることがなくなるような「ネットワークの拡大」の危険性について警鐘を鳴らしている。そのため，参加を上から強制できないのと同様に，コミュニティのインフラも，コミュニティによって所有され，信頼されるものにするためには上から強制できない。インフラは下から形成される必要があり，コミュニティが責任を負い，コミュニティが動かすことができる必要がある。インフラ機関は，これらの特性を保持しようとするならば，出資者の期待や要望，そして伝統的モデルを模倣したくなる誘惑に抗う必要が出てくるかもしれない。

コミュニティの構造は柔軟でなければならない。発展段階が異なれば，異なる対応が求められるだろう。それぞれの段階には，適した資源が与えられることも必要である。ゲーツとガヴェンタは，アメリカのエンパワメント・ゾーン

で成功した事業が，市民と行政との意思疎通をはかる仕事の職員にどれだけ多く投資していたかを描いている（Goetz and Gaventa 2001）。同様にアバースは，ポルト・アレグレ市においてコミュニティの代表者と一緒に働くコミュニティ・オーガナイザーの重要性を強調している（「11-6　ブラジルの参加型予算」参照）。第10章では，ウエスター・ヘイルズというスコットランドのエディンバラ郊外にある大きな公営住宅団地で成功したコミュニティ・パートナーシップについて言及した。そこでの代表者評議会は，コミュニティ開発を支援し，市規模の意思決定機関に代表者を選出しているコミュニティを基盤とした組織であるが，自分たちの活動を支えるために15人のコミュニティ・ワーカーを雇用した（Taylor 1995b）。これによって，代表者は，コミュニティの考えに常に接することができるようになり，広範な参加層を形成できた。例えば，代表者評議会の選挙にあたっては，確実に競争が起こるようにし，新しい候補者でも確実に支援を受けられるようにすることが，ワーカーの役割として与えられた。

　様々なレベルでコミュニティに参加できるような構造について考察する中で，エスマンとアップホフは，途上国では議会モデルが効果的に機能してきたと論じている（Esman and Uphoff 1984）。彼らは，農村の事業について記述する中で，次のことに気がついた。

> 「最も成功する意思決定の構造は，委員会と議会の結合であり，両方の熟議の手法の利点を組み合わせたものとなっている。小さい方の集団〔訳者加筆：委員会〕は細かな仕事を遂行し，大きな方の集団〔訳者加筆：議会〕は多様な視点を引き出し，参加を通じて合意を形成している。」

　コイン・ストリート・コミュニティ・ビルダーは（「11-1　ロンドンのコミュニティ・ビジネス――権利侵害に対する応答」参照），様々な機関を内に含む「入れ子」構造を発展させてきた。それには中心となる会議があり，この会議は，様々なメンバーが参加して異なった機能を果たす様々な法的組織を広範囲に監督している。こうした多様な法的組織があることで，幹部組織と代表者組織を分けることが可能となり，すでに本章で論じた利害対立の問題に取り組んだり，様々なレベルで人々が参加する機会を提供したりするのに役立っている。例えば，

非公式なワーキング・グループの一員になることで，新しい参加者は，将来，中心にある会議を担う上での自信を得るかもしれない。

　しかしながら，構造にとらわれすぎないことが重要である。第10章では，組織化には公式の方法と非公式の方法が両方とも必要であり，これはインフラにも当てはまると論じた。タロウは，社会運動がどのように人々を動員し，社会ネットワーク内の基盤を通じてどのように活動し続けるのかを明らかにしている (Tarrow 1994)。社会運動が不活発であったり，抑圧されたりしている期間は「休眠組織 (abeyance structures)」として存続できるのである (Rupp and Taylor 1987: 138, 142)。彼によれば，社会運動に必要なのは永続的な組織ではなく，一連の「社会的リレー」である (Ohlemacher 1992)。これは，インフラとの関連でとりわけ重要である。「社会的リレー」は，異なるコミュニティの間に結びつきを作り出し，多様性を越えて共通の利益を見出し増大させる。それは，差異，競争，対立を調停し，より広範な活動のチャンスを明らかにしてくれる。「社会的リレー」は，組織の知性が失われないように，比較的不活発な時期でもネットワークや接触を維持する。公式の組織よりも緩やかな組織を通じてこうしたことを行うのは，全く異なり対立さえしている近隣地域のコミュニティ同士をつなぐ架け橋となるのに役立つ場合がある。スケルチャーとその共同研究者たちが示しているように (Skelcher et al. 1996)，ネットワークは，アイデンティティを失うことなく境界線を越えられるようにする。それはまた，重なり合う結びつきも可能にする。すなわち，ある関係に負担がかかりすぎれば，他のいくつかの情報ルートや支援の供給源がネットワークにはあるのだ (Gilchrist 2009: 171)。

　すでに本書で取り上げたミロフスキーの議論によれば，近隣地域において必要とされているのは，永続的な組織ではなく，必要な時に動員できる「組織の知性」である。彼はこれを，「社会資産 (social treasury)」や「横断的組織」という観念に具体化している (「12-6 社会資産」参照)。横断的組織とは，ネットワークを支援し，事業家を励まし，資源を強化できる緩くつながった仮想の組織である。「社会資産」とは，外部の専門家に依存せずに，個人の能力を形成するために展開された概念である。この場合の個人の能力とは，資源を動員して地域の価値を高めるために問題を特定し，運動を起こし，相互支援のネットワー

---- 12-6　社会資産 ----

　アメリカ東部にあるワイルド・リバー協会は,「仮想上の」組織であり,活動家とネットワークを結びつけ,ある組織やその背後にある資源を,それを活用できる他の状況へと移すという役割を果たしている。1990年に設立され,およそ50マイルにもわたる広大な田舎の地域をカバーしており,そこはそれぞれのコミュニティが地理的に離れ,孤立している地域である。地域のコミュニティには内部で熱心な参加があっても,コミュニティを横断するネットワークがほとんどなく,互いに激しいライバル意識を持っている場合もある。

　この協会には,自前の職員はいないが,コミュニティ活動を促進する「社会資産」として活動している。管理体制が必要になった場合,協会に参加している組織から借りてくる。開発ワーカーを雇う資金について交渉が可能な場合,そのワーカーは参加メンバーである組織が雇う。この協会は,相互補完的な組織が重なり合うネットワークを形成しており,共通の問題をめぐって協働することができる。そのためこの協会は,地域で一連の開発活動を支援し刺激している,まさに触媒なのである。それはまた,新しい開発から引き出される組織の知性の貯蔵庫でもある。協会は,活動のための法的な枠組みを与え,参加者たちを通じて物質的資源を提供している。時々の小さな支援を受けたり,参加者にわずかな必要経費を支払ったり,住所や郵便受けを維持したり,地区での活動に公的な体面を与える際には,協会の公式の法人格が活用された。この協会がネットワークを提供し,触媒の役割を果たしてきた問題には,薬物依存克服のための対策,女性に暴力をふるう男性を扱うプログラム,有害ゴミ焼却炉に対する反対運動といったものがある。

　出所：Milofsky（2008）からの抄録。

クを形成できる力を指す。社会資産は,ネットワークを形成し,それを互いに結びつける一連のプロジェクトを立ち上げるが,こうしたプロジェクトの大部分は,コミュニティのために活動する組織や専門家たちが成し遂げた成果とは見なされない。社会資産は,まさに関係と資源の結びつきから成り立つものなのである（Milofsky 2008：37, 189）。

4　内部か外部か

　第9章では,コミュニティがパートナーシップでその役割を十分に果たしているか否かを問うた。したがって,本章で論じたい最後の対立は,コミュニテ

ィは体制の内部と外部のどちらから変革を目指すべきか，という問題である。これは常に決めるのが難しい問題である。

> 「制度化された政治過程に参加しその中で変革の重要な担い手であり続けるべきか，それとも自立を主張して外側から圧力を加えるべきか，というジレンマがある。後者を選んだ場合，代表を送り出していない社会部門が，政治過程の中では不可能な意見表明をできるようになるが，おそらく根本的な変革には影響を与えないであろう。」（Carley and Smith 2001 : 186)

　コミュニティは，新しいガバナンス空間に入らなければならないわけではない。「完全には飼い慣らされていない」組織やコミュニティは，常に存在するであろう（Morison 2000 : 131)。そうした組織は，協力や説得を試みたがうまくいかなかったのかもしれないし，妥協の限界に達したのかもしれない。彼らにとって，外側からのキャンペーン運動は，残された唯一の道なのだろう。
　だが，体制の外側にいることは，常に最も革新的な立場をとることになるわけではない。宗教的な原理主義を見れば，それがいかなる特徴のものであれ，すべての運動が革新的な変革を探究するわけではないこと，市民社会が極端に非市民的になる場合があることがわかる。他方で，外部の世界が非常に「居心地よく」なることがありうる。抗議集会が，かつてある調査の回答者が「怠惰な集会の世界」と呼んだものに陥るためである（Craig, Taylor and Parkes 2004)。逆説的なことに，この研究の回答者たちによれば，外部に留まることは，パートナーシップで相当多くの課題に取り組むよりも「楽である」場合がある。この研究で複数の黒人及び少数エスニック集団の回答者が述べているのだが，断固として外部に留まり独立していた間は，特に何もする必要がなかったという。
　コミュニティが「反対の立場から抜け出せなくなる」場合がある（Taylor 2007a : 312)。これまでコミュニティを貶めてきた体制への不信感が，原理的な立場をとらせるのであろう。しかしそう感じない人にとって，そうした姿勢は，変革を不可能にするものだろうし，新たな可能性を試したいと思うコミュニティ内の人たちにとっても，大きな障壁となってしまう場合がある。

「パートナーシップの中で，人々は…（中略）…交渉のやり方，取引の仕方，紛争解決の方法を知らないので，それらを学ぶ必要があると感じた場面が何度もありました。というのも，自分たちが勝利した場合でさえ，相手をまだ責め立てるようなことをしているからです。」（著者の未公開研究）

ベテラン活動家たちほど，これまで慣れ親しんだ振る舞いを変えるのは難しく，抵抗することが戦略的な選択ではなく，一つの習性になりがちである。例えば，北アイルランドについて記したシャイロウとマータフは，「被害者意識」によって形成されたボランタリー・コミュニティ・セクターについて描いている (Shirlow and Murtagh 2004 : 68)。

他方で，体制の内部から抜け出せなくなることも起こりうる。メンタルヘルス・サービスの利用者に関するバーンズの研究によれば (Barnes 1999 : 85-86)，コミュニティがパートナーシップに参加すると，エネルギーが奪い取られ，活発というよりもむしろ受け身の姿勢を招くとされる。キャンペーン活動は，パートナーシップ事業に伴って支給される政府基金へ依存するようになり，自分たちが行きすぎないよう抑制するようになる。最近私が行った調査の回答者によれば，体制の内側で心地よさを手に入れるのは簡単であり，「最初の段階では創造的な力を生み出してきた鋭さが，容易に失われてしまう」のだという。馴れ合うことと影響を与えることとの間でバランスをとりながら活動するのは難しい。同じ調査で，ある回答者はこう告白している。

「我々は特権的な情報を手に入れます。そのため将来，特権的な情報が得られなくなるのを避けたいという思いから，重要人物とは和やかな関係になります。こうして我々は結託するのです。このようにして自分を抑制するようになります。…（中略）…すべての政策課題でそうした状況が生じています。…（中略）…我々は，自分たちがしたいことから完全に目をそらすようになり…（中略）…そして自分たちの本分を，何一つ果たさなくなるのです。」（著者の未公開研究）

コミュニティの活動家たちが実利的なアプローチをとったのは，非難される

第12章 コミュニティの課題

べきことではない。しかし他方で，本書でもすでに述べたが，バーンズ，ニューマン，サリバンが警告しているように（Barnes, Newman and Sullivan 2007：195），本来コミュニティの活動家たちが代弁するはずだった庶民の日常的経験から乖離してしまうのは，容易に起こることなのである。

したがって最良の戦略は，「内部」戦術と「外部」戦術とを組み合わせることであろう。先駆的なフーコー研究者であるミッチェル・ディーンは，「人は協働しつつ，同時に反抗することができる」と述べている。アリンスキーもまた，体制の内側で活動する必要性を認めている（Alinsky 1971：xix）。もっとも，彼は革命の前に改革が必要だとより一般的に述べているのだが。彼によれば，世論の変化は，もっと劇的な変化の前兆であるという。

> 「私はオーガナイザーとして，自分の望むようにはなっていない現在の世界から出発する。この世界を引き受けることは，こうあるべきと信じている世界に変革したいという希望をあきらめることではない。あるべき世界に変革したいなら，今ある世界から始める必要がある。それは体制の中で活動することを意味している。」

「外部の者」は，公的な政策課題を争点にする。彼らは，権力者を話し合いの場につかせ，許される物事の範囲を押し広げる。「内部の者」は，こうした機会を具体的な成果を達成するために利用する。例えば，第3章で述べたように，1970年代までのイギリスのコミュニティ開発プロジェクトに向けられた批判は，より合意を重視するコミュニティ実践への重要な転換点となり，当時なされた分析は，今日まで多くの影響をもたらしている。

本書で何度も論じてきたように，人が「招待空間」に入っても批判的な視点を維持できるようにするには，個人の自立した意見が言えて，発言に責任を持たされる「一般空間」が決定的に重要である。その両方の空間で十分な機能を発揮できる組織もあるが，これはバランスをとるのが難しい活動である。このバランスの難しさは，サービス提供とキャンペーン活動とを組み合わせようとする多くの人が気づいている難しさと同じである。外と提携することで，別の選択肢，すなわち一般空間への道が開かれることになる。それによって，様々

な組織が体制の内側から外側へと移動したり，異なる戦術を用いる他者と協働したりできるようになる。逆に内部の者は，外部の者が求める一つの資源として活動することができる。すでに引用したこの論点に関する調査の中で (Craig, Taylor and Parkes 2004)，一つのとりわけ重要な発見は，「体制外部の」コミュニティ集団に訓練や開発のための資源を提供してくれる「体制内部の」組織を設立する必要性が明らかになったことである。この場合のコミュニティ集団とは，体制の「外部」で「一般空間」に留まり，自分たちの自立を維持したいと望む集団のことである。内部の者も，政策ネットワークへの特権的なアクセスを活用して，外部との「連結点」を作り上げる。こうした連結点ができることで，これらの自立志向のコミュニティ集団は，自分たちの自立や不同意の権限を失わずに，戦略的に政策過程に参加することが可能になるのである。

5 考　察

　イギリスの近隣地域再生におけるコミュニティ・リーダーシップの研究の中で，パデューらは次のように論じている (Purdue et al. 2000 : 3)。「これまで観察してきたリーダーシップの行為の多くは，実際のところ，『コミュニティ』概念の中に埋め込まれている複雑性，多様性，対立に取り組むものであった」。同じことが，本章で扱った他の対立にも当てはまる。もし魔法の杖の一振りで，こうした対立を取り去ることができたなら，こんな望ましいことはないだろう。だがこうした対立は，コミュニティの本質や，コミュニティと国家の関係の中に元から含まれている。そのような概念として，コミュニティという言葉を用いるのは有用である。だが，コミュニティの単純すぎる考え方や理想主義的な捉え方は，コミュニティやその協力者が複雑な実践を行う上で何の備えにもならない。有益なハンドブックやガイドラインは数多くあり，それらはコミュニティのメンバーとコミュニティ・ワーカーが様々な課題に取り組むのに役立ってくれる。だが，絶対に正しい解答があるわけではなく，あるのはただバランスをとる活動だけである。すでに本書では，「コミュニティ」の概念を「可変的なもの」や「熱望の対象」として紹介した (Hunter 1974 ; Warburton 1998b)。コミュニティは，ダイナミックな存在であり，イメージとアイデンティティの中

で絶えず自らを再構築している。結束と多様性の間，リーダーシップと参加の間でバランスをとること。そして，コミュニティ内部への関心の集中とより広範な環境で活動するためのネットワークの拡大とのバランス，外から強いられる変化と内部での交渉とのバランス。取り組むべき対象が変わっても，これらのバランスをとるという課題は全く変わらないだろう。

第13章　制度面の課題

　本書では，power circuits, trees, journeys といった比喩表現を多く用いてきた。本章ではさらに，ジャズ（jazz）というものを加えたい。これは，アメリカを本拠とするピュー基金（Pew Foundation）のパンフレットに掲載された，ジャズ・ミュージシャンのウィントン・マルサリス（Wynton Marsalis）の言葉を借りたものである。マルサリスは，『アメリカン・ヘリテッジ』誌のインタビューにおいて，ジャズを社会的発明（a social invention）と表現した（Marsalis 1996）。彼はここに，音楽的要素と非音楽的要素とを見出している。非音楽的要素について，その第1は，ある主題について新しい観点から考えたい，アイデアをもって演奏したいという思いである。第2には，「場を譲りあう（make room）」必要である。彼にとってジャズとは，参加し，他者と対話し，互いに反応しあうことだからである。第3の要素は，個性の尊重である。「ジャズを演奏するということは，互いの違いをいかに調和させるかを学ぶということです。たとえ，真っ向から対立していたとしてもです」。彼はこれを，「誠実な対話（dialogue with integrity）」と呼んでいる。

　次に音楽的要素についてである。まずマルサリスは，ジャズには「ブルース（blues）」[1]が欠かせないという。純朴ではない楽観主義，痛みと折り合いをつけながら前進する意志である。ジャズとは元来，抑圧の中から生まれた音楽であるがゆえである。第2に，昔からの言葉を借りれば，「スウィングしなけりゃ意味がない」。これは「絶え間のない調整，それも，落ち着くことを容易に許さない環境での調整」を意味している。常に変化し続けるものに適応するということである。第3に，ジャズは集団による即興である。「何人もの奏者が集まり，一つのグループとして音楽を作り上げる」リスキーな行いである。第4に，シンコペーションであり，拍が一定でなく，リズムが変化する。「予期していなかったことを行う用意が奏者には常にある」。

　コミュニティがガバナンス関連の施策に招き入れられるようになってきたの

は，公共セクター側のパートナーが解決に困難さを見出した問題，いわゆる「やっかいな問題（wicked issues）」に，コミュニティが知識と正当性をもたらしてくれるためである。これら問題には複雑な原因があり，それにうまく対処するには，相当なエネルギーとアイデアが必要となるのだ。しかし，文化の違いを超えてパートナーシップを組み活動するということは，それ自体がトリッキーな行いである。では，どのようにすれば，以上の要素（対話，違いの尊重，リスクをともにとる意志）をパートナーシップ活動に制度として組み込み，新しい規範，つまり第9章で取り上げた諸問題に対処できる新しいゲームのルールを作り上げることができるのだろうか。以下の各節では，変化が求められる3つの側面について論じていく。人，文化，そして構造である。

1　人を変える

　改革というものは，まず構造から着手されることが多い。しかし，筆者が近隣地区再生について行った調査の中で，ある回答者が述べたように，「人は構造を克服できるが，構造は人を克服できない」（Taylor 2000b：41）。ギッテルも，アメリカのエンパワメント・ゾーン政策の評価の中で，これに同意する。「参加者に何ら変化がないまま，州政府や地方政府に権限を移譲する改革を行ったとしても」「それは政策の応答性の向上や，民主主義プロセスの再活性化につながることはない」（Gittell 2001：92）としている。第11章で論じたように，国際機関や中央政府主導による変化の推進は，再び閉じることが難しい扉を開く上で重要である。だが，世界中の調査で共通して示されているのは，行政職員はどのような改革にさらされようとも，「これまで変えることなく行い続けてきたことを，新たな装いのもとで同様に行い続けること」（Taylor 2000b）に長けているということである。

（1）障害を理解する

　したがって，変化を達成するためには，まずそれを阻むものは何かを理解する必要がある。これまでの研究から，抵抗の主要な源泉として次の2つを挙げることができる。第1に，どのような参加・参画の取り組みにも，互いに相容

れない数多くの要求が見出されるということ，第2に，コミュニティにおける参加の取り組みは，既存のパワー構造や物事の進め方に対する脅威と見なされるということである。

　第1の点について，行政職員は，互いに相容れない数多くの要求の影響を受ける。これらは注目を求めて競い合っており，緊張関係にあることさえ多い。パートナーシップ，参画，分権というレトリックは，ひと揃いの要求であるが，公共セクターの業績を方向づける他の要求とは容易にはなじまない。市場や業績，リスク・コントロールといった言葉がそうであり，そして先に取り上げたように，効率性向上による節約（efficiency savings）の要求とは特になじみにくい。組織中央からのモニタリングや監査そしてリスク管理に非常に大きな増加がみられることを各章で論じてきたが，そこにはパワーの共有に必要な自由の余地はほとんどないし，それらによって変化に必要な柔軟性やイノベーションが促進されるわけでもない。さらに，協働や共同事業についてのレトリックが用いられたとしても，行政組織や専門職の構造に組み込まれた報酬やキャリアの体系あるいは賞罰の仕組みにおいて，コミュニティとの共同事業はもちろんのこと，公共組織間の共同事業でさえ高く評価されることはほとんどない。中間管理職による抵抗については，容認できないものではあろうが，少なくとも理解はできる。彼らの日々の仕事は，すでに「業績目標やアウトプット測定，実績比較表，サービス基準，あるいは厳しい予算制約に支配されて」（Taylor 2000b：8）いるからである。目標値の達成や支出削減の要求は，手間のかかる複雑なパートナーシップ・ワーキングよりもはるかに優先されることとなる。

　その一方で，公共領域に市場が進出するにつれ，この領域でも競争が重視されるようになり，サービスの商品化が進んできている。これは，パートナーシップが促進するとされている協働や全体的（holistic）アプローチとは相容れない。「13-1　競争がもつ支配力」は，本章で議論している協働やエンパワメントという価値が，市場原理の影響をどれほど受けうるかということを例示するものである。どのような問題が引き起こされるか十分認識している人たちの間にさえ，「自発的な服従（willing compliance）」が生まれてしまうのである（第7章参照）。競争や調達手続きを支配するルールもまた，情報や知識の共有を妨げる。これは行政側担当者と応札者との間，また同じ市場で競合関係にある者

> **13-1　競争がもつ支配力**
>
> 　ある大学講師がサード・セクター研究プログラムの一環として行ったグループ実験についての論文が,『ボランタス (*Voluntas*)』誌に掲載されている。そこでのセッションで, それぞれ公共セクターとサード・セクターに所属する学生らによって契約 (commissioning) 過程の役割分担演習が行われた。彼らは4つのグループに分けられ, そのうち3つは応札側のコンソーシアムの役割を演じ, 残りの一つが行政担当者 (commissioners) の役割を演じた。学生には「契約文化」がもつインパクトに対する懸念について事前に講義がなされた。例えば, 入札者の選考 (commissioning) においてはコミュニティに密接な組織よりも大規模な組織の方が好まれるという傾向についてや, タイムスケールの短さについて, また, 創造性や柔軟性よりも業績管理が優先されることについてである。それにもかかわらず, この演習では, 必要なサービスに最も深い知識を持ち, 真の協働に従事するコンソーシアムが, 経営管理要件を満たし市場用語を操る競争相手に敗北する結果となった。3つのうち最小のコンソーシアムは, この演習で再現された競争条件と時間的制約のもとでは, 完全に無視された。
>
> 　出所：Milbourne and Murray (2010).

の間に限定されない。利益を生む情報を手にした者は誰であれ, それを自らの手元にのみ留めておきたいものである。

　さらには, 公共支出に対する圧力が増すにつれ, 行政組織や行政職員は, とりわけ最も不利な条件下にある近隣地区において, 自らが批判にさらされ, 二級品として扱われるようになったと感じるようになってきている（第6章参照）。すでに批判を受けている行政職員や政治家に関していえば, コミュニティやサービス利用者の参画が, 地方政府側のアクターから, 彼らの権力と正当性を制限するために中央政府が導入する一種の懲罰と捉えられる可能性も小さくはない (Lowndes and Sullivan 2004：55)。このような場合, 行政職員がその手に残された権力にしがみつくことも不思議ではないだろう。公選政治家の多くにとっても, 参画をめぐる新しい動きがフォーマルな代表制にどのように関わってくるのか, 新しいハイブリッド型のパートナーシップ組織で自らが果たすべき役割はどのようなものかという点については明確ではない (Taylor and Seymour 2000；Howard and Taylor 2010)。コミュニティを最終的に代表するのはいったい誰なのか。

行政側からは，コミュニティ参画が「これまで自分たちに大きく貢献してきた戦略やアプローチを弱め，それを手放す」(Rich, Giles and Stern 2007 : 138) ことの要求と捉えられる場合もあろう。だが，「今までやり続けてきたことの繰り返し」から変革は生まれない。もっとも，参画に取り組む意思があったとしても，公共セクター側のパートナー（政治家，政策策定者，専門職者，行政職員）に，コミュニティとの協働を効果的に行うのに必要な基本的スキルが欠けていることも多い。そうだとすれば，彼らが今までとは異なるアプローチに挑戦するよう後押しするものとは何だろうか。賞罰とインセンティブの問題，つまり適切な飴と鞭を見出すという問題なのか。客観的事実（evidence）の要求という問題なのか。手順書（toolkits）や優良事例（best practice）集の問題なのか。それとも，公共セクター自身の能力形成の問題なのか。

（2）インセンティブ

　参加について真剣に考えるというのであれば，公的資金の監査に要求されるのと同じぐらい厳格な監査のもとにそれを置くことが求められよう（Burns and Taylor 2000）。だが，これまでそのような事例はない。例えばゲーツとガヴェンタ（Goetz and Gaventa 2001 : 50）によれば，アメリカのエンパワメント・ゾーン事業で語られている参加のレトリックは，業績管理には反映されていないという。「ワシントンへの報告の際に必要なプログラム・マネジャーの成果ベンチマークには，参加の促進に関する指標が一つとして含まれていなかった」。一方，イギリスでは，コミュニティ参加やサード・セクターの成長に関する指標を，地方政府の業績評価の枠組みに組み込む試みがなされるようになった。ここでは，高い業績をあげたと見なす自治体に見返りを与えるという「ビーコン（beacon）」方式が採用されている。この試みにはインパクトがあることが，いくつかの資料で示されている（IVAR and UWE 2010）。もっとも，このような仕組みにおいては，参加に関する多くの取り組みについて批判されてきた白か黒かという思考（'tick-box' mentality）の克服が欠かせない。さらに，監査文化は，欺瞞行為とその対策からなる独自の文化を作り上げる（Amman 1995）。これは言わば，小魚を捕えようとするあまり，大物を逃がしてしまうリスクに等しい。

(3) 客観的事実と「優良事例」

したがって，飴と鞭のみに頼るのではなく，公共セクターの意思決定者や実務担当者にコミュニティ参画に必要な「仕事の仕方（business case）」をするよう納得させなくてはならない。近年の政策においては，客観的事実に基づく実践の必要が強く論じられるようになっており，いくつもの国々で，効果的な評価ツールの開発に向けた数多くの努力が，様々なアプローチを用いつつ行われている。従来型の実証主義アプローチの下で制度設計の実験を行うものもあれば（Stoker and John 2009），まさにコミュニティとともに評価基準を作っていく参加型のアプローチもある。これは重要な作業であるが，いまだ十分なものではない。コミュニティ・アプローチの関心は，とりわけ短期的には「大きな変化がまずは起こりにくい社会的アウトカムにばかりではなく，人々の結びつきや信頼，またその他の社会生活上の特性といった，測定が困難なこともある中間アウトカム」（Briggs 2007 : 38-39）に対しても向けられる。さらに，「連鎖と結果の複雑なプロセスゆえに，これらの取り組みの追跡調査は実に難しい。取り組みの効果について因果関係を探る作業の難しさは言うまでもない」。コミュニティ参加が費用対効果に優れているとする証拠は増えつつある（SQW 2005 ; Burton et al. 2005 ; Pratchett et al. 2009）。また，「コミュニティ参画の費用の高さは，意思決定の改善やアウトカムの向上という成果と比較すれば，無視できる」（Gilchrist 2009 : 31）ことを示唆する証拠も増えつつある。とはいえ，最も熱心に参画に関わる人たちにも役立つ，強固な証拠基盤（evidence base）の構築のためになすべきことはまだ多い。

変化の促進が可能な客観的事実は，他所で有効に機能している事例から得ることもできる。今では，これはインターネットによって比較的容易なことになった。第10章で述べたように，インターネットは，地域，行政機関，パートナーシップ組織，さらには国家を超えてこれら事例を伝達する大きな経路となりうる。こうした事例の共有が，世界中でインスピレーションや革新的なアイデアを生み出している。政策の水準は，明らかに向上してきている。しかし，多くの場合に「優良事例（best practice）」と名づけられているものをただ単にウェブからダウンロードし，異なる条件下で再現できる程度には限界がある。なぜなら文脈が重要だからである。例えば，ブラジルの民主的改革についての記述

の中で，コーンウォール，ロマーノならびにシャンクランドはこう警告している。「これら諸制度は，国家内部のラディカルな民主的アクターについてであれ，国家外部の社会的ムーブメントの高まりについてであれ，その存続と発展に必要な前提条件を欠く国々に対して，無条件に輸出することはできない」(Cornwall, Romano and Shankland 2008：50)。第10章で述べたように，参加の評価手法の無差別な適用は批判の対象ともなっている。これら手法が見境なく適用され，本来もっていた価値観から切り離されており，パワーや政治の実情とうまく嚙み合っていないと見られるためである (Cooke and Kothari 2001)。比較的ポジティブな適用事例も多く見られるとはいえ (Hickey and Mohan 2004b)，「優良事例」の適用は単なる技術的な営みではないことを忘れないことが大切である。理想を言えば，それぞれ出身セクターが異なる参加者たちには，ある場所で生まれたアイデアや実践を，別の特定の状況下において利害関係者が異なる中で，いかにすれば最もうまく利用することができるのか議論する機会が必要である。できればこの議論には，直接体験をもつ進行役 (facilitators) を加えたい。

(4) 手 順 書

　同様の論議は手順書にも当てはまる。近年，有効な実践の支援を目的とする手順書やハンドブックが爆発的に増加している。これらは，踏むべき段階や，コミュニティ側（立場を変えれば行政側パートナー）と有益な形で関わっていくためには回避しなければならない危険について，その利用者に注意を喚起する上で大きな役割を果たしうる。ただし，優良事例の場合と同様に，これが最も大きな効果を発揮するには，実際に直接的なサポートがなされなくてはならないだろう。サポートがあってこそ，各コミュニティは手順書の妥当性について検討したり，それぞれの文脈に適応するよう手順書を調整したりすることが可能になるのである。一方，手順書の存在によって，焦点がぼやけてしまう可能性もある。近年は，参加やパートナーシップの実践について今まで以上に手順書が利用される傾向にあり，筆者の同僚の言葉を借りれば，我々は「手順書の海の中でまさに溺れる寸前に」ある。とはいえ，それらはNGOや政府省庁あるいはコンサルタント会社など様々なブランド名で出されてはいるが，その多くに書かれている内容にさほど違いはない。おそらくは，手順書や優良事例集を

新たに増やすことに力を注ぐ必要はあまりないだろう。むしろ，これらの有用性を評価することや，これらの効果的な活用に必要なサポートを行政機関やコミュニティに与えることに，より多くの意識を向ける必要があるだろう。

(5) 能　　力

　能力形成 (capacity building) とは，コミュニティ政策の分野で昨今よく耳にする言葉の一つである。これはコミュニティに向けて用いられることが普通であり，行政職員が対象とされることは稀である。だが，ガヴェンタ (Gaventa) が言うように，「働きかけは方程式の両辺に対して行う」ことが重要である。驚くべきことに，パートナーシップ組織をうまく機能させるスキルを評価し見つけ出すという考え方がとられることはこれまでほとんどなかった。パートナーシップ活動を効果的なものにするためには，公共サービスでは従来必ずしも重視されてこなかったスキルに投資することが必要となる。仲裁や仲介，軋轢の解消，ネットワークづくり，交渉，傾聴，共有といったスキルである。行政職員についても，彼らを単に困難な状況に追いやるのではなく，新しい仕事の仕方を身につけるためのサポートが必要であろう。何人かの論者が言うように，既存の境界を越えて働くのが来るべき将来の姿なのだとすれば，それに対してキャリアや専門職内の地位の点でも十分な対価が与えられる必要があろう。そのためには，専門職者に対しては，サービスの提供や予算管理の業務を支配しているのと同じぐらい強固な業績目標やアウトプット指標が用意されなくてはならない。加えて，能力形成の必要は，第一線の職員はいうまでもなくそのマネジャーに留まらない。監査や会計の担当者また契約管理担当マネジャーにもその必要がある。彼らの決定は目立つ場で行われはしないが，究極的には第一線での仕事内容に影響を与えるためである。さらに，政治家もその対象とする必要がある。しかしこれまでのところ，政治家の多くはこの種の能力形成の取り組みに抵抗を示している (IVAR and UWE 2010)。

　理解すべきなのは，能力形成は，スキルや行動特性 (competency) を単に外部から取り入れるに留まるものではないということである。チェンバースは，学習と判断の重要性についても強調している (Chambers, 1997 : 189)。能力形成とは，知識や信頼，適性，理解力を身につけるということであり，これらは行動

第13章　制度面の課題

13-2　境界の横断

　イギリスでは，近隣再生に関する国家戦略（National Strategy for Neighbourhood Renewal）において，前例のない2カ年にわたる協議が行われた。これを通じて上級国家公務員はコミュニティ分野の専門職者や運動家と直接接触する機会をもつこととなった。18の合同「政策アクション・チーム」が置かれ，現場視察やワークショップが行われた。そして，この戦略の実施において効果があったのは，コミュニティ組織の出身者やその他関連分野での経験をもつ人たちを，鍵となる省庁や政府地方事務所の職員として配置したことであった。プログラムの実施についての助言を目的としたコミュニティ・フォーラムの設置も，戦略の実施に寄与した。

や熟考，対話あるいは合同学習といった，ハーバーマス（Habermas）も促進を訴えているコミュニケーション的行為を通じて構築される。答えの多くがいまだ見出されていない場では，参加者が方程式の左辺・右辺のどちらに位置するかの区別なく，次のような機会を最大化することが重要である。彼らが自分たちの学習について共に考えぬく機会，知識を囲い込むのではなく拡散させる機会，現下の状況の背後にある様々な文化的想定に挑戦する機会である（「13-2　境界の横断」参照）。コミュニティ，民間，公共の各セクターのプレイヤーが集う，共同のトレーニングや学習の機会は特に重要だろう。これには，セクターの区別を越えた配置換えや「シャドーイング」，また「ツイニング（twinning）」や「メンタリング（mentoring）」といった取り組みがある。専門職者の能力形成においては，コミュニティ知識の重視や，コミュニティ・トレーナーの活用も欠かせない。コミュニティ・トレーナーは，専門職者的なライフスタイルや志向に基づく思いこみをもつことなく，彼らが奉仕するコミュニティの生活の現実について考えることができるためである。

　この節で議論したメカニズムはすべて，人々の行動様式の変更や権力回路の修正において役割を果たす。ペリー6は，説得や学習，トレーニングや対話といった彼らのいう「弱いツール」（前述のチェンバースが推すアプローチ）が結局は最も効果が見込めるのだと論じる（Perri 6 et al. 1999）。そして，新公共経営管理に付随する「強いツール」（規制，検査，賞罰）が「短距離走」には有利な一方で，弱いツールほど「長距離向き」なのだとする。弱いツールは，懐疑的な人たちを場に引き入れるのに必要であり，また，新しい仕事の仕方を定着させ，当初

の華々しさが消え去ったのちも長く残存させていくために欠かせないものと論じられている。

2　文化を変える

　以上のように，人の変革は不可欠である。しかし，それだけでは十分ではない。世界中の経験が示すのは，コミュニティとのパワーの共有を大きく前進させてきた，公共セクター内部の推進者（champions）の存在である（CDRC and Logolink 2008）。だが，推進者やリーダーがいれば十分というわけではないのだ。変革の推進者がその組織内で西部劇のローン・レンジャーのごとく孤独であって，彼の周囲の保安官や騎兵隊が「これまで通り」のやり方を続けるのであれば，全く意味がない。最終的には推進者はあきらめざるを得なくなる。つまり，変革は個人の力を頼りにしうるものではない。変化には，文化の制度化が必要なのである。「超人的な力をもった学校長や人的支援サービス・マネジャー」（Briggs 2007：38）さえいれば足りるというものではない。さらに変化とは，研修プログラムをいくつか実施したり，トップが耳触りのいい言葉を並べたり，あるいはいくらかの専任ポストを置いたりといったことに留まるものでもないだろう。第9章で述べたように，パートナーシップ・ワーキングがコミュニティとうまく嚙み合わない状況というのは，必ずしも意識的なプロセスではなく，物事の進め方についての日常レベルの考え方にまで深く根ざした問題なのである。したがって，文化の変革には，公共機関の運営の仕方を決定づけているルールや規範や価値，そして表面にこそ現れないが当然視されている権力の働きまで含める必要がある。本書では，ここまでの議論で，公共組織がコミュニティとともに働く能力に影響を与えるものとして，特に次の3つを挙げた。行政官僚制の「縦割り」の気質，公的アカウンタビリティへの執着によるリスクと変化の排除，そして，多くのパートナーシップ・ワーキングに見られるコンセンサス文化である。

（1）縦割り気質

　リートは，「公共セクター組織の情報と知識の無駄遣いは，仮にそれが金銭だ

第13章　制度面の課題

ったとすれば，世間を騒がすスキャンダルに値するだろう」と述べる(Leat 1999)。研修コースや手順書，あるいは優良事例の個別研究のいずれにおいてであれ，新しい知識が取り入れられて長く活用されていくためには，確実な定着と拡散が必要である。したがって，変化を左右するのは，情報の創出と伝達が新たにどのような形でなされるようになるかということだろう。個々の組織に秘匿されている知識を開放し，政府組織に特有の秘密主義文化を克服できるかどうかということである。政府組織の部局中心主義は，世界中で近代化の試みの障害となってきた。イギリスの例を見ても，地方行政組織がたとえ「連携(joined-up working)」に積極的に取り組んだとしても，中央政府を相も変わらず支配し続ける縦割り気質と衝突することがいかに多いかということがわかる。

(2) リスク

本書では，新経営管理主義文化の優越について折に触れて強調してきた。この文化ではターゲットやアウトプットが重視され，それによりコミュニティが排除され，信頼とソーシャル・キャピタルが破壊され，イノベーションの芽が摘まれ，政治が政策から締め出される危険があると論じてきた。また，このように論じるのは，公金の取り扱いについてのアカウンタビリティの重要性に異議を唱える意図からではないことも強調してきた。公金の誤った取り扱いは，大きなスキャンダルを引き起こすばかりでなく，問題を抱えるコミュニティに必要な資金が供給されないことにもつながる。だが，政府やその他の資金供給者からのモニタリングや監査の求めに従う形で，全く新しい専門職やキャリア構造が形成されていくのであれば，監査や会計の担当者自身の責任を問えるようにすること，そして，彼らの要求について他者の要求との間でバランスをとることも重要となる。

バートンらによって改めて認識させられるのは，コミュニティへの関与はその性質上，「複雑でややこしく，予測不可能」(Burton et al. 2005 : 302)ということである。様々なパートナーが数多く関わり，絶えず変動し続ける環境下で行われ，取り組まれる問題も複雑だからである。変化を直線的なものと見るモデルをベースとした従来の業績管理のアプローチでは，これに対処することはできない。例えば，リチャードソン(Richardson 2008 : 54)は，コミュニティ中心事

業を加速させ、契約を通じて規定される外的ターゲットを達成させようとした試みがうまくいかなかった事例を示している。そして、様々なグループによってすばらしい取り組みが数多く行われているものの、必ずしもそれらすべてが契約内容を実現できるレベルに達しているわけではないとコメントしている。

第9章で論じたように、何を重視するか、それをどのように測定するかという決定に対して、コミュニティには発言権が与えられなければならない。コミュニティはそれ自身のターゲットを設定するのに適した位置にあり、パフォーマンス基準が共有されれば、それは行政や資金供給者が設定したアウトプットよりも重みをもつことになろう。各地域との関係が薄いコンサルタントによって中央省庁の一部局のために設定されたアウトプットなどとは比較するまでもない。さらに、設定されたアウトカムがコミュニティの信頼を得ているのであれば、コミュニティはそれをモニターする役割に適当な位置にあり、その役割に高いモチベーションをもつだろう。しかし、ゲーツとガヴェンタが言うように「一般市民による監査（citizen auditing）は、官僚と政治家が自らの権力と特権を固守しようとする行動の、まさに核心を突く」（Goetz and Gaventa 2001 : 25）こととなる。これには、大きな抵抗が予想される。

それでも、コミュニティを基盤とした成功の判断基準の設定は、パートナー間で共通のアジェンダを形成するための、あるいは異なるパートナーの参加によってもたらされる様々な考え方や制約を理解するための強力なツールとなりうる。これによって、コミュニティ側の参加者は、他者によって用意された書類を埋めていくという気の滅入る作業を、共同の事業や学習の経験に転換することも可能になる。そのためには、モニタリングが「失敗」を罰する仕組みではなく、一つの学習プロセスとなっていなくてはならない。

同様の議論は、コミュニティ事業において容認可能なリスクの程度についても当てはまる。第9章で論じたように、上向きのアカウンタビリティは、下向きのアカウンタビリティよりも常に優先される。モニタリングが要求されるのは、リスクを排除する必要があるためである。しかし、コミュニティを変化の中心に位置づけるのであれば、コミュニティは自らがとる用意があるリスクについて、またリスクと安全との間でどのようにバランスをとるかについて、発言する権利を与えられなくてはならない（Taylor, Langan and Hoggett 1995）。

（3）コンセンサスを超えて

　フリュービェアウは，対立（conflict）は強い民主主義社会の現れだとする（Flyvbjerg, 1998）。前章までの中で，コンセンサス文化がいかにコミュニティのエンパワーを阻みうるかということ，むしろ，最も有効に機能しているパートナーシップ組織のいくつかは，対立をめぐって適切な交渉が行われる中で洗練されてきたことを示した。建設的な緊張というものを知りそれに取り組むこと，これはパートナーシップによりもたらされる主要な成果の一つといってよい。参加においては，それが効果的なものであればこそ，様々な差異が表出し，フラストレーションが感じられることになる。対立は，建設的な対応がなされさえすれば，豊かで，より平等的で，またダイナミックな対話をもたらすことが可能なのである。

　現代史には，奴隷解放運動以来，進歩の獲得において闘争（struggle）が役割を果たした事例が数多くある。フリュービェアウは様々な文献を引用しながら，「公共領域の基本構造」は「合理的な対話やコンセンサスからのみではなく，『対立や目的の競合あるいは排斥に満ちた場』から」生まれるとする（Flyvbjerg 1998：206）。さらに，「コンセンサスではなく抵抗や闘争こそが自由を実現する最も強固な基盤となる」のであって，「社会的な対立それ自体が価値ある結びつきを作り出す。この結びつきによって現代民主主義社会は一つにまとまり，それが必要とする強さと結束を得ることとなる」（Flyvbjerg 1998：203, 209）と述べる。

　組織開発の専門家は，対立を集団が発展する際に不可避の重要な段階と位置づけている。この分野では形成期，混乱期，規範形成期，成果期（*forming, storming, norming* and *performing*）という一連の流れがよく用いられる。これは，集団が多くの場合，意見の違いを抱える時期を経て，どのように合意に達することができるようになるかを示すものである。前述の地域再生の取り組みの一つ（Taylor and Parkes 2001）では，回答者のひとりが，その初期にどれほど「流血の事態」が発生していたかを述べている。コミュニティや行政機関の内部で，また両者の間で，対立が多発した。しかし，時間の経過とともに，参加者は違いを残しながらも共に働くことを学んでいったという。「まさにギリシャ悲劇のようだった。我々参加者には大きな違いがあって，それぞれが強く主張したい意見をもっているのだ。あらゆる感情が消え去ったとはいまだ言えないだろ

う。だが，いまや互いに折り合いをつけていくことができるようになったし，成果も挙がっている」。

　対立は，その対処を誤れば，コミュニティ間やそれぞれの内部で，またパートナー同士の間で，極度に破壊的で解消困難な分裂をもたらす。パートナーシップ組織内部の緊張の中から創造性を引き出すには，差異や多様性に対応するための制度的な能力が欠かせないだろう。前述のように，調停や交渉また紛争解決（conflict resolution）といったスキルも必要である。しかし，このようなスキルはいまだ大部分のパートナーシップ組織においては稀にしかみられないものであり，まして正当に評価されることはごく少ない。

　ジルクリストは，調停においてコミュニティ・ワーカーが果たすことができる重要な役割について述べている（Gilchrist 2009：90）。彼らは組織の周辺部に位置していることが多く，組織の境界や障壁に大きな関心をもっている。実際，境界線に多くの穴が開き始めたことにより，これを越えて働く者が増えてきている。彼らは，コミュニティと行政当局の大きく異なる文化の間にある認識のギャップの懸け橋となる可能性がある。この境界を越える動きは，現在多くの国でみられる。コミュニティ活動から国家組織のポジションへと移動する動き，またその逆向きの動きの両方がある。筆者自身の近年の調査においても多くの事例がある。コミュニティ・セクター出身者が大臣のアドバイザーとなった事例（「13-2　境界の横断」参照），コミュニティ・パートナーシップ組織の担当となった自治体職員が，自らの果たすべき第一の責任は自治体に対してではなくコミュニティに対してあると考えるようになった事例，自治体議員（councillor）がエスニック・マイノリティの権利擁護組織を運営している事例，自治体の元職員がサード・セクターの中間支援団体のリーダーとなっている事例がある（Howard and Taylor 2010）。黒人及び少数エスニック（BME）コミュニティ出身の議員や職員も，彼らのルーツを今なおそこに置き続けている場合には，権力の保持者とこれらコミュニティとの間にある障壁を突き崩すことが可能である。このように境界を越えて移動する際に，新しい環境に違和感なく溶け込んでいった結果，自らの価値や文化が今どのように変容してしまっているかにほとんど気づかない人たちもいる一方で，変化を引き起こす主体となることができる人たちもいる。彼らは，境界を越えた橋渡しを行い，文化上の障壁を明らかに

し，コミュニティを排除しようと続けられる従来通りの物事の進め方に異議を唱える。このような境界架橋者（boundary spanners）こそが，現在のガバナンスにおいて求められる新しい形の活動にとって，不可欠な存在となるだろう。

3　構造を変える

　コミュニティレベルに形成されるパートナーシップ組織では，従来型の意思決定方式が採用されることが多く（「7-1　システムはどのように制度化されるのか」参照），その場合，コミュニティの側がそれに適応するよう自らの思考の仕方を変えてしまう。外部からモニタリングの規定やパフォーマンスの基準が義務づけられた場合，この「異種同形化」の傾向はさらに強くなる。「優良事例」を確立しようという取り組みにおいても，その定義づけや解釈がごく狭く限定されたものとなるのであれば，同様である。とはいえ，リッチ，ジャイルズ及びスターンが述べるように，行政官僚制は，コミュニティが参画に際して直面するその他のいくつかの障壁と同様に，「権威の構築とアカウンタビリティの確保という，組織にとっての実際的必要」（Rich, Giles and Stern 2007: 138）を満たす手立てとして存在しているという面がある。構造の変革が必要であるとはいえ，変えるべき部分を見誤ってはならない。

　いくつかのシンプルな方法によって，既存の構造に浸透した力関係の不均衡を緩和することができる。まず何よりも必要なのは，パワーを可視化することであり，特定の参加者の考えを特権的なものにしてしまう仕組みを明るみに出すことである。例えば，イングランドのとある事例では，幾度となく会合が持たれていたものの，手続き問題で行き詰まりを見せていた。そこで，これに対処するためにプロセス担当グループが設置された。プロセスをめぐる問題をオープンにし，コミュニティとパートナーの双方がフォーマルな意思決定の会合とは別の場でこれを解決していくこととしたのである。プロセスの問題には次のようなものがあるだろう。会合はどのように進行されるのか，誰が議長を務めるのか，資金要求はどのように査定され，どのように配分されるのか，ニーズや優先順位はどのように規定されるのか，利害間の紛争はどのように対処されるのか，議題（agendas）はどのように決定され，日程化されるのかといった

ものがある（Taylor and Parkes 2001）。

　議長の問題は特に興味深い。パートナーシップ組織の議長役は，集団における力学の中で，何らかのスキルによってではなく，そのステイタスを理由として指名されたり選出されたりすることがしばしばある。これに替わり，高いステイタスをもつ議長を組織の対外的な顔に据えながらも組織内プロセスを効率よく運営するやり方として，中立の専門的ファシリテーターを置き，組織内プロセスを管理させるというものがある。

　次いで，目的の明確化が必要である。ペリー6は，パートナーシップ組織を，効率的な活用が必要な希少資源の一つとして捉えている（Perri 6 et al. 1999）。パートナーシップや参加の取り組みの推進には，その成功と引き換えに何らかの代償を支払うこととなるリスクもある。コミュニティ基盤（community infrastructure）や行政機関それ自体に，相当な負担がかかるためである。それゆえに大切なのが，何を目的としたパートナーシップ組織なのか，どれほど様々な意見がその場にもたらされているのかを明らかにすることである。これについては，パートナーシップ組織に関するほぼすべての研究の中で勧告されているのだが，実際はいまだひどく欠落した状態のままである。しかし，これらが明らかになっていればこそ，目前の課題の対応にパートナーシップ組織というものが最も適した手法なのかどうか，また，どのような形のパートナーシップが有用なのかという判断が容易になる。

　第1に明確にしなくてはならないのは，その取り組みの性質となぜ協働するのかという理由である。プラット，ゴードン及びプランピングは，団体間の作業を4つに分類している（Pratt, Gordon and Plamping 1999）。ゴールが共有されているのか，組織ごとに別々なのかという基準，ゴールが周知のもので誰もが予測可能なのか，それとも固定されていないのかという基準による，競争（competition），調整（co-ordination），共同（co-operation），共進化（co-evolution）の4分類である（図13-1参照）。

　彼らはこのモデルをさらに発展させる中で，次のような比喩表現を用いる。競争は独立峰，調整はジグソーパズルと表現される。共同はゲーム理論と表現される。つまり，共に作業することで自らの個別利益が最大化するのでなければ彼らはこれを重要視しないということである。そして，共進化は山脈（登り

第13章 制度面の課題

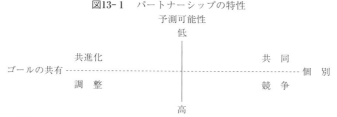

出所：Pratt et al. (1999：100).

と下りの繰り返し）と表現される。ゴールが周知され予測可能な場合，最良の戦略は，共同と調整だろう。これらにおいては，各パートナーの組織としての境界と独自のアイデンティティが維持される。他方，ゴールの予測が難しい場合には，共進化型のアプローチが必要となるという。つまり，各パートナーをより密接に結びつけ，リスクを共有させなくてはならない。これなしには，パートナーたちが随意に加入や脱退を繰り返すこととなる危険がある。

各パートナーシップ組織が担う機能，そして，これらの機能それぞれの責任の所在についても明確にする必要がある。代表的な機能には，戦略立案 (strategy) やコミッショニング (commissioning)，サービス提供 (delivery)，合意形成促進 (facilitation)，またモニタリング (monitoring) といったものがある。これらの機能には，それぞれ異なるアカウンタビリティ確保の仕組みや団体間の関係，そしてスキルが必要となるだろう。それゆえに，適切なモデルの設計に当たっては，それら様々な機能を単一の組織内に統合することが可能なのか，あるいは別個の組織が担当するのが最良なのかを考える必要があろう。あまりに多くの機能を一つの組織に負わせると，身動きが取りにくくなり，役割の混乱や利害の衝突が生まれる可能性がある。

第12章では，コミュニティ内の「入れ子」構造がもつ価値について論じた。この構造があることによって，利害の衝突に対し効果的に対応することやより多くの人たちの参加を得ることができ，さらに，規模を拡大することとコミュニティとの密接さを維持する必要との間にある緊張にも対応することが可能となる。同じことが，異なるセクター間のパートナーシップ組織にも当てはまる。アップホフ，エスマン及びクリシュナは，南側諸国の調査からこう結論づけている。

「最も効果的なプログラムには，基礎レベルの団体や集団を始まりとする『入れ子』状の組織体系が備わっている…（中略）…。小さな組織にもそれ自体で優れた面があるだろうが，何らかの大規模な取り組みに加わっていないのであれば，そのインパクトには限界があるだろう。幅広い利益の創出を狙いとするプログラムであれば，上からではなく下から活力が生まれる階層構造をどのように編成するかという問題に取り組まなくてはならない。」(Uphoff, Esman and Krishna 1998: 66, 67)

　また，入れ子構造をとることで，パートナーシップ組織は様々な性質の資金の獲得が可能になり，寄付契約（covenanting）と相互協力（cross subsidy）によって収入を極大化させることも可能となる。
　その一方で，構造が複雑になれば高い運営コストがかかり，組織の一体性を保つのも困難になる可能性があるし，柔軟性が低下する恐れもある。ウィルコックスとマッキーによれば，パートナーシップ組織が導入された地域の中には，仕事の進め方やコミュニティ参画の複雑さがあだとなり，成果を得るのがほとんど不可能になってしまっているところもあるという（Wilcox and Mackie 2000）。いかなる場合であれ，効果的な仕事の進め方が形成されるには時間がかかる。パートナーシップ組織に参加するコミュニティには，様々な制度がもつ意味について理解するための時間が必要だろう。その一方で，行政側パートナーには意思決定の新しい仕組みを受け入れるための時間が必要だろう。したがって，制度の枠組みは，地域の住民と職員のキャパシティが向上すれば，それに対応し進化していくよう設計される必要がある。そしてこれは，参加者それぞれが長期的に何を望んでいるのかという視点を基礎に置き，そこに至るまでにどのようなステップを踏まねばならないかという裏づけをもったものでなくてはならない。「11-1　ロンドンのコミュニティ・ビジネス——権利侵害に対する応答」で示した組織（イギリスで最も成功を収めているコミュニティ開発トラストの一つ）のリーダーは次のように述べている。「必要なのは運営の構造ではなくその過程なのです。それは整然としたものではなく，様々な関係が絶えず交渉され直され続ける間断のないプロセスです。そこでは，リスクや失敗も避け得ないものとして受け入れられ，成功は十分な見返りを受けます。特に，社会的ニーズ

にうまく対応できた時はそうなのです」（Tuckett 1999）。

　パートナーシップの設計について，ネットワークを基盤とした比較的インフォーマルなアプローチを支持する論者は多い。ヘインズはカオス・複雑性理論を引き合いに，様々な不安定要素を許容することで，組織は新しい形の秩序を作り出すことが可能になると論じている（Haynes 1999）。これに欠かせないのは，組織やその下位システムの内部またはそれら同士の間に多様なパターンのコネクションが存在していること，そして第12章でも論じているようにフォーマリティとインフォーマリティとが混在していることである。これを拡張して，ジルクリストは，低い連結性（connectivity）と高い同質性（homogeneity）をもつシステムは，順応性を欠くがゆえに活力が失われていくと述べている（Gilchrist 2000：269）。代わりに彼女が支持するのは，相互作用や相互学習のための機会，そして信頼と敬意に基盤を置いた多様な関係が発達していく機会を作り出すシステムである。このような機会が「柔軟で自立したネットワーク」の成長につながる。「つまり，団体や事業がいくつあったとしても，その組織化に必要な，スキルや知識また利益や資源の『十分な多様性』を備えた」ネットワークである。これは，実践的には，会合場所の周辺部分に話し合いが生まれる場を設けることを意味する。これにより，参加者は自らの立ち位置をインフォーマルな形で確認できるようになる。「共通スペースや出入口では会話が生まれる。ここでは互いの接触が容易であるし，その場を離れる理由づけにも困らない」（Gilchrist 2009：110）。そして，このような場での会話が「最も興味部深いものになることも多い。それはおそらく，思い切った内容の発言が可能になるためであろう」と述べている。このようなインフォーマルな場では，信頼関係を取り結ぶことも比較的容易にでき，また，効果的な民主的行動様式の育みにつながる連携型ソーシャル・キャピタルも形成されやすい（「13-3　パートナーシップ環境におけるフォーマリティとインフォーマリティ」参照）。

　身軽なコネクション（footloose connections），つまり，資源に恵まれてはいないものの，フットワークが軽く，変化への適応に優れ，システムの共通部分で変化をつくりだすことができるというこのコネクションは魅惑的である。その支持者たちは，このようなコネクションにはここまで論じてきた様々な緊張関係の多くに対処する力があると考えるだろう。しかし，こういったアプローチに

> **13-3　パートナーシップ環境におけるフォーマリティとインフォーマリティ**
>
> 　私がコミュニティ代表の一人として関わったセントラル・ロンドン地区のとあるパートナーシップ組織のスタートは厳しいものだった。会議は延々と続き，私も含め参加者の多くは他者が当然のことと思い込んでいる手続きに対して不案内で，結果として何がどうなっていくのかほとんど見当もつかなかった。しかし18カ月後，これが大きく変化した。その要因として次の4つが決定的だったように思われる。第1に，プランにおいて目標が明確にされたことである。これによって，会議から次の会議までの間の進展状況がモニターできるようになった。第2に，この自治体のリーダーと区長（Mayor）（彼らは私の選挙区から選出された議員でもあった）のそれぞれが，議会委員会の委員長や行政各部の部長のすべてが出席する会議を招集し，このパートナーシップ組織を重要なものと捉える必要を説いたことである。第3に，このパートナーシップ担当の職員が置かれたことである。これは情報の引き出しとして，また進捗状況を追跡するものとして機能した。第4の要因は，以上とは違い意図されたものではなかった。会議がいくらか短い時間で済むようになり，そのあとに皆で連れ立って地元のパブに通うようになったのである。会議の場では発言が遠慮される事柄についても，このインフォーマルな場では議論が交わされた。キー・プレイヤーの何人かと知り合いになることができたし，自分たちの同盟者（allies）がどのような人たちなのか把握できた。こうして，我々は皆お互いをより深く理解し，協力して事に当たれるようになっていったのである。

は例外なく，持続可能性についての，さらには変化の制度化についての疑問がある。システムの周縁部分や共通部分から噴出するパワーを，持続的な変化に転換することは可能なのだろうか。植民地化されたり既存のシステムに取り込まれたりすることはないのだろうか。あるいは，結局のところシステムの中枢部分には立ち入ることができないままなのだろうか。インフォーマリティを支持する意見には説得力があるが，しかし，ここまでの各章で論じてきたように，インフォーマルな構造にもパワフル・パートナーに支配される可能性が依然としてある。そして，このインフォーマリティゆえに，彼らのパワーがなお一層見えづらくなりアカウンタビリティも低下してしまうのである。また，この構造には，内々の事情や慣習に通じていない人たちを排除してしまう可能性もある。加入資格が緩すぎれば乗っ取りの危険も高まるし，様々なコミュニティや党派の間にある永続的な軋轢を持ち込む場として利用されてしまうかもしれない。様々な「肩書き」をもつ人たちが首を突っ込むようになれば，役割の混乱

や利害間の軋轢が相当に大きなものになる可能性もある。キー・プレイヤーのアカウンタビリティを確保することも非常に難しいし，彼らの高潔さを信用するというのも容易ではない。インフォーマリティとフォーマリティのそれぞれがもつ固有の弱点に屈することなく，双方の長所を新たな制度的解決策に組み込むことは可能なのだろうか。

　ラウンズとスケルチャーによれば，パートナーシップ組織はそのライフ・サイクルにおいて，異なる段階では異なる組織形態をとる（Lowndes and Skelcher 1998）。創設期と終末期においては結合が緩くネットワークに似た形態をとるが，プランニングやサービス提供の段階ではフォーマルさの度合いが強まる。コミュニティ政策では，このような経時的変化を内に組み入れるのと同時に，また一方では，異なるセクターを横断するインフォーマルなネットワークや結びつきが，フォーマルな構造と並行して発達していくよう注意を払うことも欠かせない。それは，このような環境においてこそ，参加者たちは固定観念から解放され，自分たちには共に働く力があるということを学べるからである。したがって，これからの制度の形には，最善のフォーマリティとインフォーマリティとを結合させた，多分節・連動型のシステムが必要だろう。ここで欠かせないのが，「全体システム（whole systems）」アプローチである。つまり，「システムを構成する各部分とそれを取り巻く環境との相互作用という観点から」(Stewart 2002 : 158)，政策とその実施状況について理解しようというアプローチである。

　以上について，実践に際してはどう考えたらよいのか。第1に，このようなプロセスにおいては，コミュニティとそのパートナーとの間のコネクションが，狭く窮屈な経路ではなく多様な経路で結ばれなくてはならないということである。それでこそ，「ソーシャル・キャピタル」の「橋渡し（bridging）」と「連携（linking）」とを共に期待できるようになるのである（図11-1参照）。

　第2に，こうしたアプローチには，新しいタイプの調停者や仲介者が必要となるということである。本章で論じた「境界架橋者」もこの中に含まれる。彼らの役割は，垂直ではなく水平的に働くことを通じて，次の点を達成することにある（Wilkinson and Applebee 1999）。

・境界を越えた知識の交換を促進させること。
・境界を越えて潜在的同盟者（potential allies）を結びつけること。
・ニーズに焦点を合わせるのではなく，アセットに基づいた活動を行うこと。
・合同学習（joint learning）を促進すること。

　第3に，このアプローチでは，ダイナミックさが求められるということである。ヒーレイらのいうように「既存の組織に埋め込まれたフォーマルな法的・手続き的ルール」に依拠するのではなく，「交渉を通じて協力のなかでルールや実践方法を見出していく」（Healey et al. 2002b：213）ためにはこれが欠かせない。もっとも彼らは，これは境界の内側に留めなくてはならない自由ということも認識している。「フォーマルな境界は決して無視することはできない。この境界こそが新しい実践が創出される際に，そこに構造を与えるのであり，また他方では，この境界の制約から逃れようとする苦闘のなかから，法の変更を目指す動員キャンペーンが生み出されるのである」。

　そして最後，第4に，このアプローチには時間が必要だということである。筆者は以前，ルーシー・ガスターとともに，パートナーシップ・ワーキングの学習曲線について論じたことがある（Gaster and Taylor 1993）（図13-2参照）。この学習曲線には，我々が「離陸」と呼ぶ転換点がある。ここを通過すると，成長は加速し始め，目に見える形でアウトプットが得られるようになってくる。また，筆者自身が行った調査の多くで次のことが示された。それは，離陸には通常2年かかり，それ以前には見るべき効果は相対的に僅かしか得られない（とはいえ，政策策定者はこのところ「成果が手早く得られる仕掛け（quick wins）」の組み込み方を学んできている）。だが，いったんそこに至れば，努力は実を結び始める（Gilchrist 2009：124, 参照）。

4　国家の再構築はあるのか

（1）国家の役割

　前節で論じたフォーマリティとインフォーマリティとの組み合わせが機能す

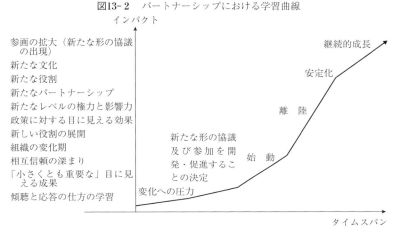

図13-2 パートナーシップにおける学習曲線

出所：Gaster and Taylor (1993: 17).

るためには，誠実な仲介者によって緊張関係が「維持」されること，そして，このシステムの作動が可能になる枠組みが構築されることが必要だろう。これは原則として民主的政府が果たすと想定される役割である。21世紀に注目を集めるようになってきた条件整備（enabling）やガバナンスといった用語は，この役割を強調するものである。政府は，格差の縮小や社会の周縁に追いやられた人たちの包摂の支援にも，決定的な役割を果たす（Cornwall and Coelho 2004: 18）。それゆえに，キーンは，国家について次の役割を果たす装置として定義する（Keane 1988b: 15）。「特殊利害間に生じる回避不可能な軋轢を明確に規定された法的枠組みの内側に封じ込め，また，市民社会が新しい形の不平等や圧政の犠牲となるのを防ぐ」という役割である。国家にはさらに，一つの焦点としての役割もある。タロウは，その社会運動についての論考の中で，諸集団が自らを社会の中に位置づけ，自らを取り巻く状況を他者のそれと比較し，そして必要な場合には他者に対抗して自らの主張を展開する中心点としての国家の重要性を強調している（Tarrow 1994）。国家は動員のためのターゲットである。しかしまた，諸集団がその内部において同盟者を発見し，あるいは，より恵まれた位置にある他集団との関係の中で自らの位置を確認することができる認識の枠組みともなりうる。

　国家は，ポジティブとネガティブの双方の意味において焦点として機能する

だろう。もっとも，国家はここまで説明してきたような誠実な仲介者として振る舞わないことも多い。ワイツは，北側・南側に関係なく多くの国で見られる二律背反について記している（Whaites 2000 : 131）。「国家のパラドックスが私を捕えている。それは国家を部分的には救世主，つまり社会的な変革や平等を実現する手段と見なしながら，同時に別の部分では，悪の元凶，つまりそれ自身の官僚制的アジェンダを追求し，そうする中で公共の視座を見失っていくという性癖をもった，強圧的で一枚岩の存在と見なすというパラドックスである」。我々は国家を，その役割を誠実に果たすものとして信頼することができるだろうか。

　ネオ・リベラリズム型の政策を背景とした国家の全体としての弱体化は，これらの国家の能力に影響を与える。ストーパーは，「国家が公共政策から撤退するに際し，進歩的なコミュニティ活動家は，無意識にその協力者となってきた」と論じる（Storper 1998 : 245）。彼はアメリカのエンパワメント・ゾーン・プログラムを例に引く。このプログラムは，

> 「『ボトムアップ型』のコミュニティ志向型開発というイデオロギーに全面的に彩られているが，しかしその構造を根本的に特徴づけているのは，都市問題における積極的・普遍的役割から連邦政府が撤退するということである。さらに，このプログラムは全体として，レーガン大統領時代になされた都市政策関連の連邦資金の３分の２もの削減からの回復には，ほとんどつながらない。」

　これは，現在も大きく当てはまる主張であり，国家を再び正統なものとして認め直そうというストーパーの主張は，世界中至るところで多くの論者が同じように唱えている。社会的排除に対応できるキャパシティをもつのは国家しかないという彼の見解が共有されることもある。例えば，ゲデスは，ヨーロッパのパートナーシップ組織に関する研究の中で，こう述べる（Geddes 1998 : 92）。「パートナーシップ組織への公共セクターの関与は，ほぼ普遍的であ」り，かつ不可欠でもある。それは，「失業や貧困そして社会的排除といった問題はいまだ主として公共機関の責任範囲内にある」ためである。実際，本書の改訂作業

中の数カ月の間に，金融不況と世界的な経済危機に見舞われる中で，行きすぎた資本主義のバランスをとるという国家の役割が，ほんの束の間にすぎないとしても再認識されるようになっている。

地域開発の研究者（特に南側弱小国家を観察対象とする者）も，エンパワメントにとっては強い市民社会と同様に効果的な政府構造が必要不可欠だと考えている。一例を挙げれば，コモンウェルス財団は市民社会についての研究において，貧困層は国家の現状について幻滅してはいるものの，国家がサービス供給能力をもち，貧困層の参画を推進することができ，平等な権利と正義を拡大することが可能なのであれば，その限りにおいて強い政府を望むのだと報告している（Commonwealth Foundation 1999）。これと同じく，ディとウェステンドルフは，国連社会開発研究所（UNRISD）と国連ボランティア計画（UNV）の調査を参照し，「UNV-UNRISD のプロジェクトから明確に見出せる調査結果の一つは，強力で開かれた地方政府によって真の支援が行われるのであれば，都市社会問題に対するコミュニティの対応は，さらに大きなインパクトをもちうるだろうということである」と報告する（Dey and Westendorff 1996 : 1）。

1970年代及び1980年代のイギリスの経験もこのことを指し示す。1970年代のコミュニティ活動の多くは地方政府と公共サービスを敵とみなしていたが，1980年代になると，コミュニティは公共サービスを守るために，地方政府と手を携えてサッチャー政権の破壊行為と闘うようになった。しかし，これは核心部分に何らかの変化があったことを示すものではない。抵抗行動は，公共サービスは期待に応えていないという考えから生まれる。一方で支援行動は，排除状態にあるコミュニティに必要な権利やサービス，そして再分配をもたらすことができるのは国家以外にないという考えに基づく。さらにアメリカには，フェアバンクスがまとめているように，社会貢献活動や慈善活動への信頼が拡大する中でなされた，福祉の責任の非営利組織への分権が，いかに大きな福祉の後退を招いたかを示す広範な研究がある（Fairbanks 2007 : 103-104）。本質的に，国家が必要とされるのは，他のアクターの不十分さゆえなのである。

この議論において必要なのは，中央政府と地方政府との区別である。分権はコミュニティの論議において大きな部分を占める。だが，中央政府の空洞化がグローバリゼーションの文脈の中で数多く論じられてはいるが，排除の構造的

要因への取り組みにおいて，国家の能力が孤立状態のコミュニティのそれよりもずっと強力であるという事実に今もって変わりはない。デ・フィリップスとサエガートが論じるのは，経済の落ち込みを原因とする社会的要求の増大に対応する連邦政府からの支出が，その本来備わっている力に地方分権による制約を受けてしまっているということである。彼らによれば，「ハリケーン・カトリーナへの対応に見られた無力さは」「連邦政府各機関の中核的任務を成し遂げる力の低下」に加えて，「資源の十分な供給や政府レベル間の調整もなく行われた，地方レベルへの職務権限の移譲に関係」している（De Filippis and Saegert 2007b: 331）。彼らが報告するように，まさに最も豊かな国であるはずのアメリカにおいて，ニュー・オリンズをはじめとする地域に外国政府組織が足を踏み入れることとなったのである。筆者はイギリスについて論じてきた。この国は非常に集権的であるが，それでも中央政府は，少なくとも原則的には，地方レベルで多くの決定を行うことができるよう認める必要を理解してきた。しかし，ここ10年ほどの間に，中央政府レベルの国家がコミュニティ事業への資金供給において果たす役割は，変化の促進という点においても，また，コミュニティ参画の地域間格差の発生を防ぐという点においても不可欠になってきている。中央から変化を促進することと地方レベルへ決定権を移譲することとの間でうまくバランスをとることの難しさは，広く認識されるようになってきている。例えば，ニュー・レイバー政権は数年前に，地域戦略パートナーシップのコミュニティ代表をサポートする資金プログラムを導入した。だが，このプログラムが軌道に乗る前に，資金援助の役割を地方レベルに移譲するという決定がなされた。その結果，この新たな民主主義的社会基盤は，その多くが消滅するに至った（CLG 2005; Urban Forum 2008）。ある中央政府関係者は，苛立ちとともにこう述べた。

「中央政府は国民全体によって選出されているが，しかし，自らの政策を実現する手立てをすべて手放しつつある。国民は単なる官僚を選んでいるのではない。今必要なのは，権限移譲のアジェンダを実際的にどのように実施していくかを論議すること，そして，中央政府と地方政府との間に新たな合意を結ぶことである。」

（2）バランスをうまくとること

　パートナーシップをうまく機能させることができる構造，また，公的アカウンタビリティのニーズを満たしながらも，リスクをとりコミュニティ内の多様性を代表するのに十分な柔軟性をもった構造を，我々は実現させてはいない。このような状況において，よくなされているように「トップダウン」と「ボトムアップ」を単に並べて論じることは有用ではない。ガヴェンタ（Gaventa）は，ボトムアップ（一般［popular］）空間とトップダウン（招待［invited］）空間との隙間での活動から，真の変化は生まれるのだと論じる（266頁参照）。そして，「様々な関係が交わる重なり部分をうまく舵取りすること」が「次に，行動と参加が発展していく可能性を備えた新しい境界の創出につながる」（Gaventa 2004a：38）だろうと論じている。我々は新しい中間領域を作り出さねばならない。つまり，ここまで論じてきたような様々な緊張に対処できる新しい公共空間である。だが，いったいこれは，どのような空間なのだろうか。

　リーチとスクーンズは，シティズンシップと社会的ムーブメントについて分析する中で，「グローバリゼーションがもつ分散化・断片化の力に世界はますます大きな影響を受けるようになっているが，シティズンシップについての説明は，国家中心的なものにも，また多元主義的なものにさえも，留まってはならない」と論じる（Leach and Scoones 2007：15, 18）。そしてエリソン（Ellison 1997）を引用しながら，現代社会は「アイデンティティや帰属意識また連帯の形も様々であって」「社会的連帯を通じた」これまで以上に「実績を積んだ社会参画」を実践しながら，「公共と民間との間，あるいは政治と社会との間に従来引かれてきた境界線を解消すること」が必要になるだろうと続ける。セイワードも同様に，一カ所に権威が集中しないポスト国家主義的文脈において，可変的で一時的また不定的な境界線を横断するメカニズムを備え，新しい考え方をする必要を論じている（Saward 2005）。

　新しいガバナンス空間は，このような要求をどれほど満足させるだろうか。あるいは，少なくとも，どの程度その足掛かりとなるだろうか。ヒーレイらは，ガバナンスへの動きの中で設置されている組織を，「正当性とアカウンタビリティを確保するためのフォーマルな手続きが慢性的に欠けている」と批判する（Healey et al. 2002b：213）。イギリスでは，パートナーシップ組織の多くが，チャ

リティの資格を持つ保証有限会社（営利を目的としない法人）として設置されているが，これによって，これら組織が厳密にはどのような存在なのかという問題が，すべて曖昧にされてしまっている。事実，これらの多くは政府セクターによって設置され，内部に相当数の政府組織代表を含んでおり，それゆえに政府自身に責任がある政治的アカウンタビリティからの逸脱を許す危険な経路になってしまう可能性がある。

　また，このような空間によって，代表制の統治形態と参加型のそれとの間の関係が解決されるわけでもない。以前に論じたことがあるが，これら空間において公選代表者は自分自身の地位や責務について，ほとんど明確な認識をもっていないことが多い（Howard and Taylor 2010）。ここ数年の公選政治家の働きやフォーマルな民主主義システムをどのように評価しようとも，ガバナンスの新しい仕組みはいまだ代替手段として確固としたものとはなっていないし，乗っ取りに対する脆弱さもある。熟議を，政治家や公的制度への細やかなフィードバックを可能にするものと考える論者もいる。しかし，様々な人たちや利害を代表できるほどに空間に多様性があったとしても，それは代表制の構造と代表される側の利害関心との間の緊張を高める結果にしかならないとメルッチ（Melucci）は論じる（Barnes et al. 2007：49, 186）。

　ここまで公選代表制と参加型民主主義との関係に注目してきたが，これはなお一層の注目に値する。第9章では傷ついたライオンと彼らによる変化への抵抗について概説し，さらに彼らの役割を取り巻いている不確かさについて述べた。とはいえ，筆者にはここ数年の間に，コミュニティの真の代弁者として働く地方議員に出会う機会がいくつかあった。彼らは，たゆむことなく住民の側で働き，リソースを見出し，コミュニティ自身の手が届かない場ではコミュニティを代弁する役割を果たしている。さらに，地域住民と密接に活動することで自らが代表するコミュニティを隅々まで熟知し，それによって自分自身の正当性を確かなものにしている。イギリスでは，各政党組織の集権化と党員の減少とが進み，これが代表性の危機（公選地方議会は地域住民全体の典型とはいえなくなってきている）と相まって，公選代表制と参加型民主主義との関係に対する大きな圧力となっているが，近年の中央政府の取り組みは，ほとんどこの点に対処するものではない。この関係は，近い将来大きな論点となるだろう。

セイワードは，代表制について，社会の多様な選好を表出するには精度に欠ける手立てだと論じる（Saward 2005 : 181）。「伝統的な地理的選挙区区域に備わる特質や住民間の断層（faultlines）また政策の選好は，選挙の候補者らがたやすく…（中略）…読み取ることができるようなものではない」と述べる。代わりに提唱するのが，新たな形態の利害関係者型ガバナンス（stakeholder governance）であり，協議・参加・実施のプロセスの中でアイデンティティと論点が形成されていく際に代表制が果たす役割への注目を求めている。そして彼は，柔軟性のある新しいタイプの代表利益主張（representative claim）を唱える。これにより，社会の周縁に追いやられた利益や新しく出現しつつある利益，そして彼が「強い利益（intense interests）」と呼ぶものに対し光を当てることが可能になるからである。こうして，この容易ならざる概念に新しいしなやかな形で取り組んでいくことが後押しされるのであるが，しかし，どのようにすれば彼のアイデアを実践に移せるのかは明らかではない。

5　考　察

コミュニティ政策については，爆発的な熱狂と心酔の中で出現し，その後長い停滞の時代を迎えるということが繰り返されてきた。本章では，ガバナンス・プロセスの本流にコミュニティ参画を定着させることを可能にする，強固な制度的・文化的基盤の構築の必要について議論してきた。その中で，複雑性やリスクや多様性を包含することが可能な，柔軟性の高い共進化型のプロセスの必要を強調した。これは，本章の冒頭に示したジャズの比喩と共鳴する。ここでは，民主主義的アカウンタビリティという厄介な問題に対して新しい形でアプローチすることはもちろん，制度設計に際して創造力を働かせ新機軸を打ち出すことが求められよう。ガバメントからガバナンスへの移行というのは語呂のよいフレーズであるが，しかしまた，大きな課題の存在を示すものでもある。

本章ではさらに，競合する利益間の交渉に際して，また，アカウンタビリティの確保が可能なガバナンスの枠組みの構築に際して，民主制国家が果たす役割についても強調した。もっとも，これらの役割に値すると市民から信頼され

るようになるには，いまだ多くの国・地域の政府にはなすべきことが数多くある。ストローパーがいうような国家の再正当化には，コミュニティに十分な情報が与えられ，それらが国家のアカウンタビリティを確保し，その行動を知ることができるようにする必要があろう。ハウエルとピアースは，国家と市民社会との違いを強調するのではなく，それらを共生関係の中で規定すべきだと論じる（第5章参照）。彼らは，ナンシー・フレイザー（Fraser 1992）の強い民衆（strong publics）の概念を用いてこう述べる。「国家と開発における国家の役割についての，また開発志向国家（developmental state）が民主国家でもあるよう確保する手立てについての新しい考え方は，強い民衆から生まれうるだろう。これらは，今まで我々の視界外に置かれていたが，市民社会に重点をおくことで再開させなければならない議論である」（Howell and Pearce 2002: 7）。効果的なコミュニティ政策の課題は，このような強い民衆の出現を可能にし，彼らが現場での経験をもとにこの議論に十分に参画できるような環境を作り上げることである。

訳注

(1) この箇所，原書本文中の'the non-musical elements'との記述は誤りであり，正しくは'the musical elements'とのこと。2012年9月監訳者金川による原著者インタビューにより確認。

第14章 コミュニティ・エンパワメント
——虚構か現実か

1 グローバル世界

　本書は，世界中の有識者が認識している21世紀に向けての様々な課題やそれに対する挑戦を紹介するところから議論を始めた。そして，それらのなかで最も大きな課題は「グローバリゼーション」であった。それは多くの新しい機会をもたらす現象である一方で，グローバル市場の統合とともに，市場資本主義のイデオロギー上の優位性をもたらし，多くの犠牲を生み出すものであった。「勝者」と「敗者」の間では，格差の拡大がみられるようになった。確かに，経済成長の果実を多くの人が享受できるようになり，中産階級は増加してきたのかもしれないが，一方で貧富の格差は否応なく拡大し，社会階層が固定化される傾向がみられるようになっている（Judt 2010）。富裕層が途方もない額の所得を獲得している状況下では，社会的包摂の実現はかつてないほど難しくなっている。大陸を越えて影響力を行使できる世界市民が存在する一方で，戦争や環境破壊，政治的・経済的な抑圧によって財産や希望を失っている人々がますます増加している。

　批評家は，グローバリゼーションが国民国家や断片化したコミュニティから権力を奪っていると指摘する。それは公共領域の放棄，公的責任の低下，公共空間の喪失，そして公共部門の失墜をもたらしている。そしてその代わりに，批評家が文化を衰退させ，地球の将来の持続可能性をも損なうと批判する消費者社会が出現している。監視カメラ（CCTV）の絶え間ない監視の下に置かれたショッピングモールの光景はその象徴ともいえる（Friedmann 1998）。

　さらに，この消費文化は政治的生活をも貧しいものにしている。それは実質よりもスタイルや「メッセージ」への関心が高くなっていることを反映している。我々は，階級政治から消費者主義的な「アイデンティティの政治」に移行

しているのである。商品に囲まれた社会の中では，購買力のある人たちが画一的なアイデンティティや政治，倫理観を選択するようになる一方で，それができない人たちは，疎外された弱者を信者や標的とみなす排他的な宗派，人種差別主義，そして原理主義的な政治に魅せられてしまう恐れがある。

　私の初版の結論では，当時のイングランドの公営住宅地区において多発した反児童性愛者キャンペーンについて議論し，それらのキャンペーンがいかにコミュニティ・アジェンダの矛盾を浮き彫りにしているかについて論じた。それらは，言われなき汚名を着せられ，公営住宅から追い出されるという罪なき人たちの話であった。これに社会評論家たちは衝撃を受けた(1)。しかしながら，これらのコミュニティが実際には一致協力した行動をとったことには疑いの余地がない。これらのキャンペーンは，ほとんどのコミュニティ活動家が夢見ていたような理想的な形で大きく報道された。

　多くのメディアによるインタビューからは，コミュニティの人たちが最終的には主導権を握る——というエンパワメントの感覚が明確に感じられた。そして，地方自治体はコミュニティ・リーダーの要求に応えるために最善を尽くしてきた。同じように，何十年にもわたる人種問題の波——そして近年の極右の台頭——は，政治的な関心をそこに集中させ，分断されたコミュニティに対する資源の提供や資本の投下をもたらしている。

　1990年代の同様の運動を取材したあるジャーナリストは，その報道の裏にある真実を見透かしている。彼女は，「こうした反対運動が，本当に児童性愛者に関連していたのかどうか」疑問を呈している（Decca Aitkenhead, *The Guardian* 1998）。あるいは，それらのキャンペーンは，現代社会特有の不安定な状況や，長年蓄積されてきた不満のはけ口として誰かスケープゴートを必要とする社会風潮と関係しているのかもしれない（Bauman 1999）。社会の中で特権階級に属する者が，最も弱い人たち，あるいは潜在的に脅威を与える可能性のある者たちを自分たちの周りから確実に遠ざけるために，巧妙にロビー活動を行い，首尾よい結果を得ている。あるいは，彼らは単にそのようなリスクを金で解決する。このような特権階級の人たちだけでなく，我々もまた，焼却炉や廃棄物処分場，その他望ましくない，潜在的に危険な施設などが必ず遠くに設置されるように仕向けている。しかし，それにより，そうした解決手段を一番持ちあわ

せていない人たちにリスクが押しつけられてしまっている。そして，すでに様々な負担を強いられているコミュニティは，それに耐えうる手立ても与えられないままさらなるプレッシャーにさらされようとしている。このような観点から見ると，社会が身近に望まないあらゆる人や物を押しつけられているコミュニティにも，それ相応の言い分があることを理解できるだろう。

　近年における極右の台頭は，ヨーロッパ全域にわたって政治家の心理に影響を及ぼしている問題である。おそらく，それは次の事実と関連していると思われる。すなわち，衰退近隣地区において，極右グループは唯一地域レベルでの組織化を行っている人たちだといえるかもしれない。つまり，彼らはコミュニティ・ワーカーがかつてそうしてきたように，住民たちがどのようなことに関心があるのか一軒一軒尋ねて回っている。イギリスの主要政党は地域においてもはや大きなプレゼンスを持てなくなってしまっている。専門家たちが，政府が示す数値目標の達成や膨大なペーパーワークに多くの時間をとられてしまっていると訴える現状においては，いったい誰が住民たちの声を十分に聴くことができるのだろうか。実際，最近イギリスで行われたコミュニティ・ワーカーへの調査によると，回答者の3分の1は自分の活動時間の4分の1以下しかコミュニティとの直接的な接触に時間を割いていないと回答している（Glen et al. 2004）。

2　コミュニティは期待に応えられるか

　ここまで，どちらかといえば，コミュニティの悲観的な姿を描いてきた。しかし，このような状況を背景として，政府や国際機関において貧困，社会的排除の継続とその及ぼす影響への懸念が高まり，それがコミュニティに対する関心を再び呼び覚ます原因となっている。今，コミュニティから連想されるのは，エンパワメント，参加，パートナーシップといった理念であり，コミュニティは，革新的な形でのサービス供給とガバナンスの担い手として期待されている。こうした一連の考え方（その中では，ソーシャル・キャピタルや市民社会論が著名である）は，グローバル経済の不均衡を是正したり，あるいはおそらくはその最悪の影響を回避したりするための道具立ての一部をなすものと期待されている。

コミュニティは，社会的・道徳的なつながりを復権させ，グローバルな力とセネットの説く公共圏の喪失がもたらした「親密性の専制」との間を調和させる道筋を示すものとみられている（Sennett cited in Misztal 2003）。

　このようなコミュニティとそれに関連する様々な概念に対する新たな関心は歓迎すべきものであるけれども，それらを世界の様々な困難に対する有望な解決策として称えるには注意が必要である。ダビデというコミュニティがゴリアテという国際的な資本と戦うには，想像力の大きな飛躍が求められる[(2)]。あるいは，少なくとも現実主義の洗礼が必要となる。特に，当のダビデが，国際資本主義が受け入れてこなかった人たちである場合はなおさらである。一方，コミュニティというダビデの話は広まっている。キャンペーンの勝利，日常生活の変化，世界中の人との結びつきといった数多くの前向きなストーリーでもってこのページをも埋め尽くすことができる。しかし，政策的にソーシャル・キャピタルを蓄積し，コミュニティや互恵関係，市民社会の力を活用し，社会的排除に取り組むつもりならば，それらが力を発揮できる条件のみならず，現実社会においてこうした概念が実際にどのような影響を及ぼすかについての厳密で精緻，かつ現実主義的な理解が必要である。

　この点からして，先進国でコミュニティやエンパワメントが大きく注目されていた1960年代に遡ってみると，数々の示唆を得ることができるであろう。本書では何度か，マリスとレインによるアメリカの1967年の「貧困との戦い」に関する分析に言及した。豊かな社会の中でもなかなか根絶しない貧困に対処するために，資源とコミュニティ開発，そして，調査・研究を結びつけた一連の「貧困との戦い」プログラムに対する彼らの分析は，その後大きな反響を呼んだ。「社会変革のジレンマ」として強調される彼らの分析の多くは，21世紀においてもなお真実であり続けている。ここでは，そのジレンマの中でも，本書においても議論の中心となってきた3点について焦点を当ててみたい。まず第1は，政府のあらゆるレベルにおける公的・私的エージェンシーの非妥協的態度である。第2は，コミュニティという概念それ自体が抱える矛盾についてである。第3は，変化を起こすために必要となる，情報や客観的事実に基づいたアプローチの確立方法についてである。

　第1の点に関連していえば，これまで長年にわたって，世界中の至るところ

第14章 コミュニティ・エンパワメント

でコミュニティとの権力の共有に対する数多くの公的機関の抵抗が報告されてきた。公的部門の存廃が争点となり，コミュニティが，当局そのものと同じように，福祉における政府の役割を強く支持し，部門存続に向けての潜在的な味方となる場合であっても，そうした抵抗がみられる。そして，時として，この強硬姿勢はあからさまなものとなる。例えば，マリスとレインは，アメリカの市長たちが連邦政府の押しつけたプログラムにはとりわけ強い抵抗を示したことを報告している。ただし，それよりももっと巧妙なのが「貧困との戦い」である。マリスとレインは，同プログラムの運営において，2つの根本的な矛盾を確認している（Marris and Rein 1967：218）。第1に，プログラムは貧困なコミュニティ自身によって運営されるはずだったのに，実施の権限や資金を政府に依存してしまっていた。第2に，このプログラムは社会的疎外に立ち向かうものだったのに，「包摂されている側の人たち」によって資金が提供され，付託されてしまっていた。こうしたことから，体制内にいて，変化を望まない人たちには抵抗への十分な機会が与えられていた。ここでは，少し長くなるが，マリスとレインのコメントを引用しておこう。それは，彼らが述べていることがらの多くが，本書の第9章で議論されているジレンマを映し出したものだからである。

「コミュニティ・アクションは，コミュニティ全体の問題を扱う官僚たちの手になおも委ねられてしまっている。…（中略）…もし貧困層の代表者たちが段階的な改善に満足しないとすれば，…（中略）…彼らの要求は，福祉機関が対処できる範囲を越えてしまうであろうがゆえに，機関運営を資金面から支える人たちから反感を買うように思われる。両者からの両立不可能な要求を同時に解決することはできないため，官僚たちは，後に不評を買うような約束は必ず避けようとするだろう。官僚たちは，引き延ばしや妨害，専門知識という権威，意図の再解釈などの手を駆使して，貧困層の急進主義をうまく封じ込めてしまうだろう。…（中略）…そして，官僚たちは民主的な行政機関の義務を果たすべく，マジョリティーの要望に適合する行動をとるであろう。」（Marris and Rein 1967：218）

マリスとレインが論じるように，困窮するコミュニティの組織化を後押しすることは「未完の政策」であったように思われる。そのアウトカムは，多くの市が貧困者を政策立案に少しも関与させることなく，多額の財政的支援を受け取ったということだった（Marris and Rein 1967: 219）。こうした問題については，資金調達を多様化し，部分的な改革を推進することである程度対処可能であった。しかしこのことは，一貫性のある戦略的なプログラムを推進するという夢をあきらめることを意味していた。質量の両面で，問題解決の決定打になるほどのプログラムを実現できなかったことで，改革は漸進的なものに留まってしまった。中央政府，地方政府，独立機関（それが営利企業であろうとサード・セクターであろうと）の間の関係は，当然ながら国ごとに異なるが，このマリスとレインの分析は，他の先進諸国でも経験上当てはまると指摘されている。他方，発展途上国では，問題解決は政府機能の強弱にかかっているとの分析がなされている（Edwards and Hulme 1995c）。

　第2のジレンマは，「コミュニティ」そのものの本質と，懸命に努力しても，主張間で一致点を見出すことが困難なコミュニティの理想をめぐるものである。マリスとレインは，貧困をめぐってはひとまとまりの政策対象を描き出すことがとりわけ困難であると訴えている（Marris and Rein 1967: 185-186）。彼らが論じるように，貧困状態にあるからといって，人は政治的利害を共有しているわけではない。このような環境下においては，「改革圧力は断片化し，それ自身不安定なものであるばかりか，押しつけがましいものになりがちである」。他の論者は，たとえ豊かであろうと貧困であろうと多くのコミュニティに内在する潜在的排他性を指摘している。そして，多様性の調整や，潜在的対立の仲裁を図る方法を見出すことが，引き続きニーズの高い課題であることを強調する。

　マリスとレインが指摘する第3のジレンマは，政治の側からの強い圧力に立ち向かえるだけの信頼できる証拠の束を取り揃えていかねばならないことである。彼らは，現実世界の紆余曲折に対応し，短期間で目に見える成果を求める政治家や住民の要求に応えつつ，豊富な情報を得て，データ等の根拠に基づき周到に計画された合理的なプロセスでもって，果たして改革を進めることができるかどうかを問うている。このジレンマは，マリスとレインが分析を行って以来，大きく注目されるようになっている。本書において繰り返し登場するテ

ーマは，政治的なものに対する技術的なものの進歩であった。言い換えればそれは，コミュニティ・プログラムが支援を企図した人たちを排除するだけでなく，学習や発展への純粋な試みを台無しにしてしまう危険性を有する測定・監査文化の問題であった。マリスとレインはこの議論においても重要な貢献をなしている。彼らは，「計画的介入の青写真，明快な理論，厳密な方法，客観的な測定」といった当初の意図について説明した上で，次のように理解すべきとの見解を示した。

> 「最終的なアウトカムを，初期の目標や手法に単純に関連づけることはできない。スタートにおける失敗，葛藤，適応，目的の改変，遠回りや対立などを含む，そのプロセス全体への理解が必要がある。そうしてはじめて，経験から何が成し遂げられたのか，経験から何を学ぶのかを理解することが可能なのである。」(Marris and Rein 1967：207)

詳細な情報に基づき周到に準備された計画とともに，コミュニティ政策やその実践に向けての主張を裏づける根拠探しが重要である。しかし，そうした根拠探しにおいて，政治家が求めるような明白な証拠を提示することは，ほとんど不可能である。短絡的すぎるアプローチにはその限界があることを認識しておく必要がある。今日，「根拠に基づく」とか「ベスト」プラクティスといった言葉が重視されるのは，マリスやレインのような人たちが支持していない実践の移転可能性や学習プロセスを前提としているからである。それはまた，誰が「ベスト・プラクティス」を定義するのかという問題を提起している。エドワーズとヒュームは，キャロルの議論（Carroll 1992：164）を引き合いに出し，長期的な制度的支援では，「アウトプットやターゲットの単なる羅列よりもむしろ，目標や戦略についての継続的な対話」が必要であるとの指摘を行っている。さらに，私が付け加えるとすると，地域での政策介入でしばしば見受けられるコンサルタントによる拙速な事後評価よりも，やはり対話を優先すべきだろう。これこそが，ハーバーマスが示した手段的合理性とコミュニケーション的行為との間の相違である（第7章参照）。それはまた，政策立案が政治的プロセスであり，マネジメントや会計処理に矮小化できるものではないことを我々に再認識

させる。バーバーは，合理的で科学的なアプローチは「政治の本質的な意味の一切を無効にしてしまう」と主張する（Barber 1992:52）。政策上の「やっかいな問題（wicked issues）」を解決するには，様々な形態の知識間での対話を促進し，互いに情報を共有し，補完し合い，切磋琢磨できるプロセスが必要なのである。

40年以上前にマリスとレインによって確認されたこれらのジレンマは，アメリカ社会特有の構造を反映している。すなわち，寛容と競争が入り混じるアメリカ社会では，戦略的な改革の導入を望む者も，思い通りの結果が出ず手詰まりになってしまうことが多いといわれている。つまりは，「たくさんの花は咲いているが，決して庭園にはならない」状態にあるということである（Marris and Rein 1967:237）。しかし，彼らは悲観主義者ではない。彼らは，社会変革者（政府と一般の人たちとの間の仲介役を担う職業的専門家）と呼ばれる者の誕生は「貧困との戦い」のおかげであることを認めている。また彼らは，プログラムは崩壊したものの，それが恒久的な遺産を地域に残したことを評価し，次のように論じている。

　「プログラムが実施されていた5年間で，コミュニティ・アクションは，より精緻な分析手法に基づく調査を活用しながら，広範な技術，コンセプト，組織，行動のモデルを発展させてきた。それによって，コミュニティ・アクションは，資源とアイデアの再編を促し，新たな改革の展開のなかで現在有力視されている様々なイニシアチブに強い影響を与えることになった。」（Marris and Rein 1967:223）

3　悲観主義者・楽観主義者・現実主義者

本書の序章では，「コミュニティ」への今日的な関心に呼応して，悲観主義者，楽観主義者，現実主義者が思い描くであろう見解を示した。それぞれの視点は，本書で議論した理論と実践にどのように関連づけられるのだろうか。

（1）悲観主義的シナリオ

「悲観主義者」は，過去50年間で何も変化していないと主張するだろう。彼ら

は，その間の年月，コミュニティ政策のスタイルに変化がないことを指摘するであろう。すなわち，問題の責任を貧困層に負わせるお定まりの政策が繰り返され，社会的包摂の最終目標は就業にあるという信念（これは，広範な戦略の一部として確かに重要なことではある）は変わらなかったと主張するだろう。また，連綿と続く官僚機構というものは，新体制がどのような問題を投げかけても適応するだけの器用さをもちあわせていることにも，彼らは言及するであろう。さらには，今も引き続き存在し，拡大しつつある貧富の格差や，過去からの経験に学ばない姿勢，無駄な労力をかける傾向といった点も挙げるやもしれない。

　悲観的な分析は，権力をゼロサム・ゲームとして見なす傾向があり，国家は常に資本主義やグローバル経済の力を強化するために機能すると指摘するだろう。ハーバーマスはアンブローズ（Ambrose 2000）を引用し，固有の構造的な不平等に対処するために政府が提案するプログラムは，たいていの場合，次の2つの方法のいずれかに該当すると主張している。すなわち，1つ目は，対象を周縁グループに限定したプログラムとして，2つ目は，より優れたマネジメントにより問題解決が可能なプログラムとして提示される。このような形で提示されるのは，システムの正当性が危険にさらされることのないようにするためとされている。この分析によると，コミュニティは，コスト削減の手立てとなることに加え，経済的落ち込みへの対応や，潜在的な社会不安の予知・コントロール，「貧困層」自らによる排除への対処といった点で戦略の主要部分を担うことを要求されている。このことからして，悲観主義者は，コミュニティは成功する見込みがないようにできていると論じるかもしれない。参加への関与やコミュニティ・マネジメント，その他のイニシアチブは，彼らの排除の一因となっている真の問題からコミュニティの人たちの注意をそらし，容赦ないグローバル・パワーの流れとは離れたところに焦点を当ててしまっている。悲観主義者はまた，コミュニティがガバナンス空間に受け入れられることで，システムの外部に留まることを選択し，伝統的な形の反対運動に参加している人たちの抵抗感が大きくなっている状況にも注意を向けるだろう。

　オコナーは次のように説明する。「連邦政府は，そもそもコミュニティを衰退化させる傾向を助長しながら，その結果に対処するために，ささやかで不十分な介入を行う…（中略）…，そして，どうしてコミュニティ開発がたいてい

『失敗してしまう』のか，と戸惑う」（O'Connor 2007：10）。現在の政策における「コミュニティ」とその関連用語の使用は，セイベルの「柔軟な弱さ（mellow weakness）」（Seibel 1989）の理論を連想させる。セイベルは，国家が自ら全うできない責任を非営利セクターやボランタリー・セクターに転嫁していると主張し，それらのセクターと関連づけてその理論を展開した。実際，そうすることによって，国家は自身の責任逃れをする。確かに，今日多くの人たちが，いわゆる統治性学派（governmentality school）の論者が「責任化（responsibilisation）」と呼ぶ概念を通して，「コミュニティ」への関心を見出している。この責任化という少々難解な概念は，国家が撤退するなかで生まれるギャップを埋める責任をコミュニティに負わせるものである。

　悲観主義者はまた，貧困問題に真剣に取り組むために必要な資源を，社会が決して配分しようとしないと主張するかもしれない。すなわち，民主的な社会においては，成長から恩恵を受けている人たちがその配分を認めないだろうと考えている。減税は常に福祉改革よりも有権者に好まれるだろう。そして，福祉の市場化とともに，公的供給への中産階級の支持——国家が福祉に投資する場合は常に不可欠なものであるが——は徐々に消え去り，自立的に問題解決する余裕のない人たちに対する不十分で，残余的な供給のみが残される。この議論においては，資本主義の論理は「周縁的な人たち（marginal people）」（Harman 1993）を常に生み出すことになる。グローバル経済の力は，どのような社会的包摂政策のスピードよりも速いスピードで，排除を進めるであろう。多くの評論家は，グローバル資本主義の昨今の難局を受けてもなお何も学習されてこなかったし，政治家も極めて無力で——もしくはシステムの中にあまりにも深く組み込まれていて——行きすぎた事態をとても抑えることができないと感じている。

　悲観主義者はまた，変革の推進力としてのコミュニティ・アクションの限界を強調するかもしれない。彼らは，近隣での活動というものは視野が狭くなりがちであり，市域全体やより広域レベルで起こっていることとは結びついていないと論じるであろう。また，コミュニティ内で今日の社会を特徴づける断片化が進行している様を証言し，その内部における対立や争いを白日の下にさらすだろう。彼らはさらに，コミュニティ・エンパワメントはいかなる場合でも，

代表性に欠ける少数の者たちにしか及ぶものでないことを付け加えるであろう。そして，その少数の者たちは既成システムに引き込まれ，出身コミュニティから遊離してしまうため，市場や国家と同じく抑圧的な存在になる，あるいはコミュニティと関係がなくなる可能性があると指摘するはずだ。彼らは，エドワーズ（Edwards 2004：79）の意見に同調し，対話型の政治は実のところ，なおも「発言やアクセスに関する不平等を固定化させる要因の一つとなっている」可能性が高いと述べるだろう。さらに，流動的で複雑なシステム内部に変革を生み出すには，かなり巧妙に立ち回る必要があることや，伝統的な形態の反対運動が今日の社会の現実からかけ離れ，ほとんど無関係なゲームから抜け出せないでいることも論じるであろう。

　さらに議論を進めると，昨今のテクノクラート文化が支配的な状況，すなわち新たな経営管理主義や監査文化が，公的領域や政策立案の場から政治的要素を排除してしまっている状態に失望しているとの意見も聞かれよう。悲観主義者はまた，参加やパートナーシップのイニシアチブが，この分野にドッと押し寄せている専門家やコンサルタントに多大な利益をもたらす産業を創り出している，と付け加えるかもしれない。そして，その文脈上のコミュニティとは，彼らの「能力開発（Capacity Building）」がうまくいっていることを示す無償の付属品のように扱われているにすぎないと言うはずだ。

　ミッシェル・フーコーに倣って，悲観主義者は手順書（ツールキット）やガイドライン，コンサルタント業の発達を，「容易に入手可能な」技術的処方に特化することによって，中央のトップダウン支配を巧妙に作り変えている産業の展開例と見なすだろう。彼らは，この観点での参加を，権力を奪われている者に発言権を与えようとする純粋な試みというよりはむしろ，見せかけ，遊びであり，「残虐行為」であるとすら言うかもしれない。

　最終的に，批評家はおそらく「包括的討論」（Healey 1997），コミュニケーション的行為（Habermas 1984），対話アプローチと全体システムアプローチ，「社会的連帯を通した成熟した社会参加」（Ellison 1997），そして「カオスの縁（edge of chaos）におけるネットワーキング」（Gilchrist 2000）などの議論を取り上げ，[3]それが現実のところ実践面でどのような意義を有するかを強い調子で尋ねてくるだろう。「成果のでないプロセスは，まさしく西洋の中上流階級の知的・心理的

アメニティにすぎない」(Green 1998:72) とグリーンも論じるように，批評家たち自身は「プロセス」に要する時間というものをほとんど認めないであろう。

悲観主義者のこれらの議論は，説得力のあるものであり，実践と政策の検証に対して常に「反事実」としてあるべきである。しかし，悲観主義は運命論者であり，コミュニティレベルでの変化の余地や効果的な実践に向けたガイドラインの効果をほとんど認めない。冷笑主義の立場に立てば，排除される運命にある者を見捨てるのはおごりの表れだと言える。楽観主義，あるいは少なくとも過去の教訓から活動の見直しを図ろうとする現実主義的な考え方に立った取り組みが求められる。

（2）楽観主義的シナリオ

楽観主義者は，コミュニティをめぐる言説や実践において劇的な変化が起きていると主張するだろう。彼らは，そうした変化は時折紆余曲折があるにせよ，やがては状況を永遠に変えてしまうことになるとみている。彼らは，世界銀行や国際通貨基金のような影響力のある機関の参加主義への転向に感嘆し，それが滅多に妥協しないような政府にも変化をもたらす誘因となってきたことに目を見張るであろう。

楽観主義者は，コミュニティでの様々な形態の活動や行動への参加を通して，自らと周囲の生活の質を向上させてきた現場の何千という人たちを引き合いに出すはずだ。彼らは，国家やおそらくは民間セクターにも考え方や実践を変えた協力者がいることを指摘するだろう。彼らは，コミュニティに根ざした活動を通してもたらされる利益，コミュニティ参加に伴う緊張関係を舵取りすることで身につけた専門知識，そしてコミュニティがエンパワメントを請け負う産業への依存から脱し，自らをコントロールしている実例も引き合いに出すであろう。彼らはまた，コミュニティの人たちが恩恵を被るまでに起きる小さな漸進的変化の重要性を強調するだろう。楽観主義者はさらに，先進国も途上国における草の根開発独自の創意工夫から学ぶことができるとの認識のもと，先進国と途上国との間の対話の拡大を前向きな兆候と捉えるだろう。そして，国家が真摯にエンパワメントに注力すれば，国家と市民の間のバランスが変わる可能性があることを示す証拠として，発展途上国から先進国へと広がった参加型

予算のような取り組みの普及を挙げるだろう。

　楽観主義者の別の学派は,「下からのグローバリゼーション」の広がりを指摘するであろう。実際,経済成長の必然性を訴える議論や,経済成長に伴う様々なコストの不可避性,あるいは,経済的に脱落する個人を非難する説明はもはや受け入れられなくなっているとの報告が相次いでいる。この抗議の波は,国際資本という「リバイアサン」に少なくとも一撃を加え始めている。そして,その画像が新たな技術によって世界中に簡単に伝送され,新たな希望を生んでいる。国際レベルでの出来事の影響範囲は,国家レベルでのそれよりも潜在的に大きいと訴えた1990年代のマリスの主張は,今もなお説得力がある。

> 「1994年にカイロで開かれた国際人口開発会議と,1996年に北京で開かれた第4回世界女性会議の双方で,非政府組織が主に議題の設定にあたり,また決議案を起草した。そして,非政府組織がこれらの会議に並行参加したことで,その場は非公式の議会として機能した。また,非政府組織は,政府代表団よりも直接的に世界の女性の声を代弁する存在となった。」
> （Marris 1998：12）

　楽観主義者はまた,コミュニケーション革命のポテンシャルやインターネットの力を称賛するであろう。前述の反対運動の例は,地球上の至るところでみられるローカルな活動同士のネットワークによる結びつきの最も顕著な例の一つにすぎない。そして,そうしたネットワークを介した結びつきによって,コミュニティは学習し,お互いの力を引き出すことが可能となる。彼らはさらに,アメリカ大統領選挙のキャンペーンにおけるバラク・オバマの成功を,コミュニティの組織化と新たな技術が結びつくことで達成できた偉業の一つとして称えるだろう。また,それを政治の新たな形態の兆しとしても評価するかもしれない。

(3) 現実主義的シナリオ

　現実主義者——私自身もその一人だが——は,「知性における悲観主義」と「意思における楽観主義」とを併せ持つべきというグラムシの呼びかけに対して,

おそらくは共鳴するだろう。彼らは楽観主義者が主張する前進を認める一方で，それらの主張に現実主義的要素をかなり注入するであろう。現実主義者が我々に思い起こさせるのは，国家が反グローバリゼーションの抗議活動を取り締まるのに用いた力や，2001年9月11日の出来事によって反体制派の抑圧強化のために政府に認められるようになった裁量権であろう。アリンスキーと同様に，彼らは「変化の政治を理解するための基本要件は，世界をありのままに認識することである」（Alinsky 1971：12）と論じるかもしれない。他方，第7章で示唆しているように，現実主義者たちは，結局今もなお権力をポジティブ・サム・ゲームと見なし，世界の仕組みについての支配観念も個人的な努力，あるいは共同の試みを通して一新することが可能と考えているのだろう。ポップルとショーと同様に，現実主義者は，コミュニティ開発が往々にして現状維持のために用いられてきたことを認めるが，その一方で，「コミュニティ開発が生み出した空間が，抵抗する力を涵養，維持するためにも使われてきた」（Popple and Shaw 1997：194）と主張するにちがいない。

現実主義者に課せられた仕事は，変革への青写真や「壮大な物語」を推進することではなく，流動的で複雑なシステムの中におけるギャップや緊張関係を解消し，それを有効に生かすことである。現実主義者は，「招待」空間と「一般」空間のすき間に，これまでなかった政治空間を作り出してきた新たな政治的機会を利用することの重要性を強調するであろう。彼らは，第12章の最後で触れた「強い公共」（Fraser 1992）の発展のため，多様な参加手法を担保すべく，政治的・社会的・経済的に排除されている人たちと協力するだろう。この分析において，コミュニティレベルの変化を支援したい人たちが果たす役割は，権力を可視化し，変化のための機会を見極めることと，コミュニティがそうした機会を有効に活用するスキルを確実に備え持てるようにすることである。

つまり，このことが意味するのは，長期にわたるコミュニティとの協力，人的な結びつきの強化，共同調査・探査に必要な場やエネルギーの創出，経験の共有・理解などの重要性である。そういう取り組みによって，参加を拡大し，困難な時も進み続けていけば，組織的情報網や，「休眠構造（abeyance structures：社会運動組織の活動再開を支える社会関係）」，ネットワークといったものが必要とされる時に存在するようになる。それはまた，コミュニティが様々なシステム

の垣根を越えて，変化の機会を活用するために動員可能な人たちを結びつける「社会的中継点」としての機能を果たすことにほかならない。つまりそれは，コミュニティが自ら調達できない資源を提供する外部協力者を見つけることを意味する（Tarrow 1994 : 185）。また，クティ（Kuti 1999）が中欧と東欧の事例で示したように，コミュニティの可能性の限界に挑むことでもある。さらに，地域・地方・国家のそれぞれのレベルで，地域コミュニティを一つにつなげること，そして，場所としてのコミュニティとアイデンティティに基づくコミュニティとの間の対話を促進することをも意味する。

今日，政策形成の世界がこの上なく複雑になってしまったことで，厳格かつ完全なコントロールというものは難しくなっている。現在，政策の立案や実施に応用されている理論でも，この問題に上手く応えられていないものもある。複雑性理論やカオス理論がそうであるし，「ゴミ箱」理論（第8章参照）でさえもそうである。政策立案，そして，権力でさえも，一部の悲観主義者が主張するほど完全に独占されているわけではない。そこには機会の窓があり，システムの欠陥も存在する。一番妥協しないような組織にも協力者はいる。また，地域・地方・国家の垣根を越えてコミュニティを結びつけたり，コミュニティの可視化を妨げている孤立状態に立ち向かったりできる重要な機会もある。学習やコミュニティに根ざした新たなストーリーの発展，そして，あらゆるレベルで展開されうる新たな権力ネットワークの開発のための連携には，大きな潜在力を見出しうる。特に，コミュニケーション革命は有望な新しい機会を切り開く。そして，そうして得られた機会をものにしていくためには，コミュニケーション・ツールが今までよりもはるかに効果的な方法で共有されねばならない。

4 現実主義を機能させる

現実主義は容易な道ではない。以上のことをすべて可能にするためには，コミュニティの性質だけでなく，今日社会のなかで権力や政策が機能する仕組みについても深い理解が必要である。それにより，コミュニティは様々な政治環境の中で自らに有効な戦略を見極めることができ，また，現れつつあるチャンスを広げることもできる。現実主義は，第12・13章で概説したような難しい制

度上のジレンマや，コミュニティのジレンマに対し答えを発見することにほかならない。それは，公共領域の再発見や，国家の役割の再評価を求めるものでもある。また，システム内外で機能するスキルや創造性を必要としている。

（1）権　　力

　効果的なコミュニティ参加の要は，権力に対する洗練された理解である。ケアンクロス，グラハム，グッドラードらは，第7章で論じたクレッグの分析を基礎としながら，公営住宅でのテナント参加について，一連の関係性ゲームの観点から論理の構築を図っている（Cairncross, Clapham and Goodlad 1994）。権力は，「義務的通過点」や「ゲームのルール」を通して固定化されるが，効果的なゲーム運びや提示されるゲームのルールへの抵抗によって（あるいはその見直しによってさえも）獲得可能である。以上のことを効果的に行うため，コミュニティは，権力自体がどのように構成され，また再構成されていくのかについて，理解が必要である。そして，参加と抵抗につながる機会の「窓」を見つけ出していかねばならない。

　権力の理解とは，権力者が自らの権力にどう執着するのかを理解するだけでなく，コミュニティ自らがその潜在的な力を認識し，自覚することでもある。今日，世界の至るところで，コミュニティは公共機関から誘いを受けるようになっている。資金供給や債務免除の申請において，「コミュニティ参加方針」の達成を強く望む公共機関が増えている。参加の機会拡大はコミュニティへの強力なてこ入れとなるが，コミュニティは今もなお，そうした機会を上手く活かしきれていない。「コミュニティ参加」はパートナーから極めて頻繁に，ただの一つのチェック欄であるかのように扱われる。もしコミュニティが意思決定回路への参入資格を得たいと思うのならば，コミュニティの側で，時には厳しい選択を行い，「ノー」と言う必要があるだろう。実際，世界銀行や他の主要機関からの参加（の有無）の事実確認に際し，コミュニティ側が証拠を示せなくても，そのことを覚悟をもって告げることができるのであれば，それは効果があるといえよう。他方，各機関がコミュニティの告発に耳を傾け，コミュニティが持つその代表性と正当性の現実を受け入れるつもりならば，コミュニティは，その声を真剣に発することになろう。

第14章 コミュニティ・エンパワメント

　国家レベルや地方レベルにおいて政府の公式機関が唯一のプレイヤーだった時代と比べ，政策環境がますます分断化する現代では，権力の所在，位置は一層示し難いものになっている。しかし，こうした分断化の状況は，活用の余地があるシステムに風穴を開けることで新たな可能性をも創り出す。新たな政治的機会は，システム内部における協力者だけでなく，その外部にいるコミュニティをもエンパワーしてきた。これらの協力者は，自分たちが目にしたい変化を引き起こす圧力を生み出すことのできる存在として，コミュニティ・グループに期待を寄せている。コミュニティとしても，ますます激動する環境の中で変化への可能性を見出すために，システム内の各所にいるそれら協力者と連携可能な実践活動を発展させていく必要がある。また，新たな連携は異質なプレイヤー同士が一緒に取り組みを始め，相互に理解しあうようになると，発展を期待しうる。変化のエージェントは，パートナーシップ推進上の障害に屈せず，公式のネットワーク並みに，非公式のネットワークやセクター間のつながりに対し力を注ぐ必要があることを認識しなければならない。

　クレッグは，孤立と分離により，コミュニティがゲームの主導権を握る人たちによって「出し抜かれ」てしまう可能性が高まると論じている（Clegg 1989：221）。それゆえに，コミュニティ間での経験の共有や協力関係の形成は，自覚と自信を築くため，そしてまた，ゲームのプレイ方法，ルールの見直しを迫るためにも必要とされる。コミュニティ間の分断は，権力を敵の手に引き渡すことにほかならない。コミュニティ間，国家間の連携やネットワークによって，コミュニティは権力を手中に収めることができる。個々人がそれぞれの有する知識や経験を相互に共有することで力を得ているように，コミュニティも連携を通して，自らが直面している問題を共有し，それへの対処法について経験を出し合える場をつくることができる。

　連携やネットワークがローカル・コミュニティに与えるもう一つの利点は，他の状況下における優れた実践例を参照できることにある。各地におけるイノベーションや効果的な権限共有イニシアチブの取り組みに注目するコミュニティは，政府機関や国際機関が関心を寄せる国内外の「ベスト・プラクティス（最良の実践）」から，かなりの影響を受けるであろう。また，コミュニティが世界中の協力相手と連携する用意がある（そしてその資源を見つけることができる）な

らば，独自の優良実践の枠組みを自ら築き上げるまたとない機会を得ることになる。

ポストモダン分析は，将来が，従来の境界を越えて活動することに長けている人々の手に委ねられていると主張するだろう。確かに，断片化，複雑化，流動化が進行することで，これまで以上にその類の貴重な人材が生まれる可能性は高まっている。先の章で示唆したように，このような状況下では，ネットワーク形成・調停・交渉・ファシリテーション・紛争解決といった新たな技能が重要になる。境界架橋者（Boundary spanners）は，既存の境界を越えて，信頼を集めうるのかもしれないが，それにはそれ相応のエネルギーを要することになるだろう。なぜなら，彼らは最大限の努力を払っているにもかかわらず，境界の「双方」から「我々の一員ではない」と見なされてしまうことが多いからである（Howard and Taylor 2010）。

一方，近年の私自身の調査や他の調査で強調されているのが，「招待空間」である。ただし，この空間は，あまり歓迎されていない。というのは，もし，「招待空間が市民の要求を国家に迫る唯一の正当なチャンネルとなる」ならば，民主的な市民権の質の維持にコストがかかるばかりか，空間への入口を決して見つけられない人たちを犠牲にしてしまうからである（Cornwall, Romano and Shankland 2008 : 53）。このため，コミュニティは，自らが声を発し，本領を発揮できる，自立した「一般（popular）」空間を必要とする。その上で，彼らがそれを適切だと感じるならば，この一般空間を踏み台として，「招待空間」に飛び込むことができるであろう。しかしながら最終的には，市民が自ら育んだ空間とその空間から発展した連帯からこそ変革は起きるのである。

>「歴史が示すように，本当の意味で革新的な変化は，市民社会の中からしか生まれてこない。政財界のエリートの側に，権力・資源・特権の再分配に自ら乗り出すインセンティブはほとんどない。」（Lawrence 2007 : 292）

イギリスとアイルランドの「市民社会の未来委員会（Commission on the Future of Civil Society）」（Carnegie UK 2010）は，最近，メディアとの関連でこの種の議論を展開している。委員会は，世界における特定メディアへの力の集中化，二

ュース制作にあたっての透明性の欠如，公共放送の価値への脅威といった課題を強調した上で，ウェブの利用によってかろうじて部分的にそれらの課題の解消が図られていると主張している。委員会は，地域やコミュニティのニュース・メディアの再生を図る上で，市民社会に重要な役割を見出している。さらに，より大きな報道機関のようなプレイヤーに責任を課し，それらが生み出した情報の質や信憑性を精査する上でも，市民社会の役割に期待している。

（2）コミュニティ

　権力の概念についてこれまで以上に高度な理解が求められるのであれば，我々は「コミュニティ」とその関連概念についてのより精緻な理解を必要とすると同時に，議論の前提となる情報を提供する実証的な知識情報ベースのさらなる強化にも取り組まなくてはならない。前版において私は，「コミュニティ」とその関連概念が多民族社会や多宗教社会にどのような価値をもたらすかについて，もっとしっかりとした分析を行うには，1960年代の伝統的なコミュニティ研究を更新，拡張していく必要があると主張した。イギリスにおいて超多様性（super diversity）という用語は，多民族・多文化コミュニティの形容の仕方としてますます一般的になっている。これはコミュニティの概念にとって，何を意味するのであろうか。例えば，デ・フィリップスとサエガートは，「移民によるコミュニティ」が現在の居住地だけでなく彼らの出身地とも強く結びついているため，移民というものがコミュニティとコミュニティ開発双方の言葉の意味合いを変化させていると主張する（De Filippis and Saegert 2007c）。コミュニティの概念は場所から遊離するのだろうか。一般の人たちがオンライン上でアイデンティティを築き上げ，有意義な関係を発展させていることから明らかなように，ソーシャル・ネットワーキングの拡大は，同様の疑問を引き起こす。

　我々はまた，効果的な連携がみられるコミュニティとそうでないコミュニティがある理由について，もっとよく知る必要がある。我々はいまだ，コミュニティ内のネットワークや潜在能力について，さらにはそれらが連携の成否にどのように影響するのかについて，——「最もうまくいっている事例」以上のことを——あまりに知らなさすぎる。コミュニティの人たちが互いに，また異なる政治経済環境にある外部の人たちと，実際にどのように関わり合いを持って

いるのかについてより深く理解することが，政策形成の前提となる。

　犯罪と集合的効力感の関連性についての研究（Sampson, Raudenbush and Earls 1997）や，非常事態・災害時におけるコミュニティ・レジリエンスに関する研究は，自らの幸福を脅かす障害や脅威に直面して一致団結できるコミュニティの特徴を明らかにすることで，この問題に取り組んできた。もっとも，我々は，さらに多くの用語を「コミュニティ用語集（community lexicon）」に付け加えることには，慎重を期さねばならないだろう。特に，コミュニティの可能性に焦点が当てられる際には，本来社会全体で負うべき責任を見過ごしてしまいかねないので注意が必要である。しかし，こういった新たな用語も，それが関心を呼び起こし，議論を促進し，そして新たな思考を刺激する限りにおいては，意味があるといえる。確かに，実証的調査によって，困難に直面しても立ち上がることができるコミュニティと，完全に打ちのめされてしまうコミュニティとの間の違いを生む特徴を明らかにすることで，我々の理解がさらに深まる可能性がある。

　ジルクリストは，「コミュニティの回復力（Community Resilience）」とは，コミュニティ・ポートフォリオの様々な側面――能力（capacities）・可能性（capabilities）・文脈（context）・連結性（connectivity）――を，相互に依存しつつも統一した全体へとまとめあげていくことのできる概念だと主張する（Gilchrist 2010）。彼女はそれを，心的傾向と社会的つながり，そして「コミュニティが生き残るために必要な革新・適応・再編を可能にする」実践的な能力の結合とみなす。レジリエンスという用語は，工学技術においては，材料やシステムの歪みや損傷への適応能力を高める工法のことであり，コミュニティのレジリエンスと大体同じような意味で使われているといってよい。彼女が論じるように，その方法は専門家によって教えられたり，伝えられたりするものではない。彼女はその一例として，「善意に基づいた寛大な支援にもかかわらず，現地のボランティア団体やコミュニティ団体の努力を無駄にし，地域のイニシアチブを弱体化させてしまった」スリランカにおける「第二の津波」の例を引き合いに出す。ここで強調されるべきなのは，コミュニティの自律性を奪うようなやり方ではなく，むしろコミュニティ自体の回復力の発展を促す最も適切な支援方法を見つける必要があるということである。

第14章　コミュニティ・エンパワメント

　ここ数年我々が心強く感じている出来事の一つは，コミュニティの実践への理解をめぐって，南北間――北側における社会政策の伝統と南側における開発研究の間――で相互学習の輪が広がってきたことである。世界中の地域間，地域内で互いに学び合い，政治的背景や歴史的文脈の重要性を理解することで，前提に異議を唱えたり，新しいアイデアを取り入れたりできるようになるだけでなく，個々の国の政策をめぐってこれまでにはない決定的な優位性を生み出せる可能性がある。調査研究もまた，様々な形態の知識や洞察を進んで取り入れようとする参加型アプローチによってその価値を高めることができる。十分な情報が提供され，コミュニティへの政策上の関心が維持されるためには，学習と調査研究の双方が不可欠となろう。

（3）制度的ジレンマ

　21世紀に存在する新たな政治的機会は，過去からの根深い問題の一部を一掃しつつある。その進捗はいまだ心許ないものの，最近のイギリスの取り組みを例に挙げると，参加が効果的なものとなるよう，より多くの時間や資源をコミュニティに与えるようになってきている。これまでのイニシアチブで障害となってきた問題の多くが解決されたことにより，新たな政治的機会のもとでは，パートナーシップ内でのより根深い対立が明らかになった。もし公的機関がコミュニティとのさらなる権限の共有に本腰を入れるのであれば，彼らは自らの運営体制や，慣れ親しんできたその組織文化，さらには変化を妨げてきた障壁を取り除く方法について，真剣に検討する必要がある。コミュニティ自身やコミュニティ支援に尽力している人たちは，常々，外部アクターとどう連携するか，相違点や多様性をどう主張するか，様々なレベルの人たちをどう参加させるか，そして自らの関心事項をどう広域的な議論の場に持ち込むか，といった問題について難しい決断を迫られている。

　おそらくコミュニティ政策の第1の主要課題は，多様性に適応――現実にはそれを称賛――しつつ，なおかつ，我々が生きていくために必要な共通のつながりを築き上げていくことにある。我々がいずれもなくてはならない場と考えるのが，コミュニティと市民社会である。我々は社会的統合と帰属意識を求める一方で，本来の個人でいるための自由も欲する。グレイは，これはただ単に

排除されたコミュニティにとっての問題であるというよりも，社会全体に広がるジレンマを反映したものであると指摘し，以下のように論じている。

> 「必要な体制改革であっても結局のところ，実質的な仕事は，相反し，解決困難な利害や理想の間に隘路を切り開き，ほんのわずかな共通点を何とか見つけ出そうとする政治的なものとなる。」(Gray 1996:23)

「公共」と「公共領域」双方への理解を促すには，多様性に圧倒されるのではなくそれを包含しうる方法でもって仕組みの再構築を図ることが求められる。すなわち，当たり障りのない無難な合意に屈することなく，あるいは地域レベルで多くの市民を行動に駆り立てる感情や情熱を否定することなく，対立や相違点を効果的に調整しうる新たなガバナンスの形態を制度として確立する必要がある (Gaventa 2006)。ジェニー・ピアースが示唆するように，参加型社会 (the participatory world) は決して合意形成が容易な純粋なままの世界ではないだろう。実際，パウエルは，コミュニティやソーシャル・キャピタルに関する現代的な考え方を生み出す源となった，理想郷的な世界でアメリカ人が交わる様を描いた牧歌的なトクヴィル的世界観と，対立を前提としたヨーロッパの厳格な民主主義概念とを対比させている (Powell 2009:52)。しかし，問題解決に向けては，さらなる考察が必要である。それぞれの研究者が主張してきたように，この解決の鍵はエドワーズ (Edwards 2004) が論じる市民性 (civility) の概念にある。それは，議論や政治論争の回避などでは決してなく，他人を尊重することや，不一致を平和裡に解消することを含意している。コミュニティ政策を効果的に遂行するには，異なる見解の一致という困難な課題を解決できる制度・仕組みやそれらを的確に動かすプレイヤーが必要になる。

　第2の課題は，コミュニティと自治体の双方のレベルで起こりうるものであり，リーダーシップと代表性，あるいはリーダーシップと参加の間で生じる問題である。パートナーシップは，雄弁で，委員会の事情に通じた人たちをはるかに超える可能性のある人たちを巻き込む方法を見つけなくてはならない。つまり，パートナーシップがこれまでプログラムでアウトリーチしてこなかった人たち，すなわち「コミュニティ」内で排除されている人たちの持つエネルギ

第14章　コミュニティ・エンパワメント

ーやアイデアを活用することが必要である。同時に，複雑で大規模なプログラムでは，効果的な組織や情報に通じたリーダー，すなわち「新しいことにすぐに全力で取り組む」ことのできる人たちも必要とされるだろう。参加と効果的な代議制あるいは参加と起業家的リーダーシップを両立するには，活動的で，対応が早く，責任が明確な体制，つまり，あらゆる構成員から信頼され，実行力を有するコミュニティの体制をつくる必要があろう。そしてそのような体制の構築に向けては，なおも多くのことを学習しなければならない。

　第3の課題は，公的資金に対する「アカウンタビリティ」と，排除の問題に対する新たな解決策を見出す上で不可欠となる「柔軟性やリスク」の間に見られるジレンマについてである。私は本書において，あらゆる参加の試みに付随するモニタリングや測定へのこだわりや，リスクを扱う準備が最もおぼつかない人たちにリスクが押し付けられる傾向を強く批判している。こうした主張をしているのは決して私ひとりだけではない。確かに，公的なアカウンタビリティは，官僚主義的な政府の役人によって設けられた全く不要な障壁ではなく，重要なものである。それにもかかわらず，公的資金に関するアカウンタビリティと，柔軟であること，新たな方法を考案し実行すること，リスクをとることとの間には極めて深刻な葛藤がある。本書の中で私は，両者間のバランスがアカウンタビリティの方へ極端に偏っているため，生み出されるすべての情報の裏で実際に何が起こっているのかわかりづらい状況になっていると論じた。下方（市民など）へのアカウンタビリティ（行政などの上方へのものと対置する）や，戦略的なアカウンタビリティ（手続き的なものと対置する）を要求することに，もっと関心が払われるべきである。両方の責任とも等しく重要であるが，おそらくいずれの責任の履行も極めて困難であるがゆえに，不幸にも無視されているのである。もし関心が払われなければ，権力は「トップダウン」であり続けるだろう。しかも，あからさまな国家統制のあった時代よりも，より狡猾で不透明な方法でそうなるだろう。

（4）妥協点を見出す

　本章のもう一つのテーマは，「トップダウン」と「ボトムアップ」という一般的な区分を超越する必要性についてであった（Wilkinson and Applebee 1999 ; Putnam 2000：413)。我々は何においてもまず，中道の立場にいなくてはならない。現在，コミュニティやソーシャル・キャピタル，市民社会による力を，国家の代替，あるいはその代用物ともみなす，コミュニティや市民社会をめぐるレトリックが巷に溢れかえっている。特に，アメリカではその傾向が顕著である。しかし，社会的排除に対する取り組みは，社会が結集しうるすべての資源が必要な課題である。ソーシャル・キャピタルに関する文献から明らかになりつつあるのは，国家がソーシャル・キャピタルや市民社会が育ちうる状況を作り出し，またそれらを損なうような政策を見抜き，回避する点で重要な役割を担っているという事実である。それにもかかわらず，長年にわたる行政批判や財政削減のせいで，公務員，特に自治体職員の士気は低下し，地方自治体は，過去の失敗に対処し，新しい取り組みへと進んでいくのに必要なエネルギーと新たなアイデアをもった有為な人材を失った可能性がある。行政当局は，もし自らに期待されている役割を引き受けるつもりであるならば，根本的に変わる必要がある。その役割には，政策の展開，実施，点検にあたっての調整・促進のほか，市民参加の推進なども含まれよう。また，社会的公正を確保するために様々な利害のバランスを保つことも，その役割の一つとなろう。

　参加とガバナンスに関する議論における深刻な欠落点は，代議制民主主義と参加型民主主義との関係に触れていないことである。このことは国際レベルでは理解できるものの，地域レベルではそれにより，潜在的なパートナーの間で様々な葛藤が生じており，正当性とアカウンタビリティ大きな疑問が提起されている。伝統的な形態をとる代議制民主主義の正当性は，投票数の落ち込みを前にして，とりわけ激しい非難の的となってきた。しかし，2つの民主主義が効果的に連携しうる方法について，もっと思いをめぐらす必要がある。そして，もし，参加型民主主義がより進歩的な形態へと発展していかないのであれば，それはどのように正当化されるのか，多様な見方の間でどのようにバランスがとられるのか，そして，変化がどのように制度の中に埋め込まれていくのかについて，より一層関心を払う必要がある。

　バウマンが論じるように，市民社会は国家に対するアンチテーゼとしてみられるよりも，むしろ——それが自由主義社会の求める個人の自由を保障するものであるならば——自由主義・民主主義のプロジェクトと実践の中核となる国

家・社会間の「偉大なる譲歩（great compromise）の別称」として理解されねばならない（Bauman 1999：155）。このバウマンが提唱する譲歩とは，ダイナミックであるべきはずのものである。それは，多数の著者がその喪失を嘆いている公共空間を再開放し，少なくとも民主主義下においては不確実性や不安を軽減しうる公共の存在感を提示することで，公共の再構築を達成できるかもしれない。つまり，その譲歩は，フレイザー等が期待しているところの強い公共の誕生をもたらす可能性がある。

　しかしながら，本書が描き出してきた知見からすると，この偉大なる譲歩をコントロールすることは決して容易なことではない。我々はどのように完全な社会を実現しうるかについて，「壮大な物語」を数多く描いてきた（Deakin 2001）。しかし，現実ははるかに厄介だと思われる。ジェソップは自身のガバナンスに関する論考のなかで，「統治に関するすべての試みは失敗に終わる可能性が高い」と論じている。その上で，彼はそれらの試みを成功に導くには，3つの要件を満たすことが不可欠であると述べている。その第1は，知的側面であり，政策の意図やアウトカムについて，批判的に考察し，教訓に従って行動することが要件となる。彼はそれを「不可欠な再帰性（requisite reflexivity）」と呼んでいる。第2は，実践的側面であり，レパートリーの柔軟性が要件となる。彼はそれを「欠くべからざる多様性（requisite variety）」と表現している。第3は，哲学的側面である。ここでは，参加者が失敗の可能性を認識しつつも，常に成功可能であるかのように前進すること，あるいは，創造的な解決策を探る一方で，常にそのような解決策の限界を認識しつつ関与することが要件となる。彼はこれを「欠くべからざるアイロニー」と呼んでいる（Jessop 2003：7, 9）。

　同様に言及したいのが，ウォーバートンによる希望としてのコミュニティの定義（Warburton 1998b）である。その観点からコミュニティを捉えると，次の3点の含意を汲み取ることができる。それは，目指すべき先があること，それに向かうプロセスが現在進行中であること，そして終着点がないことの3点である。こうしたコミュニティ概念を踏まえると，バウマンのいう譲歩への道は，直線的なものではなく，また地図も終着点もないダイナミックなプロセスである可能性が高い。しかし重要なことは，この道を行く旅が，多くの同行者がいる旅，特に，経済的，社会的そして政治的に排除され続けてきた人たちが全行

程にわたってともに歩みを進めうる旅であるという点にあるのだ。

  訳注
  (1) 2000年の夏にイギリスで，8歳の少女が殺害された事件をきっかけに，児童性愛者に嫌疑がかかり，罪もない人々がコミュニティから迫害された出来事を指す（本書，1STED : 213, 参照）。
  (2) ゴリアテは，旧約聖書の中に出てくる巨人兵士のことで，羊飼の少年であったダビデと戦って負けた。このことから，弱小な者が強大な者を打ち負かす喩えとしてしばしば使われる。
  (3) 秩序と無秩序（カオス）の間の臨界状態を指す用語で，経済学や社会学などの分野でも比喩的に使われている（Gell-Mann, Murray. (1994) *THE QUARK AND THE JAGUAR : Adventures in the simple and the complex*, W. H. Freeman & Co.〔＝1997, 野本陽代訳『クォークとジャガー——たゆみなく進化する複雑系』草思社。〕）。

参 考 文 献

Abah, O.S. (2007) "Vignettes of communities in action : an exploration of participatory methodologies in promoting community development in Nigeria", *Community Development Journal*, 42.4, 435-448.

Abbott, J. (1996) *Sharing the City : Community Participation in Urban Management* (London : Earthscan).

Abers, R. (1998) "Learning democratic practice : distributing government resources through popular participation in Porto Alegre, Brazil", in Douglass and Friedmann (1998).

Acheson, N. and Milofsky, C. (2010) "Derry exceptionalism and an organic model of sustained dialog", in R. Lohmann and J. Van Til (eds.), *Sustained Dialogue* (New York : Columbia University Press).

Addy, T. and Scott, D. (1988) *Fatal Impacts? The MSC and Voluntary Action* (Manchester : William Temple Foundation).

Aitkenhead, D. (1998) "The real truth about paedophiles – and us", *The Guardian*.

Alcock, P., Craig, G., Dalgleish, K. and Pearson, S. (1995) *Combating Local Poverty* (London : Local Governance Innovation and Development).

Alexander, J. (1998) *Real Civil Societies : Dilemmas of Institutionalisation* (London : Sage).

Alinsky, S. (1971) *Rules for Radicals* (New York : Random House).

Allan, G. (1983) "Informal networks of care : issues raised by Barclay", *British Journal of Social Work*, 13, 417-433.

Allen, C., Camina, M., Casey, R., Coward, S. and Wood, M. (2005) *Mixed Tenure Twenty Years on : Nothing Out of the Ordinary* (Coventry : Chartered Institute of Housing / JRF).

Ambrose, P. (2000) *A Drop in the Ocean* (Brighton : Health and Social Policy Research Centre).

Amman, R. (1995) "Research in universities", *The Times Higher Educational Supplement*. 1 September, p. 11.

Anastacio, J., Gidley, B., Hart, L., Keith, M., Mayo, M. and Kowarzik, U. (2000) *Reflecting Realities : Participants' Perspectives on Integrated Communities and Sustainable Development* (Bristol : The Policy Press).

Anheier, H. and Kendall, J. (2002) "Interpersonal trust and voluntary associations : examining three approaches", *British Journal of Sociology*, 53.3, 343-362.

Annette, J. and Mayo, M. (2010) *Taking Part : Active Learning for Active Citizenship and Beyond* (Leicester : National Institute for Adult and Continuing Education).

Arendt, H. (1958) *The Human Condition* (Chicago, IL : University of Chicago Press).

Arnstein, S. (1969) "A ladder of participation in the USA", *Journal of the American Institute of Planners*, 35, July.

Ascoli, U. and Ranci, C. (eds.) (2002) *Dilemmas of the Welfare Mix : The New Structure of Social Care Policies in an Era of Privatization* (New York : Plenum Press).

Atkinson, R. (1999) "Discourses of partnership and empowerment in contemporary British urban regeneration", *Urban Studies*, 36.1, 59-72.

Atkinson, R. (2000a) "Combating social exclusion in Europe : the new urban policy challenge", *Urban Studies*, 37 : 5/6, 1037-1055.

Atkinson, R. (2000b) "Narratives of policy : the construction of urban problems and urban policy in the official discourse of British government 1968-1998", *Critical Social Policy*, 20.2, 211-232.

Atkinson, R. (2001) "The emerging 'urban agenda' and the European spatial development perspective : toward and EU urban policy ?" *European Planning Studies*, 9.3, 385-340.

Atkinson, R. (2003) "Addressing urban social exclusion through community involvement in urban regeneration", in R. Imrie and M. Raco (eds.), *Urban Renaissance ? New Labour, Community and Urban Policy* (Bristol : The Policy Press), pp. 109-119.

Atkinson, R. and Carmichael, L. (2007) "Neighbourhood as a new focus for action in the urban policies of West European states", in I. Smith, E. Lepine and M. Taylor (eds.), *Disadvantaged by Where You Live ?* (Bristol : The Policy Press).

Atkinson, R. and Eckardt, F. (2004) "Urban policies in Europe : the development of a new conventional wisdom", in F. Eckhardt and P. Kreisl (eds.), *City Images and Urban Regeneration* (Frankfurt : Peter Lang).

Audit Commission (1999) *Listen Up ! Effective Community Participation* (London : Audit Commission).

Bachrach, P. and Baratz, M.S. (1962) "Two faces of power", *American Political Science Review*, 56, 947-952.

Baker, W. (1992) "The network organization in theory and practice", in Nohria and Eccles (1992).

Bandura, A. (1994) "Self-efficacy", in V. S. Ramachudaram (ed.), *Encyclopedia of Human Behaviour*, vol. 4 (New York : Academic Press).

Bang, H. (2005) "Among everyday makers and expert citizens", in J. Newman (ed.), *Remaking Governance : Peoples, Politics and the Public Sphere* (Bristol : The Policy

Press).

Banks, S. (2007a) "Working in and with community groups and organizations: processes and practices", in Butcher *et al.* (2007).

Banks, S. (2007b) "Becoming critical: developing the community practitioner", in Butcher *et al.* (2007).

Barber, B. (1992) *Strong Democracy: Participatory Politics for a New Age* (Berkeley: University of California Press).

Bardach, E. (1989) "Social regulation as a generic policy instrument", in L.M. Salamon (ed.), *Beyond Privatization: The Tools of Government Action* (Washington, DC: Urban Institute Press).

Barnes, M. (1999) "Users as citizens: collective action and the local governance of welfare", *Social Policy and Administration*, 33.1, 73-90.

Barnes, M., Newman, J. and Sullivan, H. (2007) *Power, Participation and Political Renewal: Case Studies in Public Participation* (Bristol: The Policy Press).

Bauman, Z. (1999) *In Search of Politics* (Cambridge: The Polity Press). (=2002, 中道寿一訳『政治の発見』東洋経済新報社。)

Bauman, Z. (2001) *Community: Seeking Safety in an Insecure World* (Cambridge: Polity). (=2008, 奥井智之訳『コミュニティ――安全と自由の戦場』筑摩書房。)

Bellah, R., Madsen, R., Sullivan, W., Swidler, A. and Tipton, S. (1985) *Habits of the Heart: Individualism and Commitment in American Life* (New York: Harper and Row).

Ben Ner, A. and van Hoomissen, J. (1993) "Non-profit organizations in the mixed economy: a demand and supply analysis", in A. Ben Ner and B. Gui (eds.), *The Non-Profit Sector in the Mixed Economy* (Michigan: University of Michigan Press).

Benington, J. and Geddes, M. (2001) "Social exclusion, partnership and local governance —new problems, new policy discourses in the European Union", in M. Geddes and J. Benington (eds.), *Local Partnerships and Social Exclusion in the European Union*, (London: Routledge).

Bewley, C. and Glendinning, C. (1994) *Involving Disabled People in Community Care Planning*, (York: Joseph Rowntree Foundation).

Bhalla, A. and Lapeyre, F. (1997) "Social exclusion: towards an analytical and operational framework", *Development and Change*, 28, 413-433.

Birkholzer, K. (1998) "A philosophical rational for the promotion of local economic initiatives", in Twelvetrees (1998a).

Black, A. (1984) *Guilds and Civil Society in European Political Thought from the Twelfth Century to the Present* (London: Methuen).

Blackburn, J. and Holland, J. (eds.) (1998) *Who Changes? Institutionalising*

Participation in Development (London : Intermediate Technology Publications).

Bocock, B.J. (1986) *Hegemony* (London : Tavistock).

Bourdieu, P. (1986) "The forms of capital", in J.G. Richardson (ed.), *Handbook of Theory and Research for the Sociology of Education* (New York : Greenwood Press).

Bourdieu, P. (1990) *In Other Words : Essays towards a Reflexive Sociology* (Stanford, CA : Stanford University Press).

Branagan, M. (2007) "The last laugh : humour in community activism", *Community Development Journal*, 42.4, 470-481.

Brennan, G. (1997) "Selection and the currency of reward", in R. Goodin (ed.), *The Theory of Institutional Design* (Cambridge : Cambridge University Press).

Briggs, X. (2007) "Community building : new (and old) lessons about the politics of problem-solving in America's cities", in De Filippis and Saegert (2007a).

Broady, M. (1956) "The organisation of Coronation street parties", *Sociological Review*, 4, 223-242.

Brower, S. (1996) *Good Neighbourhoods* (Westport, CT and London : Praeger).

Brundtland Commission (1987) *Our Common Future* (Oxford : Oxford University Press).

Buchanan, James M., and Tullock, G. (1962) *The Calculus of Consent : Logical Foundations of Constitutional Democracy* (Ann Arbor : University of Michigan Press). (=1979, 米原淳七郎・田中清和・黒川和美訳『公共選択の理論──合意の経済論理』東洋経済新報社。)

Bulmer, M. (1988) *Neighbours : The Work of Philip Abrams* (Cambridge : Cambridge University Press).

Bunyan, P. (2010) "Broad-based organising in the UK : reasserting the centrality of political activity in community development", *Community Development Journal*, 45.1, 111-127.

Burns, D. and Taylor, M. (1998) *Mutual Aid and Self-Help : Coping Strategies for Excluded Communities* (Bristol : The Policy Press).

Burns, D. and Taylor, M. (2000) *Auditing Community Participation : An Assessment Handbook* (Bristol : The Policy Press).

Burns, D., Hambleton, R. and Hoggett, P. (1994) *The Politics of Decentralisation : Revitalising Local Democracy* (London : Palgrave Macmillan).

Burns, D., Forrest, R., Flint, J. and Kearns, A. (2001) *Empowering Communities : The Impact of Registered Social Landlords on Social Capital*, Research report 94 (Edinburgh : Scottish Homes).

Burt, R. (1992) *Structural Holes : The Social Structure of Competition* (Cambridge,

MA : Harvard University Press).

Burton, P., Goodlad, R., Croft, J., Abbott, J., Hastings, A., MacDonald, G. and Slater, T. (2005) "What works in community involvement in area-based initiatives ? A systematic review of the literature", Home Office Online Report 53/04.

Butcher, H. (1993) "Introduction : some examples and definitions", in H. Butcher *et al.* (1993), pp. 3-21.

Butcher, H. (2007a) "Power and empowerment : the foundations of critical community practice", in H. Butcher et al. (2007).

Butcher, H. (2007b) "Towards a model of critical community practice", in H. Butcher et al. (2007).

Butcher, H. and Mullard, M. (1993) "Community policy, citizenship and democracy", in H. Butcher et al. (1993).

Butcher, H. and Robertson, J. (2007) "Critical community practice : organisational leadership and management", in Butcher et al. (2007).

Butcher, H., Glen, A., Henderson, P. and Smith, J. (eds.) (1993) *Community and Public Policy* (London : Pluto Press).

Butcher, H., Banks, S., Henderson, P. with Robertson, J. (2007) *Critical Community Practice* (Bristol : The Policy Press).

Cabinet Office (2010) www.cabinetoffice.gov.uk/media/407789/building-big-society.pdf, accessed 16 September 2010.

Cairncross, L., Clapham, D. and Goodlad, R. (1994) "Tenant participation and tenant power in British council housing", *Public Administration*, 72.2, 177-200.

Campbell, A., Hughes, J., Hewstone, M. and Cairns, E. (2010) "Social capital as a mechanism for building a sustainable society in Northern Ireland", *Community Development Journal*, 45.1, 22-38.

Caniglia, B. and Carmin, J. (2005) "Scholarship on social movement organizations : classic views and emerging trends", *Mobilization*, 10.2, 201-212.

Capital Action (2001) *Placemaking* (Brighton : East Brighton New Deal for Communities).

Carley, M. (2001) "Top-down and bottom-up : the challenge of cities in the new century", in Carley, Jenkins and Smith (2001).

Carley, M. and Bautista, J. (2001) "Urban management and community development in Metro Manila", in Carley, Jenkins and Smith (2001).

Carley, M., Jenkins, P. and Smith, H. (eds.) (2001) *Urban Development and Civil Society : The Role of Communities in Sustainable Cities* (London : Earthscan).

Carley, M. and Smith, H. (2001) "Civil society and new social movements", in Carley,

Jenkins and Smith (2001).

Carmel, E. and Harlock, J. (2008) "Instituting the 'third sector' as a governable terrain : partnership, procurement and performance in the UK", *Policy and Politics*, 36.2, 155-171.

Carnegie UK (2010) *Making Good Society : Report of the Commission of Inquiry into the Future of Civil Society in the UK and Ireland* (Dunfermline : Carnegie UK Trust).

Carpenter, M. (2009) "The capabilities approach and critical social policy : lessons from the majority world ?" *Critical Social Policy*, 29.3, 351-373.

Carroll, T. (1992) *Intermediary NGOs : The Supporting Link in Grassroots Development* (West Hartford, CT : Kumarian Press).

Cars, G., Healey, P., Madanipour, A. and de Magalhaes, C. (eds.) (2002) *Urban Governance, Institutional Capacity and Social Milieux* (Aldershot : Ashgate).

Castells, M. (1996) *The Rise of the Network Society* (Oxford : Basil Blackwell).

Castells, M. (1998) *The Information Age : Economy, Society and Culture*, 3 vols (Oxford : Basil Blackwell).

Cattell, V. (2001) "Poor people, poor places, and poor health : the mediating role of social networks and social capital", *Social Science & Medicine*, 52.10, 1501-1516.

CDP (Community Development Project) (1977) *Gilding the Ghetto : The State and the Poverty Experiments* (London : Community Development Project).

CDRC (Citizenship Development Research Centre) and Logolink (2008) *Champions of Participation : Engaging Citizens in Local Governance* (Brighton : Institute for Development Studies).

Cernea, M. (1994) "The sociologist approach to sustainable development", in I. Serageldin (ed.), *Making Development Sustainable : From Concepts to Action* (Washington, DC : The World Bank).

Chambers, R. (1997) *Whose Reality Counts ? Putting the Last First* (London : Intermediate Technology Productions). (=2000, 野田直人・白鳥清志監訳『参加型開発と国際協力――変わるのはわたしたち』明石書店。)

Chanan, G. (1992) *Out of the Shadows : Local Community Action in the European Community* (Dublin : European Foundation for the Improvement of Living and Working Conditions).

Chandler, D. (2001) "Active citizens and the therapeutic state : the role of democratic participation in political reform", *Policy and Politics*, 29.1, 4-14.

Chari-Wagh, A. (2009) "Raising citizenship rights for women through microcredit programmes : an analysis of MASUM, Maharashtra, India", *Community Development Journal*, 44.3, 403-414.

Chatterton, P. and Bradley, D. (2000) "Bringing Britain together? The limitations of area-based regeneration policies in addressing regeneration", *Local Economy*, 15.2, 98-111.

Clark, D. and Southern, R. (2006) "Comparing institutional designs for neighbourhood renewal: Neighbourhood management in Britain and the Regies de Quartier in France", *Policy and Politics*, 34, 173-191.

Clarke, G. (1995) *A Missed Opportunity: An Initial Assessment of the 1995 Single Regeneration Budget Approvals and their Impact on Voluntary and Community Organisations* (London: National Council for Voluntary Organisations).

Cleaver, F. (2004) "The social embeddedness of agency and decision-making", in Hickey and Mohan (2004).

Clegg, S. (1989) *Frameworks of Power* (London: Sage).

Clegg, S. (1990) *Modern Organisations: Organisational Studies in the Post-Modern World* (London: Sage).

CLG (2005) *Making Connections: An Evaluation of the Community Participation Programmes* (London: Communities and Local Government).

CLG (2010) *2008-9 Citizenship Survey: Volunteering and Charitable Giving Topic Report* (London: Communities and Local Government).

Cnaan, R. and Milofsky, C. (eds.) (2007) *Handbook of Community Movements and Local Orgnizations* (Chicago: Chicago University Press).

Coaffee, J. and Healey, P. (2003) "'My voice: my place': tracking transformations in urban governance", 40.10, 1979-1999.

Cockburn, C. (1991) *In the Way of Women: Men's Resistance to Sex Equality in Organisations* (London: Palgrave Macmillan).

Cohen, J. and Fung, A. (2004) "Radical democracy", *Swiss Political Science Review*, 10.4, 23-34.

Cohen, J. and Rogers, J. (1992) "Secondary associations and democratic governance", *Politics and Society*, 20.4, 393-472.

Coin Street Community Builders (2010) www.coinstreet.org, accessed 28 September 2010.

Cole, I. and Smith, Y. (1993) *Bell Farm in the Midst of Change* (Sheffield: Centre for Regional, Economic and Social Research, Sheffield Hallam University).

Coleman, J. (1990) *Foundations of Social Theory* (Cambridge, MA: Harvard University Press).

Commonwealth Foundation (1999) *Citizens and Governance: Civil Society in the New Millennium* (London: The Commonwealth Foundation).

Communitarian Network (1991) 'The Responsive Community Platform: Rights and Responsibilities' in Etzioni, A. (ed.) *The Essential Communitarian Reader*, Lanham, MD: Rowman & Littlefield And change the citation in the text accordingly.

Connell, J., Kubisch, A., Schorr, L. and Weiss, C. (1995) *New Approaches to Evaluating Community Initiatives: Concepts, Methods and Contexts* (Washington, DC: The Aspen Institute).

Cooke, B. and Kothari, U. (2001) *Participation: The New Tyranny?* (London: Zed Books).

Cornwall, A. (2004a) "New democratic spaces? The politics and dynamics of institutionalised participation", *IDS Bulletin*, 35.2, 1-10.

Cornwall, A. (2004b) "Spaces for transformation? Reflections on issues of power and difference in participation in development", in Hickey and Mohan (2004).

Cornwall, A. (2008a) "Unpacking 'participation': models, meanings and practices", *Community Development Journal*, 43.3, 269-283.

Cornwall, A. (2008b) *Democratising Engagement: What the UK can Learn from International Experience* (London: Demos).

Cornwall, A. and Coelho, V. (2004) *Spaces for Change? The Politic of Citizen Participation in New Democratic Arenas* (London and New York: Zed Books).

Cornwall, A., Romano, J. and Shankland, A. (2008) *Brazilian Experiences of Participation and Citizenship: A Critical Look* (Brighton: Institute of Development Studies).

Craig, G. (1989) "Community work and the state", *Community Development Journal*, 24.1, 3-18.

Craig, G. and Mayo, M. (eds.) (1995) *Community Empowerment: A Reader in Participation in Development* (London: Zed Press).

Craig, G., Mayo, M. and Taylor, M. (1990) "Empowerment: a continuing role for community development", *Community Development Journal*, 25.4, 286-290.

Craig, G., Mayo, M. and Taylor, M. (2000) "Globalisation from below: implications for the *Community Development Journal*", *Community Development Journal*, 35.4, 323-355.

Craig, G., Taylor, M., and Parkes, T. (2004) "Protest or partnership? The voluntary and community sectors in the policy process", *Social Policy and Administration*, 38.3, 221-239.

Craig, G., Taylor, M., Bloor K. and Wilkinson. M., with Syed, A. and Monro, S. (2002) *Contract or Trust: The Role of Compacts in Local Governance* (Bristol: The Policy Press).

Crossley, N. (2003) "From reproduction to transformation: social movement fields and the radical habitus", *Theory, Culture and Society*, 20.6, 43-68.

Dahrendorf, R. (1995) "Can we combine economic opportunity with civil society and political liberty?" *The Responsive Community*, 5.3.

Dale, A. and Newman, L. (2010) "Social capital: a necessary and sufficient condition for sustainable community development?" *Community Development Journal*, 45.1, 5-21.

Dalrymple, J. and Burke, B. (1995) *Anti-Oppressive Practice, Social Care and the Law* (Buckingham: Open University Press).

Dalton, R. and Wattenberg, M. (2000) *Parties Without Partisans* (Oxford: Oxford University Press).

Daly, M. (2003) "Governance and social policy", *Journal of Social Policy*, 32.1, 113-128.

Dasgupta, P. and Serageldin, I. (eds.) (1999) *Social Capital: A Multi-Faceted Perspective* (Washington, DC: World Bank).

Deakin, N. (2001) *In Search of Civil Society* (London: Palgrave Macmillan).

Dean, J. and Hastings, A. (2000) *Challenging Images: Housing Estates, Stigma and Regeneration* (Bristol: The Policy Press).

De Filippis, J. (2001) "The myth of social capital in community development", *Housing Policy Debate*, 12.4, 781-806.

De Filippis, J. and Saegert, S. (2007a) *The Community Development Reader* (New York: Routledge).

De Filippis, J. and Saegert, S. (2007b) "Communities develop: the question is how?" in De Filippis and Saegert (2007a).

De Filippis, J. and Saegert, S. (2007c) "Conclusion" in De Filippis and Saegert (2007a).

De Filippis, J., Fisher, R. and Shragge, E. (2009) "What's left in the community? Oppositional politics in contemporary practice", *Community Development Journal*, 44.1, 38-52.

Dekker, P. (2009) "Civicness: from civil society to civic services?" *Voluntas*, 20.3, 220-238.

Della Porta, D., Andretta, M., Mosca, L. and Reiter, H. (2006) *Globalization from Below: Transnational Activists and Protest Networks* (Minneapolis, MN: University of Minnesota Press).

Dey, K. and Westendorff, D. (1996) *Their Choice or Yours: Global Forces or Local Voices* (Geneva: United Nations Research Institute for Social Development).

De Zeeuw, C. (2010) "The rationales of resident participation in the Netherlands: a case study of The Hague", unpublished PhD thesis, University of the West of England.

Dhesi, A. S. (2000) "Social capital and community development", *Community*

Development Journal, 35.3, 199-213.

Diamond, J. (2001) "Managing change or coping with conflict? Mapping the experience of a local regeneration project", *Local Economy*, 16.4, 272-285.

Diani, M. (1997) "Social movements and social capital: a network perspective on movement outcomes", *Mobilization*, 2, 129-148.

DiMaggio, P. and Powell, W. W. (1983) "The iron cage revisited: institutional isomorphism and collective rationality in organizational fields", *American Sociological Review*, 48, 459-462.

Disraeli, B. (1925) *Sybil* (Oxford: Oxford University Press).

Dore, R. (1983) "Goodwill and the spirit of market capitalism", *British Journal of Sociology*, 34.4, 459-482.

Dorling, D., Rigby, J., Wheeler, B., Ballas, D., Thomas, B., Fahmy, E., Gordon, D. and Lupton, R. (2007) *Poverty and Wealth across Britain 1968-2005* (Bristol: The Policy Press).

Douglass, M. and Friedmann, J. (eds.) (1998) *Cities for Citizens* (Chichester: John Wiley).

Dreyfus, H. and Rabinow, P. (1982) *Michel Foucault: Beyond Structuralism and Hermeneutics* (Brighton: Harvester). (=1996, 山形頼洋ほか訳『ミシェル・フーコー――構造主義と解釈学を超えて』筑摩書房。)

Driver, S. and Martell, L. (1997) "New Labour's communitarianisms", *Critical Social Policy*, 17.3, 27-46.

Dryzek, J. (1990) *Discursive Democracy: Politics, Policy and Political Science* 2nd edition (Cambridge: Cambridge University Press).

Dryzek, J. (2000) *Deliberative Democracy and Beyond: Liberals, Critics, Contestations* (Oxford: Oxford University Press).

Duncombe, S. (2007) "(From) cultural resistance to community development", *Community Development Journal*, 42.4, 490-500.

Durose, C., Greasley, S. and Richardson, L. (2009) *Changing Local Governance, Changing Citizens* (Bristol: The Policy Press).

Edwards, J. and Batley, R. (1978) *The Politics of Positive Discrimination* (London: Tavistock).

Edwards, M. (2004) *Civil Society* (Cambridge: The Polity Press). (=2008, 堀内一史訳『「市民社会」とは何か――21世紀のより善い世界を求めて』麗澤大学出版会。)

Edwards, M. and Hulme, D. (1995a) "Beyond the magic bullet: lessons and conclusions", in Edwards and Hulme (1995c).

Edwards, M. and Hulme, D. (1995b) "NGO performance and accountability:

introduction and overview", in Edwards and Hulme (1995c).

Edwards, M. and Hulme, D. (eds.) (1995c) *Non-Governmental Organisations—Performance and Accountability : Beyond the Magic Bullet* (London : Earthscan).

Ellison, N. (1997) "Towards a new social politics : citizenship and reflexivity in late modernity", *Sociology*, 31.4, 697-717.

Equalities Review (2007) *"Fairness and freedom : the final report of the Equalities Review"* (London : The Equalities Review), http ://archive.cabinetoffice.gov.uk/equalitiesreview/publications.html.

Esman, M. and Uphoff, N. (1984) *Local Organisations : Intermediaries in Rural Development* (Ithaca, NY : Cornell University Press).

ESRC/NCVO (2007) "From local to global, Report from the ESRC/NCVO series : Mapping the public policy landscape", London NCVO.

Etzioni, A. (1998) *The Essential Communitarian Reader* (Lanham, MD : Rowman & Littlefield).

Evers, A. (2003) "Social capital and civic commitment : on Putnam's way of understanding", *Social Policy and Society*, 2.1, 13-21.

Evers, A. and Laville, J-L. (2004) "Introduction", in A. Evers and J-L. Laville (eds.), *The Third Sector in Europe* (Cheltenham : Edward Elgar).

Fainstein, S. and Hirst, C. (1995) "Urban social movements", in Judge, Stoker and Wolman (1995).

Fairbanks, R. (2007) "The political-economic gradient and the organization of urban space", in R. Cnaan and C. Milofsky (eds.), *Handbook of Community Movements and Local Organizations* (New York : Springer).

Fischer, C. (1982) *To Dwell Among Friends : Personal Networks in Town and City* (Chicago, IL : University of Chicago Press).

Fischer, F. (1990) *Technocracy and the Politics of Expertise* (London : Sage).

Flyvbjerg, B. (1998) "Empowering civil society", in Douglass and Friedmann (1998).

Foley, M. and Edwards, R. (1996) "The paradox of civil society", *Journal of Democracy*, 7.3, 38-52.

Foley, M. and Edwards, R. (1999) "Is it time to disinvest in social capital ?" *Journal of Public Policy*, 19.2, 141-172.

Forrest, R. and Kearns, A. (1999) *Joined-Up Places ? Social Cohesion and Neighbourhood Regeneration* (York : Joseph Rowntree Foundation).

Foster, J. (1995) "Informal control and community crime prevention", *British Journal of Criminology*, 35.4, 563-583.

Foucault, M. (1980) *Power/Knowledge*, C. Gordon (ed.). (Brighton : Harvester Press).

Foucault, M. (1984) "Polemics, politics and problematisations : an interview with Michel Foucault", in P. Rabinow (ed.), *The Foucault Reader* (London : Penguin).

Foucault, M. (1991) "Governmentality", in G. Burchell, C. Gordon and P. Miller (eds.), *The Foucault Effect : Studies in Governmentality* (London : Harvester Wheatsheaf).

Foweraker, J. and Landman, T. (1997) *Citizenship Rights and Social Movements : A Comparative and Statistical Analysis* (Oxford : Oxford University Press).

Fowler, A. (2000) "Beyond partnership : getting real about NGO relationships in the aid system", *IDS Bulletin*, 31.3, 1-11.

Fraser, J., Lepowsky, J., Kirk, E. and Williams, J. (2007) "The construction of the local and the limits of contemporary community building in the United States", in De Filippis and Saegert (2007a).

Fraser, N. (1992) "Rethinking the public sphere : a contribution to the critique of actually existing democracy", in C. Calhoun (ed.), *Habermas and the Public Sphere* (Cambridge, MA : MIT).

Frazer, E. (2000) "Communitarianism", in G. Browning, A. Hacli and F. Webster (eds.), *Understanding Contemporary Society : Theories of the Present* (London : Sage).

Freeman, J. (1973) *The Tyranny of Structurelessness* (New York, NY : Falling Wall Press).

Freire, P. (1972) *Pedagogy of the Oppressed* (Harmondsworth : Penguin).

Friedmann, J. (1998) "The new political economy of planning : the rise of civil society", in Douglass and Friedmann (1998).

Fukuyama, F. (1989) "The end of history", *The National Interest*, 19, 3-18.

Fukuyama, F. (1995) *Trust* (Harmondsworth : Penguin). (=1996, 加藤寛訳『「信」無くば立たず』三笠書房。)

Gaster, L. and Taylor, M. (1993) *Learning from Citizens and Consumers* (London : The Local Government Management Board).

Gaventa, J. (1980) *Power and Powerlessness : Quiescence and Rebellion in an Appalachian Valley* (Urbana : University of Illinois Press).

Gaventa, J. (1998) "Poverty, participation and social exclusion in North and South", *IDS Bulletin*, 29.1, 50-57.

Gaventa, J. (1999) "Crossing the great divide : building links and learning between NGOs and community based organisations in North and South", in D. Lewis (ed.), *International Perspectives on Voluntary Action : Reshaping the Third Sector* (London : Earthscan).

Gaventa, J. (2004a) "Towards participatory local governance : assessing the transformative possibilities", in Hickey and Mohan (2004a).

Gaventa, J. (2004b) "Strengthening participatory approaches to local governance : learning the lessons from abroad", *National Civic Review*, 93.4, 16-27.

Gaventa, J. (2006) "Triumph, deficit or contestation? Deepening the 'deepening democracy' debate", IDS Working paper in conjunction with Logolink and the Citizenship DRC, Institute for Development Studies, University of Sussex.

Geddes, M. (1998) *Local Partnership : A Successful Strategy for Social Cohesion* (Dublin : European Foundation for the Improvement of Living and Working Conditions).

Giddens, A. (1990) *Consequences of Modernity* (Cambridge : The Polity Press).(＝1993, 松尾精文・小幡正敏訳『近代とはいかなる時代か？――モダニティの帰結』而立書房。)

Giddens, A. (2000a) *Runaway World* (London : Profile Books).(＝2001, 佐和隆光訳『暴走する世界――グローバリゼーションは何をどう変えるのか』ダイヤモンド社。)

Giddens, A. (2000b) *The Third Way and its Critics* (Cambridge : The Polity Press).

Gilchrist, A. (1995) *Community Development and Networking* (London : Community Development Foundation).

Gilchrist, A. (2000) "The well-connected community : networking to the edge of chaos", *Community Development Journal*, 35.3, 264-275.

Gilchrist, A. (2009) *The Well-Connected Community : A Networking Approach to Community Development* (Bristol : The Policy Press).

Gilchrist, A. (2010) "Community resilience : a shared capacity for resistance and recovery", *New Start*, February.

Gilchrist, A. and Taylor, M. (1997) "Community networking : developing strength through diversity", in Hoggett (1997b).

Gilchrist, A. and Taylor, M. (2011) *A Short Guide to Community Development* (Bristol : The Policy Press).

Gittell, M. (2001) *Empowerment Zones : An Opportunity Missed : A Six-City Comparative Study* (New York : The Howard Samuels State Management and Policy Centre, The Graduate School and the University Centre of the City University of New York).

Glen, A. (1993) "Methods and themes in community practice", in Butcher et al. (1993).

Glen, A. Henderson, P. Humm, J. Meszaros, H. and Gaffney, M. (2003) Survey of Community Development Workers in the UK (CDF : London) Date in text needs to be changed ― also this is a bit out of date ― there are more recent surveys but the figures are not comparable.

Glennerster, H., Lipton, R., Noden, P. and Power, A. (1999) *Poverty, Social Exclusion* and Neighbourhood: Studying the Area Basis of Social Exclusion. CASE Paper 22 (London: Centre for the Analysis of Social Exclusion, London School of Economics).

Goetschius, G. W. (1969) *Working with Community Groups: Using Community Development as a Method of Social Work* (London: Routledge).

Goetz, A.M. and Gaventa, J. (2001) *From Consultation to Influence: Bringing Citizen Voice and Client Focus into Service Delivery*, Working Paper 138 (Brighton: Institute of Development Studies).

Gosden, P. (1973) *Voluntary Associations in Nineteenth Century Britain* (London: Batsford).

Gouldner, A. (1960) "The norm of reciprocity: a preliminary statement", *American Journal of Sociology*, 25.2, 161-178.

Granovetter, M. (1973) "The strength of weak ties", *American Journal of Sociology*, 78.6, 1360-1380.

Granovetter, M. (1985) "Economic action and social structure: a theory of embeddedness", *American Journal of Sociology*, 91.3, 481-510.

Gray, J. (1996) *After Social Democracy: Politics, Capital and the Common Life* (London: DEMOS).

Green, R. H. (1998) "Problematics and pointers about participatory research and gender", in Guijt and Shah (1998a).

Grimshaw, L., and Lever, J. (2009) "Citizens' participation in policy making", www.cinefogo.org.

Gruba, J. and Trickett, E. (1987) "Can we empower others? The paradox of empowerment in the governing of an alternative public school", *American Journal of Community Psychology*, 15.3, 353-371.

Guijt, I. and Shah, M.K. (eds.) (1998a) *The Myth of Community: Gender Issues in Participatory Development* (London: ITDG Publishing).

Guijt, I. and Shah, M.K. (1998b) "Waking up to power, conflict and process", in Guijt and Shah (1998a).

Gyford, J. (1976) *Local Politics in Britain* (London: Croom Helm).

Habermas, J. (1984) *The Theory of Communicative Action* (Boston, MA: Beacon Press).

Hall, P.A. (1997) "Social capital: a fragile asset", *DEMOS Collection*, 12, 35-37.

Hall, S. (2000) "The way forward for regeneration? Lessons from the Single Regeneration Budget Challenge Fund", *Local Government Studies*, 26.1, 1-14.

Halpern, D. (2005) *Social Capital* (Cambridge: The Polity Press).

Hambleton, R., Savitch, H. and Stewart, M. (2002) *Globalism and Democracy* (London:

Palgrave Macmillan).

Hampden-Turner, C. (1996) in The *Independent*, 5 February, cited by Penny Mitchell in "News and Views", *Public and Social Policy*, 1.1, 1-10.

Harman, W.W. (1993) "Rethinking the central institutions of modern society: science and business", *Futures*, December, 1063-1070.

Harris, V., Howard, J., Lever, J., Mateeva, A., Miller, C, Petrov, R., Rahbari, M., Serra, L. and Taylor, M. (2008) *Understanding Partnership Working: A Pack for Participants* (Bristol: University of the West of England).

Hastings, A., McArthur, A. and McGregor, A. (1996) *Less than Equal: Community Organisations and Estate Regeneration Partnerships* (Bristol: The Policy Press).

Hausner, V. and associates (1991) *Small Area-Based Urban Initiatives: A Review of Recent Experience, Vol. 1: Main Report* (London: V. Hausner and Associates).

Haynes, P. (1999) *Complex Policy Planning: The Government's Strategic Management of the Social Care Market* (Aldershot: Ashgate).

Healey, P. (1997) *Collaborative Planning: Shaping places in fragmented societies* (London: Macmillan).

Healey, P. (2006) *Collaborative Planning: Shaping Places in Fragmented Societies*, Second Edition (London: Palgrave Macmillan).

Healey, P., Cars, A., Madanipour, A. and de Magalhaes, C. (2002a) "Transforming governance, institutionalist analysis and institutional capacity", in Cars et al. (2002).

Healey, P., Cars, G., Madanipour, A. and de Magalhaes, C. (2002b) "Urban governance capacity in complex societies: challenges of institutional adaptation", in Cars et al. (2002).

Held, D. (1996) *Models of Democracy* (Cambridge: Polity Press). (=1998, 中谷義和訳『民主政の諸類型』御茶の水書房。)

Henderson, P. and Salmon, H. (1998) *Signposts to Local Democracy: Local Governance, Communitarianism and Community Development* (London: Community Development Foundation and Warwick: The Local Government Centre).

Hickey, S. and Mohan, G. (eds.) (2004a) *Participation: From Tyranny to Transformation* (London: Zed Books). (=2008, 真崎克彦監訳, 谷口英里共訳『変容する参加型開発——「専制」を超えて』明石書店。)

Hickey, S. and Mohan, G. (2004b) "Towards participation as transformation: critical themes and challenges", in Hickey and Mohan (2004a).

Hill, M. (1997) *The Policy Process in the Modern State*, Third edition (New York: Prentice Hall/Harvester Wheatsheaf).

Hillery, G. (1955) "Definitions of Community: areas of agreement", *Rural Sociology*, 20.

Hillier, J. (1997) "Going round the back ? Complex networks and informal associational action in local planning processes", paper for *Planning Theory Track*. ACSP, Fort Lauderdale, Florida.

Hirschman, A.O. (1970) *Exit, Voice and Loyalty* (Cambridge, MA : Harvard University Press). (=2005, 矢野修一訳『離脱・発言・忠誠――企業・組織・国家における衰退への反応』ミネルヴァ書房。)

Hirschman, A.O. (1994) "Social conflicts as pillars of democratic market society", *Political Theory*, 22.2, 203-218.

Hirst, P. (1994) *Associative Democracy : New Forms of Economic and Social Governance* (London : The Polity Press).

Hoch, C. and Hemmens, G. (1987) "Linking formal and informal help : conflict along the continuum of care", *Social Service Review*, September. 432-446.

Hoggett, P. (1997a) "Contested communities", in Hoggett (1997b).

Hoggett, P. (ed.) (1997b) *Contested Communities : Experience, Struggles and Policies* (Bristol : The Policy Press).

Home Office (2003) *2003 Home Office Citizenship Survey : People, families and communities*, Home Office Research Study 289 (London : The Home Office).

Horton, M. and Freire, P. (1990) *We Make the Road by Walking : Conversations on Education and Social Change* (Philadelphia : Temple University Press).

Howard, J. and Taylor, M. (2010) "Hybridity in partnerships : Managing tensions and opportunities", in D. Billis (ed.) *The Erosion of the Third Sector ? Hybrid Organisations in a New Welfare Landscape* (London : Palgrave Macmillan).

Howard, J., Grimshaw, L., Lipson, B., Taylor, M. and Wilson, M. (2009) *Alternative Approaches to Capacity Building—Emerging Practices Abroad* (Birmingham : Capacitybuilders).

Howell, J. and Pearce, J. (2002) *Civil Society and Development : A Critical Exploration* (Boulder, CO : Lynne Rienner).

Hulme, D. and Edwards, M. (1997) "NGOs, states and donors : an overview", in Hulme and Edwards (eds.) *NGOs, States and Donors : Too Close for Comfort* (London : Macmillan).

Hunter, A. (1974) *Symbolic Communities : The Persistence and Change of Chicago's Local Communities* (Chicago University Press).

Hunter, A. (2007) "Contemporary conceptions of community", in Cnaan, R. and Milofsky, C. (eds.) *Handbook of Community Movements and Local Organizations* (New York : Springer).

Hutton, W. (2002) *The World We're In* (London : Little, Brown).

Hyatt, S. (1994) "Tenants' choice or Hobson's choice? Housing the poor in the enterprise culture", paper presented at the European Association of Social Anthropologists Conference, Oslo, Norway, 25 June.

Ingamells, A. (2007) "Community development and community renewal: tracing the workings of power", *Community Development Journal*, 42.2, 237-250.

Innes, J., Gruber, J., Thompson, R. and Newman, M. (1994) *Planning through Consensus Building: A New Review of the Comprehensive Planning Ideal* (Berkeley: University of California).

IVAR (Institute for Voluntary Action Research) and UWE (University of the West of England) (2010) *Evaluation of the National Empowerment Partnership: an interim report in year three—September 2010* (London: Community Development Foundation).

Jackson, K. (1995) "Popular education and the state: a new look at the community debate", in M. Mayo and J. Thompson (eds.), *Adult Education, Critical Intelligence and Social Change* (Leicester: National Institute of Continuing Education).

Jackson, L.S. (2001) "Contemporary public involvement: toward a strategic approach", *Local Environment*, 6.2, 135-147.

Jacob, M. (2002) "An Exploration of the Routes to Empowerment for Older Women", PhD Thesis, University of Brighton.

Jenkins, P. (2001) "Relationships between the state and civil society and their importance for sustainable development", in Carley, Jenkins and Smith (2001).

Jessop, B. (2003) "Governance and metagovernance: on reflexivity, requisite variety, and requisite irony", in Bang, H. (ed.) *Governance, as Social and Political Communication* (Manchester: Manchester University Press).

John, P. (2009) "Citizen governance: where it came from, where it's going", in Durose, Greasley and Richardson (2009).

Jones, E. and Gaventa, J. (2002) *Concepts of Citizenship: A Review* (Brighton: Institute of Development Studies).

Jones, P. (2003) "Urban regeneration's poisoned chalice: is there an impasse in (community) participation-based policy?" *Urban Studies*, 40.3, 581-601.

Judge, D., Stoker, G. and Wolman, H. (eds.) (1995) *Theories of Urban Politics* (London: Sage).

Judt, T. (2010) *Ill Fares the Land* (London: Allen Lane). (=2010, 森本醇訳『荒廃する世界のなかで――これからの社会民主主義を語ろう』みすず書房。)

Jupp, B. (1999) *Living Together: Community Life on Mixed Tenure Estates* (London: DEMOS).

Kale, P., Singh, H. and Perlmutter, H. (2000) "Learning and protection of proprietary assets in strategic alliances: building relational capital", *Strategic Management Journal*, 21, 217-237.

Kane, D., Clark, J., Lesniewski, S., Wilton, J., Pratten, B. and Wilding, K. (2009) *The UK Civil Society Almanac 2009* (London: NCVO).

Keane, J. (1988a) *Democracy and Civil Society* (London: Verso).

Keane, J. (1988b) "Introduction", in Keane (1998a).

Kendall, J. and Perri 6 (1994) "Government and the voluntary sector in the United Kingdom", in S. Saxon-Harrold and J. Kendall (eds.), *Researching the Voluntary Sector*, Vol. 2 (Tonbridge: Charities Aid Foundation).

Kingdon, J. (1984) *Agendas, Alternatives and Public Policies* (Boston, MA: Little, Brown).

Kinloch, V. (2007) "Youth representations of community, art and struggle in Harlem", *New Directions for Adult and Continuing Education* (Wiley Online Publishing), pp. 37-49.

Klein, N. (2000) *No Logo* (London: Flamingo).

Klijn, E and Koppenjan, J. (2000) "Politicians and interactive decision making: institutional spoilsports or playmakers", *Public Administration*, 78.2, 365-387.

Kretzman, J. and McKnight, J. (1993) *Building Communities from the Inside Out: A Path Toward Finding and Mobilising a Community's Assets* (Evanston, IL: Center for Urban Affairs and Policy Research, Northwestern University).

Kubisch, A., Auspos, P., Brown, P., Chaskin, R., Fulbright-Anderson, K. and Hamilton, R. (2007) "Strengthening the connections between communities and external resources", in De Filippis and Saegert (2007a).

Kumar, S. (1997) *Accountability Relationships between Voluntary Sector "Providers", Local Government "Purchasers" and Service Users in the Contracting State* (York: York Publishing Services).

Kuti, E. (1999) "Different Eastern European Countries at Different Crossroads", *Voluntas*, 10-11, 51-60.

Laguerre, M. (1994) *The Informal City* (Basingstoke: Palgrave Macmillan).

Larner, W. and Butler, M. (2005) "Governmentalities of local partnerships: the rise of a 'partnering' state", *Studies in Political Economy*, 85-108.

Lawrence, K. (2007) "Expanding comprehensiveness: structural racism and community building in the United States", in De Filippis and Saegert (2007a).

Leach, M. and Scoones, I. (2007) *Mobilising Citizens: Social Movements and the Politics of Knowledge* (Brighton: Institute of Development Studies).

Leadbeater, C. (1999) *Living on Thin Air* (London: Viking).

Leadbeater, C. and Christie, I. (1999) *To Our Mutual Advantage* (London: DEMOS).

Leat, D. (1999) "Holistic Budgets", unpublished.

Levitas, R. (1998) *The Inclusive Society? Social Exclusion and New Labour* (London: Macmillan).

Ledwith, M. (2005) *Community Development: A Critical Approach* (Bristol: The Policy Press).

Lipsky, M. (1979) *Street Level Bureaucracy* (New York: Russell Sage Foundation).

Lloyd, L. and Gilchrist, A. (1994) "Community caremongering: principles and practices", *Care in Place*, 1.2, 133-144.

Lo, J. and Halseth, G. (2009) "The practice of principles: an examination of CED groups in Vancouver, BC", *Community Development Journal*, 44, 80-110.

London Citizens (2010) http://www.londoncitizens.org.uk. Accessed 11 March 2010.

Loney, M. (1983) *Community Against Government* (London: Heinemann).

Lowery, D., de Hoog, R. and Lyons, W.E. (1992) "Citizenship in the empowered locality", *Urban Affairs Quarterly*, 28.1, 69-103.

Lowndes, V. (1995) "Citizenship and Urban Politics", in Judge, Stoker and Wolman (1995).

Lowndes, V. (2000) "Women and social capital: a comment on Hall's 'Social Capital in Britain'", *British Journal of Political Science*, 30, 533-540.

Lowndes, V. and Skelcher, C. (1998) "The dynamics of multi-organizational partnerships: an analysis of changing modes of governance", *Public Administration*, 76, 313-333.

Lowndes, V. and Sullivan, H. (2004) "Like a horse and carriage or a fish on a bicycle: how well do local partnerships and public participation go together? *Local Government Studies*, 30.1, 51-73.

Lowndes, V. and Wilson, D. (2001) "Social capital and local governance: exploring the institutional design variable", *Political Studies*, 49, 629-647.

Lukes, S. (2005) *Power: A Radical View*, Second edition. (London: Palgrave Macmillan).

Lupton, C., Peckham, S. and Taylor, P. (1998) *Managing Public Involvement in Healthcare Purchasing* (Buckingham: Open University Press).

Lyons, M. (2001) *Third Sector: The Contribution of Nonprofit and Cooperative Enterprises in Australia* (Crows Nest, NSW: Allen & Unwin).

MacFarlane, R. (1997) *Unshackling the Poor: A Complementary Approach to Local Economic Development* (York: Joseph Rowntree Foundation).

Maginn, P. (2002) "Community power in a cosmopolitan city : an ethnographic study of urban regeneration in three ethnically diverse localities in London", PhD thesis (London : South Bank University).

Maloney, W., Jordan, G. and McLaughlin, A. (1994) "Interest groups and public policy : the insider/outsider model revisited", *Journal of Public Policy*, 14, 17-38.

Maloney, W., Smith, G. and Stoker, G. (2000) "Social capital and urban governance : adding a more contextualised 'top-down perspective'", *Political Studies*, 48, 823-841.

March, J. and Olsen, J. (eds.) (1976) *Ambiguity and Choice in Organizations* (Oslo : Universitetesforlaget). (=1986, 遠田雄志, アリソン・ユング訳『組織におけるあいまいさと決定』有斐閣。)

Marris, P. (1982) *Community Planning and Conceptions of Change* (London : Routledge & Kegan Paul).

Marris, P. (1996) *The Politics of Uncertainty* (London : Routledge).

Marris, P. (1998) "Planning and civil society in the twenty-first century", in Douglass and Friedmann (1998).

Marris, P. and Rein, M. (1967) *Dilemmas of Social Reform* (New York : Atherton Press).

Marsalis, W. (1996) "The Music of Democracy", cited in S. Morse *Building Collaborative Communities* (Charlottesville, PA : Pew Partnership for Civic Change).

Marsh, A. and Mullins, D. (1998) "The social exclusion perspective and housing studies : origins, application and limitations", *Housing Studies*, 6, 749-759.

Marsh, D. and Rhodes, R. (1992) *Policy Networks in British Government* (Oxford : Oxford University Press).

Marshall, T.H. (1950) *Citizenship and Social Class* (Cambridge : Cambridge University Press). (=1993, 岩崎信彦・中村健吾訳『シティズンシップと社会的階級――近現代を総括するマニフェスト』法律文化社。)

Martin, G. and Watkinson, J. (2003) *Rebalancing Communities : Introducing Mixed Incomes into Existing Rented Housing Estates* (York : Joseph Rowntree Foundation).

Maslow, A.H. (1943) "A theory of human motivation", *Psychological Review*, 50.4, 370-396.

Matarasso, F. (2007) "Common ground : cultural action as a route to community development", *Community Development Journal*, 42.4, 449-458.

Mathers, J., Parry, J. and Jones, S. (2008) "Exploring resident (non) participation in the UK New Deal for Communities Regeneration Programme, *Urban Studies*, 45.3, 591-606.

Mayo, M. (1975) "Community development as a radical alternative", in R. Bailey and M.

Brake (eds.) *Radical Social Work* (London: Edward Arnold).

Mayo, M. (1997) "Partnerships for regeneration and community development: some opportunities, challenges and constraints", *Critical Social Policy*, 17.3, 3-26.

Mayo, M. and Taylor, M. (2001) "Partnerships and power in community regeneration", in S. Balloch and M. Taylor (eds.), *Partnership Working: Policy and Practice* (Bristol: The Policy Press).

McCulloch, A. (2000) "Evaluations of a community regeneration project: case studies of Cruddas Park Development Trust, Newcastle-pon-Tyne", *Journal of Social Policy*, 29.3, 397-420.

McLaughlin, K., Osborne, S. and Ferlie, E. (2002) (eds.) *New Public Management: Current Trends and Future Prospects* (London: Routledge).

Mead, L. (1985) *Beyond Entitlement* (New York: Basic Books).

Meekosha, H. (1993) "The Bodies Politic—equality, difference and community practice", in Butcher et al. (1993).

Melucci, A. (1988) "Social movements and the democratisation of everyday life", in J. Keane (ed.), *Civil Society and the State* (London: Verso).

Michels, R. (1915; reprinted 1962) *Political Parties* (New York: Free Press).

Milbourne, L. and Murray, U. (2010) "Negotiating interactions in state-voluntary sector relationships: competitive and collaborative agency in an experiential workshop", *Voluntas*, 2011, 22.1, 70-92.

Miller, C. and Bryant, R. (1990) "Community work in the UK: reflections on the 80s", *Community Development Journal*, 25.4, 316-325.

Milofsky, C. (1987) "Neighbourhood-based organisations: a market analogy", in W.W. Powell (ed.), *The Nonprofit Sector: A Research Handbook* (New Haven, CT: Yale University Press).

Milofsky, C. (2008) *Smallville: Institutionalizing Community in Twenty-First-Century America* (Medford, MA: Tufts University Press).

Milofsky, C. and Hunter, A. (1994) "Where non-profits come from: a theory of organisational emergence", paper presented to the Association for Research on Nonprofit Organisations and Voluntary Action, San Francisco, October.

Mingione, E. (1997) "Enterprise and exclusion", *DEMOS Collection*, 12, 10-12.

Misztal, B. (2000) *Informality: Social Theory and Contemporary Practice* (London: Routledge).

Misztal, B. (2003) *Theories of Social Remembering* (Maidenhead: Open University Press).

Misztal, B. (2005) "The new importance of the relationship between formality and

informality", *Feminist Theory*, 6.2, 173-194.
Monbiot, G. (1994) *No Man's Land : An Investigative Journey in Kenya and Tanzania* (London : Palgrave Macmillan).
Morison, J. (2000) "The government-voluntary sector compacts : governance, governmentality and civil society", *Journal of Law and Society*, 27.1, 98-132.
Morison, J. (2003) "Modernising government and the e-government revolution : technologies of government and technologies of democracy", in P. Leyland and N. Bamforth (eds.), *Public Law in a Multi-Layered Constitution* (Oxford : Hart Publishing).
Morrissey, J. (2000) "Indicators of citizen participation : lessons from learning teams in rural EZ/EC communities", *Community Development Journal*, 35.1, 59-74.
Morrow, V. (1999) "Conceptualising social capital in relation to the well-being of children and young people : a critical review", *The Sociological Review*, 47.4, 744-765.
Mosca, G. (1939) *The Ruling Class* (New York : McGraw-Hill). (=1973, 志水速雄訳『支配する階級』ダイヤモンド社。)
Mouffe, C. (1992) *Dimensions of Radical Democracy : Pluralism, Citizenship, Democracy* (London : Verso).
Mowbray, M. (2000) "Commentary on *Community Development Journal* Special Issue 'Community Development in Canada'", *Community Development Journal*, 35.3, 306-309.
Moynihan, D. (1969) *Maximum Feasible Misunderstanding : Community Action in the War on Poverty* (New York : Free Press).
Mulgan, G. (1991) "Citizens and Responsibilities", in G. Andrews (ed.), *Citizenship* (London : Lawrence & Wishart).
Murphy, P. and Cunningham, J. (2003). *Organizing for Community Controlled Development : Renewing Civil Society* (Thousand Oaks : Sage).
Murray, C. (1990) *The Emerging British Underclass*, Choice in Welfare Series no. 2 (London : IEA Health and Welfare Unit).
Naidu, R. (2008). "Deepening local democracy and governance — an experiential perspective", *The Governance Link*, Issue 4, Action Aid.
Narayan, D., Chambers, R., Shah, M. and Petesch, P. (2000) *Voices of the Poor : Crying Out for Change* (Washington, DC : World Bank).
Navarria, G. (2008) "Transparency, accountability and representativeness in the age of blogging : the complex case of beppogrillo.it", paper presented to "The normative implications of new forms of participation for democratic policy processes, CINEFOGO conference, Grythyttan, Sweden, 8-10 May.

NEF (New Economics Foundation) (2010) *Ten Big Questions about the Big Society* (London : New Economics Foundation).

Newman, J. (2001) *Modernising Governance : New Labour, Policy and Society* (Bristol : The Policy Press).

Newman, J. (ed.) (2005) *Remaking Governance : Peoples, Politics and the Public Sphere* (Bristol : The Policy Press).

Nisbet, R. (1953) *The Quest for Community* (Oxford : Oxford University Press). (= 1986, 安江孝司ほか訳『共同体の探求──自由と秩序の行方』梓出版社。)

Nisbet, R. (1960) "Moral Values and Community", *International Review of Community Development*, 5.

Nohria, N. and Eccles, R. (eds.) (1992) *Networks and Organizations : Structure, Form and Action* (Boston, MA : Harvard University Business Press).

O'Brien, D., Wilkes, J., de Haan, A. and Maxwell, S. (1997) *Poverty and Exclusion in North and South*, IDS Working Paper, 55 (Brighton : Institute of Development Studies).

O'Connor, A. (2007) "Swimming against the tide : a brief history of federal policy to poorer communities", in De Filippis and Saegert (2007a).

O'Donnell, D. and McCusker, P. (2007) "Enhancing political knowledge in the public sphere through eParticipation : where is the value ?" paper presented to "Citizen Participation in Policy Making, CINEFOGO conference, Bristol, February 2007.

O'Donovan, O. (2000) "Re-theorising the interactive state : reflection on a popular participatory initiative in Ireland", *Community Development Journal*, 35.3, 224-232.

Offe, C. and Heinze, R. (1992) *Beyond Employment* (Cambridge : Polity Press).

Ohlemacher, T. (1992) "Social relays : micro-mobilisation via the meso-level", Discussion Paper FS III 92-104 (Berlin : Wissenschaftzentrum).

Ohmer, M. and Beck, E. (2006) "Citizen participation in neighbourhood organizations in poor communities and its relationship to neighbourhood and organizational collective efficacy", *Journal of Sociology and Social Welfare*, 23.1, 179-202.

O'Neill, M. (1992) "Community participation in Quebec", *International Journal of Health Services*, 22.2, 287-301.

ONS (Office of National Statistics) (2003) www.statistics.gov.uk/CCI/nuggetasp ? ID=314, accessed 16 September 2010.

Onyx, J. and Dovey, K. (1999) "Celebration in the time of cholera : praxis in the community sector in the era of corporate capitalism", *Community Development Journal*, 34.3, 179-190.

Open Democracy (2010) http ://www.opendemocracy.net/ourkingdom/guy-aitchison

/what-can-london-citizens-teach-left, accessed 11 March 2010.

Osborne, D. and Gaebler, T. (1992) *Reinventing Government : How the Entrepreneurial Spirit is Transforming the Public Sector* (Reading, MA : Addison-Wesley). (=1995, 高地高司訳『行政革命』日本能率協会マネジメントセンター。)

Ouchi, W. G. (1980) "Markets, bureaucracies and clans", *Administrative Science Quarterly*, 25.1, 129-141.

Page, D. (2000) *Communities in the Balance : The Reality of Social Exclusion on Housing Estates* (York : York Publishing Services).

Pahl, R. (1970) *Patterns of Urban Life* (London : Longman).

Parliament of the Commonwealth of Australia (1995) *Discussion Paper on a System of National Citizenship Indicators* (Canberra : Senate Legal and Constitutional References Committee).

Parsons, W. (1995) *Public Policy* (Cheltenham : Edward Elgar).

Pateman, C. (1988) "The fraternal social contract", in J. Keane (ed.), *Civil Society and the State : New European Perspectives* (London : Verso).

Pearce, J. (2000) *Development, NGOs and Civil Society* (Oxford : Oxfam GB).

Pearce, J., Howard, J. and Bronstein, A. (2010) "Editorial : Learning from Latin America, *Community Development Journal*, 45.4, 265-275.

Peillon, M. (1998) "Bourdieu's field and the sociology of welfare", *Journal of Social Policy*, 27.2, 213-229.

Perkin, H. (1989) *The Rise of Professional Society* (London : Routledge).

Perri 6 (1997a) *Escaping Poverty : From Safety Nets to Networks of Opportunity* (London : DEMOS).

Perri 6 (1997b) "Social exclusion : time to be optimistic", *DEMOS Collection*, 12, 3-9.

Perri 6, Leat, D., Seltzer, K. and Stoker, G. (1999) *Governing in the Round : Strategies for Holistic Government* (London : DEMOS).

Perrow, C. (1992) 'Small firm networks', in S. Sjostrand (ed.) *Institutional Change : Theories and Empricial Findings* (New York : M. E. Sharpe).

Peters, B. and Pierre, J. (2001) "Developments in intergovernmental relations : towards multi-level governance", *Policy and Politics*, 29.2, 131-135.

Pitcoff, W. (1997) "Comprehensive community initiatives : Redefining community development", retrieved 4 October 2005 from : http://www.nhi.org/online/issues/96/ccis.html.

Piven, F.F. and Cloward, R. (1977) *Poor People's Movements : Why They Succeed, How They Fail* (New York : Pantheon Books).

Plant, R. (1974) *Community and Ideology : An Essay in Applied Social Philosophy*

(London : Routledge & Kegan Paul). (=1979, 中久郎・松本通晴訳『コミュニティの思想』世界思想社。)

Plant, R. (1990) "Citizenship and rights", in R. Plant and N. Berry, *Citizenship and Rights in Thatcher's Britain* (London : IEA Health and Welfare Unit).

Popple, K. (1995) *Analysing Community Work : Its Theory and Practice* (Buckingham : Open University Press).

Popple, K. and Shaw, M. (1997) "Social movements : reasserting community", in *Community Development Journal*, 32.3, 191-198.

Portes, A. (1995) "Economic sociology and the sociology of immigration : a conceptual overview", in A. Portes (ed.), *The Economic Sociology of Immigration* (New York : Russell Sage Foundation).

Portes, A. and Landolt, P. (1996) "The downside of social capital". *The American Prospect*, 26, 18-21.

Powell, F. (2009) "Civil society, social policy and participatory democracy : Past, present and future", *Social Policy and Society*, 8.1, 49-58.

Powell, F. and Geoghegan, M. (2004) *The Politics of Community Development* (Dublin : A&A Farmer).

Powell, W.W. (1990) "Neither market nor hierarchy : network forms of organization", *Research in Organizational Behaviour*, 12, 295-336.

Power, A. and Tunstall, R. (1995) *Swimming Against the Tide* (York : Joseph Rowntree Foundation).

Power, M. (1994) *The Audit Explosion* (London : DEMOS).

Power, M. (1997) *The Audit Society* (Oxford : Oxford University Press), reprinted 1999.

Power, M. (2003) 'Evaluating the Audit Explosion [comments]', *Law & Policy, vol. 25, Issue 3*, 185-202.

Pratchett, L., Durose, C., Lowndes, V., Stoker, G and Wales, C. (2009) *Empowering Communities to Influence Local Decision Making : A Systematic Review of the Evidence* (London : Communities and Local Government).

Pratt, J., Gordon, P. and Plamping, D. (1999) *Working Whole Systems* (London : King's Fund).

Prime, D., Zimmeck, M. and Zurawan, A. (2002) *Active Communities : Initial Findings from the 2001 Home Office Citizenship Survey* (London : The Home Office).

Purdue, D. (2001) 'Neighbourhood governance : leadership, trust and social capital', *Urban Studies*, 38.12, 2211-2224.

Purdue, D., Razzaque, K., Hambleton, R., Stewart, M. with Huxham, C. and Vangen, S.

(2000) *Community Leadership in Area Regeneration* (Bristol: The Policy Press).

Putnam, R. (1993) *Making Democracy Work* (Princeton, NJ: Princeton University Press). (＝2001, 河田潤一訳『哲学する民主主義――伝統と改革の市民的構造』NTT出版。)

Putnam, R. (2000) *Bowling Alone: The Collapse and Revival of American Community* (New York: Simon and Schuster). (＝2006, 柴内康文訳『孤独なボウリング――米国コミュニティの崩壊と再生』柏書房。)

Rappaport, J. (1998) "The art of social change: community narratives as resources for individual and collective identity", in X.B. Arriaga and S. Oskamp (eds.), *Addressing Community Problems: Psychological Research and Interventions* (London: Sage).

Reid, B. and Iqbal, B. (1996) "Redefining housing practice: interorganisational relationships and local housing networks", in P. Malpass (ed.), *The New Governance of Housing* (Harlow: Longman).

Revill, G. (1993) "Reading Roshill", in M. Keith and S. Pile (eds.), *Place and the Politics of Identity* (London: Routledge).

Rhodes, R. (1988) *Beyond Westminster and Whitehall: The Subcentral Governments of Britain* (London: Unwin Hyman).

Rhodes, R. (1997) *Understanding Governance* (Buckingham: Open University Press).

Rich, M., Giles, M. and Stern, E. (2007) "Collaborating to reduce poverty: views from city halls and community based organizations", in De Filippis and Saegert (2007a).

Richardson, L. (2008) *DIY Community Action: Neighbourhood Problems and Community Self-Help* (Bristol: The Policy Press).

Robertson, J. (1998) *Transforming Economic Life: A Millennial Challenge* (Schumacher Briefings, Dartington: Green Books).

Room, G. (1995) "Poverty in Europe: competing paradigms of analysis", *Policy and Politics*, 23.2, 103-113.

Rorty, R. (1998) *Achieving our Country: Leftist thought in Twentieth Century America*, Harvard University Press. (＝2000, 小澤照彦訳『アメリカ未完のプロジェクト――20世紀アメリカにおける左翼思想』晃洋書房。)

Rose, N. (1999) *Powers of Freedom: Reframing Political Thought* (Cambridge: Cambridge University Press).

Rose, S. (1998) *From Brains to Consciousness* (London: Allen Lane).

Rosenvallon, P. (1995) "The decline of social visibility", in J. Keane (ed.), *Civil Society and the State* (London: Verso).

Rothman, J. (2000) "Collaborative self-help community development: when is the strategy warranted?" *Journal of Community Practice*, 7.2, 89-105.

Rothman, J. and Tropman, J. (1993) "Models of community organizations and macro practice perspectives : their mixing and phasing", in F. Cox, J. Erlich, J. Rothman and J. Tropman (eds.), *Strategies of Community Organisation*, 4th edition (first published 1987) (Itasca, IL : FE. Peacock).

Rupp, L. and Taylor, V. (1987) *Survival in the Doldrums : The American Women's Rights Movement, 1945 to the 1960s* (Oxford : Oxford University Press).

Sabatier, P. (1988) "An advocacy coalition framework of policy change and the role of policy-oriented learning therein", *Policy Sciences*, 21, 129-168.

Saez, E. (2009) "Striking it richer : the evolution of top incomes in the United States", Institute for Research on Labor and Employment, Working Paper Series (Berkeley : Institute of Industrial Relations, University of California).

Salamon, L. (1995) *Partners in Public Service : Government-Nonprofit Relations in the Modern Welfare State* (Baltimore : The Johns Hopkins University Press). (＝2007, 大野哲明ほか訳『NPOと公共サービス──政府と民間のパートナーシップ』ミネルヴァ書房。)

Sampson, E. (1993) "Identity politics : Challenges to phychology's understanding", *American Psychologist*, 48. 12, 1219-1230.

Sampson, R. (2004) "Neighbourhood and community : collective efficacy and community safety", *New Economy*, 11, 106-113.

Sampson, R. (2007) "What community supplies", in De Filippis and Saegert (2007a).

Sampson, R. J., Raudenbush, S. and Earls, F. (1997) "Neighborhoods and violent crime : a multilevel study of collective efficacy", *Science* 277, 918-924.

Saunders, H. (1999) *A Public Peace Process : Sustained Dialogue to Transform Racial and Ethnic Conflicts* (New York : Palgrave Macmillan).

Saward, M. (2005) "Governance and the transformation of political representation", in J. Newman (2005).

Schattschneider, E. (1960) *The Semi-Sovereign People* (New York : Holt, Rinehart & Winston). (＝1972, 内山秀夫訳『半主権人民』而立書房。)

Schmitter, P. (1974) "Still the century of corporatism ?" *The Review of Politics*, 36.1, 85-131.

Schofield, B. (2002) "Partners in power : governing the self-sustaining community", *Sociology*, 36, 663-683.

Seibel, W. (1989) "The function of mellow weakness : non-profit organisations as non-problem solvers in Germany", in E. James (ed.), *The Nonprofit Sector in International Perspective* (Oxford : Oxford University Press).

Seligman, A. (1992) *The Idea of Civil Society* (New York : Free Press).

Seligman, M. (1975) *Helplessness* (San Francisco, CA : W.H. Freeman). (= 1985, 平井久・木村駿監訳『うつ病の行動学――学習性絶望感とは何か』誠信書房。)

Sen, A. (1999) *Development as Freedom* (Oxford : Oxford University Press). (= 2000, 石塚雅彦訳『自由と経済開発』日本経済新聞社。)

Sen, A. (2000) "Freedom's market", *The Observer*, 25 June, 29.

Sending, O. and Neumann, I. (2006) "Governance to governmentality : analyzing NGOs, states and power", *International Studies Quarterly*, 50.3, 651-672.

Senge, P. (1990) *The Fifth Discipline* (New York : Doubleday). (= 2011, 枝廣淳子・小田理一郎・中小路佳代子訳『学習する組織――システム思考で未来を創造する』英知出版。)

Servian, R. (1996) *Theorising Empowerment : Individual Power and Community Care* (Bristol : The Policy Press).

SEU (Social Exclusion Unit) (1998) *Bringing Britain Together : A National Strategy for Neighbourhood Renewal* (London : The Stationery Office).

SEU (Social Exclusion Unit) (2000) *A National Strategy for Neighbourhood Renewal : A Consultation Document* (London : The Stationery Office).

SEU (Social Exclusion Unit) (2001) *A New Commitment to Neighbourhood Regeneration : The Action Plan* (London : The Stationery Office).

Shaw, M. and Martin, I. (2000) "Community work, citizenship and democracy : re-making the connections", *Community Development Journal*, 35.4, 401-413.

Shepherd, A. (1998) "Participatory environmental management : contradiction of process, project and bureaucracy in the Himalayan foothills", in Blackburn and Holland (1998).

Shils, E. (1997) *The Virtue of Civility* (Indianapolis : Liberty Fund).

Shirlow, P. and Murtagh, B. (2004) "Capacity-building, representation and intracommunity conflict", Urban *Studies*, 41.1, 51-70.

Shore, C. and Wright, S. (1997a) *Anthropology of Policy : Critical Perspectives on Governance and Power* (London : Routledge).

Shore, C. and Wright, S. (1997b) "Policy : a new field of anthropology", in Shore and Wright (1997a).

Skelcher, C., McCabe, A., Lowndes, V. and Nanton, P. (1996) *Community Networks in Urban Regeneration : "It all depends who you know !"* (Bristol : The Policy Press).

Skidmore, P., Bound, K. and Lownsbrough, H. (2006) "Do policies to promote community participation in governance build social capital ?" (York : Joseph Rowntree Foundation).

Skocpol, T. (1996) "Unravelling from above", *The American Prospect*, 25, 20-25.

Smith, A., Schlozman, K., Verba, S. and Brady, H. (2009) *The Internet and Civic Engagement* (Washington DC: Pew Foundation), accessed on http://www.pewinternet.org/Reports/2009/15-The-Internet-and-Civic-Engagement.aspx.

Smith, M.J. (1993) *Pressure, Power and Policy* (Brighton: Harvester Wheatsheaf).

Smock, K. (2003) *Democracy in Action: Community Organizing and Urban Change* (New York: Columbia University Press).

Somerville, P. (2005) "Community governance and democracy", *Policy and Politics*, 33.1, 117-144.

SQW (Segal Quince Wicksteed) (2005) *Improving Delivery of Mainstream Services in Deprived Areas: The Role of Community Involvement* (London: Communities and Local Government).

Stewart, M. (1999) *Local Action to Combat Exclusion* (London: Department of the Environment, Transport and the Regions).

Stewart, M. (2002) "Compliance and collaboration in local government", in Cars et al. (2002).

Stewart, M. and Taylor, M. (1995) *Empowerment and Estate Regeneration: A Critical Review* (Bristol: The Policy Press).

Stoecker, R. (2007) "The CDC model of urban development: a critique and an alternative", in De Filippis and Saegert (2007a).

Stoker, G. (1995) "Regime theory", in Judge, Stoker and Wolman (1995).

Stoker, G. (1998) "Governance as theory: 5 propositions", *International Social Science Journal*, 155, 17-28.

Stoker, G. and John, P. (2009) "Design experiments: Engaging policy makers in the search for evidence about what works", *Political Studies* 57, 2, 337-373.

Stone, C. (1989) *Regime Politics: Governing Atlanta 1946-1988* (Lawrence, KS: University Press of Kansas).

Stone, D. (1989) "Causal stories and the fixation of policy agendas", *Political Science Quarterly*, 104.4, 281-300.

Storper, M. (1998) "Civil society: three ways into a problem", in Douglass and Friedmann (1998).

Suttles, G. (1972) *The Social Construction of Community* (Chicago, IL: University of Chicago Press).

Swyngedouw, E. (2005) "Governance innovation and the citizen: the Janus-face of governance-beyond-the-state", *Urban Studies*, 42, 11, 1991-2006.

Tajfel, H. (1981) *Human Groups and Social Categories: Studies in Social Psychology* (Cambridge: Cambridge University Press).

Tam, H. (1998) *Communitarianism* (London : Palgrave Macmillan).

Tarrow, S. (1994) *Power in Movement : Social Movements, Collective Action and Politics* (Cambridge : Cambridge University Press).

Tarrow, S. (1996) "Making social science work across time and space : a critical reflection on Robert Putnam's *Making Democracy Work*", *American Political Science Review*, 90.2, 389-397.

Tarrow, S. (1998) *Power in Movement : Social Movements and Contentious Politics*, 2nd edition (Cambridge : Cambridge University Press). (=2006, 大畑裕嗣監訳『社会運動の力——集合行為の比較社会学』彩流社。)

Tawney, R. (1926) "Adult Education and the History of the Nation", paper read at the Fifth Annual Conference of the British Institute for Adult Education.

Taylor, M. (1995a) "Community work and the state : the changing context of UK practice", in Craig and Mayo (1995).

Taylor, M. (1995b) *Unleashing the Potential : Bringing Residents to the Centre of Estate Regeneration* (York : Joseph Rowntree Foundation).

Taylor, M. (1998) "Combating the social exclusion of housing estates", *Housing Studies*, 13.6, 819-832.

Taylor, M. (2000a) "Communities in the lead : power, organisational capacity and social capital", *Urban Studies*, 37.5/6, 1019-1035.

Taylor, M. (2000b) *Top Down Meets Bottom Up : Neighbourhood Management* (York : Joseph Rowntree Foundation).

Taylor, M. (2001) "Partnership : insiders and outsiders", in M. Harris and C. Rochester (eds.), *Voluntary Organisations and Social Policy in Britain : Perspectives on Change and Choice* (London : Palgrave Macmillan).

Taylor, M. (2006) "The nature of community organizing : social capital and community leadership", in R. Cnaan and C. Milofsky (eds.), *The Handbook of Community Movements and Local Organizations* (New York : Springer).

Taylor, M. (2007a) "Community participation in the real world : opportunities and pitfalls in new governance spaces", *Urban Studies*, 44.2.

Taylor, M. (2007b) *Neighbourhood Management and Social Capital*, Neighbourhood Management Pathfinder Programme National Evaluation : Theme Report I (London : SQW).

Taylor, M. and Hoggett, P. (1994) "Trusting in networks ? The third sector and welfare changes", in P. 6 and I. Vidal (eds.), *Delivering Welfare* (Barcelona : Centre d'Iniciatives de l'Economia Social).

Taylor, M. and Parkes, T. (2001) *Brighton Urban : Draft Report on Phase III of the*

Evaluation (Brighton : Health and Social Policy Research Centre).

Taylor, M. and Seymour, L. (2000) *Brighton Urban : Draft Report on Phase II of the Evaluation* (Brighton : Health and Social Policy Research Centre).

Taylor, M. and Warburton, D. (2003) "Legitimacy and the role of UK third sector organizations in the policy process", *Voluntas*, 14.3, 321-339.

Taylor, M., Barr, A. and West, A. (2000) *Signposts to Community Development* (London : Community Development Foundation).

Taylor, M., Craig, G. and Wilkinson, M. (2002) "Co-option or empowerment : the changing relationship between the state and the voluntary and community sectors", *Local Governance*, 28.1, 1-11.

Taylor, M., Harris, V., Howard, J., Lever, J., Mateeva, A., Miller, C., Petrov, R., Serra, L. (2009) *Dilemmas of Engagement : The Experience of Non-Governmental Actors in New Governance Spaces*, Non-Governmental Public Action Programme (NGPA), Research Paper 31 (London : London School of Economics).

Taylor, M., Howard, J. and Lever, J. (2010) "Citizen participation and civic activism in comparative perspective", *Journal of Civil Society*, 6.2, 145-164.

Taylor, M., Kestenbaum, A. and Symons, B. (1976) *Principles and Practice of Community Work in a British Town* (London : Community Development Foundation).

Taylor, M., Hoyes, L., Lart, R. and Means, R. (1992) *User Empowerment in Community Care* (Bristol : School for Advanced Urban Studies).

Taylor, M., Langan, J. and Hoggett, P. (1995) *Encouraging Diversity : Voluntary and Private Organisations in Community Care* (Aldershot : Arena).

Taylor, M., Wilson, M., Purdue, D. and Wilde, P. (2007) *Changing Neighbourhoods : Lessons from the JRF Neighbourhoods Programme* (Bristol : The Policy Press).

Taylor, P. and Lupton, C. (1995) *Consumer Involvement in Health Care Commissioning*, Report no. 30 (Portsmouth : Social Services Research and Information Unit, University of Portsmouth).

Taylor, V. (1995) "Social reconstruction and community development in the transition to democracy in South Africa", in Craig and Mayo (1995).

Tester, K. (1992) *Civil Society* (London : Routledge).

Thake, S. (1995) *Staying the course : The Role and Structures of Community Regeneration Organisations* (York : York Publishing Services).

Thane, P. (1982) *The Foundations of the Welfare State* (Harlow : Longman).

Thekaekara, S. (2000) "Does Matson matter ? Assessing the impact of a UK neighbourhood project", *Development in Practice*, 10.3/4, 556-572.

Thomas, D. (1983) *The Making of Community Work* (London: Allen & Unwin).

Thompson, E.P. (1963) *The Making of the English Working Class* (London: Victor Gollancz).

Thompson, G., Frances, J., Levacic, R. and Mitchell, J. (1991) *Markets, Hierarchies and Networks: The Co-Ordination of Social Life* (London: Sage).

Tilly, C. (1999) *Durable Inequality* (Berkeley: University of California Press).

Tönnies, F. (1955) *Community and Association* (London: Routledge & Kegan Paul).

Tuckett, I. (1988) "Coin Street—there is another way", *Community Development Journal*, 23.4, 249-257.

Tuckett, I. (1999) "Some issues for government and development trusts", in *Development Trusts Association, Making Regeneration Stick: Symposium Report* (London: Development Trusts Association).

Tungaranza, F. (1993) "Social networks and social care in transition", *Social Policy and Administration*, 27.2, 141-150.

Twelvetrees, A. (ed.) (1998a) *Community Economic Development: Rhetoric or Reality* (London: Community Development Foundation).

Twelvetrees, A. (1998b) "Preface", in Twelvetrees (1998a).

Twelvetrees, A. (1998c) "Towards comprehensive community economic development", in Twelvetrees (1998a).

Twelvetrees, A. (1998d) "The growth of CED in the UK", in Twelvetrees (1998a).

UK Coalition Against Poverty (1998) *Eradicate Poverty!! A Resource Pack for Community Organisations* (London: UK Coalition Against Poverty).

UNDP (United Nations Development Programme) (1993) *Human Development Report* (Oxford: Oxford University Press).

Unger, R. (1987) *False Necessity* (Cambridge: Cambridge University Press).

Uphoff, N. (1995) "Why NGOs are not a third sector: a sectoral analysis with some thoughts on accountability, sustainability and evaluation", in Edwards and Hulme (1995c).

Uphoff, N., Esman, M. and Krishna, A. (1998) *Learning from Instructive Experiences in Rural Development* (West Hartford, CT: Kumarian Press).

Urban Forum (2008) *Urban Forum CEN Research 2008* (London: Urban Forum).

Vinson, T., Baldry, E. and Hargreaves, J. (1996) "Neighbourhoods, networks and child abuse", *British Journal of Social Work*, 26, 523-543.

Wacquant, L. (1993) "Urban outcasts: stigma and division in the black American ghetto and the French urban periphery", *International Journal of Urban and Regional Research*, 17.3, 365-383.

Waddington, M. and Mohan, G. (2004) "Failing forward : going beyond PRA and imposed forms of participation", in Hickey and Mohan (2004a).
Waddington, P. (1979) "Looking ahead : community work in to the 1980s", *Community Development Journal*, 14.3, 224-234.
Walzer, M. (1992) "The civil society argument", in Mouffe (1992).
Walker, M. (1995) "Community spirit", *The Guardian*, 13 March.
Warah, R. (1997) "The partnership principle", *Habitat Debate*, 3.1, 1-5 (United Nations Centre for Human Settlements).
Warburton, D. (2009a) *Community and Sustainable Development : Participation in the Future* (London : Earthscan).
Warburton, D. (2009b) "A passionate dialogue : community and sustainable development", in D. Warburton (ed.), *Community and Sustainable Development : Participation in the Future*.
Warren, C. (1996) "Family support and the journey to empowerment", in C. Carman and C. Warren (eds.), *Social Action with Children and Families* (London : Routledge).
Watson, D. (1994) *Putting Back the Pride : A Case Study of a Power-Sharing Approach to Tenant Participation* (Liverpool : Association of Community Technical Aid Centres).
Wellman, B. (1979) "The community question : the intimate networks of East Yorkers", *American Journal of Sociology*, 84.5, 1201-1231.
Whaites, A. (2000) "Let's get civil society straight : NGOs, the state and political theory", in Pearce (2000).
White, S. (1996) "Depoliticising development : the uses and abuses of participation", *Development in Practice*, 6.1, 6-15.
Wilcox, D. and Mackie, D. (2000) "Making the internet work for partnerships", *Town and Country Planning*, 69.5, 161-163.
Wilkinson, D. and Applebee, E. (1999) *Implementing Holistic Government : Joined up Action on the Ground* (Bristol : The Policy Press).
Wilkinson, R. (1997) *Unhealthy Societies : The Afflictions of Inequality* (London : Routledge).
Wilkinson, R. and Picket, K. (2009) *The Spirit Level* (London : Allen Lane). (＝2010, 酒井泰介訳『平等社会――経済成長に代わる，次の目標』東洋経済新報社。)
Williams, C. and Windebank, J. (2000) "Helping each other out ? Community exchange in deprived neighbourhoods", *Community Development Journal*, 35.2, 146-156.
Williams, C. and Windebank, J. (2001) "Beyond social inclusion through employment :

harnessing mutual aid as a complementary social inclusion policy", *Policy and Politics*, 29.1, 15-27.

Williams, F. (1993) "Women and community", in J. Bornat (ed.), *Community Care : A Reader* (London : Palgrave Macmillan).

Willmott, P. (1986) *Social Networks, Informal Care and Public Policy* (London : Policy Studies Institute).

Wilson, J. (1995) *Two Worlds : Self-help Groups and Professionals* (Birmingham : British Association of Social Workers).

Wilson, W.J. (1996) *When Work Disappears* (New York : Knopf).

Wistow, G., Knapp, M., Hardy, B. and Allen, C. (1992) "From providing to enabling : local authorities and the mixed economy of social care", *Public Administration*, 70, 24-45.

Wolfe, A. (1992) "Democracy versus sociology : boundaries and their sociological consequences", in M. Lamont and M. Fournier (eds.), *Cultivating Differences : Symbolic Boundaries and the Making of Inequality* (Chicago, IL : University of Chicago Press).

Woliver, L. (1996) "Mobilising and sustaining grass-roots dissent", *Journal of Social Issues*, 52.1, 139-152.

Woolcock, M. (1998) "Social capital and economic development", *Theory and Society*, 27.2, 151-207.

Woolcock, M. (2001) "The place of social capital in understanding social and economic outcomes", *Canadian Journal of Policy Research*, 65-82.

World Bank (2010a) http://go.worldbank.org/3RB76M9CU0, accessed 9 April 2010.

World Bank (2010b) http://go.worldbank.org/COQTRW4QFO, accessed 16 September 2010.

World Bank (2010c) http://siteresources.worldbank.org/INTEMPOWERMENT/Resources/14657_Partic-Budg-Brazil-web.pdf, accessed 9 April 2010.

Yeo, S. (2001) "Co-operative and mutual enterprises in Britain : a usable past for a modern future", unpublished, but available at s.yeo@pop3.poptel.org.uk and summarised in S. Yeo (2001) "Making membership meaningful : the case of older co-operative and mutual enterprises (CMEs) in Britain", in N. Deakin (ed.), *Membership and Mutuality*, Report no. 3 (London : Centre for Civil Society).

Young, I.M. (2007) "Five faces of oppression", in De Filippis and Saegert (2007a).

Young, J. (1971) *The Drugtakers : The Social Meaning of Drug Use* (London : McGibbon & Kee).

Zdenek, R.O (1998) "An overview of CDCs in the US", in Twelvetrees (1998a).

Zucker, L. (1986) "Production of trust : Institutional sources of economic structure

1920-1940", in S. Bacharach (ed.) *Research in Organizational Behavior* (Greenwich, CA : JAI Press).

監訳者あとがき

　本書は，マリリン・テイラーが長年にわたって行ってきた研究の集大成に当たるものといってよい。テイラーは，実務者からシンクタンク，大学の研究者に転出した人であり，サード・セクター論の世界的権威である。にもかかわらず，2012年に先生にお会いした時に，私は単なる「実務家です」と謙虚に述べておられたのが私には非常に印象に残っている。テイラーは，実務的視点を常に忘れずに，政治，行政，福祉，社会学，組織論関係の文献を渉猟し，理論と実践を融合する研究者であるといえる。

　彼女は，コミュニティという問題にこだわりながらも決して皮相的になることなく，現場の視点を持ちながら，多面的にかつ，深い洞察を加えている。そこに流れる信念は，コミュニティの中にあって排除され続けている人たちをどのようにして包摂していくのかという問題に注がれているといえるだろう。

　本書では，1960年代に脚光を浴びたコミュニティ政策が1970年代に入って経済危機の中でいとも簡単に崩壊していった過程を現在に照らし合わせて議論している。彼女の言葉を借りると歴史は繰り返されるのである。ただ，情報化の進展，グローバリゼーションのさらなる進展など，1970年代との相違点も多くあることは確かである。さらに，イギリス及びOECD諸国を中心とする理論が発展途上国にどこまで当てはまるのかに関して，本書では多くの紙面を割いて論述している。その中で，発展途上国の事例を挙げながら，今日において，発展途上国の参加の取り組みが先進国において多方面にわたって取り入れられていることを明らかにしている。

　また，2016年に入ってからのイギリスの国民投票におけるEU離脱派の勝利，アメリカのトランプ共和党大統領の登場など中間層の没落と排外主義的動きについては，テイラーは本書のコミュニティ分析の中で十分に説明しているともいえる。

　ひるがえって，わが国のコミュニティ政策はどうなのかについて，テイラー

は，日本語版への序文において，経済的停滞，小さな政府への志向など，イギリス同様の社会経済的背景を述べつつ，歴史，文化の相違が政策に与える影響を十分考慮する必要があることにも言及している。

　本書は，彼女の述べる通り，40年にわたってコミュニティの問題に取り組んできた研究者のコミュニティ政策に関する長い旅路 (long journey) であり，我々日本の研究者や実務家が，その含意をくみ取り，政策に活かしていくことが求められていると言えるだろう。

　最後に，2011年に本書の第2版が出版され，もっと早く翻訳書を出版するはずであったが，監訳者の業務多忙によってずいぶんと遅れてしまったことをテイラー先生本人，各訳者にお詫びしたい。また，同志社大学社会学部の永田祐先生はイギリスのコミュニティの状況に詳しく，多くの助言をいただき，多大な労力を使わせてしまった。この紙面を借りてお詫びとお礼を申し上げたい。もちろん，訳書の内容に関する責任は監訳者である私がすべて負っている。

　このあとがきをもって，福地潮人，大村和正，竹島博之，今井良広，村上真の各訳者の先生方，翻訳とともに，日本語版の出版にあたっての事務的なことなど多大な尽力をいただいた岩満賢次先生，これらの方々と監訳者である牧里毎治先生と私の長い旅を終わりにしたい。また，本書の出版を快くお引き受けいただき，我々を気長にかつ温かい目で見守って下さったミネルヴァ書房の音田氏には心より感謝を申し上げる次第である。

　本書が，日本のコミュニティ政策の研究者，実務担当者，社会的包摂に関心をいだき今日のコミュニティの分断に危機感を持つ多くの人々にとって何らかの示唆を与え，政策や実践に活かされることができるなら望外の喜びである。

2016年11月

金川幸司

索　引

あ　行

アイデンティティ　220, 227, 229, 235, 238, 277-281, 284, 299, 304
アウトサイダー　159
アカウンタビリティ　34, 84, 195, 196, 203, 205, 211, 215, 326, 333, 335, 336, 359
　　上向きの――　318
　　下向きの――　318
　　政治的――　334
「アゴラ」の喪失　13
アジェンダ　161, 167
アースティン, S.　176
アースティンの梯子　250
アセット・トランスファー　206
アソシエーション　58, 59, 62, 65, 67, 69, 76, 84, 87, 92
　　――・モデル　157
　　ボランタリー・――　65
アソシエーティブ・デモクラシー　76
新しい社会運動　269
アドボカシー連合　161
アーバン・プログラム　40
アボット, J.　167, 168, 181
アメイジング・グレイス　259
アリザマ　225
アリンスキー, S.　271
アンダークラス　15
意識化　221
イシュー・ネットワーク　158
異種同形化　321
偉大なる譲歩　361
一般空間　212, 266, 303, 304, 333, 350, 354
一般市民による監査　318
イニシアチブ　232
イヤー・ゼロ　293
「入れ子」構造　323

インサイダー　159
インセンティブ　311
インターネット　312
インフォーマリティ　325
インフォーマル性　71, 72, 90, 92
エコシステム　89
エリート優位主義　128
エリート理論　129
遠隔統治　165
エンタープライズ・コミュニティ・プログラム　173
エンパワメント　176, 179, 217, 218, 220, 221, 223, 225, 226, 229, 234, 235, 243, 244, 280-282, 297
　　――・ゾーン　173, 184, 209, 308, 311, 330
　　――の「樹木」　273
　　――の旅　142
　　――のパラドックス　265
欧州地域再生事業　107
欧州貧困撲滅プログラム　100
オピニオン・リーダー　225
オルソン, J.　160
オレゴンの実験　169, 170

か　行

界　134
貝殻制度　126
階級運動　269
開発学研究所　179
カオスの縁　347
影の国家　254
学校別教育達成度一覧表　104
寡頭制の鉄則　88
ガバナンス　19, 44, 47, 83, 84, 91, 162, 183, 185, 186, 218, 358, 360, 361
　　――空間　301
　　――理論　163

401

利害関係者型―― 335
家父長主義 128
　――的構造的フェミニズム 129
関係資本 59
関係の遮断 146
監視 132
記述的なコミュニティ 50
傷ついたライオン 209, 334
機能付与型国家 163
規範型同型主義 165
規範的同型化 136
規範的なコミュニティ 52, 54
逆コミュニティ 289
客観的事実 312
救済に値しない貧民 98
救済に値する貧民 98
救貧院 98
休眠構造 350
教育エージェント 267
教育優先地域プログラム 33
境界架橋者 321, 327, 354
協議民主主義 169
強制的同型化 136
協同組合 67
規律 132
キングダン, J. 161
近隣再生 315
近隣再生国家戦略 186
近隣地域 217, 218, 230, 233, 235, 236, 238, 240, 242, 277, 282, 284, 286, 289, 293, 295, 299
近隣地区再生 308
　――のための国家戦略 34, 42
近隣地区就労支援基金 42
クリントン政権 173
グローバリゼーション 337, 348
グローバルな反資本主義 269
経営管理主義 165
経済権 148
ゲゼルシャフト 71, 75
　――型コミュニティ 77
欠如モデル 107
ゲマインシャフト 74

権限移譲の文化 260
健康アクション・ゾーン 188
原始のスープ 161
現場に根差したプランニング 235, 240
権力地図 223
権力中心型のアプローチ 38
権力の「毛細血管的」な特徴 133
公共選択論 160
「公共」の衰退 13
交渉型の開発 45
交渉による発展 168
構造基金 172
構造的フェミニズム 128
構造的不平等 99, 107, 128
構造を転換させる力 137
公民権 148
合理的科学アプローチ 131
『コカイン・ナイト』 120
国際連合開発計画 127
黒人資本主義 253
互恵組織 66, 67, 91
互酬性 56, 63, 69, 70, 72, 82
　継続的な―― 78
国家のパラドックス 330
コ・プロダクション 145, 251
コーポラティスト型モデル 157, 160
「ゴミ箱」理論 160, 351
コミュニケーション的行為 138, 343, 347
コミュニタリアニズム 56-58, 74, 114
コミュニティ・アート 223
コミュニティ・エンパワメント 2-4, 6, 20, 272, , 298
コミュニティ開発 13, 26
　――公社 35, 42, 43, 68, 245
　――トラスト 246
コミュニティ実践 25
コミュニティ主導型開発 62
コミュニティ・センター 234
「コミュニティ組織化」アプローチ 38
コミュニティ中心型組織 43
コミュニティ積立金 263
コミュニティ・トレーナー 315

コミュニティ・ニューディール　188
コミュニティの結束　27
コミュニティの再生　29, 31
コミュニティの組織化　39, 40
コミュニティの変革　25
コミュニティ・マネジメント　35, 43
　　外部主導型の――　252
コミュニティ密着型組織　195
コミュニティ・ワーカー　142, 224, 228, 234, 282, 288, 298, 304, 320
根拠に基づく実践　131
コンセンサス文化　319

さ　行

サッチャー政権　10, 34, 40
サード・セクター　16, 89
サバルタン的公共性　266
サービスの商品化　309
参加型活動調査　222, 223
参加型民主主義　360
参加型予算　262
参加の拒否　146
参加の常連　285, 288
ジェソップ, B.　175
市街地開発計画　33
思考の統制エコノミー　170, 178
自己効力感　114
自己調整型統治　162
資産中心型アプローチ　26
資産の所有　252
システムの失敗　34, 35
実態的権利　150
シティズンシップ　75
シティ・チャレンジ　207, 211
自発的ゲットー　120
自発的な服従　133, 309
『シビル』　97, 98
市民参加の階梯　176
市民社会　2, 6, 22, 49, 62, 63, 72, 84, 86-88, 95
　　――概念の用法　64
市民性　89, 358
　　――の不在　119
市民的態度　89
市民のコントロール　177
市民陪審員　258
市民パネル　169
社会運動論　266
社会起業家精神　253
社会権　148
社会資産　299, 300
社会的アイデンティティ　146
社会的企業　35, 42
社会的シティズンシップ・アプローチ　152
社会的な要素　116
社会的排除　43, 45, 330
社会的リレー　299
ジャズ　307
周縁的インサイダー　200, 201
周縁な人たち　346
集合的効力感　62, 114
従順な身体　139
住宅購入権　102
柔軟な弱さ　346
住民組織化モデル　271
熟議民主主義　169, 178, 235
　　――事業　257
熟知しているユーザー　178, 179
主体性の意識　101
主体的行為　140
主張を行う空間　245
準政府組織　10, 40
順応　107
順法闘争　268
障害者運動　150
障害者の戦い　133
消極的権利　148
条件整備型（国家）　168
条件付型の権利　149
招待空間　186, 212, 213, 266, 333, 350, 354
象徴資本　134
消費者憲章　145
消費主義　179
　　――者　170
消費文化　337

403

新経営管理主義　44, 317
新公共経営管理　131, 164
人工コミュニティ　120
進行役　313
人材開発報告書　127
新自由主義　40
陣地戦　64
浸透性のある場所　218, 239, 242
新都市左派　10
侵入から守られた近隣　120
親密性の専制　340
信頼　70-72
推進者　316
スコットランド啓蒙主義　63
スティグマ　106
　——化　105
ステレオタイプ　106
　——化　105
ストーカー　159
ストリート・レベルの官僚　160
スミス，A.　147
政策アジェンダ　180
政策共同体　158, 159
政策志向型学習　161
政策仲介者　161
政策の流れ　161
政治権　148
政治的エンパワメント戦略　39
政治的機会　357
政治リテラシー　224, 225
成人教育　234
制度的同型化　136
責任化　346
積極的権利　148
セラピー的政治　170
「ゼロサム」財　127
全国近隣再生戦略　207
全国コミュニティ開発計画　33
全国コミュニティ開発事業　9
潜在能力　152
「全体システム」アプローチ　327
ソーシャル・アクション　146

「——」アプローチ　38
ソーシャル・キャピタル　1-3, 6, 17, 22, 29, 49, 58, 59-61, 71, 72, 81-84, 113, 173, 214, 217, 219, 229, 230, 235, 242, 294, 297, 339, 340, 358, 360
　結合型——　125
　垂直的な——　85
　水平的な——　85
　内部結束型——　60, 77, 80, 85
　橋渡し型——　60, 61, 77, 80, 85
　連携型——　60, 61, 264, 325
ソーシャル・ワーカー　142
組織化　219, 225, 226, 229, 277, 279, 299
素朴なユーザー　179

た　行

代議制民主主義　360
第三のガバナンス空間　135
対話型国家　166
多元主義　157
　——アプローチ　157
　——者　129
縦割り気質　316
多様な選択肢の存在　119
単一再生予算　207
地域再投資法（アメリカ）　254
地域指定型の政策　102
地域での所有　247
地域密着型の住宅協会（スコットランド）　245
力の回路　132
力を与えること　132
地区管理事業体（フランス）　245
仲介作用　167
忠誠　143
強いツール　315
強いつながり　78
強い民衆　336
ディケンズ，C.　97
ディズレーリ，B.　97
手続的権利　150
デプリベーション　37, 46
　——のサイクル　28

索　引

同化　210, 215
透過性のある場所　125
道具的なコミュニティ　54
同型化　192
統制すること　132
統治性　163
　　――学派　346
　　――理論　189, 192
道徳的アンダークラス言説　28, 149
特権的な経路　138
トップダウン型アプローチ　221
ドライゼック，J.　175, 178
トランジション・タウン　270

な 行

内的な力　142
内部からの批判　257
名づけの力　267
ニュー・レイバー政権　12, 34, 58
ニューパブリックマネジメント　164
人間の機能化　153
ニンビー（NIMBY）症候群　74
ネオリベラル型経済言説　164
ネットワーク　68-70, 72, 82, 83, 86, 87, 91
　　――開発　230
　　――の拡大　277, 297, 305
　　――の貧困　122
　　非公式な――　229-231
能動的主体　139, 257
能力形成　218, 238, 314

は 行

バウマン，Z.　170, 178
発言　143
パートナーシップ　44, 47, 162, 169, 171, 172, 175, 176, 181, 183, 185-190, 192-195, 197, 201-204, 206-214, 237, 285, 287-291, 293-295, 300-302, 339, 357
　　――・ワーキングの学習曲線　328
パットナム，R.　1, 58-60
パトロン－クライアント関係　88
派閥の弊害　86

ハビトゥス　134
パワーの回路　228, 244
非政府組織　11
ビッグ・ソサイエティ　29
　　――構想　40, 66
批判的民衆教育　39
平等人権委員会　154
平等に関する報告書　154
開かれた自律的な空間　266
貧困との戦い　9, 36, 37, 40, 340, 341, 344
ファシリテーション　228, 238
ファシリテーター　223, 238, 239, 322
フーコー，M.　132, 163
フェミニスト運動　140
フォーマリティ　325
フォーラム・ワーガス　174
不可欠な再帰性　361
複雑性理論　166, 257
ブルデュー，P.　166
文化及び象徴資本　132
分断されたコミュニティ　120
ヘゲモニー　63, 130
偏向の動員　130
包括的コミュニティ計画　33
包括的討論　347
法的権利　148
補完性原理　172
「ポジティブ・サム」財　127
ポストモダン脱構築理論　153
ポピュリスト　170
保有の多様性　241, 242
ポルト・アルグレ市　174

ま 行

マイクロ・クレジット　246
マキアヴェリ　132
マーシュ，D.　158, 162
マズローの欲求5段階説　114, 148
マーチ，J.　160
まなざし　133
マルクス主義　128, 129
マルチカルチュラリズム　280

マルチコミュニタリアニズム　280
マルチ・ステークホルダー　172
ミクロレベルでの交換　247
民主的シティズンシップ　150
命令する力　129
メソジスト信仰復興運動　67
メディア　217, 220, 237
メンター　292
メンバーシップ　232
目標達成型政治　165
モニタリング　195-198, 214
模倣形態　136
模倣的同型化　136
問題構成　221, 222
モンドラゴン・ネットワーク　68

や　行

やっかいな問題　308
有限責任のコミュニティ　120
郵便番号による差別　109
優良事例　312
「要求を行う」空間　212, 266
要塞都市　74
弱いツール　315

弱いつながり　78

ら・わ　行

ラディカル・ハビトゥス　139, 257
リーダーシップ　232, 277, 285, 292-294, 297, 304, 305
リスク　317
離脱　143
立法演劇　258
リバイアサン　132
レジーム理論　171
レジリエンス　356
　コミュニティの――　26, 28, 62
連邦主導の郊外への大移動　102
ローズ, N.　163
ローズ, R.　158, 162
ロビイスト　227
ワークショップ　225

欧　文

CDC　→　コミュニティ開発公社
NGOs　→　準政府組織
PAR　→　参加型活動調査

訳者紹介 (所属，執筆分担，執筆順，＊は監訳者)

＊牧里毎治（監訳者紹介参照，監訳者まえがき）

福地潮人（中部学院大学人間福祉学部准教授，第1章～第5章）

岩満賢次（愛知教育大学教育学部准教授，序文・謝辞・第6章・第7章・第11章）

大村和正（立命館大学・関西学院大学等非常勤講師，第8章）

今井良広（兵庫県企画県民部地域創生課長，第9章・第14章）

竹島博之（東洋大学法学部教授，第10章・第12章）

村上真（奈良県立医科大学非常勤講師，第13章）

＊金川幸司（監訳者紹介参照，監訳者あとがき）

監訳者紹介

牧里毎治（まきさと・つねじ）

1948年生まれ。
1977年　大阪市立大学大学院生活科学研究科社会福祉学専攻後期博士課程中退。
現　在　関西学院大学名誉教授・関東学院大学客員教授。
主　著　『自発的社会福祉と地域福祉』（共編著）ミネルヴァ書房，2012年。
　　　　『ビギナーズ地域福祉』（共編）有斐閣，2013年。
　　　　『これからの社会的企業に求められるものは何か──カリスマからパートナーシップへ』
　　　　（監修）ミネルヴァ書房，2015年。

金川幸司（かながわ・こうじ）

1956年生まれ。
1986年　埼玉大学大学院政策科学研究科修士課程修了（博士，政策科学）。
現　在　静岡県立大学経営情報学部教授。
主　著　「イギリスのパートナーシップ型地域再生政策の評価──第三の道とビッグソサイエティ」『地方自治叢書25』日本地方自治学会編，敬文堂，2013年。
　　　　『日本のソーシャルビジネス』（共著）日本政策金融公庫総合研究所編，2015年。

　　　　　　コミュニティをエンパワメントするには何が必要か
　　　　　　　　　──行政との権力・公共性の共有──

2017年5月30日　初版第1刷発行　　　　　　　〈検印省略〉

定価はカバーに
表示しています

監 訳 者	牧　里　毎　治
	金　川　幸　司
発 行 者	杉　田　啓　三
印 刷 者	大　道　成　則

発行所　株式会社　ミネルヴァ書房
607-8494 京都市山科区日ノ岡堤谷町1
電話代表　(075)581-5191
振替口座　01020-0-8076

© 牧里・金川ほか，2017　　　　　　　太洋社・新生製本

ISBN978-4-623-07545-4
Printed in Japan

これからの社会的企業に求められるものは何か
牧里毎治 監修
A5判／224頁／本体2,400円

ソーシャルデザインで社会的孤立を防ぐ
藤本健太郎 編著
A5判／272頁／本体3,200円

流動化する民主主義
ロバート・D・パットナム 編著／猪口 孝 訳
A5判／466頁／本体4,800円

災害復興におけるソーシャル・キャピタルの役割とは何か
D・P・アルドリッチ／石田 祐・藤澤由和 訳
A5判／314頁／本体4,000円

住民と創る地域包括ケアシステム
永田 祐 著
A5判／228頁／本体2,500円

― ミネルヴァ書房 ―
http://www.minervashobo.co.jp/